systemische Studien Band 9

herausgegeben von Jürgen Hargens

Systemische Kurztherapie

John L. Walter und Jane E. Peller

Lösungs-orientierte Kurztherapie

Ein Lehr- und Lernbuch

verlag modernes lernen - Dortmund

systemische Studien

herausgegeben von Jürgen Hargens (Meyn)

In dieser Buchreihe erscheinen Arbeiten, die systemische Ansätze in der Therapie weiterentwickeln und Möglichkeiten der praktischen Umsetzung mit einbeziehen. Die Reihe wendet sich an praktisch tätige KlinikerInnen, theoretisch interessierte ForscherInnen und alle an systemischem Denken Interessierte.

Dieses Buch erschien unter dem Titel *„Becoming Solution-Focused in Brief Therapy"* bei Brunner/Mazel, New York, 1992 (jetzt: Brunner Routledge, part of the Taylor and Francis Group).

Aus dem Englischen übersetzt von Andrea Kaupert und Jürgen Hargens

Band 9:
John L. Walter und Jane E. Peller
Lösungs-orientierte Kurztherapie.
Ein Lehr- und Lernbuch

Veröffentlicht in der Edition:
verlag modernes lernen · Schleefstraße 14 · D-44287 Dortmund

6., unveränd. Aufl. 2004
Gesamtherstellung: Löer Druck GmbH, Dortmund

Bestell-Nr. 4309 ISBN 978-3-8080-0316-9

Inhalt

Vorwort

Der Weg ist das Ziel

Der Weg entsteht beim Gehen

(kurztherapeutische – vormals asiatische – Weisheiten)

Zuviele Therapeuten gehen mit einem aus zum Essen und sagen einem dann, was man bestellen soll. Ich gehe mit dem Patienten zu einem psychotherapeutischen Essen und sage: „Bestellen Sie selbst."

(Milton H. Erickson)

Wenn ein Handbuch von etwas geschrieben wird, ist dies meist ein Zeichen davon, daß das Wissen, welches es beinhaltet, im Kreise der relevanten Zielgruppe eine gewisse Verbreitung und Akzeptanz gefunden und sich damit irgendwie etabliert hat. Also ein Anlaß, als KurztherapeutIn stolz zu sein? Oder ein Anlaß, nachdenklich zu werden und die Gefahren der „Normalisierung" zu bedenken?

„Sowohl als auch" oder „keines von beiden" würden Steve de Shazer und Insoo Kim Berg vermutlich antworten. Es hängt von der Intention ab, mit der die LeserIn dieses Buch liest: als detaillierte Einführung, als Nachschlagewerk oder als Bestandsaufnahme der lösungs-orientierten Kurztherapie. Für alle diese Zwecke haben Peller und Walter einiges zu bieten:

Von den Grund- und Vorannahmen der Kurztherapie, der historischen Entwicklung ihrer verschiedenen Modelle über praktische Hinweise zum Aufbau von Rapport und Interviewführung bis zur Gestaltung lösungs-fördernder Aufgaben und dem Umgang mit „schwierigen KlientInnengruppen" bieten sie sehr anschaulich, praxisnah und unaufdringlich Material zur Anregung an.

Zeitgemäß verwandeln sie Ericksons Kristallkugel-Metapher in die eines Filmstudios, in dem die KlientIn selbst DrehbuchautorIn, Kamerafrau/Kameramann und RegisseurIn ist. Wichtig ist dabei zunächst, einer Vision/Zielvorstellung zu folgen: wie immer sie aussieht, sie muß zunächst attraktiv, dann immer konkreter und schließlich auch realisierbar sein. Die Rolle der TherapeutIn ist die einer DialogpartnerIn und BeraterIn, eine, die Fragen stellt, die die Aufmerksamkeit auf die gelungenen Szenen richtet, beim Umschreiben des Drehbuches hilft, sofern es zu vage ist, Vertrauen in die eigene Dreh-(Lösungs-)Kompetenz aufrechterhält und Stück für Stück, Version für Version den Dreh-Prozeß moderiert.

Das Buch von PELLER und WALTER zeigt deutlich, daß Psychotherapie in der Form moderner Kurztherapie von vielen Mythen herkömmlicher Therapien und von ihnen zugrundeliegenden Prämissen abläßt. Für sie gilt, daß

- komplexes Verhalten nicht auf komplexen Ursachen beruhen muß, sondern auf recht einfachen Regeln basieren kann;
- komplexes Verhalten (Symptome und Lösungen) vollkommen absichtslos entstehen kann;
- Psychotherapie Anregung zur Veränderung ist und der Therapievertrag die Absprache zur Bewegung beinhaltet;
- die TherapeutIn ihre Kompetenz zum sensiblen Umgang mit der Stabilität und Instabilität des KlientInnensystems einsetzt;
- das Ergebnis von Veränderungsprozessen nicht plan- und vorhersagbar ist, sondern sich aus iterativen, dynamischen Lösungsprozessen im Raum der Möglichkeiten der KlientInnen ergibt;
- kleine Ursachen große Wirkungen entfalten können;
- Lösungen von Problemen unabhängig und vollkommen verschieden sein können;
- die Erfolgskriterien letztlich von der KlientIn definiert werden.

Auch wenn PELLER und WALTER Einblick geben in die „Küche der Kurztherapie“, so wollen sie keinesfalls nur Rezepte weitergeben, sondern den LeserInnen mit Fragen zur Mitarbeit durch Reflexion eigener Vor-Annahmen bewegen – und immer soll die LeserIn selbst das Menü wählen und bestimmen, was und wieviel sie davon probieren will. Vielleicht hilft auch beim Genuß dieses Buches, bei Unklarheiten eine der drei Basisregeln des lösungs-orientierten Vorgehens anzuwenden:

Wenn etwas nicht kaputt ist, dann repariere es auch nicht.

Wenn Du weißt, was funktioniert, mach' mehr davon.

Wenn etwas nicht funktioniert, dann hör' auf damit; mach' etwas ander(e)s.

Bremen, im November 1993 *Wolfgang Eberling*

Vorbemerkungen

des (Reihen-) Herausgebers

Der Begriff *„lösungs-orientiert“* ist mir heute geläufig, doch ich erinnere mich noch gut an die Zeit, wo ich das erste Mal auf ihn stieß und so meine Schwierigkeiten damit hatte.

Mitte der 80er Jahre landete eine Ankündigung des Brief Family Therapy Center für eine Fortbildung auf meinem Schreibtisch – es ging um *„solution focused therapy“* – mit der Bitte, sie ins deutsche zu übersetzen. Mir schien alles klar – es ging hier um „Problemlösung“ und eben nicht um „Probleme“. Die Rückmeldung kam prompt – es ging dem BFTC-Team um *„Lösungen“* und nicht um „Probleme“ oder „Problemlösungen“. Das war mir damals nicht nur neu, sondern auch völlig ungewohnt.

Es hat nur wenige Jahre gedauert, bis sich dieser Begriff durchgesetzt hatte, so daß „lösungs-orientiert“ heute zum festen Besitzstand des therapeutischen Vokabulars gehört.

Die erste Neuartigkeit, das Ungewöhnliche, hat sich mittlerweile gelegt, scheint schon beinahe selbstverständlich – und hat dennoch seine Tükken. Auf Fortbildungen erlebe ich es immer wieder, wie einleuchtend die Idee der Lösung den TeilnehmerInnen scheint – und welchen Herausforderungen sie sich dann gegenübersehen, wenn sie z.B. in einer Übung ein therapeutisches Verhalten zeigen sollen, das sich ausschließlich an Lösungen, Ausnahmen und Ressourcen orientiert.

Der „Verlust“ der „Probleme“ in der therapeutischen Arbeit scheint schwer zu wiegen, fast so schwer wie der „Verzicht“ auf das Konzept des „Widerstandes“, der ersten großen BFTC-Umwälzung.

Deshalb freut es mich, daß hier nun erstmals in deutscher Sprache ein Buch vorliegt, in dem Walter und Peller Schritt für Schritt aufzeigen, wie Sie, die LeserInnen, sich „lösungs-orientiert“ entwickeln können. Daß dies nicht immer ganz einfach vonstatten geht, das machen die vielen Schritte erkennbar, zu denen uns die AutorInnen verführen und einladen möchten.

Die Frage bleibt – und die LeserInnen werden sie sich, so denke ich, nach der Lektüre früher oder später auch stellen: ist dieser Ansatz eine vielversprechende *neue Technik* oder ist diese Technik eine vielversprechende *neue Haltung?*

Das machen Walter und Peller in diesem „Lehr- und Lernbuch“ für mich unmißverständlich deutlich – der Blick auf Lösungen öffnet auch den Weg zu einem respektvoll(er)en Umgang mit den „KundInnen“, läßt ihnen ihre Kompetenzen, stärkt ihre Ressourcen und führt so manchmal zu ungewöhnlichen, zumeist aber raschen Änderungsschritten.

Diese Leichtigkeit, dieser Verzicht auf aufwendige rückschauende Analysen – das scheint etwas zugleich reizvoll An- und Aufregendes, wie auch Irritierendes und Verwirrendes: denn so macht die Arbeit vielleicht sogar *Spaß* – mehr Spaß – und erschließt in kurzer Zeit Möglichkeiten, auch mit schwierigen Problemen *„anders“* umzugehen.

Und so möchte ich Sie einladen, der Einladung von Walter und Peller zu folgen – sich zu fragen und sich befragen zu lassen.

Meyn, im Oktober 1993 *Jürgen Hargens*

Danksagung

Ein Buch wird niemals nur von den AutorInnen alleine geschrieben. Es ist immer eine Gemeinschaftsleistung, bei der eben nur die Namen der AutorInnen auf dem Umschlag erscheinen. Wir möchten deshalb allen danken, Familien, FreundInnen, Trainees, KlientInnen und Workshop-TeilnehmerInnen, die alle auf ihre jeweils einzigartige Weise zu diesem Buch beigetragen haben.

Unser ganz besonderer Dank gilt Insoo Kim Berg und Steve de Shazer. Unsere gemeinsame Arbeit und Freundschaft hat uns unvorstellbar geholfen. Wir fühlen uns geehrt, als SprecherInnen ihrer vielen Beiträge zur Entwicklung der Kurztherapie aufzutreten, die sie mit uns teilen.

John möchte zuerst Insoo dafür danken, daß sie ihn gefragt hat „Wieso willst du ein Kurztherapeut werden? Das könnte eine sehr beunruhigende Änderung sein?“ Jane möchte Steve danken, daß er sie daran erinnert, „einfach“ zu sein.

Ein besonderer Dank gilt Eve Lipchik, die uns als erste ermuntert hat, dieses Handbuch zu schreiben. Ihre Unterstützung war sehr sanft in jedem „Ihr könnt das“ enthalten.

Wir danken unseren FreundInnen Jill Freedman und Gene Combs, die sich durch das Schreiben und Veröffentlichen ihres eigenen Buches durchgekämpft haben und eine ständig sprudelnde Quelle der Ermutigung und hilfreicher Tips waren.

John möchte Michael Banks danken. Michaels fachfremde Neugier und provozierenden Fragen schärften und entwickelten Johns Gedanken, was wir tun sollten. Michaels Begeisterung für unser Projekt war immer gegeben.

Jane möchte ihrer Abteilungsleiterin an der Northeastern Illinois University danken, Wanda Bracy, die ihr die Zeit ließ, an diesem Buch zu arbeiten. Sie dankt Wanda auch dafür, daß sie ihr Zutrauen vergrößert hat, jedes Projekt übernehmen zu können – durch ihr gemeinsames Leiden am Studium ihrer Fakultät.

Wir danken all denen, die Teile des Manuskripts gelesen und uns ihre Rückmeldung haben zukommen lassen. Wir danken Bert Peller, der das Manuskript mehrmals durchgearbeitet hat und der es fertig brachte, immer erst ein Kompliment zu machen, ehe er einen Vorschlag einbrachte. Wir danken auch Victor Wagner, Mary Jo Barrett und Goldie

Lansky, die uns nicht nur ihre Vorschläge zuteil werden ließen, sondern auch ihre Verwirrung, als wir versuchten, unsere Ideen in Worte zu fassen.

Wir danken Du Ree Bryant, Kate Kowalski und Kevin O'Connor, deren Begeisterung uns immer wieder aufputschte. Wir müssen Jim Weiss danken, der uns nicht nur den Rahmen „Humor“ erhielt, sondern auch unseren manchmal „widerspenstigen“ Computer.

Und es gibt natürlich alle die, die einfach fragten „Wie kommt ihr voran?“ und dann genügend Geduld hatten zuzuhören.

Unser abschließender Dank richtet sich an unsere Herausgeberinnen Natalie Gilman und Suzi Tucker, deren zuverlässige und verläßliche Stimmen uns während angstvoller Momente über das Telefon wieder auf unsere Arbeit orientierten.

Einleitung

Dies ist ein Handbuch für lösungs-orientierte Kurztherapie und die Konstruktion von Lösungen. In den vergangenen Jahren haben wir für Fachleute, die „kurztherapeutisch" arbeiten wollten, Ausbildungen angeboten. Diese Fachleute waren daran interessiert, auf eine positive Weise mit Menschen zu arbeiten und sie glauben nicht daran, daß Pathologisieren nützlich sei. Workshop-TeilnehmerInnen haben uns immer wieder gesagt, daß sie etwas mehr wollten als einfach nur einen Workshop, etwas mehr als einfach nur eine Einführung, etwas Nützliches, das sie zwischen den Kursen benutzen können, etwas, mit dem sie üben können, etwas, das sie weiter lernen läßt. Die Botschaft war eindeutig. Dieses Handbuch, *„Lösungs-orientierte Kurztherapie"*, ist unsere Antwort auf alle diese Bitten und Fragen.

In diesem Handbuch beschreiben wir, wie wir zu einer Lösungs-Orientierung kamen. Wir beschreiben die positiven Grundannahmen, die unsere Arbeit bestimmen und gehen dann schrittweise vor, Fertigkeiten zu üben.

Kapitel 1 überblickt den historischen Fortschritt der Annahmen, die in den letzten hundert Jahren die Therapie-Modelle bestimmt haben. Indem wir die Grundannahmen der großen Fragen, die die Modell-Entwicklung antrieb, untersuchen, beschreiben wir einige Trends. Das führt zu den Grundannahmen über die entscheidende Frage eines lösungs-orientierten Ansatzes: „Wie konstruieren wir Lösungen?"

Kapitel 2 führt die zwölf Annahmen auf, die die Ideen und Handlungen der AutorInnen leiten, und erläutert sie. Diese Annahmen spiegeln den positiven und zukunfts-orientierten Ansatz der AutorInnen wider.

Kapitel 3 beschreibt, wie die TherapeutIn daran geht, sich mit einer KlientIn auf einer positiven Basis zu unterhalten, indem sie Rapport voraussetzt und mit den Fragen Vorannahmen einsetzt. Dieses Thema – das, was wir annehmen, selbst dann, wenn wir fragen, beeinflußt die Richtung der Reaktion und den weiteren Verlauf der therapeutischen Konversation – zieht sich durch das gesamte Buch.

Kapitel 4 beschreibt unsere wirkungsvollste Metapher, die des Filme-Machens, in der unsere KlientInnen zugleich Regisseusen wie HauptdarstellerInnen sind. Wir gehen davon aus, daß unser ExpertInnentum nicht darin besteht, Normalität oder Pathologie zu beurteilen, sondern darin, die Prozesse des Filme-Machens zu erleichtern. Wir gehen davon aus, daß eindeutig definierte Ziele wesentlich sind, um Filme zu machen, was der therapeutischen Konversation Unterschiede und Möglichkeiten eröffnet. Dieses Kapitel stellt sechs Kriterien für eindeutig definierte Ziele vor, die es KlientInnen erleichtert, ihre Ziele mithilfe dieser Richtlinien zu bestimmen.

Kapitel 5 gibt einen Überblick über die Wege, Lösungen zu konstruieren. Diese ganz wesentliche Unterscheidung von Wunsch und Klage gegenüber Zielen und Problemen wird zuerst getroffen. Dann wird der Überblick in Begriffen von Rahmen und die den Rahmen begleitenden Fragen entfaltet:

1. Die Frage zum Rahmen des Zieles lautet: „Worin besteht Ihr Ziel, wenn Sie hierherkommen?“

2. Die Frage zum Rahmen der Ausnahmen lautet: „Wann geschieht das schon ein wenig?“

3. Die Frage zum Rahmen hypothetischer Lösungen lautet: „Wenn das Problem gelöst wäre, was würden Sie anders machen?“

Kapitel 6 soll der LeserIn helfen, Fertigkeiten zu entwickeln, wie sich Fragen zu hypothetischen Lösungen nutzen lassen, während Kapitel 7 helfen soll, Fertigkeiten zu entwickeln, Fragen zu Ausnahmen zu nutzen.

Kapitel 8 operationalisiert unsere positive Grundhaltung noch weiter, indem es im einzelnen darlegt, wie sich positive Rückmeldung und lösungs-fördernde Aufgaben anbieten.

Kapitel 9 beschreibt, wie Änderungen in Gang gehalten werden und wie man sicherstellt, daß Therapie kurz ist. Es werden Vorschläge für weitere Sitzungen gemacht wie dafür, mit dem Abstand zwischen den Sitzungen umzugehen und die Therapie abzuschließen.

Kapitel 10 beleuchtet solche Situationen, wo KlientInnen anfänglich meinen, Problem wie Lösung lägen außerhalb ihrer Kontrolle. Das Kapitel erläutert Techniken, wie sich für solche KlientInnen Kontrolle und Verantwortlichkeit für Lösungen schaffen lassen sowohl in der therapeutischen Konversation wie aufgrund der Aufgaben, die wir vorschlagen.

Kapitel 11 zielt auf solche Situationen, wo Lösungen mehrere Leute betreffen, wie z.B. bei einem Ehe-, Familien- oder jedem anderen Problem, bei dem mehr als eine Person beteiligt ist. Kapitel 12 ergänzt dieses Kapitel, indem es Situationen nachgeht, wo die KlientIn jemand anderen verändern möchte oder die Lösung darin sieht, daß sich bei jemand anderen etwas ändert.

Kapitel 13, Kooperieren, ist der Metapher des Tanzes gewidmet. Die therapeutische Konversation ist wie ein Tanz; als TherapeutInnen sollten wir über eine Vielzahl konversationeller Fertigkeiten verfügen, um in Hinblick auf die unterschiedlichen Tanzstile unserer KlientInnen flexibel zu sein. Dieses Kapitel benennt sechs verschiedene Formen, sich mit KlientInnen zu unterhalten, wenn die Konversation positiv scheint, beinahe hoffnungslos, unmöglich oder dem „ja, aber"-Muster folgt.

Kapitel 14 soll der LeserIn helfen, die einzelnen Fertigkeiten zusammenzufügen. Während alle vorangegangenen Kapitel Ausschnitte aus Fällen oder Konversationen enthalten, richtet sich dieses Kapitel ausschließlich auf Beispiele kompletter Fälle – von Anfang bis Ende.

Kapitel 15 und 16 beleuchten die Bedeutung der Unterscheidung zwischen freiwilligen und gezwungenen KlientInnen und soll helfen, es gezwungenen KlientInnen zu erleichtern, ein therapeutischen Ziel zu erkennen.

Das abschließende Kapitel führt einige Möglichkeiten an, wie Sie sich selbst (über-)prüfen können, wenn Sie den Eindruck haben, festzustekken. Wir stellen Ihnen einige abschließende Ideen vor.

Das Buch ist so gestaltet, daß die Kapitel aufeinander und auf den beschriebenen Fertigkeiten aufbauen. Jedes Kapitel enthält einen Überblick über die Grundannahmen des Vorgehens, die unerläßlich sind, um die jeweiligen Fertigkeiten zu erlernen. Jedes Kapitel bietet Erklärungen und Beispiele der jeweiligen Fertigkeit, gefolgt von den Fragen, die uns am meisten während unserer Workshops gestellt werden.

Als Handbuch bietet dieses Buch auch Übungen und Arbeitsbögen in den entsprechenden Kapiteln. Die Übungen zielen auf die Entwicklung der Fertigkeiten und auf die Verwendung der entsprechenden Arbeitsbögen. Vielleicht erscheint es Ihnen hilfreich, dieses Material zu kopieren – besonders die Arbeitsbögen – und in ihre Sitzungen oder Kurse mitzunehmen.

Wir möchten noch eine Bemerkung voranstellen. Wir verwenden in diesem Handbuch den Begriff „Therapie", obwohl wir viel lieber ein anderes Wort benutzt hätten. Uns mißfallen die Konnotationen von „Behandlung“, Pathologie und ExpertInnentum der TherapeutIn, die der Begriff „Therapie“ impliziert. Wir würden viel lieber zu unserer Überzeugung stehen, daß mit den Menschen nichts falsch ist, daß sie alles haben, was sie brauchen – und daß, wenn sie Schwierigkeiten haben, wir diese ebenso leicht als Pech anstatt als Pathologie erklären können.

Wir dachten daran, den Begriff „beraten“ anstelle von Therapie zu verwenden, aber allzu viele Leute begreifen Beraten als etwas Geringeres als Therapie. Wir dachten an den Begriff „konsultieren“, kamen aber zu der Auffassung, daß die meisten Menschen dabei an nicht personenbezogene Probleme denken. Wir dachten an die Bezeichnung „Konversations-ErleichterIn“. Aber ohne eine gründliche und erschöpfende Erklärung dieser Wahl befürchteten wir, daß die meisten verwirrt sein oder die Wahl für ungewöhnlich und zu unverständlich halten würden.

Wir bedauern, daß es in unserem Bereich keinen allgemein akzeptierten Begriff gibt, der eine positive Orientierung in sich trägt und zu unseren Annahmen über unsere Rollen und über den Prozeß paßt. Wir sind dabei geblieben, den Begriff „Therapie“ zu verwenden und hoffen, daß die LeserInnen über die übliche Bedeutung dieses Wortes hinausschauen und „Therapie“ aus einer neuen Perspektive eines positiven Ansatzes umdefinieren.

Wir nennen dieses Buch *„lösungs-orientiert“*, weil wir glauben, daß es darum geht, etwas zu werden und daß Lernen niemals aufhört. Wir vertrauen darauf, daß dieser Ansatz kein fertiges Produkt ist und dies auch niemals sein wird, daß sich Wege und Möglichkeiten, Menschen zu helfen, weiter entwickeln werden. In diesem Sinne vertrauen wir darauf, daß Ihre Arbeit sich beständig entwickelt und wir hoffen, daß dieses Handbuch dazu beiträgt, daß Sie selber „lösungs-orientiert werden“.

Kapitel 1
Lösungs-orientiert werden

Am Anfang steht eine Frage

Wir fangen damit an, daß wir Ihnen den Hintergrund aufzeigen, der zu diesem neuen Ansatz geführt hat – eine kurze Geschichte der Entwicklung der Ideen und der (Grund-)Annahmen, die die Basis therapeutischer Modelle bilden.

Wir sehen es so, daß TherapeutInnen Therapiemodelle aus anfänglichen Anstrengungen und Fragen entwickelt haben. Die Frage kann sich aus bestimmten Erfahrungen der TherapeutIn mit einer bestimmten KlientInnengruppe oder bestimmten Problembereichen ergeben – z.B. FREUDS Fragen über die unterdrückte Sexualität seiner viktorianischen KlientInnen. Die Fragen können sich aus Annahmen über Menschen ergeben. Z.B. hat Michael WHITE die Überzeugung geäußert, daß Menschen von ihren Problemen trennbar sind und von ihnen beherrscht werden (WHITE & EPSTON, 1990). Diese Auffassung unterscheidet sich von traditionellen Ansichten, die die Person als das Problem begreifen. Wir glauben, daß solche Fragen am Anfang der Entwicklung von Therapiemodellen standen. Diese Modelle nahmen Gestalt an, als ihre ErfinderInnen über Antworten auf ihre Fragen nach den KlientInnen oder deren Problemen zuerst spekulierten und dann Antworten formulierten. FREUDS frühe Vorstellungen über Verdrängung und Unbewußtes läßt sich als Antwort auf seine Fragen über sexuelle Unterdrückung verstehen.

Die Fragen, die von denen gestellt werden, die Therapiemodelle entwickeln, beinhalten Vorannahmen. Daher begünstigen sie – einfach indem sie diese Fragen stellen – bestimmte Antworten oder Antwortkategorien. Die Evolution der Ideen und Trends der Therapiemodelle läßt sich dementsprechend über die Annahmen in den ursprünglichen Fragen der Therapiemodell-BildnerInnen zurückverfolgen. Ein Beispiel:

Was ist die Ursache des Problems?

Zu Anfang dieses Jahrhunderts zeichnete sich Wissenschaft durch den Objektivismus der traditionellen wissenschaftlichen Methode aus. Die

Kernfrage, die TheorieentwicklerInnen üblicherweise stellten, lautete: Was ist die Ursache des Problems?

Diese Frage wird immer noch häufig gestellt. Die Frage, „was ist die Ursache des Problems?“, enthält Vorannahmen, die mit dem Zeitrahmen der traditionellen wissenschaftlichen Methode übereinstimmen. Die Frage setzt voraus, daß ein bestimmtes Problem wie auch eine bestimmte Ursache für genau dieses Problem existieren. Die Frage setzt weiter voraus, daß man tatsächlich die Ursache des Problems herausfinden und diese Ursache beschreiben kann. Und schließlich setzt die Frage, „was ist die Ursache für das Problem?“, voraus, daß eine Beziehung zwischen dem Herausfinden der Ursache und dem Lösen des Problems besteht. Dieser Prozeß stimmt mit der Idee der westlichen Wissenschaft – und auch mit traditionellen Beschreibungen im Rahmen der wissenschaftlichen Methode – überein, daß der Weg, ein Problem zu lösen, darin besteht, herauszufinden, welches die Ursache ist, so daß man dann Änderungen herbeiführen kann, indem die Ursache beseitigt wird. Die Frage, „was ist die Ursache für das Problem?“, paßt auch zu unserer Alltagserfahrung, daß der Weg, irgendein Problem zu lösen, darin besteht, herauszufinden, was falsch ist und es dann zu beheben. Wir scheinen demnach alle Probleme mit den Gesetzen der Mechanik zu verbinden – wenn der Motormäher nicht mehr läuft, suchen wir nach der Ursache.

In den vergangenen Jahrzehnten sind einige Ansätze entwickelt worden, die Alternativen zur Frage, „was ist die Ursache des Problems?“, erkennen lassen.

In der psychoanalytischen Tradition wurde beispielsweise die Ursache des Problems auf verschiedene Weise beschrieben, die beinhalten können: Entwicklungshemmung; Versagen, einen Lebensabschnitt zu durchlaufen; Persönlichkeitsstörung; schlechte Objekt-Beziehungen; schlechtes Selbstbild; ungelöste Konflikte; sexuelle Unterdrückung; etc. Die Probleme werden normalerweise als Symptome einer bestimmten, ihnen zugrundeliegenden Pathologie beschrieben oder als Abwehr im Rahmen einer Persönlichkeitsstörung.

In der psychiatrischen Tradition kann die Ursache darüber hinaus als chemisches Ungleichgewicht beschrieben werden, als körperliche Prädisposition oder als Krankheit, die verschiedene psychologische oder Verhaltensauffälligkeiten hat.

In der psychoanalytischen wie in der psychiatrischen Tradition verlangt jede ursächliche Erklärung eine Interventionsform. Wird die Ursache als

Entwicklungshemmung diagnostiziert, können korrigierende emotionale Erfahrungen verschrieben werden. Werden ungelöste Konflikte als Ursache diagnostiziert, kann unterstützende Therapie verschrieben werden, um die Konflikte offen zu machen und sie auf eine solche Weise zu interpretieren, daß sie gelöst werden können. Wird ein chemisches Ungleichgewicht diagnostiziert, kann eine spezifische Medikation verschrieben werden.

In psychoanalytischer und psychiatrischer Tradition lassen sich auch Unterscheidungen zwischen primären und sekundären Ursachen verwenden. So kann etwa jemand mit der Primärdiagnose schizophren belegt werden, verbunden mit der Sekundärdiagnose einer reaktiven Depression aufgrund des Verlustes eines Familienmitgliedes. Für die Primärursache, Schizophrenie, könnte der PatientIn eine Medikation verabreicht werden. Für die Sekundärursache, den Verlust eines Familienmitgliedes, könnte die PatientIn unterstützende Therapie erhalten.

In der Tradition der Verhaltenstherapie kann das Problem als Folge (verursacht von) einer Verstärkung beschrieben werden – meist in der Familie –, die ein solches erlerntes Verhalten hervorrief. Dieses erlernte Verhalten wird solange kontinuierlich verstärkt, bis es ein Eigenleben gewinnt und sich selbst erhält.

Alternative Antworten auf die Frage, „was ist die Ursache des Problems?“, haben sich daher in Abhängigkeit von den Voarannahmen über das Wesen des „Menschen“ entwickelt – sie hingen ab von der jeweiligen theoretisch-philosophischen Ausrichtung der Modell-BildnerIn. Werden Menschen so gesehen, daß sie entscheidend von ihren sexuellen Bedürfnissen getrieben werden, suchte man nach Erklärungen innerhalb der Sexualentwicklung. Werden Menschen so gesehen, daß sie deshalb Probleme haben, weil sie individuelle Wünsche und Ansprüche unterdrücken oder sublimieren müssen aufgrund der Beschränkungen, die ihnen die Gesellschaft auferlegt, dann sucht man nach Erklärungen innerhalb der sozialen und politischen Gegebenheiten und nach Anzeichen besonderer Kreativität, die von solchen Bedingungen verursacht werden.

Alle diese Traditionen und Denkrichtungen passen zu den Voraannahmen der ursprünglichen Frage – daß Probleme *verursacht* sind und daß wir die Ursache finden *können.* Jede einzelne Richtung suchte nach der Ursache des Problems, aber jede fand eine andere Antwort.

In den 50er Jahren, nach der Geburtsstunde der Kybernetik, fingen Therapiemodell-BildnerInnen an, eine andere Frage zu stellen, die zu anderen Antworten führte. Eine völlig neue Richtung entstand, als Modell-BildnerInnen die Frage, „was ist die Ursache des Problems?", in die folgende Frage überführten:

Was hält das Problem aufrecht?

Diese Frage geht davon aus, daß ein Problem aufrechterhalten wird, und sie betont das Aufrechterhalten und nicht die Ursache. Wie bei der Frage, „was verursacht das Problem?", akzeptiert die Therapiemodell-BildnerIn, daß ein Problem existiert, setzt aber voraus, daß das Problem *aufrechterhalten* wird und daß eine Beziehung zwischen Aufrechterhalten und Problem besteht, die gefunden und beschrieben werden kann. Die meisten Antworten auf die Frage, „was hält das Problem aufrecht?", begreift das Aufrechterhalten so, daß es innerhalb eines interaktionalen Musters abläuft, das sich auf verschiedene Weise abbilden läßt.

Ein Therapiemodell beschreibt Probleme derart, daß sie innerhalb bestimmter organisatorischer Kontexte aufrechterhalten werden und sieht Probleme in ihrer Kontinuität, da sie eine system-erhaltende Funktion für die Familie besitzen (Haley, 1980; Madanes, 1981). In diesem Modell der strategischen Therapie haben Probleme eine system-erhaltende Funktion und Handlungen der Familienmitglieder organisieren sich um das Problem.

Ein anderes Therapiemodell beschreibt Probleme so, daß sie von bestimmten familiären Strukturen und Koalitionen aufrechterhalten werden (Minuchin, 1978). In diesem strukturellen Modell sieht man Probleme eingebettet in und aufrechterhalten von dysfunktionalen Familienstrukturen. Ein drittes Therapiemodell, das Mailänder Modell, gibt an, daß Probleme von „der grundlegenden Regel der Familie" gesteuert werden (Selvini-Palazzoli, Boscolo, Cecchin & Prata, 1978). Und ein anderes Modell – das Kurz-Therapie-Modell – beschreibt Probleme so, daß sie von der versuchten Lösung aufrechterhalten werden (Weakland, Fisch, Watzlawick & Bodin, 1974).

Jedes dieser Therapiemodelle schreibt einen bestimmten Handlungsverlauf vor, der zu der jeweiligen Antwort auf die Frage, „was hält das Problem aufrecht?", paßt. Das strategische Modell von Haley und Madanes versucht, den organisatorischen Kontext zu verändern, indem es die gegenwärtige Unstimmigkeit der Macht ändert. Wenn ein Kind aufgrund des Problems über mehr Macht verfügt als die Eltern, werden

Interventionen entworfen, die Eltern zu (be-)stärken und eine kongruente Hierarchie zu begründen.

Das strukturelle Modell von MINUCHIN würde versuchen, die Organisation der Familie zu verändern, d.h. die offenen oder verdeckten Koalitionen über Generationsgrenzen hinweg. Das Mailänder Modell würde versuchen, das endlose paradoxe Muster, das in die Familienregel eingebunden ist, durch ein Gegenparadoxon aufzubrechen. Und schließlich versucht das Kurz-Therapie-Modell den eskalierenden Zirkel der versuchten Lösung aufzubrechen.

Diese Modelle sind schlüssig und folgerichtig in Hinblick auf ihre jeweilige Antwort auf die Frage, „was hält das Problem aufrecht?" Jedes Modell beschreibt sowohl das Verhaltensmuster wie das Denken um das Problem herum, wobei die Bedeutung sich widerspruchsfrei an die Metapher über das Aufrechterhalten des Problems anfügt. Dann wird schlüssig aufgrund der Beurteilung interveniert.

Wie konstruieren wir Lösungen?

In den letzten Jahren wurde zunehmend eine andere und neue Frage gestellt: Wie konstruieren wir Lösungen? Die Vorannahmen dieser Frage sehen so aus:

1. es gibt Lösungen,
2. es gibt mehr als eine Lösung,
3. sie sind konstruierbar,
4. wir (TherapeutIn und KlientIn) können sie konstruieren,
5. wir konstruieren und/oder erfinden Lösungen, anstatt daß wir sie entdecken und
6. dieser Prozeß bzw. diese Prozesse lassen sich ausdrücken und modellieren.

Wir sind der Ansicht, daß die Antwort auf die Frage, „wie konstruieren wir Lösungen?", ein lösungs-orientiertes Kurztherapie-Modell konstituiert, das sich in der folgenden Geschichte zusammenfassen läßt:

Vor einigen Jahren, in einem der seltenen Jahre, wo die Chicago Cubs in ihrer Liga die Meisterschaft gewannen, gab es einen Zeitpunkt, wo der beste Schlagmann eine Krise hatte. Jim FREY, der Manager des Teams, traf seinen Schlagmann eines Tages im Klubhaus. Der Schlagmann, der hoffte, seine Leistung zu verbessern, sah sich Filme an, wo er selbst am Schlagen war. Sie können sich sicher schon denken, welche Filme er sich ausgesucht hatte. Genau! Er hatte sich Filme aus den Zeiten ausgesucht, wo er in einer Krise war, als er „aus" war und alles das machte, was er eben nicht wollte. Natürlich bemühte er sich, herauszufinden, was er falsch machte, um seinen Fehler auszubügeln. Er verschrieb sich wahrscheinlich der Frage, „was ist die Ursache des Problems?" Sie können sich sicher denken, was er lernte, als er sich Filme des Fehlschlagens anschaute – er lernte immer besser, ein schlechter Schlagmann zu sein.

Wir neigen deshalb zur Annahme, daß Jim FREY irgendeine „heimliche" lösungs-orientierte KurztherapeutIn gehabt haben muß. Er ging auf seinen Schlagmann zu, komplimentierte ihn, daß er sich so auf das Spiel konzentrierte und versuchte, noch besser zu werden. Jim machte ihm dann einen Vorschlag – er solle wieder in den Filmraum gehen, Filme heraussuchen, als er wirklich gut schlug und dann genau *diese* Filme sehen.

Wir denken, daß diese Geschichte die Durchschlagskraft eines lösungs-orientierten Ansatzes sehr passend zusammenfaßt: „Wie konstruieren wir Lösungen?" Ganz einfach: *erstens*, definiere das, was die KlientIn will und nicht das, was er/sie nicht will; *zweitens*, suche nach dem, was funktioniert und mache mehr davon; *drittens*, wenn die KlientIn etwas macht, was nicht funktioniert, dann bringe sie/ihn dazu, etwas anderes zu tun.

Schritt eins: Finde heraus, was die KlientIn will.

Das scheint selbstverständlich und vielleicht sogar zu einfach. Aber denken Sie einen Moment darüber nach. Die meisten unserer KlientInnen kommen und erzählen uns, was sie *nicht* wollen. Es scheint, als seien sie so auf ihre Frustration und ihren Kummer fixiert, daß sie nicht daran denken, was sie wollen. Manchmal müssen wir unser ganzes Können und Wissen aufbieten, um ihnen definieren zu helfen, was sie wollen.

Schritt zwei: Suche nach dem, was funktioniert und mache mehr davon.

Das scheint auch selbstverständlich. Wir wissen allerdings, daß in traditioneller Ausbildung (selbst in solchen Vorgehensweisen, wo nach Stärken der KlientInnen gesucht wird) die besondere Gewichtung der Diagnose dazu führt, nachdrücklich auf das zu achten, was falsch ist und für die KlientIn nicht funktioniert.

Schritt drei: Mach' etwas anderes.

Das scheint nun mehr als klar. Wie oft aber haben Sie das alte Sprichwort gehört: „Wenn es beim ersten Mal nicht klappt, mußt du es ein zweites Mal probieren"? Unsere Kultur hat die Idee der Beharrlichkeit verstärkt, auch wenn das Vorgehen nicht funktioniert.

Lösungs-orientierte Kurztherapie ist eine Antwort auf die Frage: „Wie konstruieren wir Lösungen?" Es ist ein umfassendes Modell: es bezieht sich auf eine bestimmte Denkweise, eine bestimmte Art, mit KlientInnen zu sprechen und eine bestimmte Art, Lösungen gemeinsam zu konstruieren. Lösungs-orientierte Kurztherapie ist weder eine Sammlung noch eine Anleitung von Techniken; sie spiegelt vielmehr grundlegende Annahmen über Änderung, Interaktion und das Erreichen von Zielen wider.

Sie haben in der Entwicklung unserer Fragen – „Was verursacht das Problem?", „Was hält das Problem aufrecht?", „Wie konstruieren wir Lösungen?" – gemerkt, daß wir uns allmählich von Ursachen über Problem-Aufrechterhalten zu Lösungen bewegt haben. Wir haben auch unser Augenmerk von der Vergangenheit, wo wir zumeist nach Ursachen suchen, auf die Gegenwart verschoben, wo wir Muster des Problem-Erhaltens beschreiben. Mit der letzten Frage betrachten wir schließlich Gegenwart und Zukunft. Wenn wir unsere Voraussetzungen von traditionellen, linearen Vorstellungen über Kausalität wegbewegen, bewegen wir uns auf eine relativistische und „konstruktivistische" Sichtweise zu sowie auf eine Zukunfts-Orientierung.

Mit dem Aufnehmen des Pronomens „wir" in die Frage: „Wie konstruieren wir Lösungen?", bewegen wir uns auch von der Annahme einer objektiven oder gar beobachteten Wirklichkeit weg – hin zu einer interaktionalen Konstruktion. Praktisch bedeutet dies, daß jede Sichtweise gleich gültig ist; Therapie wird ein interaktionales oder gemeinsames Vorhaben, wo Probleme und Ziele von KlientIn und TherapeutIn konstruiert oder ausgehandelt werden.

Die radikalste Implikation der Frage: „Wie konstruieren wir Lösungen?", besteht darin, daß Problem-In-Formation nicht länger notwendig ist und daher tatsächlich in vielen Fällen begrenzt werden kann.

Zu Anfang unserer Zeit als Trainees und später als TrainerInnen und Research Associates am Brief Family Therapy Center in Milwaukee von 1981 bis 1984 bestand unsere Aufgabe als TherapeutInnen darin, die Problem-Muster in Begriffen versuchter Lösungen zu erkennen und dann zu versuchen, dieses Muster zu unterbrechen. Das stimmte mit dem problem-lösungs-orientierten Modell des Mental Research Institutes von WEAKLAND, FISCH, WATZLAWICK und BODIN überein (1974).

In dieser Zeit unternahmen Steve DE SHAZER, Marilyn La COURT und Elam NUNNALLY den Versuch, Familien zu helfen, in den Beschreibungen ihrer Klagen und Ziele spezifischer und stärker gegenwarts- und zukunfts-orientiert zu werden. Um KlientInnen, die ziemlich vage Beschwerden vorbrachten, zu helfen, ihre Ziele genauer darzustellen, gab das Therapie-Team den KlientInnen die folgende Aufgabe:

> In der Zeit von jetzt bis zu unserem nächsten Treffen, möchte(n) wir (ich), daß Sie genau beobachten, so daß Sie uns (mir) sagen können, was in (wähle eins: Ihrem Leben, Ihrer Ehe, Ihrer Familie oder Ihrer Beziehung) geschieht, und von dem Sie wünschen, daß es weiterhin geschieht.“ (DE SHAZER & MOLNAR 1984, S. 298)

Diese Aufgabe sollte es KlientInnen, die nur sehr vage Beschreibungen ihrer Beschwerden oder Ziele gaben, ermöglichen, zu erkennen, wann das Ziel tatsächlich erreicht war und dann darüber zu berichten. Dahinter stand die Idee, daß eine frische Erinnerung es ihnen erleichtern könnte, spezifischer zu berichten. Und die Aufgabe sollte ihre Aufmerksamkeit von der Gegenwart auf die Zukunft richten und auf diese Weise die Erwartung von Änderungen implizit begünstigen.

Was dabei herauskam, wenn die KlientInnen die Aufgabe ausführten – nach solchen Anzeichen ihres Zieles, das sie anstreben, suchen und darauf achten –, ging weit über die ursprünglichen Absichten hinaus. Während etliche KlientInnen, die nur vage Beschreibungen angegeben hatten, mit viel spezifischeren Beschreibungen wiederkamen, passierte es auch, daß sie Änderungen beschrieben, die eingetreten waren, die sie wünschten und die sie vorher nicht bemerkt hatten. Sehr oft handelte es sich um Änderungen in ihrem Ziel-/Lösungs-Bereich.

Diese Aufgabe wurde dann routinemäßig zur „Standardintervention nach der ersten Sitzung“ und zwar unabhängig von der Beschwerde (DE SHAZER, 1985). Die Beschwerde konnte sich auf ein kind-bezogenes Problem richten, auf Ehe-Schwierigkeiten, auf Drogenabhängigkeit oder irgendetwas anderes. In einigen Fällen wußten wir kaum etwas über die Beschwerde. Aber ganz unabhängig von der Beschwerde und davon, wie wenig wir darüber wußten, kamen KlientInnen wieder und berichteten von Änderungen.

Die weitreichende Implikation der KlientInnen-Berichte über Änderungen – unabhängig davon, ob wir etwas vom Problem erkannt hatten oder nicht – bestand darin, daß eine *Problem-In-Formation nicht notwendig war* (DE SHAZER, 1988). Bisher hatten wir gedacht, wir müßten etwas über die Sequenzen oder Muster wissen, in die das Problem eingebettet ist und angenommen, daß die Lösung mit den Problem-Mustern übereinstimmen muß. Die Ergebnisse der Standardintervention I kappten in unserem Denken die Verbindung zwischen Problem und Lösung. Wir erkannten, daß ausschließlich Lösungs- oder Ziel-Gespräche notwendig waren, daß Lösungs-Konstruktion unabhängig von Problem-Prozessen ist.

Der Interview-Prozeß änderte sich grundlegend. Die Forschungs-Teams trieben dieses lösungs-orientierte Denken weiter voran (DE SHAZER, GINGERICH & WEINER-DAVIS, 1985). Anstatt die zweite Sitzung abzuwarten, um nach Änderungen oder Positivem zu fragen, begann die erste Sitzung mit Fragen nach kürzlich aufgetretenen Änderungen oder „Ausnahmen“ (WEINER-DAVIS, DE SHAZER & GINGERICH, 1987).

Wir haben seitdem in Chicago weiter daran gearbeitet, die Grenzen der Überzeugung, daß wir ausschließlich Lösungs-Gespräche brauchen, weiter zu verschieben. Wie Sie in den folgenden Kapiteln sehen werden, richtet sich das Ziel jetzt darauf, jeden Aspekt der Therapie auf *Lösungs-Konstruktion* zu richten.

Ergänzend zu dieser Grundannahme, daß wir ausschließlich lösungsorientierte Konversation brauchen, wird der Fokus auf Lösungen durch eine Reihe weiterer Annahmen aufrechterhalten, die wir im nächsten Kapitel beschreiben.

Diskussion

Frage:

Indem Ihr Euch auf die Vorannahmen der Fragen konzentriert, die in den vergangenen hundert Jahren von ForscherInnen und Modell-BildnerInnen benutzt wurden, scheint Ihr bestimmte Trends in den Annahmen über Therapie und Änderung vorzuschlagen. Stimmt das?

Ganz genau – wir schlagen einige Trends vor. Da ist einmal der Trend, den wir in diesem Kapitel erwähnt haben: weg von den Annahmen über Kausalität und einer Konzentration auf die Vergangenheit, hin zu Annahmen der Bedeutungs-Erschaffung in der Gegenwart und für die Zukunft. Da ist ein Trend weg von Pathologie und der Objektivierung von Menschen zu einem eher positiven Ansatz, wo Menschen als Teil einer Gemeinschaft begriffen werden und fähig sind, das zu erschaffen, was sie wollen (O'Hanlon & Weiner-Davis, 1989).

Übungen

1. Um Ihre eigenen Arbeits-Annahmen zu erkennen, schreiben Sie die drei Fragen auf, die Sie für Ihre Therapie als die wichtigsten ansehen oder die drei, die Sie am meisten benutzen. Nachdem Sie die Fragen hingeschrieben haben, untersuchen Sie die darin enthaltenen Vorannahmen. Diese Vorannahmen werden wahrscheinlich Ihre persönlichen Arbeits-Annahmen über Menschen und Therapie widerspiegeln. Wenn z.B. eine der Fragen, die Sie üblicherweise stellen, lautet: „Wie fühlen Sie sich dann/dabei?“, dann lassen sich Ihre Vorannahmen so beschreiben: (1) die KlientIn fühlt, (2) die Situation hat eine Ursache, (3) es besteht eine lineare, kausale Beziehung zwischen der Situation und den daraus resultierenden Gefühlen, (4) die KlientIn kann ihre Gefühle ausdrücken und (5) das Ausdrücken oder Identifizieren der Gefühle ist irgendwie nützlich.

2. Nachdem Sie einige Ihrer Arbeits-Annahmen herausgefunden haben, fragen Sie sich selber, ob diese tatsächlich genau das sind, was Sie glauben. Wenn Ihre Annahmen nicht Ihre Überzeugungen über Menschen und Änderungen widerspiegeln, was sind dann Ihre Überzeugungen über Menschen und Veränderung und wie können Sie Ihre Fragen so abändern, daß sie diese Überzeugungen widerspiegeln.

Kapitel 2

Grundannahmen eines lösungs-orientierten Ansatzes

Wir begreifen lösungs-orientierte Kurztherapie als ein umfassendes Modell; als eine Möglichkeit, darüber nachzudenken, wie Menschen sich ändern und ihre Ziele erreichen; als Möglichkeit, mit KlientInnen zu sprechen wie auch als Möglichkeit, Lösungen gemeinsam zu konstruieren. Für uns bildet diese Art des Denkens, Sprechens und Handels ein zusammenhängendes und zusammenhaltendes Paket.

Um ein Therapiemodell zu erlernen – und nicht nur einfach eine Technik –, muß man immer auch die Grundannahmen verstehen, von denen aus das Modell operiert. Die folgenden zwölf Grundannahmen eines lösungs-orientierten Ansatzes sind miteinander verknüpft und leiten das Denken während der Lösungs-Konstruktion.

Einige dieser Grundannahmen sind kürzlich von DE SHAZER, BERG et al. (1986), DE SHAZER (1988), O'HANLON und WEINER-DAVIS (1989) sowie PELLER und WALTER (1989) beschrieben worden. Sie stellen unsere Arbeits-Annahmen und Definitionen dar.

Diese Grundannahmen haben eine pragmatische Bedeutung, indem sie unser Denken und Handeln leiten. Ohne diese zwölf Grundannahmen wären unsere Handlungen nur eine Sammlung von Techniken und wir könnten zu Maschinen werden, die Aufgaben und Anregungen ausspucken. Wir könnten leicht feststecken und nichts haben, auf das wir uns zurückfallen lassen können. Die zwölf Grundannahmen geben uns die Freiheit, herumzuwandern und kreativ zu sein – mit der Gewißheit, daß wir in unseren Handlungen geleitet werden. Immer, wenn wir in unserer Arbeit festsitzen, können wir diese Grundannahmen benutzen, über Lösungs-Konstruktionen nachzudenken, um wieder weitergehen zu können.

1. Vorteile eines positiven Fokus

Annahme: Eine Ausrichtung auf das Positive, auf die Lösung und auf die Zukunft erleichtert eine Veränderung in die gewünschte Richtung. Deshalb soll man sich auf lösungs-orientiertes und nicht auf problem-orientiertes Sprechen konzentrieren.

Die Durchschlagskraft dieser Annahme wurde uns klar, als wir vor einigen Jahren die Olympischen Winterspiele besuchten. Vor dem Bobrennen sahen wir die ostdeutsche Frauenmannschaft, wie sie sich auf ihren Lauf vorbereitete. Sie saßen im Bob und warteten auf ihren Start, die Augen geschlossen. Uns erschien das ziemlich merkwürdig. Dann fiel uns auf, daß sie mit geschlossenen Augen merkwürdige Schaukelbewegungen machten – vorwärts, rückwärts und seitwärts. Wir hielten das wirklich für sehr merkwürdig – bis uns der Kommentator erklärte, daß sich diese Frauen mental auf das Rennen vorbereiteten. Mit geschlossenen Augen visualisierten sie ihren Lauf; ihre Körperbewegungen waren Reaktionen auf die vorgestellten Kurven und Geschwindigkeitsänderungen.

Diese selbst-hypnotische Technik der Sportpsychologie ermöglichte es der ostdeutschen Frauenmannschaft, das ganze Rennen zu erleben und sich selbst zu spüren, wie sie Kurven und Steigungen so durchfuhren, wie sie es wollten. Wenn sie dann tatsächlich ihr Rennen fahren, haben sie es körperlich und geistig eingeübt.

Diese Technik, die SportpsychologInnen und TrainerInnen einsetzen, wird in den Büchern *„The Inner Game of Tennis“* (Gallwey, 1974) und *„Peak Performance“* (Garfield, 1984) beschrieben. Einfach gesagt, die AthletInnen schaffen ein Bild von sich selbst, wo sie genau das tun, was sie wollen, gehen dann selbst in dieses Bild hinein, um zu fühlen und zu erleben, wie es ist.

Wenn wir mit KlientInnen in lösungs-orientierter Kurztherapie sprechen, laufen dieselben Prozesse ab. Wenn wir uns in Konversationen mit KlientInnen darauf einlassen, was sie tun, was funktioniert oder was sie tun werden, formen die KlientInnen mentale Repräsentationen von sich selbst, wie sie das Problem lösen. Veränderungen im Modus der Verben, die sie benutzen – vom Konjunktiv zum Indikativ –, sagen uns TherapeutInnen, daß KlientInnen dabei sind, im Rahmen ihrer Repräsentation, das Problem zu lösen, zu sprechen. Tatsächlich fangen sie an (wenn sie es bisher noch nicht haben), sich in das Bild hineinzusetzen, das sie erschaffen haben und schon erleben und erfahren den Prozeß, den sie beschreiben. Durch Konversation erreichen sie das, was die Bobfahrerinnen taten, als sie die hypnotische Technik einsetzten.

Ein weiterer Vorteil, wenn man sich auf das Positive und auf Lösungen konzentriert, liegt darin, daß dies die Beziehung erleichtert.

Als ich, John, gerade die SozialarbeiterInnen-Ausbildung abgeschlossen hatte, führte ich Familieninterviews, bei denen ich mich auf das Problem konzentrierte. Ich erinnere mich noch daran, wie ich mit Familien sprach und auf die Frage fokussierte: „Was ist das Problem?" In einem Fall erzählten mir die Eltern eines zwölfjährigen Jungen (der anwesend war) alle ihre Klagen über ihn. Sie sagten, wie frustriert sie beide wären, daß ihr Sohn keine Hausaufgaben macht, sein Zimmer nicht aufräumt, schlechte Zensuren bekommt und überhaupt eine schlechte Einstellung hat. Nach fünfzehn Minuten Klagen merkte ich, daß der Sohn sich in einer Ecke des Zimmers in seinen Stuhl verkrochen hatte. Ganz offensichtlich schämte er sich und wollte sich an dieser Stelle nicht an einem Gespräch mit mir beteiligen.

Heute erlebe ich denselben Jungen durch andere Familien, mit denen ich spreche, ganz anders. Indem ich so rasch wie möglich auf die Zeiten zusteuere, wo das Problem nicht besteht (Ausnahmen vom Problem) und darauf, wie er sich verhalten wird, wenn die Familie das Problem löst, beschreibt die Familie seine Erfolge oder zumindest das, was er tun wird. Derselbe Junge, der in seinem Stuhl versank, als seine Eltern die Liste mit Problemen darstellte, sitzt jetzt aufrecht dabei und beteiligt sich eher, wenn wir über Zeiten sprechen, wo er seine Hausaufgaben erledigt, eine befriedigende Zensur erhält oder etwas in seinem Zimmer gemacht hat. Er beschreibt eher, was anders ist zu den Zeiten, wo er Erfolg hat (oder zumindest nicht versagt). Er kann beschreiben, wie er beschloß, diese Dinge zu tun und was seine Eltern dann anders machen.

Und ein weiterer Vorteil, wenn man sich auf Lösungen hin orientiert, liegt darin, daß KlientInnen oft spontan andere Zeiten des Erfolges erinnern oder Zeiten, wo sie sich stärker gefühlt haben. Ein Paar kann die Zeit der Versöhnung als eine der Zeiten beschreiben, wo sie nicht streiten. Indem sie diese Zeit beschreiben, können sie sich möglicherweise an andere Zeiten erinnern, wo sie einander auf dieselbe, angenehme Weise zuhören. Ein positiver Fokus ist ein großer Vorteil.

2. Ausnahmen verweisen auf Lösungen

Annahme: Ausnahmen zu jedem Problem können von TherapeutIn und KlientIn erschaffen und zur Konstruktion von Lösungen benutzt werden.

Auf den ersten Blick scheint diese Annahme dem gesunden Menschenverstand zu widersprechen. Wenn jemand alles getan hat, was er/sie sich vorstellen kann, um ein Problem zu lösen, und nichts scheint zu funktionieren, wie kann es da fair oder logisch sein, anzunehmen, es gäbe Zeiten, wo das Problem nicht auftritt. „Das Problem", wenn Sie so wollen, besteht darin, daß Menschen manchmal mit einer ganz bestimmten Erwartung feststecken, wie die Lösung aussehen soll. Andere Zeiten werden als irrelevant geschmälert, weil nach ihrem Denkmuster die „Ausnahme“-Zeit nicht die „wirkliche“ Lösung repräsentiert oder weil die „Ausnahme“-Zeit nicht immer anhält.

Ein Beispiel für KlientInnen, die das Potential solcher „Ausnahme“-Zeiten übergingen (Peller & Walter, 1989), ist der Fall eines Paares, das zu uns kam, weil sie immer wieder miteinander stritten. Anfang der 70er Jahre, als es nicht ungewöhnlich war, mit Beziehungen zu experimentieren (was in der Subkultur fast schon als Norm galt), hatte jedE von beiden außereheliche Beziehungen. Jetzt aber, in den 80er Jahren, hatten sie beschlossen, ihre Beziehung zu verbessern und monogam zu sein. JedE trug aber Erinnerungen und Ärger an die Affären der jeweils anderen aus den vergangenen Jahren mit sich herum. Sie versuchten, dieses Problem so zu lösen, indem sie ihre Gefühle des Ärgers, Zweifels und Mißtrauens aussprachen. Jedesmal endeten diese Gespräche in einem Streit darüber, wessen Fehler es denn nun wirklich gewesen ist. Sie hatten diese Lösung so oft versucht, daß sie es kaum ertragen konnten, sich anzuschauen, geschweige denn zu reden.

Im Verlauf des Interviews fragten wir nach Zeiten, wo sie nicht stritten, Sie erwähnten, daß sie letzten Sonntag eine Fahrradtour gemacht hatten. Wir fragten, wie das gekommen war, besonders da sie sich schlecht gefühlt hatten. Sie erwiderten, es wäre so ein herrlicher Tag gewesen, daß sie beschlossen hatten, um den See herum zu radeln.

Keiner schien diese Erfahrung für das Problem bedeutsam. JedE verstand diese Erfahrung als nebensächlich für die „wirkliche“ Lösung, über die Vergangenheit zu reden und zu versuchen, sie zu lösen. Wir fragten, wie sie während der Fahrradtour miteinander gesprochen hätten und wie sich dieses Gespräch von denen unterschied, wenn das Problem bestand. Wir fragten uns erstaunt, ob die Fahrradtour eine vertrauensvollere Zeit für sie gewesen war. „Vertrauen“ war das, was sie als das letzte Ziel, das allen ihren Problemlösungsversuchen zugrundelag, angegeben hatten. Das Paar stimmte zu, daß diese Art des Miteinander angenehmer sei. Als wir darüber sprachen, wie sie diese andere Zeit hervorgebracht hatten, fragten wir: „Was glauben Sie, wenn Sie mehr solcher Zeiten wie Ihre Fahrradtour hätten, würde die Vergangenheit dann weniger ein Problem werden oder würden Sie besser damit fahren, Sachen zu lösen?“ Ihre Antwort: „Vielleicht.“

Für sie war diese Fahrradtour weder bedeutsam noch eine Ausnahme, wohl aber für uns. Sie hatten nach einer „wirklichen“ Lösung gesucht, die sich aus dem Sprechen über die Vergangenheit ergeben könnte. Für uns war die Zeit wichtig, wo sie nicht stritten, denn hier lag ein Potential, eine Lösung zu schaffen. Es war, als ob sie meinten, daß Problem führe zur Lösung – als ob Reden über die Vergangenheit eine notwendige Bedingung sei, ihr Ziel, vertrauensvoll miteinander umzugehen, zu erreichen. Wir sahen das anders. Wir waren der Ansicht, je mehr solcher Erfahrungen wie diese Fahrradtour sie hervorbringen könnten, desto größer wäre die Wahrscheinlichkeit, daß ihr Vertrauen steige, daß sie anders über die Vergangenheit reden oder daß die Vergangenheit sogar ein unbedeutendes Problem werden könnte. Unsere Arbeit drehte sich darum, wie sie mehr Zeiten wie die der Fahrradtour haben könnten.

„Ausnahmen" hervorzulocken und zu konstruieren, ist ein gemeinsamer Prozeß von KlientIn und TherapeutIn. Indem Ausnahmen vom Problem hervorgelockt und solche Ausnahmen ermutigt werden, hilft die TherapeutIn der KlientIn, ein Gefühl der Kontrolle über das zu entwickeln, was ein unüberwindbares Problem zu sein schien.

Ein Mann, der AIDS hatte, erhielt durch eine Gemeindeschwester seine medikamentöse Behandlung zuhause. Er meinte, sein körperlicher und geistiger Zustand sei in Ordnung. Das Problem, für das er Hilfe suchte, bestand darin, daß er Schwierigkeiten hatte, zwischen den Zeiten zu unterscheiden, wo es ihm körperlich schlecht ging und er deshalb im Bett bleiben mußte und jenen Zeiten, wo er deprimiert war oder seine Arbeit vor sich herschob. Für ihn war es akzeptabel, aus gesundheitlichen Gründen das Bett zu hüten, aber es war nicht zu akzeptieren, liegen zu bleiben, weil er Dinge vor sich herschob oder deprimiert war. Er wußte auch, daß er sich besser fühlte, wenn er in seiner Arbeit etwas leistete und oft fühlte er sich, was seine Krankheit anging, besser, wenn er aufstand.

Sein Ziel bestand darin, eine Entscheidung zu treffen, ob es ein „Bett-Tag" oder ein „Arbeits-Tag" sei. Durch das Gespräch wurde mir, Jane, deutlich, daß er, wenn er diese Entscheidung treffen wollte und tatsächlich im Bett lag, er dies nicht klar tun konnte. Es gab aber Zeiten, wo er sich *erst* entschied, aufzustehen und die Zeitung zu holen, ehe er entschied, was für ein Tag es wohl werden würde. Er beschrieb, daß er, um die Zeitung zu holen, aufstehen, sich warmes Zeug anziehen, etwa fünfzig Meter bis zur Ecke und wieder zurück gehen mußte. Zurück in seiner Wohnung entschied er, ob er die Zeitung am Tisch oder im Bett lesen wollte. Seine Antwort auf diese Frage würde ihm dann sagen, was für ein Tag es werden würde.

Zu entscheiden, ob man hinausgehen und eine Zeitung kaufen soll, ist viel einfacher und anregender, als zu entscheiden, was für ein Tag es werden wird. Wenn er tatsächlich etwas getan hat, entwickelte sich meist ein anderes Gefühl über den Tag. Natürlich sah er anfangs nicht das Potential der Ausnahme – aufzustehen und nicht im Bett zu liegen. Als wir über die Zeiten sprachen, wo er erst die Zeitung kaufte, konnten wir die Bedeutung der Ausnahme erhellen und die Wirklichkeit und Macht solcher Zeiten für den Klienten entwickeln, wo er eine Entscheidung über das, was er tun wollte, treffen konnte.

3. Nichts ist immer dasselbe

Annahme: Änderung tritt immer auf.

Viele von uns haben Seminare über die Geschichte der westlichen Philosophie belegt. Einer der alten Philosophen, Heraklit, wird meist mit dem Satz zitiert, daß man nicht zweimal in denselben Fluß steigen könne. Anders gesagt, nichts bleibt dasselbe; Sachen und Ereignisse ändern sich ständig. Unsere Erfahrung war die, daß nach den fünfzehn Minuten, die es brauchte, um darüber zu diskutieren, wie sich Dinge ständig verändern, das Thema Änderung nur noch selten auf eben diese Weise in den Philosophieseminaren angesprochen wurde.

Von da an sprachen wir dann darüber, wie Dinge dieselben blieben. Wir sprechen über das Wesen der Dinge, über die unveränderliche Natur des Menschen und wie in der objektiven Welt der Wissenschaft Gesetze existieren, die das Unveränderliche regeln.

Wir sprachen aber nie wieder über Änderung. Es war, als ob Stabilität und Unveränderlichkeit eine Voraussetzung aller darauf folgenden philosophischen Anschauungen bis in unsere Zeit hinein geworden sind. Ein Teil des Problems der Unveränderlichkeit könnte darin liegen, daß diese Annahme von der Struktur unserer Sprache aufrechterhalten wird. Wir beschränken uns durch das Verb „sein". Mit diesem Verb können wir sagen, etwas „ist" etwas, so als ob es für immer und ewig sei. Wenn wir sagen: „Ich *bin* AmerikanerIn", können wir ausdrücken, daß es keinen Zeitpunkt gibt, wo ich keine AmerikanerIn bin. Wir hätten vermutlich keine Schwierigkeiten mit dieser Feststellung. Die meisten Menschen würden die Bedeutung akzeptieren, daß ich zu *jeder* Zeit eine AmerikanerIn *bin.*

Wir haben demgegenüber Schwierigkeiten, wenn wir sagen, dies ist eine „verstrickte Familie". Heißt das, es gibt keine Zeiten, wo sie nicht verstrickt sind, wo sie überhaupt nichts anderes tun? (zur Diskussion der Verwendung von „sein" vgl. DE SHAZER, 1988)

Es scheint, als ob wir als TherapeutInnen Probleme für uns selber schaffen, indem wir so reden, als ob die Dinge in irgendeiner Weise unveränderlich „sind". Sobald wir sagen, eine Familie ist „verstrickt", haben wir nicht nur das Problem mit der sich selbst erfüllenden Prophezeiung, sondern müssen dann auch eine Erklärung (er-)finden, wie die „verstrickte" Familie etwas anderes werden kann.

Ich, John, erinnere mich noch an eine mündliche Prüfung in Philosophie, wo ich philosophisch erklären sollte, wie aus einem Apfel ein verrotteter Apfel oder kein Apfel wurde. Ich sollte die Änderung von einem Zustand des Apfel-Seins zu etwas anderem und dann zur Nicht-Existenz erklären. Als TherapeutInnen schaffen wir ähnliche Situationen. Zuerst sagen wir, daß die Familie verstrickt ist und dann müssen wir eine Erklärung (er-)finden, wie sie etwas anderes wird.

In den 70er Jahren, als „Homöostase" das vorherrschende Konzept der Familientherapie war und benutzt wurde, um zu beschreiben, wie Systeme stabil bleiben, war SPEER (1970) einer der ersten, der hinterfragte, wie bedeutsam ein zentrales Konzept der Gleichheit für eine Berufsgruppe sein könne, die sich um Veränderung bemüht.

Unsere Position ist die, daß es nicht nützlich ist, zuerst über Stabilität, Gleichheit und Problem-Erhaltung zu sprechen, um dann zu versuchen, Erklärungen zu (er-)finden, wie Familien sich von einem Zustand zu einem anderen bewegen (verändern) können. Wir glauben vielmehr, es ist nützlicher, anzunehmen, daß Änderung immer auftritt und so die Notwendigkeit umgehen, Übergänge von einem Zustand in einen anderen erklären zu müssen. Unsere Aufgabe besteht darin, KlientInnen zu helfen, solche Bedeutungen, Änderungen oder Entwicklungswege auszuwählen und zu erkennen, die sie möchten und weiterhin sehen möchten.

So werden wir beispielsweise oft nach „schwierigen Fällen" gefragt – die „Multiproblem"-Fälle. Im lösungs-orientierten Denken gibt es keine „Multiproblem"-Fälle, selbst wenn KlientInnen etliche Probleme einbringen. Ein Fall, der uns von einer HMO* zugewiesen wurde, galt als „sehr schwierig". Eine Frau, die nach einem Selbstmordversuch aus der Klinik entlassen wurde, war als suizidal, manisch-depressiv und selbst-

*) HMO: Health Maintenance Organization

destruktiv diagnostiziert worden. Die zuweisende Stelle sorgte sich sehr über diese Klientin und wollte, daß sie sofort nach ihrer Klinikentlassung einen Termin bekam. Sie rief an und erhielt einen Termin in vier Tagen. Im Erstinterview identifizierte sie verschiedene Ziele: Möglichkeiten zu lernen, ihrem Ärger produktiv Luft zu machen; lernen, obsessive Denkmuster zu verändern; positive Gefühle in Hinblick auf zukünftige Beziehungen zu erleben; Gefühle über ihren Vater aufzulösen. Alle diese Ziele sind angemessen, aber man kann nicht an allen gleichzeitig arbeiten. Als wir sie fragten, wann einige dieser Ziele gegenwärtig auftreten, erwähnte sie, daß sie dann auftreten, wenn sie „ausgeglichen" ist. Der Rest der Sitzung richtete sich auf Zeiten und Möglichkeiten, wo sie auf diese „ausgeglichene" Art weitermachte und wie sie es anstellen kann, so weiterzumachen.

Wir sahen diese Klientin achtmal. Als sie weiterhin „ausgeglichene" Zeiten hatte, war sie imstande, alle Ziele zu erreichen, die sie in der ersten Sitzung aufgelistet hatte.

Das Mailänder Team Selvini-Palazzoli, Cecchin, Boscolo und Prata (1978) erkannte das Problem mit dem Verb „sein" und beschrieb eine Person dementsprechend so, daß er/sie Depression „zeigt", anstatt zu sagen, jemand „ist" depressiv. Ihre Verwendung eines anderen Verbs rüttelt an Fragen der Zuschreibung und linearer Annahmen, die durch das Verb „sein" begünstigt werden.

Die Verwendung solcher Verben wie *zeigen, werden, scheinen* und *handeln, als ob* begünstigen eine Auffassung, daß Verhalten befristet und veränderbar ist. Wenn wir sagen, jemand handelt depressiv, ist die Bedeutung eine ganz andere, als wenn wir sagen, jemand ist depressiv. Die Annahme ist die, daß er/sie jetzt so handelt, aber zu einer anderen Zeit anders handeln könnte. Die Veränderung beim Verb verleiht auch unseren Beschreibungen eine Bewegung.

Eine andere Möglichkeit, dieses Dilemma des „sein" zu vermeiden, besteht darin, einfach zu sagen: „*Die KlientIn sagt*, er/sie ist depressiv." Diese Formulierung hat den Vorteil, daß sie uns darauf aufmerksam macht, daß es sich ausschließlich um die Auffassung der KlientIn von sich selber und ihrer Situation zu dieser Zeit handelt – und nicht um eine Tatsache.

Wenn wir die Idee, daß Änderung ständig stattfindet, mit der vorher beschriebenen Idee, daß sich Ausnahmen zu einem Problem (er-)finden lassen, zusammentun, können wir anfangen, nach den Zeiten Ausschau zu halten, wo dieseR jemand nicht depressiv handelt. Wenn jemand manchmal nicht depressiv handelt, kann es etwas anderes geben, was diese Kontexte angeht oder was die Person zu diesen Zeiten tut oder denkt, das ihr möglich macht, sich in bezug auf das Problem anders zu verhalten.

Als TherapeutInnen sollten wir Augen und Ohren so entwickeln, daß wir flexibel und empfänglich für Zeiten und Verhalten ohne Problem sind, so daß wir und die KlientInnen leichter solche problemfreien Zeiten hervorlocken können. Dieser Prozeß ähnelt der Erfahrung, sich solche psychologischen Abbildungen anzuschauen, die Kipp-Bilder genannt werden, wo Figur und Hintergrund sich umkehren, je nachdem, wie man sie betrachtet (Abb. 1). In diesem Kipp-Bild erkennt man entweder eine Vase oder zwei Profile. Einige sehen zuerst nur das Bild der Vase und es bedarf eines geübten Auges, auch das andere Bild zu erkennen.

Sehen Sie eine Vase ?

Oder sehen Sie zwei Gesichter, die sich anblicken ?

Ähnlich und metaphorisch kommen KlientInnen und erzählen uns über das eine Bild. Wir versuchen, beide Bilder zu sehen und sie einzuladen, das andere Bild zu untersuchen. Änderung tritt immer auf.

4. Kleine Änderungen sind notwendig

Annahme: Kleine Änderungen führen zu größeren Änderungen.

Sehr oft hören wir PraktikerInnen von „Multi-Problem"-Familien sprechen oder von „schwer gestörten" PatientInnen oder davon, wie kompliziert ein Fall sei. Die PraktikerIn verweist dann meist auf die ungeheure

Arbeit und Mühe, oder sie resigniert vor dem scheinbar Hoffnungslosen. Die Annahme, die den Reaktionen auf diese schwierige Situation gewöhnlich zugrundeliegt, sieht vor, daß eine in gleicher Weise ausgeklügelte, mächtige und langandauernde Antwort erforderlich ist. Die Idee, daß kleine Änderungen zu größeren Änderungen führen, erleichtert einen schlichteren Weg und kann einfachere Ansichten und Handlungen ermöglichen.

Viele Fälle können einfacher aussehen, wenn man erkennt, daß Menschen bei jedem Problem meist immer dieselbe Lösung ausprobieren. Indem eine kleine Änderung bei den versuchten Lösungen eingeführt wird, können sich KlientInnen in einigen anderen Situationen gleichzeitig verändern. Viele Leute glauben beispielsweise, daß man eine Beziehung dadurch verbessern kann, daß man den/die andere mit dem konfrontiert, von dem man glaubt, daß er/sie es falsch macht. Der/die andere – sei es ein Kind, eine ArbeitskollegIn, eine AngestelltE, eine EhepartnerIn oder eine FreundIn – reagieren meist abwehrend und verteidigend, was zu einem Streit führt. Diejenigen, die auf solchen konfrontativen Lösungsversuchen beharren, werden dann wahrscheinlich als negativ oder streitsüchtig angesehen, was die Probleme weiter aufrechterhält. Wenn wir vorschlagen, daß KlientInnen sagen, was sie wollen und nicht nur, was sie nicht wollen, können sie ihr Vorgehen und so die Interaktion in vielen Beziehungen verändern.

Wenn wir sagen, kleine Änderungen sind notwendig, so drücken wir damit auch aus, daß wir der festen Überzeugung sind, daß eine KlientIn, die einen (kleinen) Erfolg erlebt hat, indem sie etwas bewältigen konnte, sich in einem Zustand befindet, der leichteren Zugang zu Ressourcen ermöglicht, um Lösungen für andere, schwierigere Probleme zu finden.

Eine Klientin kam zu uns, weil sie Schwierigkeiten in der Beziehung zu ihrem Freund hatte. Im Laufe der Änderungen in der Beziehung erkannte sie auch etwas über sich selbst. Da sie selber in der Vergangenheit Übergriffe erlitten hatte, hatte sie immer angenommen, sie könnte nicht riskieren, das von jemandem zu erbitten, was sie von ihm wollte. Ihre Angst war zu groß, daß jede Bitte mit Zorn und Strafe beantwortet würde. Jetzt experimentierte sie allerdings damit, solche Bitten an ihren Freund zu richten. Angesichts der eigenen Erfolge stellte sie jetzt ihre Überzeugung, die sie aus der Vergangenheit mit sich trug, infrage und fühlte sich ein kleines bißchen besser. Sie beschloß, diese Technik auch in der Arbeit mit ihren KollegInnen zu versuchen. Sie war überrascht, herauszufinden, daß sie auch dort Forderungen und Bitten stellen und gute Ergebnisse erzielen konnte.

Diese Annahme bedeutet auch, daß Probleme nur genau so groß sind wie unsere Definitionen von ihnen. Unsere Definition eines Problems definiert unsere Erfahrung sowie die Größe des Problems. Einer Klientin, die zu uns kam, war von einigen anderen gesagt worden, daß sie an Depression leide. Sie fürchtete, daß etwas mit ihr überhaupt nicht stimmte. Unsere erste Überlegung und unsere erste Rückmeldung besagte, daß wir nicht der Ansicht waren, sie leide an Depression, sondern daß sie „unglücklich" war „und es uns unter den gegebenen Umständen durchaus einleuchtet, daß sie sich so fühlt." Depression war eine Definition, die für sie bedeutete, daß irgendetwas fürchterlich falsch an/mit ihr war. Unglücklich hieß, daß sie normal war und daß sie die gegebenen Umstände nicht mochte. Diese letzte Definition ließ sich besser handhaben und war etwas, womit sie etwas machen konnte.

Am wichtigsten ist jedoch, daß die Annahme kleiner Änderungen bedeutet, daß Probleme, große wie kleine, Schritt für Schritt gelöst werden. Vor kurzem kam ein Paar zu uns wegen ständiger Auseinandersetzungen über die Richtung, in die sich ihre Beziehung entwickeln sollte. Sie war sehr aufgebracht, daß er nicht willens war, ein Datum für die Hochzeit zu akzeptieren. Er konnte nicht sehen, wie er das könnte, wenn sie so viel stritten. Wir fragten, was sie anders machen würden, wenn sie „auf dem Weg" wären, diese Entscheidung zu treffen. Als sie sich auf diese „Weg"-Idee einließen, wurde ihnen deutlich, daß sie anders miteinander reden würden. Indem sie „mit"-einander reden, anstatt sich an schwierige und feste Positionen zu klammern und sich zugleich gegenseitig zu beschuldigen, nahmen sie an, daß es mehr Kompromisse als Problemlösung geben würde. Dieses Sprechen „mit"-einander wäre hilfreicher, sich festzulegen, anstatt ein Datum zu bestimmen oder es aufzugeben.

Die Annahme, daß kleine Änderungen zu mehr oder größeren Änderungen führen, kann eine oder alle der genannten Interpretationen in sich tragen und führt zu anderen und einfacheren Vorgehensweisen mit KlientInnen. Ein Beispiel: Ein Paar kam zur Therapie als letzte Rettung für ihren „Mangel an Kommunikation". In der ersten Sitzung gaben sie an, daß sie in den letzten Jahren ihrer fünfzehnjährigen Ehe nicht miteinander kommunizierten. Sie sahen es so, daß sie über keinen Aspekt ihrer Beziehung miteinander kommunizierten und daß dieses Kommunikationsproblem zu ständigen, sich steigernden Auseinandersetzungen führt.

Mit lösungs-orientiertem Vorgehen fragten wir nach „Ausnahme"-Zeiten – daß er, wenn sie mit dem reagierte, was sie „positive Reaktionen" nannte, nicht defensiv antwortete oder auf übliche Weise angriff. „Positive Reaktionen" hieß für sie, daß sie mitfühlend auf seine Situation antwortete, anstatt sich selber sofort zu verteidigen. Sie wurde aufgefordert, zu Hause diese positiven Reaktionen auszuführen und darauf zu achten, welche weiteren Unterschiede sie für ihn und sie machten. Ihr schien diese Aufgabe ziemlich unbedeutend. Sie war Sozialarbeiterin und an den Gedanken gewöhnt, daß Verhaltensänderungen nur oberflächlich waren und sich nicht auf die tiefen, ihrem Konflikt zugrundeliegenden Gefühle bezogen. Sie war aber dennoch bereit, es einmal zu versuchen.

In der nächsten Sitzung gab es weitreichende Änderungen. Sie bemerkte nicht nur, daß beide sich zu verstehen schienen und auf eine Art miteinander sprachen, die auf dem Weg lag, ihr „Kommunikationsproblem" zu lösen, sondern auch, daß sie die Dinge nicht mehr persönlich nahm. Das war etwas, was sie schon immer tun wollte, aber als jemand, die eine lange Geschichte sehr persönlicher Beziehungen hatte, war sie nicht imstande gewesen, sich da hindurch zu arbeiten, indem sie sich auf ihre Gefühle konzentrierte. Nach drei Sitzungen sah ihre Reaktion so aus: „Es fiel mir schwer, daran zu glauben, daß diese langjährigen Probleme sich so schnell verändern ließen – aber ich mache das einfach."

Kleine Änderungen führen zu größeren Änderungen.

5. Kooperieren* ist unvermeidlich

Annahme: KlientInnen sind immer kooperativ. Sie zeigen uns ihre Überzeugung, wie Änderung eintreten kann. Wenn wir ihr Denken und Handeln zutreffend verstehen, ist Kooperieren unvermeidlich (de Shazer, 1982, 1985a, 1986, Gilligan, 1987)

Wenn wir im Rahmen eines lösungs-orientierten Modells arbeiten, glauben wir, daß die Reaktionen der KlientInnen auf unser Verhalten anzeigt, wie sie darüber denken, daß Änderungen auftreten. Wenn Klien-

*) **Anm. d. Hrsg.:** In seiner ersten Formulierung spricht de Shazer (1982) ausdrücklich in der „-ing"-Form (deutsch: „kooperieren"), um auszudrücken, daß „kooperieren" keine Sache und kein Ding ist, sondern ein Prozeß, der sich ständig in der Begegnung vollzieht. In der substantivistischen Form – „cooperation" (deutsch: „Kooperation") – kann dieser Aspekt leicht aus dem Auge verloren werden. Wir haben deshalb in der deutschen Übersetzung versucht, so weit sprachlich möglich, immer die Verbform zu benutzen.

tInnen nicht das tun, was wir sagen oder sogar etwas anderes tun, glauben wir nicht, daß sie „widerspenstig" sind, sondern daß es ihrer Ansicht nach das beste ist, was sie gegenwärtig tun können.

Unsere Annahme, Kooperieren ist unvermeidlich, erfordert, daß wir KlientInnen beim Wort nehmen: sie wollen wirklich gerne eine Lösung für ihr Problem verwirklichen. Das läuft solchen Annahmen zuwider, wie: KlientInnen sind widerspenstig; sie wollen sich *tatsächlich* nicht ändern; sie lieben ihr Problem; sie verleugnen ihr Problem; sie ziehen irgendeinen Vorteil aus ihrem Problem; sie haben ein geheimes Programm oder spielen falsch. Unsere Erfahrung zeigt, daß derartige Annahmen weder hilfreich sind, Lösungen zu konstruieren, noch zu unserer Vorstellung passen, den Ressourcen der Menschen zu vertrauen.

Ein Mann kam zu uns wegen seiner Angstanfälle. In der Vergangenheit hatte er befürchtet, daß ihn die Angst übermannen könnte, wenn er nicht bei sich zuhause war und so verbrachte er die meiste Zeit zuhause. Er wollte seine Arbeitsstelle wechseln, befürchtete aber, daß das Vorstellungsgespräch schlecht laufen würde. Er ärgerte sich auch über seine Frau, die ständig quengelte, mehr Zeit mit ihr zu verbringen. Er fühlte sich sehr entmutigt.

Kurz bevor er zu uns kam, hatte er beschlossen, zu versuchen, öfters wegzugehen. Er wollte gerne seinem Sohn im Schulteam beim Basketball zusehen. Trotz seiner großen Angst hatte er sich ein Spiel angeschaut.

Anfangs waren wir begeistert über diese Veränderung und ermutigten ihn sehr, mehr solcher Sachen zu machen. Wir stellten aber fest, daß er zögernd reagierte, wenn wir ihn ermutigten und weitere Änderungen vorschlugen – er nannte sogar Gründe, weshalb ein weiterer Schritt nicht möglich sei. Wir merkten aufgrund seiner Reaktion sehr schnell, daß sein Änderungsansatz sich von unserem unterschied und wenn wir zu sehr ermutigten, er sich weniger ändern würde.

Er schien sein eigenes Tempo zu haben, das sich von unserem unterschied – es war nicht besser und nicht schlechter, sondern ganz einfach anders. Hätten wir durch unser Ermutigen von Änderungen „Widerstand" schaffen wollen, so hätten wir ihn nur weiterhin auf eine Art ermutigen müssen, die er als antreibend sieht und er hätte sich wohl wirklich weniger verändert.

Stattdessen ermutigten wir ihn auf *seine* Weise. Wir sagten, wie sehr uns sein Wunsch, aktiver zu sein und Schritte in diese Richtung zu gehen, beeindruckt. Wir schlugen ihm auch vor, daß er weiterhin *einen Schritt nach dem anderen macht.* Wir vermuteten, daß er, da er dazu neige, hohe Ansprüche zu haben, vielleicht seine Erwartungen an den nächsten Schritt hinunterschrauben möchte.

Dieser Klient war – wie alle KlientInnen – sehr kooperativ und gab sehr schnell Hinweise, wie er mit Änderungen umging. Wir hätten einen „widerspenstigen Klienten" schaffen können, wenn wir etwas vorgeschlagen hätten, das er als „zu schnell" angesehen hätte. Wir kooperierten vielmehr mit ihm, indem wir ihn drängten, vorsichtig zu sein.

Viele von uns suchen sich das Problem heraus, das wir als erstes bearbeiten würden, wären wir die KlientInnen. Aufgrund einer diagnostischen (Vor-)Annahme entscheiden einige von uns, was zuerst bearbeitet werden muß. Wir könnten beispielsweise darauf beharren, daß zuerst das Alkoholproblem bearbeitet werden müßte, weil wir glauben, eine Therapie kann nicht erfolgreich sein, während der/die Betreffende noch trinkt. Da wir annehmen, daß ein Familienproblem, das auch elterliches Erziehungsverhalten mit einbezieht, aufgrund von Eheschwierigkeiten nicht gelöst werden kann, könnten wir darauf bestehen, zuerst die Eheprobleme zu bearbeiten. Wir versuchen, hilfreich zu sein, indem wir Schritte vorschlagen, das Problem, das wir ausgesucht haben, zu lösen. Aber viel zu oft stimmen KlientInnen dem, was wir als Problem oder Lösungsweg ausgesucht haben, nicht zu. Wenn KlientInnen ihre Situation daher nicht so sehen wie wir, ist es für sie wirklich sinnvoll, nicht das zu tun, was wir vorschlagen. Und für uns ist es auch sinnvoller, anzunehmen, daß sie sich im Rahmen ihrer Betrachtungsweise bewegen, als zu meinen, mit ihnen stimme etwas nicht oder sie seien widerspenstig. Nach ihrer Auffassung sind sie ganz gewiß nicht widerspenstig.

Eine generelle Norm familientherapeutischen Arbeitens besagt, daß jedes Familienmitglied anwesend sein muß. Dieselbe Norm gilt für Paartherapie. Als wir uns in den ersten Jahren unserer familientherapeutischen Aus- und Fortbildung dieser Norm verschrieben, verloren wir viele KlientInnen und sahen dasselbe auch bei vielen anderen PraktikerInnen.

So kann ein Familienmitglied vielleicht kein Vertrauen in die Therapie gesetzt oder überhaupt daran geglaubt haben, daß ein Problem besteht, das einer Therapie bedarf. Oder ein Familienmitglied hat einen guten Grund gehabt, nicht an den Sitzungen teilzunehmen. Diese Familien wurden manchmal als „widerspenstig" etikettiert und die abwesenden Familienmitglieder galten als diejenigen, die Widerstand durch Verleugnen des Problems oder durch Nichterscheinen zeigten. Die anwesenden Mitglieder wurden als widerspenstig angesehen, als ob sie irgendwie daran beteiligt wären, daß und wie die anderen nicht erschienen. Wir erinnern uns, wie TrainerInnen und SupervisorInnen uns anwiesen, Familien wieder nach Hause zu schicken und sie nur dann zu treffen, wenn alle kommen.

Wir machten uns über die Frage Gedanken: „Wer ist hier widerspenstig?“ Waren die Familienmitglieder widerspenstig, weil sie nicht an die Therapie glaubten oder zur Arbeit mußten? Waren wir widerspenstig, indem wir so unnachgiebig auf unserer Regel bestanden? Wir neigen zu der Auffassung, daß die Familie uns mitteilt, wie sie meinen, daß Änderungen eintreten und daß diejenigen, die zu den Sitzungen kommen, diejenigen sind, die wir erreichen können oder die daran glauben, daß Therapie helfen kann.

In Workshops sagen Richard Bandler und John Grinder gewöhnlich, daß es keine widerspenstigen KlientInnen gibt, sondern nur unflexible TherapeutInnen (1979). Wenn wir KlientInnen beim Wort nehmen und darauf vertrauen, daß sie ihr Problem lösen wollen, können wir davon ausgehen, daß sie versuchen, es auf dem besten Wege, den sie im Moment kennen, zu lösen. Wenn einige Familienmitglieder nicht zur Sitzung erscheinen, weil sie nicht an die Therapie glauben, nehmen wir sie beim Wort und, anstatt anzunehmen, sie seien widerspenstig, denken wir, daß sie uns zeigen, wie sie über ihr Problem und darüber, wie Änderungen eintreten, nachdenken.

Es liegt an uns TherapeutInnen, herauszufinden, wie Menschen in Bezug auf ihre Probleme denken und handeln und flexibel genug zu sein, ihre jeweils einzigartige Weise zu nutzen. Eine wechselseitige, kooperative Beziehung ist unvermeidlich.

6. Menschen haben Ressourcen

Annahme: Menschen haben alles, was sie brauchen, um ihr Problem zu lösen.

Diese spezifische Ericksonsche Annahme ist ein Glaube an Nicht-Pathologie und an Gesundheit (Bandler & Grinder, 1979; Lankton & Lankton, 1983; Dolan, 1985; Gilligan, 1987, O'Hanlon, 1987). Geht es um die Abschätzung der Pathologie setzt die KlinikerIn ein normatives – und kein individuell oder familiär abgestimmtes – Modell als Grundlage eines Vergleichs mit der jeweiligen KlientIn ein. Anderson, Goolishian und WINDERMAN (1984) haben ausgeführt, daß diese Modelle sich auf die Annahme gründen, Probleme ließen sich aus einem Fehler oder einer Dysfunktion in der Struktur des Individuums oder der Familie herleiten. Die Aufgabe der KlinikerIn läge dann darin, das Problem in diesen Strukturen zu lokalisieren.

Wir betonen nicht die Ursache oder den Erhalt des Problems, sondern den Glauben, daß jedes Individuum und jede Familie fähig ist, ihr Problem zu lösen, wobei wir dafür verantwortlich zeichnen, flexibel zu sein und Änderungen in die Richtung, die sie wollen, zu erleichtern. Probleme existieren in der Art und Weise, wie Menschen ihre Situation definieren und wie sie an fehlgeleiteten Handlungen festhalten. JedE hat die Fähigkeit, einen Handlungsablauf zu verändern.

Wenn wir feststellen, daß Menschen über Ressourcen verfügen, so wollen wir nicht andeuten, daß es sich bei diesem Ansatz um ein Modell der Zuschreibung und des Vermögens handelt. Wir glauben nicht, daß Menschen über mehr Ressourcen als Defizite verfügen. Wenn wir unsere Annahme in dieser zuschreibenden Weise formulieren, so wollen wir damit lediglich unseren Glauben hervorheben, daß jedE *fähig* ist, das zu tun, was sie tun muß, um das zu bekommen, was sie möchte.

Wir sehen durchaus, daß die Formulierung dieser Annahme sich so verstehen läßt, als würden wir glauben, Menschen besäßen Ressourcen – und daß genau dies nicht zu unserer interaktionalen und prozeßorientierten Sichtweise paßt. Um konsistent zu sein, dürften wir überhaupt nicht von Defiziten oder Ressourcen sprechen, sondern ausschließlich Prozesse und Bedeutungen diskutieren. Nur um unsere positive Orientierung kenntlich zu machen, haben wir die interaktionale Ebene für einen Moment verlassen.

7. Bedeutung und Erfahrung sind interaktional konstruiert

Annahme: Bedeutung und Erfahrung sind interaktional konstruiert. Bedeutung ist die Welt (bzw. das Medium), in der wir leben. Wir verleihen unserer Erfahrung eine Bedeutung, und im selben Moment ist Bedeutung auch Teil unserer Erfahrung. Bedeutung wird uns nicht von außen aufgezwungen oder bestimmt. Wir informieren unsere Welt durch Interaktion.

Eine der Definitionen des Begriffs „informieren" (nach *Webster's II New Riverside University Dictionary,* 1984) lautet: „Form oder Merkmal geben, verleihen". Das ist der Gebrauch, den wir mit dieser Annahme anstreben. Mit dem Wort „informieren“ meinen wir, daß wir unserer Erfahrung und unserer Existenz sozial und individuell eine Form geben, daß Bedeutung relativ ist in Hinblick auf die teilnehmende BeobachterIn. Ein Beispiel: Würde jemand, die rechte Hand hoch erhoben, erstarren und dann in immer neue und andere Situationen gebracht, würden diesem Verhalten unterschiedliche Bedeutungen zugeschrieben.

So würde eine LehrerIn, die diese Person mit erhobener Hand in der Klasse sieht, annehmen, sie hätte eine Frage oder eine Bemerkung und wollte deswegen gerne drankommen. Eine AuktionatorIn, die diese Person sähe, würde annehmen, sie würde ein Angebot machen und wenn dies das letzte Gebot wäre, würde sie diese Haltung eine bestimmte Summe kosten.

Eine TaxifahrerIn, die diese Person am Straßenrand sieht, würde annehmen, sie brauche ein Taxi und sofort anhalten. Stünde diese Person auf einem Boot, an dem Leute auf anderen Booten vorbeiführen, würden letztere, der Etikette folgend, annehmen, sie würde freundlich winken und daher zurückwinken. Würde die Hand in einem Gerichtssaal erhoben, würde eine BeobachterIn vermuten, daß hier ein Eid abgelegt wird.

Die rechte Hand erheben kann viele unterschiedliche Bedeutungen besitzen, obwohl es physisch dieselbe Geste ist. In unterschiedlichen Kontexten hat diese Geste verschiedene Bedeutungen, die sowohl von BeobachterInnen wie von der handelnden Person in-formiert werden. Die Handelnde kann die Handlung mit derselben oder einer anderen Bedeutung versehen, als die anderen es tun. Keine Bedeutung ist richtig oder falsch oder eine Fehlwahrnehmung.

Wir leben alle in einer Welt der Bedeutung und der Sprache. Bedeutung wird in-formiert durch teilnehmende BeobachterInnen; Bedeutung wird von einer BeobachterIn oder einer TeilnehmerIn zugeschrieben – und nicht anders herum. Das Ereignis an sich hat keine Bedeutung, die von jemandem von außen entdeckt wird. Bedeutung ist relativ in Hinblick auf die Person(en), die das Ereignis in-formiert(en). Aus der Sicht der Einzelnen, die aktiv an der Welt teilnimmt, in-formiert das Individuum Bedeutung für seine/ihre Welt oder erschafft seine/ihre Erfahrung. Bedeutung in-formiert sowohl die Erfahrung wie Bedeutung dann auch Erfahrung ist. Bedeutung läßt sich nicht von Erfahrung oder von der Person, die Bedeutung zuschreibt, trennen. Die Trennung von Denken und Erfahrung schafft eine künstliche Barriere zwischen „innerhalb“ und „außerhalb“ des Kopfes.

Bedeutung-geben ist immer zugleich innen und außen. Es ist interaktiv in der Beziehung zwischen einem Individuum und seiner/ihrer Erfahrung wie auch in den Interaktionen zwischen Menschen. Bedeutung entwickelt und verändert sich im Dialog zwischen Menschen, wenn sie ihre Erfahrungen in Sprache und Symbol teilen. Es besteht immer zugleich eine wechselseitige Teilhabe an der Konversation und ein Anerkennen von Beeinflussung. Anderenorts finden sich eingehendere Diskussionen der Konstruktion der Bedeutung (WATZLAWICK, 1984; VON FOERSTER, 1984; VON GLASERSFELD, 1984; MATURANA & VARELA, 1987, DE SHAZER, 1988) auch in Hinblick auf soziale Konstruktion und die Anwendung auf den therapeutischen Bereich (ANDERSON & GOOLISHIAN, 1988; HOFFMAN, 1990).

Probleme, Ziele, Lösungen treten alle im Bereich der Bedeutung auf und sind zugleich auch selber Bedeutungen. Eine Änderung der Bedeutung ist eine Änderung der Erfahrung. Eine Änderung kann für KlientInnen bedeuten, daß ein Problem nicht länger existiert, daß sie etwas anderes tun können oder daß sie sich auf das hinbewegen, was sie wollen.

8. Rekursivität

Annahme: Handlungen und Beschreibungen sind zirkulär.

Es besteht eine zirkuläre Beziehung, wie man ein Problem oder Ziel beschreibt, welche Handlung man ergreift, wie man diese Handlungen und Ergebnisse beschreibt, welche weiteren Handlungen man ergreifen könnte usw. (WATZLAWICK, 1974, und KEENEY, 1983, diskutieren die Frage der Rekursivität noch eingehender)

Wenn z.B. ein Elternteil das Verhalten eines Kindes als böse beschreibt, dann wird er/sie eher Strafe als Lösung einsetzen. Das daraus resultierende Verhalten des Kindes (ebenfalls durch die Linse „gut/böse“ der Eltern gesehen) dient als Rückmeldung, um den Erfolg der Strafe zu beurteilen.

Übernimmt derselbe Elternteil einen anderen Rahmen für das Verhalten des Kindes – anstatt es als „böse“ zu interpretieren, beschreibt er/sie es als das Experimentieren Jugendlicher –, kann er/sie möglicherweise das Verhalten ignorieren oder Konsequenzen folgen lassen, ohne das Etikett „gut/böse“ zuzuschreiben. Die Bedeutung, die ein Elternteil übernimmt, in-formiert, wie er/sie das Verhalten des Kindes „sieht“ und bestimmt zugleich auch, welche Klasse von Lösungen oder Handlungen zum Einsatz kommt. Eine Änderung der Bedeutung kann auch eine

Änderung nach sich ziehen, wie der Elternteil weitere Vorkommnisse informiert und welche Handlungen ergriffen werden.

9. Die Bedeutung liegt in der Reaktion

Annahme: Die Bedeutung einer Botschaft ist die Antwort, die Sie erhalten (Bandler & Grinder, 1979; Dilts et al., 1980).

In den genannten Beispielen mit der erhobenen rechten Hand wird Bedeutung so beschrieben, als würde sie von der BeobachterIn erschaffen. Die Geste besitzt keine absolute Bedeutung; sie wird nicht nur von der Person, die die Hand hebt, sondern auch von all denen, die diese Geste beobachten, mit Bedeutung versehen (in-formiert).

Ein lustiges Beispiel für das Auseinanderfallen von Bedeutungen ist die Situation, die wir aus Stummfilmen kennen, wo jemand auf einer Auktion die Hand hebt, um sich zu jucken oder um jemandem zuzuwinken und dann entdeckt, daß er/sie gerade ein Gebot abgegeben hat.

Im Alltag lautet unsere Interpretation dieses Beispiels oder anderer Situationen, daß eine BeobachterIn das, was wir gesehen oder gesagt haben, „mißversteht". In unserem Modell scheint es uns nützlicher, davon auszugehen, daß die Last der Verantwortung für eine klare Kommunikation bei uns und nicht bei der KlientIn liegt. Anders gesagt, wenn die andere Person unseren Handlungen eine Bedeutung gibt, die von unseren Absichten abweicht, dann liegt die Verantwortung dafür, etwas anderes zu machen, bei uns. Dies läuft der Vorstellung genau entgegen, daß der Fehler des Mißverstehens bei der BeobachterIn liegt oder im Widerstand gegen unsere Botschaft.

In einer Familie war die Mutter besorgt über einige neu aufgetretene Verhaltensweisen ihre dreizehnjährigen Tochter. Mutter war aufgefallen, daß sich ihre Tochter wie eine Punkerin anzog. Sie hatte auch bemerkt, daß die Tochter auf dem Heimweg von der Schule Zigaretten rauchte und daß ihre Zensuren ein kleines bißchen abgesackt waren. Einigen von uns mag das nicht allzu besorgniserregend scheinen, aber für diese Mutter, die in einem religiösen Umfeld lebte, wo Rauchen als „falsch" gilt, waren diese Verhaltensweisen besorgniserregend.

Mutter wollte ihre Tochter darauf hinweisen, daß Rauchen schlecht war und ihre Zensuren abrutschten. Für Mutter stellte es sich so dar, daß sie „erinnerte" und ihre Absicht war es, „hilfreich" zu sein. Für die Tochter stellte sich Mutters Botschaft aber ganz anders dar. Sie sah sie nicht als „hilfreich" an, sondern als ihre Freiheit und ihre Unabhängigkeit „einschränkend".

In diesem Fall beschloß die Tochter, ihrer Mutter zu zeigen, daß sie unabhängig ist; deshalb rauchte sie noch mehr und verbrachte noch mehr Zeit mit ihren FreundInnen als mit den Hausaufgaben. Das paßte genau zu der Bedeutung, die sie den Handlungen ihrer Mutter unterlegt hatte. Als die Mutter diese Reaktionen ihrer Tochter sah, ging sie weit über das Erinnern hinaus und beschloß, daß dieses Verhalten „schlecht" sei und die angemessene Antwort Strafen durch „Hausarrest" wäre.

Diese Strafe bestätigte die Tochter in ihrer Auffassung, daß die anfänglichen Maßnahmen ihrer Mutter einschränkend gewesen sind. In Übereinstimmung mit dieser Ansicht steigerte sie ihre Handlungen. Diese Interaktion eskalierte ständig.

Auf der Basis unserer Annahme, daß die Bedeutung der Botschaft die Antwort ist, die man erhält, ist in diesem Beispiel die Bedeutung der Handlungen der Mutter die Antwort, die sie erhält: eine Eskalation des Verhaltens, das sie mißbilligt. Aus dieser kommunikativen Perspektive führt die Bedeutung ihrer Botschaft zu etwas ganz anderem als dem, was sie beabsichtigte.

Und so kann es auch uns HelferInnen ergehen. Die Bedeutung unserer Kommunikation ist die Antwort, die wir erhalten. Unterscheidet sich die Antwort in dem, was wir als hilfreich ansehen, dann sollte die Bedeutung für uns die sein, daß wir in der Kommunikation etwas anders machen müssen. Erhalten wir weiterhin ständig „ja, aber"- Antworten unserer KlientIn, so kann das bedeuten, daß es an der Zeit ist, etwas anders zu machen. Bedeutung liegt eben in der Antwort.

10. Die KlientIn ist die ExpertIn

Annahme: Therapie ist ein ziel- oder lösungs-orientiertes Vorhaben – mit der KlientIn als ExpertIn.

Die Ziele verschiedener Therapien variieren beträchtlich. Die wichtigste Unterscheidung scheint die zwischen den Modellen, die versuchen, eine Kur oder persönliches Wachsen/Reifen herbeizuführen und solchen, die darauf abzielen, der KlientIn zu helfen, ein Problem zu lösen oder ein Ziel zu erreichen.

Modelle, die eine Kur versuchen, sehen die Quelle der Beschwerde zumeist in der Persönlichkeit verwurzelt und versuchen daher, eine Veränderung der Persönlichkeit zu erreichen. Modelle der humanistischen Richtung bemühen sich, persönliches Wachsen/Reifen und

Selbstverwirklichung zu verbessern. Beide Richtungen neigen dazu, lang zu dauern und hängen zumeist von der Einsicht für Veränderungen ab.

Diese Therapiemodelle verstehen die TherapeutIn oft als ExpertIn, die bestimmt, was falsch ist (Diagnose) und die den Behandlungsverlauf festlegt. Diese Rolle und dieser Prozeß ähnelt dem Vorgehen der ÄrztIn, die etwas beobachtet, Untersuchungen und Tests in Hinblick auf das Symptom durchführt und dann – als ExpertIn für Pathologie und Behandlung – einen Behandlungsplan für die PatientIn verschreibt.

Ein lösungs-orientiertes Modell legt die Verantwortung auf die andere Seite der Beziehung. In diesem Modell richtet sich der Fokus darauf, KlientInnen zu helfen, Ziele so genau wie möglich zu definieren. KlientInnen sind ExpertInnen für das, was sie ändern und zu bestimmen, woran sie arbeiten wollen. Wenn sie andere Probleme in ihrem Leben erkennen, aber beschließen, sich gegenwärtig nicht darum zu kümmern, dann ist das ihre Entscheidung. Wenn wir als HelferInnen uns anderer Probleme bewußt sind oder meinen, die KlientIn sollte ein anderes Ziel anstreben, so können wir das zwar vorschlagen, sollten uns aber weiterhin auf das konzentrieren, was die KlientIn will.

Diese Position steht in einem klaren Gegensatz zu Modellen der Beurteilung [assessment] oder Diagnose, die das Verhalten oder Denken der KlientIn mit einem normativen Maßstab vergleichen und dann vorschlagen, daß die TherapeutIn entscheidet, was die KlientIn ändern sollte und so auch die Richtung der Therapie bestimmt.

Aus der Sicht der Therapie als ziel-orientiertes Vorhaben mit der KlientIn als ExpertIn wird die Unterscheidung von freiwilliger und unfreiwilliger (gezwungener) KlientIn bedeutsam. Im VerbraucherInnen-Modell ist die Therapie ziel-orientiert und die unfreiwillige KlientIn stellt zu Anfang fest, daß sie kein Ziel hat. Es entsteht ein Durcheinander, wenn wir als TherapeutInnen diese Unterscheidung zwischen freiwillig und unfreiwillig verwischen, wenn wir selber das Ziel festlegen – trotz der Einwände der KlientIn –, indem wir die Verantwortung einer VertreterIn der sozialen Kontrolle übernehmen oder versuchen, die KlientIn auf ein Ziel, das eine ExpertIn festgelegt hat, zuzubewegen.

Indem wir für unser Vorgehen diese Unterscheidung zwischen freiwillig und unfreiwillig treffen, folgen wir zwei unterschiedlichen Handlungsverläufen. Bei freiwilligen KlientInnen arbeiten wir weiter in Richtung auf die Ziele oder Lösungen, die sie suchen; diese Vorgehensweisen werden in den folgenden Kapiteln beschrieben. Bei unfreiwilligen KlientInnen erkunden wir, ob sie möglicherweise sogar unter diesen erzwungenen Umständen Ziele definieren können; derartige Vorgehensweisen werden in Kapitel 16 beschrieben.

Wir wollen auch eine Unterscheidung zwischen Therapie, Erziehung und Unterstützung treffen. Dies sind für uns drei verschiedene und eigenständige Bereiche. Die Funktion der Therapie besteht darin, daß TherapeutIn und KlientIn ein Ziel oder eine Lösung ko-kreieren und diesen Prozeß erleichtern. Die Funktion der Erziehung besteht im Prozeß des Lernens. Wir sind der festen Überzeugung, daß Therapie im etymologischen Sinne des Wortes erzieherisch ist, d.h. herausführend (educare). Wir glauben, daß wir uns KlientInnen anschließen, aus ihnen Lösungen herauszuführen, die sie wollen, die aus ihrer Erfahrung stammen und die sie (er-)schaffen. Wir glauben nicht, daß Therapie im instruktiven oder instrumentellen Sinne erzieherisch ist. Wenn KlientInnen Anleitungen in Hinblick auf elterliches Verhalten wollen, dann sind sie dazu berechtigt und wir ermutigen sie, entsprechende Kurse zu besuchen. Wir begreifen solche Kurse nicht als Therapie, und wir würden KlientInnen nicht an solche Kurse verweisen, weil wir meinen, sie hätten ein entsprechendes Defizit.

Wir wollen Therapie auch nicht mit Unterstützung verwechseln. Obwohl wir in unseren Sitzungen sehr unterstützend und ermutigend sind, ist Unterstützung als Ziel nicht ausreichend. Wenn KlientInnen Unterstützung wünschen, können wir möglicherweise mit ihnen erforschen, was sie sich letztlich von solcher Unterstützung erhoffen, um herauszufinden, ob das ihr Ziel sein kann. Wir könnten auch untersuchen, wie sie Unterstützung von FreundInnen, Verwandten, Selbsthilfe-Gruppen oder etwas anderem erhalten können. Dennoch verstehen wir unsere eindeutig unterstützende Funktion nicht als ausreichend für Therapie. Von unseren Grundannahmen her würde ausschließliche Unterstützung eine Abhängigkeit erleichtern, die wir für nicht hilfreich halten.

Therapie ist ein ziel- oder lösungs-orientiertes Vorhaben – mit den KlientInnen als ExpertInnen.

11. Ganzheitlichkeit

Annahme: Jede Änderung, wie KlientInnen ein Ziel (eine Lösung) beschreiben und/oder was sie tun, beeinflußt zukünftige Interaktionen aller Beteiligten.

Wir konzeptualisieren Probleme, Lösungen oder Ziele innerhalb von Bedeutungen. Es besteht eine rekursive oder zirkuläre Beziehung zwischen dem, wie man eine Situation definiert und dem, was man tut. Denken und Handeln lassen sich in Hinblick darauf beschreiben, wie man denkt, was man tut und in Hinblick auf die Rückmeldung auf das eigene Denken und Handeln. Ziele und Lösungen lassen sich auch in bezug auf die Interaktionen zwischen Menschen beschreiben wie auf die sie begleitenden Gedanken, Wahrnehmungen und Rückmeldungen.

Dies ist also eine prozeß-orientierte Sichtweise von Lösungen und keine Konzeptualisierung, die sich auf Strukturen bezieht. Andere Vorstellungen gehen davon aus, daß Probleme sich aus dysfunktionalen Strukturen der individuellen Persönlichkeit, der Familie oder der Ehe ergeben.

Anstatt strukturelle Zuschreibungen zu verwenden und uns auf Strukturen als Ort des Problems zu konzentrieren, richten wir unser Augenmerk auf den rekursiven Prozeß, wie man eine Situation definiert, was man tut, wie man das dann definiert, was man dann tut usw. Dies ist eine zirkuläre Sichtweise – ohne Anfang und ohne Ende.

Mit dieser Idee im Hinterkopf gehen wir davon aus, daß jede Änderung an irgendeinem Punkt der Interaktion die folgenden Interaktionen verändert – sei es, wie man versucht, eine Lösung zu erreichen oder wie Menschen gemeinsam versuchen, eine Lösung oder ein Ziel zu erreichen.

Daher ist es nicht erforderlich, jedE am Problem Beteiligte dabei zu haben, wenn man eine Änderung in die gewünschte Richtung anstrebt. In einer Ehebeziehung können wir z.B. eine Änderung einer der beiden erleichtern, wenn nur einE von beiden anwesend ist, um eine Änderung in der Interaktion zwischen beiden herbeizuführen.

So berichtet etwa ein Ehemann, daß seine Frau – trotz seiner Versuche, sie daran zu erinnern, solche Sachen zu machen, die ihre Selbstachtung erhöhen und ihre Probleme erleichtern – ihm so erscheint, als widersetze sie sich ihm und könne ihn nicht ab. Ihm kommt sie so vor, als verteidige sie sich entweder mit Argumenten, weshalb sie seine Vorschläge nicht umsetzen könne, oder mit Versprechungen, dies später zu tun. Er sagt, er sei sehr frustriert.

Wir würden anregen, daß er sich für einen Moment auf ein Leben ohne Probleme konzentriert. Indem er sich auf eine problemfreie Zukunft konzentriert, stellt er fest, daß er erleichtert wäre und darauf vertraue, daß seine Frau sich um sich selbst kümmere. In der Zukunft würde er einfach „zuhören und darauf vertrauen, daß sie es schafft." Dies unterscheidet sich von seiner gegenwärtigen Vorstellung, daß sie es nicht weiß und daß Ratschläge erteilen die Möglichkeit ist, ihr zu helfen – es hat nicht funktioniert.

Wir würden ihm vorschlagen, jetzt die Dinge zu tun, von denen er annimmt, daß er sie in einer problemfreien Zukunft tun würde. Der Mann – indem er eine Haltung annimmt, als sei das Problem gelöst – handelt so, daß die Frau ihn als zuhörend und vertrauend erlebt. Sie wird sich vermutlich weniger verteidigen und sein Zuhören eher als unterstützend ansehen. Aufgrund ihrer so anderen Handlungen kann der Mann eine andere Sichtweise annehmen. Er kann zur Überzeugung kommen, daß sie anders ist als er, daß Zuhören für sie hilfreicher ist, als Ratschläge erteilen.

Diese einfache Änderung auf seiner Seite führt zu anderen Handlungen auf ihrer Seite, die ihn in seinem anderen Handeln bestätigen. Das Eheproblem kann daher gelöst werden, wenn wir nur mit ihm arbeiten und er eine andere Lösung anstrebt. Aufgrund dieser veränderten Bedeutung und dem geänderten Handlungsablauf sind die folgenden Interaktionen zwischen den beiden anders.

12. Mitgliedschaft in einer Behandlungsgruppe

Annahme: Die Mitglieder einer Behandlungsgruppe sind diejenigen, die ein gemeinsames Ziel teilen und den Wunsch ausdrükken, etwas zu tun, damit es eintritt.

Die Mitglieder mögen nicht über das Problem/Ziel, die Bedeutung des Problems/Ziels oder darüber, was zu tun ist, einer Meinung sein, doch sie sind sich darin einig, daß ein Problem/Ziel besteht und etwas getan werden muß. Die TherapeutIn, die zugestimmt hat, mit den Mitgliedern daran zu arbeiten, eine Lösung zu erreichen, ist definitionsgemäß als Mitglied miteingeschlossen. Die Therapie-Gruppe umfaßt daher TherapeutIn und KlientIn.

Diese Therapie bezieht demnach auch Personen ein, die in anderen Therapie-Modellen nicht als KlientInnen betrachtet werden. Die KlientInnen-Gruppe kann Zuweisende einschließen, BewährungshelferInnen, vom Gericht bestellte HelferInnen, SchulsozialarbeiterInnen, LehrerInnen, Arbeitsgruppen etc. Die Therapie-Gruppe oder -Einheit schließt einfach alle die ein, die der Meinung sind, daß ein Problem besteht, das sie lösen oder ein Ziel, das sie erreichen wollen.

Dies unterscheidet sich von solchen Therapie-Modellen, die davon ausgehen, daß die KlientInnen-Gruppe eine sozial definierte Einheit ist –

beispielsweise ein Individuum, eine Familie oder ein Paar. In diesen Modellen sieht man die Quelle von Problemen in irgendeiner Dysfunktion einer dieser Einheiten. Wie aber ANDERSON, GOOLISHIAN und WINDERMAN (1984) dargelegt haben, verursachen oder machen Individuen, Familien, Paare oder Gerichte keine Probleme, noch sind Probleme das Ergebnis von Dysfunktionen eines dieser Systeme.

Anstatt diese sozial definierten Einheiten als Quelle des Problems zu betrachten, sagen wir, das Problem ist das Problem selbst. Die Behandlungsgruppe oder -einheit wird durch diejenigen definiert, die uns in unserer Rolle als TherapeutInnen aufsuchen und sagen, es gibt ein Problem, das sie lösen oder ein Ziel, das sie anstreben wollen. Sie kann Familienmitglieder einschließen – einige, aber nicht alle –, Individuen, Zuweisende oder irgendeine Anzahl von Personen, die nicht mehr gemeinsam haben oder sich nicht mehr aufeinanderbeziehen als darin, daß sie alle sagen, es besteht ein Problem, das ihnen Sorgen bereitet. Das bedeutet, daß es andere geben kann, die – obwohl sie am Problem beteiligt oder davon betroffen sind – nichts daran ändern wollen, auch nicht mithilfe einer Therapie.

Der Vorteil dieser Annahme liegt darin, daß wir es vermeiden, diagnostische Karten von Einheiten wie Individuum, Familie, Paar oder Psyche zu verdinglichen. Es ist eher unwahrscheinlich, daß wir davon ausgehen, unsere Konstrukte oder Hilfsmittel – wie z.B. verstrickte Familien oder intrapsychische Strukturen – würden wirklich unabhängig davon, daß wir sie verwenden, existieren. Es handelt sich eben nicht um Einzel- oder Familientherapie. Es ist kein Modell, das sich auf organisatorische Konstrukte gründet. Es ist eine Therapie auf der Grundlage von Lösungskonstruktionen, die der Unterscheidung von Einzel- und Familientherapie entgegensteht (WALTER, 1989). Es ist ein Modell, das auf der Grundüberzeugung beruht, daß die Menschen, mit denen man arbeitet, die sind, die sagen, es gilt, ein Ziel zu erreichen oder ein Problem zu lösen. Diese Menschen sind um diese Absicht und diese „Realität" herum organisiert. Wenn man so will, entstammt ihre Organisation der gemeinsamen Absicht, das Problem lösen oder ein gemeinsames Ziel erreichen zu wollen.

Wenn man davon ausgeht, daß sich KlientInnen aufgrund der Absicht, ein Ziel zu erreichen oder ein Problem zu lösen, organisieren und daß Ziele oder Probleme relativ in Hinblick auf die Bedeutung sind, in der die Ziele oder Probleme beschrieben werden, dann ist die Bedeutung der Schlüssel für diese Therapie. Wir erleichtern die Entwicklung neuer Bedeutungen, eine ko-konstruierte Lösung, die diese

KlientInnen weiterhin organisiert – oder sie gehen auseinander, weil der ursprüngliche Zweck (die Lösung eines Problems) nicht mehr gegeben ist.

Wenn wir davon ausgehen, daß die Behandlungsgruppe sich über diejenigen definiert, die ein gemeinsames Ziel haben, verkomplizieren wir die Therapie nicht dadurch, daß wir versuchen, solche Personen in die Therapie einzubeziehen, die das nicht wollen. Wir gehen davon aus, daß diejenigen, die nicht zur Therapie kommen wollen, nicht interessiert sind, gegenwärtig an einer Lösung zu arbeiten und deshalb begreifen wir sie nicht als Bestandteil der Therapie. Da wir über keine diagnostische Karte einer sozialen Einheit wie z.B. einer Familie verfügen, sehen wir es nicht als notwendig an, jedE dabei zu haben. Wenn jemand wegen einer Therapie anruft, so bitten wir darum, daß alle, die daran interessiert sind, mitkommen.

So rief beispielsweise eine Mutter an, die durch das Verhalten ihrer Tochter aufgeschreckt war. Sie sagte, die SchulsozialarbeiterIn und die Lehrerin hätten ihr erzählt, ihre Tochter versage in der Schule. Mutter und Vater hatten entschieden, daß Kindererziehung Sache der Mutter sei; Vater legt nicht viel Wert auf schulische Leistungen. Für ihn ist das kein großes Problem und wenn es das doch ist, dann fällt es seiner Meinung nach in den Verantwortungsbereich der Mutter. Als Mutter anruft, laden wir alle ein, die kommen möchten.

Mutter kommt mit ihrer zwölfjährigen Tochter und dem jüngeren Sohn. Wir fragen nach ihren Zielen und finden heraus, daß auch die Tochter sich Sorgen um die Schule macht und daß der jüngere Bruder gekommen ist, weil er zu klein ist, um allein zuhause zu bleiben. Mutter berichtet auch, daß die Lehrerin besorgt ist. Die Lehrerin hatte dieses Jahr ihre Tochter „adoptiert“, weil sie überzeugt war, daß die Tochter über große Möglichkeiten verfügt. Sie hatte der Mutter gegenüber besonders hervorgehoben, daß sie gerne in der Therapie helfen würde und daß Mutter die TherapeutIn anrufen lassen sollte, weil sie gerne helfen wolle.

In diesem Fall scheinen zu diesem Zeitpunkt die drei Personen, die sich um das Ziel, die Schulleistung der Tochter zu verbessern, organisieren, Mutter, Tochter und wohl auch die Lehrerin. Das ist die Klientinnen-Gruppe, die sich um die Bedeutung der „Schulleistung“ herum organisieren. Aufgrund dessen, daß die TherapeutIn sich ihnen bei diesem Ziel anschließt, umfaßt die Behandlungseinheit auch die TherapeutIn.

In der ersten Sitzung und im Telefongespräch mit der Lehrerin stellen wir fest, daß das Ziel der Tochter darin besteht, sich um ihre Hausaufgaben zu kümmern und im Unterricht zu beteiligen. Wir stellen auch fest, daß dies manchmal geschieht, wenn die Tochter entschieden hat, daß Hausaufgaben und Beteiligung notwendig sind, um versetzt zu werden und wenn Mutter strikt auf die „Hausaufgabenzeit“ achtet. Wenn sie sich im Unterricht beteiligt, macht sich die Lehrerin keine Sorgen und ist weniger „hilfreich“.

Als die drei in bezug auf die Schulleistung Fortschritte machen, verschwindet der Grund, dessentwegen sie sich organisiert hatten, und das System geht auseinander – d.h. die Therapie endet. Die Bedeutung, die jede von ihnen der Schulleistung beimißt, verändert sich. So sieht die Mutter nun die Bedeutung ihrer eigenen konsequenten Haltung; die Tochter begreift Schulleistung als etwas für sie Wichtiges, da sie auf das Gymnasium möchte; und die Lehrerin vertraut einfach stärker darauf, daß das Mädchen Fortschritte macht.

Therapie war für dieses Ziel definiert und die Behandlungsgruppe bestand aus den vier Personen, die sich um dieses Ziel – Schulleistung – herum organisierten.

Zusammenfassung

Diese zwölf Arbeitshypothesen sind die Grundüberzeugungen, die wir einsetzen, unsere Therapie zu in-formieren:

1. Eine Ausrichtung auf das Positive, auf die Lösung und auf die Zukunft erleichtert eine Veränderung in die gewünschte Richtung. Deshalb soll man sich auf lösungs-orientiertes Sprechen konzentrieren und nicht auf problem-orientiertes.
2. Ausnahmen zu jedem Problem können von TherapeutIn und KlientIn erschaffen und zur Konstruktion von Lösungen benutzt werden.
3. Änderung tritt immer auf.
4. Kleine Änderungen führen zu größeren Änderungen.
5. KlientInnen sind immer kooperativ. Sie zeigen uns ihre Überzeugung, wie Änderung eintreten kann. Wenn wir ihr Denken und Handeln zutreffend verstehen, ist Kooperieren unvermeidlich.
6. Menschen haben alles, was sie brauchen, um ihr Problem zu lösen.

7. Bedeutung und Erfahrung sind interaktional konstruiert.
8. Handlungen und Beschreibungen sind zirkulär.
9. Die Bedeutung einer Botschaft ist die Antwort, die Sie erhalten.
10. Therapie ist ein ziel- oder lösungs-orientiertes Vorhaben – mit der KlientIn als ExpertIn.
11. Jede Änderung, wie KlientInnen ein Ziel (eine Lösung) beschreiben und/oder was sie tun, beeinflußt zukünftige Interaktionen zwischen allen Beteiligten.
12. Die Mitglieder einer Behandlungsgruppe sind diejenigen, die ein gemeinsames Ziel teilen und den Wunsch ausdrücken, etwas zu tun, damit es eintritt.

Diese Annahmen leiten unser Denken und Handeln und stellen so die Bedeutung und die Richtlinien bereit, so daß es ein umfassender Ansatz ist – eine spezifische Art zu denken, zu sprechen und mit KlientInnen umzugehen.

Die folgenden Kapitel werden dieses Gerippe nun mit Fleisch füllen, wenn wir konkreter darstellen, was wir tun.

Diskussion

Frage:

Diese Annahmen unterscheiden sich sehr von denen, die ich gewohnt bin. Heißt das nun, daß ich das aufgeben muß, was ich bisher geglaubt habe?

Wir denken, es ist für uns nützlicher, alle unsere Handlungen auf diese Annahmen zu begründen und auf eine Art und Weise zu arbeiten, die mit diesen Annahmen vereinbar ist. Das macht unsere Arbeit für uns zu einem vollständigen Ganzen.

Denen, die anfangen, diesen Ansatz zu erlernen, raten wir – um das Durcheinander zu verringern, das eintreten kann, wenn man versucht, verschiedene Sachen zur gleichen Zeit zu glauben –, ihren Glauben und ihre Überzeugungen auszusetzen, während sie lernen. Später, wenn sie einiges Geschick mit dieser Art zu arbeiten erworben haben, können sie entscheiden, wieviel sie davon in welcher Weise aufnehmen wollen.

Als wir anfingen, auf diese Art zu arbeiten, erfuhren wir sowohl einen Gewinn wie einen Verlust. Wir erlebten einen Verlust, als wir erkannten, daß wir diese emotional enge Beziehung zu unseren KlientInnen aufgaben, die wir bis dahin in unseren Langzeit-Modellen eingesetzt hatten. Wir erlebten aber auch, daß die Zufriedenheit, Menschen zu sehen, die in einem kurzen Zeitraum konkrete Änderungen vollzogen, mehr als nur unsere Traurigkeit ersetzte.

Frage:

Glauben Sie, daß dieser Ansatz bei jedem Menschen funktioniert?

Ja – solange er oder sie ein Ziel definiert.

Kapitel 3
Ein positiver Anfang

Eine Ausrichtung auf das Positive, auf die Lösung und auf die Zukunft erleichtert eine Veränderung in die gewünschte Richtung. Deshalb soll man sich auf lösungs-orientiertes Sprechen konzentrieren und nicht auf problem-orientiertes.

Dieses Kapitel beschreibt zunächst einige Daumenregeln, mit denen wir arbeiten, und zeigt dann, wie man zu einem lösungs-orientierten Fokus aufbricht.

Daumenregeln

Unsere Art zu arbeiten, schließt einige Daumenregeln ein, die uns in unseren Handlungen leiten. Einige haben wir von der Milwaukee-Gruppe gelernt.

1. Wenn es funktioniert, ändere nichts (de Shazer, 1985)

Anders gesagt, wenn KlientInnen schon etwas davon tun, was für sie funktioniert, dann halten Sie sich da heraus. Schlagen Sie nicht noch mehr vor – möglicherweise aus dem Wunsch heraus, hilfreich oder anspruchsvoll zu sein.

Ein Mann kam zu uns, weil jedE – und ganz besonders seine Freundin – zu ihm sagte, er hätte „Probleme mit Pflichten und Verpflichtungen". Er wie auch seine FreundInnen hatten alle möglichen Erklärungen dafür, daß er noch Bakkalaureus war und für seine Angst vor Pflichten und Verpflichtungen. Nach seiner Meinung hatte seine Freundin dennoch das Gefühl, daß ihre Beziehung manchmal „vorankam". Er erklärte das so, daß sie beide in solchen Zeiten meinten, er sei ihr gegenüber offen und spreche mit ihr, anstatt sich zurückzuhalten und ungesellig zu sein. Er meinte, zu solchen Zeiten „behandle er sie wie eine FreundIn" und würde mit ihr über alles sprechen, sogar über seine Zweifel und Ängste in Hinblick auf Beziehungen und Heirat. Dieses andere Etikett „sie wie eine FreundIn zu behandeln" brachte auf seiner Seite ein ganz anderes Verhaltensrepertoire mit sich, das sie ermutigte, daran zu glauben, daß sich die Beziehung verbessere. In dieser Beziehung funktionierte ganz offensichtlich, „sie wie eine FreundIn behandeln". Sah er sie als FreundIn und nicht als jemand, die Pflichten und Verpflichtungen forderte, ging er mit ihr auf eine Art und Weise um, die zu weiterer Nähe führte.

Wollten wir hilfreich sein in Anbetracht all dieser möglichen Erklärungen oder Theorien über Angst vor Pflichten und Verpflichtungen, hätten wir alle möglichen Ängste über seine Pflichten und Verpflichtungen erforschen können. Eine solche Vorgehensweise – selbst in bester Absicht – hätte seine Art, sie wie eine FreundIn zu behandeln, gestört. Denn wenn etwas schon funktioniert, dann sollten Sie es nicht verändern; tun Sie mehr davon. In diesem Fall forderten wir ihn auf, darauf zu achten, was passiert, wenn er sie weiterhin „wie eine FreundIn behandelt".

2. Wenn alles, was du machst, nicht funktioniert, dann mach' etwas ander(e)s (de Shazer, 1985)

Selbst wenn das, wozu Sie sich entscheiden, unlogisch oder verrückt scheint, so machen Sie etwas ander(e)s. Tatsächlich kann das, was Sie ander(e)s machen, schon verrückt scheinen. Aber schließlich haben Sie schon alles getan, an was Sie vernünftigerweise gedacht hatten, aber nichts schien zu funktionieren – das einzige, was zu tun bleibt, ist das, was irrational oder unlogisch scheint.

Ein Paar kam wegen sexueller Schwierigkeiten zu uns. So, wie sie es sahen, wollte der eine immer Sex, die andere überhaupt nicht. Sie hatte einige körperliche Probleme, die ihr Unwohlsein verursachten und sie deshalb davon abhielten, überhaupt mit ihm zu schlafen. Sie erklärten uns, daß dies schon einige Zeit so gehe und sie alles versucht hätten, selbst Therapie.

Als wir diesem Thema eingehender nachgingen, fanden wir heraus, daß sie kürzlich einmal miteinander geschlafen hatten; sie hatte zu sich selbst gesagt: „Okay, warum nicht!" und setzte sich mit ihrem körperlichen Leiden auseinander, während er sich verletzlich zeigte, anstatt alles infragezustellen. Wir fragten, wie sie beschlossen hätten, das zu tun und sie erklärten, daß sie „etwas anderes tun müssen, weil das, was wir machten, nicht funktionierte."

Es scheint einfach auf der Hand zu liegen, etwas ander(e)s zu machen. Den meisten von uns scheint der Gedanke, etwas ander(e)s zu machen, logisch. Aber in problematischen Situationen scheint die Logik ausgegangen zu sein. Dann verschreiben wir uns viel eher dem alten Sprichwort: „Wenn es beim ersten Mal nicht klappt, mußt du es immer wieder üben."

3. Bleib' einfach

Ich, John, arbeitete einmal mit einem Mann, der sagte, er sei Frauen gegenüber schüchtern, wolle selbstsicherer werden und Techniken entwickeln, eine Unterhaltung anzufangen. Damals hatte ich gerade einiges über „paradoxe Interventionen" gelesen und so entwarf ich die Aufgabe, daß er in Tanzlokale geht und dort jede Frau anspricht, indem er erklärt, daß er für ein Ausbildungsprojekt arbeite, das der Frage nachgeht, wonach Frauen suchen. Da er sich um Mißerfolge sorgte und diese Angst vor Mißerfolg ihm meist in die Quere kam, wies ich ihn weiterhin an, diesen Mißerfolg gleich bei der ersten Frau zu haben. Indem er sich vornahm, im ersten Interview zu scheitern, könnte er dann weitermachen, nützliche Informationen einzuholen. Das sah wie eine große Intervention aus, und ich war sehr zufrieden mit mir, bis ich – nachdem der Klient gegangen war – erkannte, daß er niemals solche Lokale besuchte. Meine so kunstvolle Intervention war zum Scheitern verurteilt, weil ich mich selbst überlistet hatte. Lokale waren jetzt – und auch sonst – nicht Teil seines Lebens.

Es folgt nun ein Beispiel dafür, einfach zu bleiben:

Ein Feldwebel war besorgt, daß er seinen Kindern gegenüber ärgerlicher und gewalttätiger wurde. Vor kurzem hatte er seinen zwölfjährigen Sohn geohrfeigt, weil der ihm frech geantwortet hatte. Er fürchtete, daß seine Frustration ansteigt und er seine Kinder wirklich verletzen könnte. Als wir ihn danach fragten, wie er die Situation handhaben möchte, sagte er, er möchte die Dinge nicht dramatisieren und die Handlungen der Kinder nicht so persönlich nehmen. Wir fragten ihn nach Zeiten, wo er es persönlich nehmen könnte, es aber nicht tat. Er sagte, er könnte keine solcher Zeiten nennen, aber er wolle für seine Kinder genau so ein Zuchtmeister sein wie für die Männer seines Kommandos. Wir fragten, was anders sei. Er sagte, wenn einer seiner Untergebenen Mist baut, dann macht er sich klar, daß dies eben das Problem des Betroffenen sei (und nicht seines) und dann ging er entsprechend mit dem Mann um.

Für den Feldwebel unterschied sich die Vorstellung, daß der Untergebene für seine eigenen Fehler verantwortlich war, sehr von der Vorstellung, es persönlich zu nehmen – so als hätte er als Vorgesetzter oder – im Falle der Kinder – als Vater versagt. Um ihm da herauszuhelfen, schlugen wir vor, daß er darauf achtet, wie er es seinen Untergebenen ermöglicht, die Verantwortung für ihre Handlungen zu praktizieren. Wir schlugen auch vor, daß er darauf achtet, wie er schon daran dachte, daß auch seine Kinder für ihre Fehler selbst verantwortlich seien.

Diese Perspektive, daß die Einzelnen für ihre Handlungen verantwortlich sind und die angebotenen Aufgaben lagen innerhalb seiner Erfahrung und waren einfach auszuführen.

4. Wenn deine Therapie kurz sein soll, dann geh' so in jede Sitzung, als sei es das erste und letzte Mal, daß du die KlientIn siehst*

Wenn Sie diese Regel übernehmen, werden Sie sich sehr konzentrieren und Ihnen wird auffallen, daß Sie sich fragen, welcher kleine Unterschied gegeben sein könnte, der dieser KlientIn helfen wird, diese Sitzung zu verlassen und auf dem Weg zu sein, ihr Problem zu lösen.

Ein Beispiel, das uns diese Regel eingehämmert hat, ist der Fall, wo wir im Rahmen eines Teams hinter der Scheibe beobachteten. Die Klientin war eine junge Frau, die wegen Beziehungsproblemen mit ihrem Freund gekommen war. Sie fing an zu beschreiben, wie ihr Freund als Fernfahrer arbeitete. Ihm gehörte ein Laster mit einer Schlafkabine hinter den Sitzen. Sie machten zusammen Fahrten von einer Küste zur anderen. Als wir genauer zuhörten, fiel uns auf, daß dieses Paar kein festes Zuhause hatte, daß ihr Zuhause dieser Laster-Wohnwagen war. Wir erkannten auch, daß wir nicht vorhersagen konnten, wann sie wieder eine Ladung bekommen würden, die sie in die Nähe unserer Praxis führt. Dies könnte das einzige Mal sein, daß wir sie sehen und ein neuer Termin ließ sich noch weniger festlegen. So richtete sich unser Fokus sehr genau darauf, was wir und sie in dieser einzigen Sitzung tun könnten.

5. Es gibt keinen Mißerfolg, nur Rückmeldung**

Diese Daumenregel stammt von Bandler und Grinder (1979).

Diejenigen unter uns, die ehrgeizig sind und helfen wollen, haben es sehr schwer, unsere Arbeit nicht in Begriffen von Erfolg und Mißerfolg

---

* **Anm. d. Hrsg.:** In seinem Buch *Single Session Therapy (SST)* hat Moshe Talmon (San Francisco: Jossey Bass, 1990) auf das Phänomen SST aufmerksam gemacht, es statistisch für die meisten psychotherapeutischen Richtungen belegt und etliche Richtlinien und Beispiele angeführt, um TherapeutInnen anzuregen, „den Effekt der ersten (und oft einzigen) therapeutischen Begegnung zu maximieren" – so der Untertitel seines Buches.

** **Anm. d. Hrsg.:** Auf eine theoretische Begründung dieses Phänomens – daß es im kybernetischen Modell von „Versuch und Irrtum" keine Fehlschläge gibt – verweisen Selvini-Palazzoli, Boscolo, Cecchin und Prata unter Bezug auf Ashby (*Design for a Brain*, London: Science Paperback, 1954) in einer ihrer frühen Publikationen („Gerade und ungerade Tage", Familiendynamik 4: 138-147, 1979, Fußnote 5). Sie machen darauf aufmerksam, daß Fehlschläge in diesem Modell als Einsammeln von absolut notwendigen Informationen verstanden werden.

zu bewerten. Wir alle haben die Erfahrung gemacht, daß unsere Gefühle unsere Arbeit behindern, wenn wir darüber nachdenken, ob wir erfolgreich sind oder nicht.

Es gibt aber nicht den einzig richtigen oder besten Weg, Menschen zu helfen. Wenn Ihre Aufgabe nicht zu funktionieren oder Ihre Frage nirgendwohin zu führen scheint, dann heißt das nicht, daß Sie versagen. Die Reaktion der KlientIn ist ausschließlich Rückmeldung und bedeutet nur, daß Sie etwas ander(e)s machen müssen.

Aufbrechen

Wenn wir unsere KlientInnen das erste Mal sehen, wollen wir ihnen den Weg bereiten und erklären, was wir machen und welchen Verfahren wir folgen werden. Sie sollen wissen, was sie erwartet und sie können darauf vertrauen, daß es, – wenn überhaupt – wenig Überraschungen geben wird.

Wir sagen üblicherweise:

> Wir möchten mit Ihnen etwa vierzig Minuten über das sprechen, was Sie möchten und über Ihre Situation. Dann möchte ich eine kurze Pause machen, hinter diese Scheibe gehen, mich mit meinem Team besprechen und danach wiederkommen und Ihnen unsere Rückmeldungen oder unseren Rat geben, sofern wir einen haben. Wir arbeiten als Team, weil wir überzeugt sind, daß zwei Köpfe besser als einer sind und daß Sie auf diese Weise den Vorteil unterschiedlicher Sichtweisen haben.

In der Pause tauschen die Mitglieder ihre Eindrücke und Sichtweisen aus und sammeln die Rückmeldung für die KlientIn. Normalerweise schreiben wir unsere Rückmeldung auf, und die TherapeutIn geht zurück in den Therapieraum und informiert die KlientIn über die niedergeschriebene Rückmeldung. In Trainingssituationen und dann, wenn wir in unserer Wortwahl sehr genau sein wollen, lesen wir die Rückmeldung vor.

Wir sind jedoch nicht immer imstande, im Team zu arbeiten. Wir können nicht immer auf andere Teammitglieder zurückgreifen, noch ist ein Team-Ansatz immer möglich oder kostengünstig. Wenn wir allein arbeiten, nehmen wir auch eine Pause und erklären unser Vorgehen so:

> Ich möchte mit Ihnen etwa vierzig Minuten über das sprechen, was Sie möchten und über Ihre Situation. Dann werde ich eine Pause

machen und den Raum für eine Zeit verlassen, um alles das, was Sie gesagt haben, noch einmal zu überdenken. Ich werde dann mit einigen Rückmeldungen wiederkommen, einigen Eindrücken und, wenn ich habe, einem Rat.

Sie haben gemerkt, daß wir sagen, daß wir mit der KlientIn über das, was sie möchte, sprechen wollen. Wir bereiten so den Boden für eine ziel- und kundInnen-orientierte Therapie. Wir schlagen schon vor, daß das, was sie wollen, ihr Ziel, für diese Therapie wichtig ist.

Nach dieser kurzen Einleitung fangen wir an.

Rapport voraussetzen und aufrechterhalten

Unsere Arbeitsvoraussetzung ist die, daß wir vom ersten Augenblick des Kontakts an Rapport haben. Wir glauben nicht, daß wir überhaupt etwas oder etwas ander(e)s tun müssen, um Rapport zu schaffen oder eine Beziehung herzustellen. Da wir Rapport voraussetzen, brauchen wir keine Zeit und keine Sitzung, Vertrauen zu bilden. Wir glauben aber fest daran, daß es etwas gibt, was wir tun oder sagen können, um die Arbeitsbeziehung aufrechtzuerhalten und zu erleichtern. Vermutlich hat jedE von uns im Laufe ihres Berufslebens etwas darüber gelernt, was man tun kann, damit sich KlientInnen verstanden und unterstützt fühlen. Gelernt haben wir wahrscheinlich reflexives wie auch empathisches Zuhören, Wiederholen dessen, was die KlientIn gesagt hat, mit demselben Ton und Gefühl.

Die verschiedenen Therapie-Modelle haben Rapport und Empathie unterschiedlich definiert oder verschiedene Seiten hervorgehoben. Der Pionier in diesem Bereich, Carl Rogers, betont in seinem klientInnenzentrierten Ansatz die Gefühlsseite der Empathie (Rogers, 1951). Er hebt hervor, wie die TherapeutIn verbal und nonverbal reflektiert, wie die Person (sich) fühlt. Seine Idee war, daß das Gefühl der KlientIn, verstanden zu werden, sehr oft ausreicht, Veränderungen zu ermöglichen.

Bandler und Grinder (1975) betonen die Idee des Führens [pacing]. Für sie heißt, Rapport herzustellen, mit dem primären Repräsentations-System der KlientIn übereinzustimmen. Bevorzugt die KlientIn visuelle Ausdrücke, so sollte die TherapeutIn mit der KlientIn in der Verwendung visueller Bezeichnungen übereinstimmen. Benutzt die KlientIn auditive Begriffe, sollte die TherapeutIn in auditiven Begriffen sprechen. Und wenn die KlientIn schließlich über Gefühle spricht oder kinästhetische Begriffe verwendet, sollte die TherapeutIn dies entsprechend tun. Die Begründung sieht so aus, daß bewußter wie unbewußter Rapport begründet wird, indem man dieselben Informations-Prozesse verwendet wie die KlientIn. Sie sind der Ansicht, daß jedE von uns in der Informationsverarbeitung dazu neigt, eine sensorische Modalität bevorzugt zu verwenden. Einige von uns entwerfen ständig Bilder, einige verlassen sich eher auf Sprache und Laute, einige verarbeiten alles in Ausdrücken von Gefühlen.

Nach Auffassung von BANDLER und GRINDER (1979) liegt es in unserer Verantwortung als TherapeutInnen, ein flexibles Mitglied der Interaktion zu sein und mit der Art und Weise, wie die KlientIn Informationen verarbeitet, übereinzustimmen und sich ihr anzuschließen.

Die Gründer des Kurz-Therapie-Modells des *Mental Research Institute*, Paul WATZLAWICK, John WEAKLAND und Richard FISCH sowie Lynn SEGAL, betonen die anfängliche Unterstützung der Position der KlientIn (FISCH, WEAKLAND & SEGAL, 1982). Das läuft darauf hinaus, die Sichtweise der KlientIn zu reflektieren und zu unterstützen sowie – noch genauer – das Problem am Anfang zu konzeptualisieren.

Die Kraft all dieser Modelle scheint darin zu liegen, daß Menschen verschieden sind – unterschiedlich in ihren emotionalen Reaktionen auf ihre Probleme, unterschiedlich darin, wie sie Informationen verarbeiten und unterschiedlich in ihren Weltauffassungen, in denen ihr Denken und Handeln abläuft. Die Möglichkeit, Rapport zu verschiedenen KlientInnen aufrechtzuerhalten, besteht darin, mit ihrer einzigartigen Weise des Denkens und Fühlens übereinzustimmen und sie zu führen [pacing]. Um dies zu tun, muß man ihre Sprache benutzen, die Schlüsselworte, die sie wiederholt benutzen, um ihre jeweilige Art des Denkens und ihre emotionalen Reaktionen auf ihre Situation zu reflektieren.

Zum Beispiel:

TherapeutIn: Sie sagen, daß Sie etwas an Ihrem Gewicht machen wollen?

Klientin: Ja, ich wiege einfach zuviel, und ich hasse mich deswegen. Ich glaube wirklich, daß ich zuviel esse, weil ich mich hasse. Wissen Sie, ich esse einfach zügellos, so als interessiert es mich nicht, wie ich aussehe. Ich versuche, das Programm der Overeaters Anonymous durchzugehen, aber ich habe einfach keinen Mut.

TherapeutIn: Sie meinen also, Ihr Übergewicht hat damit zu tun, wie Sie sich selber mögen und Sie haben sich mutlos und ganz allein gefühlt, nicht wahr? Und wenn das für Sie kein Problem mehr ist, was werden Sie dann anders machen? *(Der erste Satz wurde in einem Tonfall gesprochen, der mit ihrer Traurigkeit übereinstimmte. Der zweite Satz wurde in einem leicht ansteigenden Ton gesprochen, um Neugier und Optimismus widerzuspiegeln.)*

Klientin: Ich werde das alles in meine Energie einfließen lassen.

TherapeutIn: Sie werden das alles einfließen lassen. Und wie werden Sie das machen?

Klientin: Ich bin mir da nicht sicher. Es fällt mir schwer, mich ohne dieses Problem zu sehen oder zu sehen, daß ich das wiege, was ich wiegen möchte.

TherapeutIn: Das ist Ihnen noch nicht klar. *(Trifft die visuelle Orientierung).* Wenn es Ihnen klarer wäre, was, denken Sie, würden Sie sagen?

Klientin: Ich glaube, ich würde „gelassener und ruhiger" essen und Sachen machen.

TherapeutIn: „Gelassener und ruhiger" – wie wird das sein ?

Klientin: Ich werde aktiv sein, weil ich gerne Sachen mache und zu Ende bringe, aber nicht so, daß ich alles schon gestern hätte schaffen müssen.

In diesem Beispiel trifft die TherapeutIn die Sprache der Overeaters Anonymous, die die KlientIn benutzt, trifft ihren Ausdruck, ihren traurigen Ton, ihr Suchen nach einer Lösung in visuellen Begriffen wie ihre einzigartige Weise, von „gelassen und ruhig" zu sprechen, und sie erkundet eine Zukunft ohne dieses Problem.

Natürlich wollen wir mit KlientInnen nicht so umgehen, daß wir nur das ausdrücken, was sie sagen. Wir können tatsächlich nicht mit jemandem interagieren, ohne Richtung, Prozeß und Inhalt der Konversation zu beeinflussen. Die Idee, den Rapport aufrechtzuerhalten und die Auffassungen wie auch die emotionalen Reaktionen einer KlientIn zu unterstützen, könnte so klingen, als ob alles dies nur eine reaktive Handlung in Hinblick auf das ist, was die KlientIn präsentiert. Wie wir in den folgenden Kapiteln noch eingehender darstellen werden, ist die Interaktion zwischen TherapeutIn und KlientIn zirkulär, wobei jede einzelne individuelle Handlung oder jedes Wort niemals ausschließlich eine Anregung bzw. Initiation oder eine Reaktion darstellt. Jede Kommunikation ist sowohl Reaktion als auch Anregung in Bezug auf eine neue oder andere Bedeutung oder Handlung. Wenn es sich also anhört, als handle es sich beim Aufrechterhalten von Rapport um eine Technik, die eine Art passive Reaktion auf die KlientIn darstellt, so ist dieses Vorgehen Teil eines umfassenderes Konzepts von Konversation (ANDERSON & GOOLISHIAN, 1988). Dieses umfassendere Konzept schließt für uns die Idee mit ein, daß wir als TherapeutInnen bereits durch die Verwendung von Vorannahmen in unseren Fragen wie durch die Richtung unserer Feststellungen die weitere Entwicklung der TherapeutIn-KlientIn-Konversation und die Konstruktion von Zielen und Lösungen beeinflussen.

Die Metapher, die hier zu passen scheint, ist das Tanzen. Wenn zwei Menschen miteinander tanzen, könnte eine BeobachterIn sagen, eine Person führt und die andere folgt. Bei genauerer Betrachtung kann man aber sehen, daß die Bewegungen beider TänzerInnen genau übereinstimmen, kalibriert sind und sich wechselseitig beeinflussen. Tanzen ist ein Prozeß des Zusammenarbeitens, eine nonverbale Konversation. Es wäre unangemessen, das Tanzen zu bewerten und zu sagen, es sei sein Tanz oder ihr Tanz oder er sei das Ergebnis dessen, daß die eine oder der eine führt. Aus interaktionaler Sicht ist die Vorstellung des „Führens" eine Illusion.

So mögen auch wir TherapeutInnen glauben, wir würden die Richtung mit unseren KlientInnen festlegen oder sogar Änderungen erschaffen. Aber diese Art linearen Denkens berücksichtigt nicht die zirkuläre Natur der Konversation. Jede TänzerIn, die glaubt, sie könne einseitig das Tanzen bestimmen, stellt sehr bald fest, daß Kooperieren interaktiv ist.

Das heißt nun aber nicht, daß wir, wenn wir die zirkuläre Qualität der Konversation anerkennen, nicht davon ausgehen, bestimmte Handlungen als Teil von „Rollen" zu sehen. Auf der Grundlage unserer Ideen über Veränderung und den Wert positiv ausgerichteter Konversationen führen wir eine positive Richtung und einen passenderen, positiven Rahmen so bald wie möglich in die Konversation ein. Wir ermöglichen und erleichtern Konversationen. Unsere Aufgabe ist es, eine Konversation zu ermöglichen, die mehr Möglichkeiten für Lösungen eröffnet.

Die Gründe, zunächst die Sprache der KlientInnen zu verwenden und ihre Emotionen zu reflektieren, sind die, daß dadurch verbale und nonverbale Zustimmung erreicht werden. Wir glauben, daß Menschen eher bereit sind, ihre Annahmen, Handlungen und selbst ihre grundlegenden Überzeugungen zu überdenken, wenn sie erkennen, daß ihre Auffassungen respektiert werden. Wenn KlientInnen merken, daß ihre Sichtweisen entwertet oder infragegestellt werden, erhöht sich die Wahrscheinlichkeit, daß sie sich zurückziehen oder kontern. Rückzug, Verteidigung oder Konter sind keine Reaktionen, die wir in unseren Interaktionen anstreben.

Ein weiteres Erklärungsmuster dafür, die Sprache der KlientInnen zu benutzen und unsere nonverbale Unterstützung einzubringen, ergibt sich aus dem „ja"-Set, das aus der Hypnose bekannt ist (ERICKSON, 1980). Das hypnotische Vorgehen im Rahmen des „ja"-Set geht davon aus, daß ein Individuum auf eine Reihe von Aussagen, die es als wahr erkennt, im wörtlichen Sinne bei jeder Aussage zustimmend nickt und daher mit größerer Wahrscheinlichkeit eine Frage oder einen Vorschlag akzeptiert, der ein kleines bißchen von den bisherigen Überzeugungen oder Richtungen abweicht.

Eine HypnotiseurIn könnte eine Reihe von Aussagen als Teil einer Induktion machen und zum Schluß eine Suggestion hinzufügen, die zu einer tieferen Trance oder in Richtung auf eine Trance führt:

> Sie sitzen hier, schauen mich an, die Füße auf dem Boden und die Arme auf der Lehne, Sie hören den Klang meiner Stimme und während sie einatmen und ausatmen, *(langsamer)* ein ... und ... aus, merken Sie langsam, wie eine neue Idee sich in Ihrem Kopf entwikkelt.

Die ersten Aussagen, die sich auf sensorische Wahrnehmungen beziehen, werden bestätigt, wenn das Gegenüber jeder Aussage folgt. Es macht den Eindruck, als überprüfe die KlientIn jede Aussage und sagt dann „ja" dazu. Wenn sie weiterhin „ja" sagt, wird sie der letzten, vage formulierten Aussage auch eher Glauben schenken.

Selbst wenn die KlientIn zu dieser Zeit nicht bewußt an irgendetwas Neues dachte, reicht hier allein die Suggestion, daß eine neue Idee kommen könnte, aus, um die KlientIn nach dieser „neuen" Idee suchen zu lassen. Eine umfassendere Diskussion dieses Phänomens findet sich in dem Buch *Patterns of the Hypnotic Techniques of Milton H. Erickson, M.D.* (BANDLER & GRINDER, 1975).

Genau dies streben auch wir an, wenn wir die Sprache unserer KlientInnen übernehmen und ihre Gefühle unterstützen. Wir stellen Erfahrungen bereit, wo die KlientInnen Bestätigung erkennen und daher unsere Vorschläge für eine neue Richtung eher akzeptieren. Da wir den Fokus auf Lösungen legen, schaffen wir durch unsere Fragen natürlich eher einen offeneren Rahmen des Problems oder Lösungen und zukunfts-orientierte Richtungen.

Eine positive Richtung

In diesem Buch sprechen wir immer über die Bedeutung sorgfältig konstruierter Fragen. Wie schon im ersten Kapitel beschrieben, enthalten Fragen Vorannahmen, die die Richtung der Antwort beeinflussen. Fragen mit unterschiedlichen Vorannahmen laden zu unterschiedlichen Antwortklassen ein.

Wenn wir z.B. eine KlientIn fragen: „Was ist Ihr Problem?“, dann gehen wir davon aus, daß es ein Problem *gibt*, daß die KlientIn weiß, was es ist und daß sie es beschreiben kann. Wenn wir die Frage mit einem „was“ beginnen, werden wir mit höherer Wahrscheinlichkeit ein Substantiv als Antwort erhalten. Die möglichen Antworten sind alle Mitglieder der Klasse „Problem“. Die Richtung geht auf die Beschreibung von Problemen, auf Versagen oder Frustrationen. Möglicherweise gehen wir auch auf einer intuitiven Ebene im therapeutischen Kontext davon aus, daß Probleme für Therapie wichtig sind.

Ein extremes Beispiel für die Bedeutung von Vorannahmen ist die Frage: „Schlagen Sie Ihre Frau noch?“ Jede Antwort des Mannes auf diese Frage – selbst ein einfaches „ja“ oder „nein“ – bestätigt die Vorannahme, daß er seine Frau manchmal geschlagen hat. Wenn er seine Frau nie geschlagen hat, ist es unmöglich, diese Frage zu beantworten.

Mit dem Wissen um die Bedeutung von Vorannahmen haben wir eine zeitlang versucht, die perfekte Eingangsfrage zu erfinden, die alle lösungs- und zukunfts-orientierten Vorannahmen enthält, die wir uns wünschen. Wir probierten „Was ist Ihr Ziel, wenn Sie hierherkommen?“ Diese Frage geht davon aus, daß Menschen ein Ziel haben, daß wir der Ansicht sind, Ziele seien wichtig und daß KlientInnen Ziele artikulieren können. Und diese Frage lenkt die Konversation in eine positive Richtung. Die Frage paßte für einige Leute, aber für andere nicht. Für diejenigen, die aufgrund ihrer Probleme sehr beunruhigt waren oder die die Notwendigkeit verspürten, uns zu beschreiben, weshalb sie gekommen waren, erschien diese Frage zu abrupt.

Wir versuchten: „Was führt Sie hierher?“ Diese Frage schien vage und ermöglichte es, eine Klage oder ein Ziel zu spezifizieren. Die Frage besitzt eine irgendwie passive Qualität, so als ob etwas die KlientIn zur Sitzung gezogen hätte. Der andere Nachteil ist der, daß KlientInnen eher mit Klagen antworten, obwohl wir lieber über Lösungen reden wollen.

Eine andere Frage lautete: „Was möchten Sie?" Diese Frage lenkt in eine positive Richtung. Sie impliziert, daß die KlientIn etwas will, es spezifizieren und artikulieren kann. Sie deutet auch an, daß das, was die KlientIn will, wichtig und zentral ist. Wir hofften dennoch, eine stärker prozeß-orientierte Frage zu finden.

Wir versuchten: „Wie möchten Sie sich gerne verhalten, wenn die Therapie vorbei ist?" Sie schien die meisten unserer Annahmen zu enthalten, war aber zu sperrig.

„Wie werden Sie erkennen, daß Sie nicht mehr kommen müssen?" war sehr fokussierend und auf eine Kurztherapie ausgerichtet. Aber auch sie scheint sperrig und für einige KlientInnen verfrüht.

Mit jeder dieser Fragen hatten wir einmal mehr, einmal weniger Erfolg und wir kamen zu der Ansicht, daß keine Frage allein für jeden Fall perfekt und optimal sein kann. Wir schlußfolgerten, daß die *Interaktion* vorrangig ist und nicht eine einzige Frage. Wenn eine sehr positive Frage für eine KlientIn, die auf jeden Fall zuerst über ihr Problem sprechen wollte, nicht der richtige Start war, können wir uns darauf einlassen und erst später stärker positive und zukunfts-orientierte Fragen stellen. Wenn eine KlientIn unsere positiv ausgerichteten Fragen sofort aufgriff – um so besser.

Wir erinnerten uns an unsere Daumenregel: „Es gibt keinen Mißerfolg – nur Rückmeldung". Wir gaben die Suche nach der perfekten Frage auf. Wir fragen jetzt: „Was ist Ihr Ziel, wenn Sie hierherkommen?" und vertrauen darauf, daß wir, wenn die Frage zu abrupt oder nicht zu passen scheint, die Konversation mit den weiteren Kommentaren und Fragen daran anpassen werden. Wenn andererseits diese positiven und zielorientierten Fragen eine Diskussion von Klagen und Problemen verhindern – um so besser.

Diskussion

Frage:

Diese Vorstellungen über sorgsam entworfene Fragen und „ja"-Sets scheinen doch ein bißchen manipulativ und tricksig. Meinen Sie nicht?

Die Vorstellung von Manipulation und Trickserei scheint zu implizieren, daß jemand versucht, eineR anderen etwas *anzutun* vor dem Hintergrund eines nicht ausgesprochenen eigenen Ziels. Unser Ziel ist natürlich, unseren KlientInnen zu helfen, das zu erreichen, was sie wollen – ihr Ziel oder ihre Lösung. Wird uns deutlich, daß die KlientInnen etwas wollen, das wir weder tun noch herbeischaffen können, dann sagen wir das und beenden manchmal die Therapie. Fragt jemand nach einer intensiven, psychoanalytischen Therapie oder sagt, er/sie wolle einfach nur mit jemandem reden, könnten wir sagen, daß wir das nicht machen und schauen, ob wir uns auf ein anderes, akzeptables Ziel einigen können.

Wir machen auch sehr klar, daß unser Interesse darin besteht, KlientInnen zu helfen, das zu bekommen, was sie wollen. Wir haben kein Interesse, mit Leuten herumzutricksen, noch glauben wir, daß „der Zweck die Mittel heiligt". Wir vertreten ein verbraucherInnen-orientiertes Modell. Anstatt eine diagnostische Beurteilung dessen zu machen, was mit der KlientIn oder der Familie falsch läuft, arbeiten wir mit ihnen daran, was sie wollen – und wir arbeiten ausschließlich an dem, was sie wollen. Wir sind unmißverständlich und direkt in Bezug auf das, was wir machen, d.h. daß wir Menschen helfen, Lösungen in so kurzer Zeit wie möglich zu konstruieren.

Die Vorstellung von Manipulation impliziert darüber hinaus, daß jemand irgendwie Kontrolle über jemand anderen ausübt. Theoretisch lehnen wir uns an MATURANAS und VARELAS Konzept des Struktur-Determinismus an (1987) – daß Menschen tun, was sie tun und daß wir – in Kommunikation – bestenfalls die Möglichkeit dafür bereitstellen, daß sie tun, was sie tun. Um dies an einem mechanischen Beispiel zu veranschaulichen: wenn wir den Zündschlüssel drehen, starten wir nicht den Motor. Wenn wir den Schlüssel drehen, stellen wir nur die Mittel für das Auto bereit, das zu tun, was es tut. Normalerweise springt der Motor an; aus Erfahrung wissen wir aber alle, daß das auch einmal nicht der Fall sein kann.

So verhält es sich auch bei Interaktionen mit unseren KlientInnen. Obwohl wir in unserer Grandiosität manchmal denken, wir würden unsere KlientInnen verändern, ist das, was wir bestenfalls tun, für sie die Gelegenheit und den Kontext bereitzustellen, das zu tun, was sie tun könnten oder sich in diesem Kontext für ein bestimmtes Handeln zu entscheiden.

Da wir daran glauben, daß Menschen sich ändern, indem man sich auf das konzentriert, was funktioniert und auf die Zukunft, kommunizieren wir mit ihnen auf eine entsprechende Weise.

Vielleicht hat sich diese Vorstellung von Manipulation aufgrund der entgegengesetzten Vorstellung erhalten, daß wir als TherapeutInnen irgendwie völlig neutral sein sollten und daß wir völlig neutral und objektiv sein können.

PsychoanalytikerInnen haben sich bemüht, diese Idee von Neutralität und Objektivität zu perfektionieren, indem sie den Einfluß der AnalytikerIn auf den Prozeß der freien Assoziation auszuschalten versuchen. Indem sich die AnalytikerIn außerhalb des Blickfelds der PatientIn aufhält und nur sehr wenig Kommentare abgibt, hofft sie, reine und unverdorbene Information zu erhalten.

Wir verschreiben uns jedoch der Annahme der Kommunikationstheorie, daß man in Interaktionen nicht nicht kommunizieren kann (WATZLAWICK, BEAVIN & JACKSON, 1967). Wir kommunizieren und interagieren immer. Wenn wir über das, was wir tun, unmißverständlich sind, dann sollten wir die Werkzeuge unseres Berufsstandes – Sprache und Kommunikation – so einsetzen, daß sie unseren KlientInnen am ehesten dazu verhelfen, das zu erhalten, was sie wollen.

Frage:

Sie sprachen vom „ja"-Set der Hypnose. Setzen Sie Trance ein?

Ja und nein. In dem Sinne, daß wir formale Induktionen und formale Trance machen, setzen wir Trance nicht ein. In dem Sinne, daß wir glauben, daß jede Kommunikation trance-ähnlich ist, setzen wir Trance ein. Wir machen keine formalen Induktionen, aber wir glauben, daß die KlientIn in Trance geht aufgrund der Art und Weise, wie wir die Konversation führen [pace] und Fragen stellen, wodurch wir sie anregen, in ihrer Erfahrung und in ihrem Gedächtnis zu suchen oder neue Erfahrung für sich selber zu erschaffen.

Um noch genauer zu werden – wir sind nicht sicher, ob die Unterscheidung zwischen Trance und etwas anderem hier nützlich ist. Wenn wir die Unterscheidung zwischen Trance und nicht-Trance verwenden, müßten wir Kriterien entwickeln, wann Trance einzusetzen ist und wann nicht. Wir glauben nicht, daß eine solche Unterscheidung oder die Entwicklung entsprechender Kriterien nützlich sind. Es würde die Dinge wohl eher verkomplizieren und eine unnötige Unterscheidung einführen.

Übungen

1. Rapport aufrechterhalten. Um Ihre Fertigkeiten, zu reflektieren und Rapport zu erhalten, zu schärfen und zu verbessern, sollten Sie sich jemanden suchen, die oder der mit Ihnen übt. EinE von Ihnen ist die GeschichtenerzählerIn, die andere die ZuhörerIn. Wenn die eine zuhört und für die GeschichtenerzählerIn reflektiert, sollte letztere mit dem Daumen anzeigen, wann sie sich mehr oder weniger verstanden fühlt. Das ist keine Übung, wo es um Erfolg oder Mißerfolg geht, sondern darum, was bei dieser Person besser funktioniert. Der Daumen darf nur Positionen zwischen senkrecht und waagerecht – also die Uhrzeit zwischen neun und zwölf) – einnehmen und niemals nach unten zeigen. Anders gesagt, der Daumen zeigt nur das an, was funktioniert und was noch besser funktioniert. Diese Übung soll einen positiven Fokus für das, was funktioniert, erleichtern und zugleich anregen, mit unterschiedlichen Formen der Rückmeldung zu experimentieren, um zu sehen, was noch besser funktionieren könnte.

Als ZuhörerIn achten Sie sorgfältig auf die Sprache der KlientIn und spiegeln sie wider, selbst wenn es nicht ihre bevorzugte natürliche Sprache ist. Spricht die KlientIn in Abstraktionen und Sie sind gewohnt, in Gefühlen zu sprechen, versuchen Sie, abstrakt zu reden.

2. Lösungs-Sprache versus Problem-Sprache. Versuchen Sie wieder mit einer PartnerIn fünf Minuten lang Problem-Sprache. Achten Sie auf die Fragen, die Sie stellen und auf Ihre Gefühle, wenn Sie auf die Antworten hören, die Ihre PartnerIn in Hinblick auf Probleme gibt. Bitten Sie Ihre PartnerIn, auf ihre affektiven Reaktionen zu achten.

Die nächsten fünf Minuten konzentrieren Sie sich ausschließlich auf Lösungs-Sprache oder auf Zeiten, wo das Problem nicht auftritt. Achten Sie auf jeden Unterschied in Bezug auf Fragen, die Sie stellen wie auf ihre eigene affektiven Reaktionen. Bitten Sie Ihre PartnerIn, auf ihre affektiven Reaktionen und jeden anderen Unterschied zu achten.

Vergleichen Sie die Unterschiede – bei Ihnen wie bei Ihrer PartnerIn – zwischen Problem- und Lösungs-Sprache. Einige erleben vielleicht eine Leichtigkeit und Optimismus, wenn Sie über positivere Zeiten sprechen – im Gegensatz zu einer Schwere bei Problem-Sprache. Andererseits können Sie sich auch trauriger oder entmutigter fühlen, wenn Sie über Lösungen sprechen und dabei stärker an die Schwierigkeiten erinnert werden.

Die ZuhörerIn sollte die Fragen festhalten, die sie stellt. Schreiben Sie sie auf und untersuchen Sie sie später auf die Voranahmen, von denen Sie ausgehen.

3. Eine einzige Sitzung. Als TherapeutIn tun Sie Ihrer PartnerIn gegenüber so, als wäre dies die einzige Sitzung, die Sie mit ihr als KlientIn haben. Halten Sie jeden Unterschied Ihres Vorgehens fest.

4. Eingangsfragen. Experimentieren Sie mit verschiedenen Fragen, die in diesem Kapitel für den Beginn der ersten Sitzung aufgezählt werden, und achten Sie auf die Reaktionen, die Sie erhalten.

Kapitel 4
Eindeutig definierte Ziele

Therapie ist ein ziel- oder lösungsorientiertes Bemühen mit der KlientIn als ExpertIn.

Dieses Kapitel soll Ihnen helfen, Ihre Fähigkeiten wahrzunehmen und weiter zu entwickeln, um eindeutig definierte Ziele zu formulieren.

Filme-Machen

Wir denken, daß der Therapieprozeß mit dem Schaffen eines Kinofilms vergleichbar ist. Wir assistieren den KlientInnen als RegisseurInnen bei ihren eigenen Lösungsfilmen. Die KlientInnen sind gleichzeitig RegisseurInnen und HauptdarstellerInnen.

In Kapitel 2 haben wir das Beispiel der ostdeutschen Bobfahrerinnen erwähnt und wie sie sich mental auf ihren Lauf vorbereiteten. Metaphorisch gesehen, wollen wir unsere KlientInnen durch einen derartigen Prozeß führen. Wir wollen ihnen helfen, das Filme-Machen im Prozeß ihres Problemlösens zu simulieren – Filme, die mit Ton und Bild unterlegt sind. Wir wollen, daß diese Filme ihre eigene Schöpfung sind und sie hineingehen können, damit sie sich selber erfahren, wenn sie ihre Probleme lösen oder irgendetwas anderes Positives tun.

In den folgenden Kapiteln werden Sie sehen, wie KlientInnen oft dazu neigen, ihre Lösungen im Konjunktiv oder im Futur zu beschreiben. Zum Beispiel sagen sie konjunktivisch „Wenn ich mich als Elternteil so verhalten würde, wie ich es wollte, *würde* ich das, was ich sage, *auch bis zum Ende durchführen.*“ Oder sie würden von der Zukunft sprechen: „Wenn ich mich als Elternteil so verhalten werde, wie ich es wollte, *werde* ich das, was ich sage, *auch bis zum Ende durchführen.*“ Man kann annehmen, daß KlientInnen innerhalb dieser beiden Sprachformen Bilder von sich selber beim Problemlösen hervorbringen. Wenn sie in ihren Sätzen die Form vom Konjunktiv zum Indikativ hin verändern und/oder von der Zukunft zur Gegenwart, ist sehr wahrscheinlich, daß sie sich ihre eigenen Filme ansehen und ihre Lösungen durchspielen oder gegenwärtige Erfahrungen beim Lösen eines Problems abrufen. Ein Beispiel: „Wenn ich etwas zu Ende führe, *spreche ich ruhig und sage* den Kindern, welche Konsequenzen ihr Verhalten hat.“ Diese Bewegung von Zukunft und Konjunktiv hin zur Gegenwart ist optimal.

Diese sprachliche Bewegung hin zur Gegenwart passiert im Gespräch in dem Moment, wo wir uns beim Reden über hypothetische Lösungen in die Gegenwart hineinbewegen, wo die KlientInnen ihre Ziele bereits irgendwie erreichen und verwirklichen.

Wir benutzen die Begriffe Ziel und Lösung auf eine ganz bestimmte Weise. Viele TherapeutInnen verwenden sie im allgemeinen gleichbedeutend mit Begriffen wie Endergebnis, Objekt oder Folge. Unser Gebrauch von den Begriffen Ziel und Lösung kennzeichnet Prozesse und – wie im Film – nicht statische Dinge oder fertige Ergebnisse. Ein Endergebnis für unsere Bobfahrerinnen würde ein ruhiges Bild von ihnen sein, welches zeigt, wie sie gerade die Ziellinie überqueren oder ihre Medaillen erhalten. Ein Prozeß ist mehr als ein Film ihrer verschiedenen Fahrten. Vielleicht würden wir, wenn es grammatikalisch nicht so schwerfällig wäre, Begriffe wie Zielfinden [„goaling"] oder Lösen [„solving"] benutzen, um den Prozeßcharakter hervorzuheben.

Die Film-Metapher im Kopf wird Ihnen eine Hilfe sein, die Werkzeuge dieses und der folgenden Kapitel zu nutzen.

Kriterien für eindeutig definierte Ziele

Eine lösungsorientierte Kurzzeittherapie ist konsumentInnenorientiert. Wir bemühen uns, KlientInnen zu helfen, das zu bekommen, was sie bekommen wollen. Andere Denkmodelle basieren auf einem normativen Ansatz von psychischer Gesundheit, einer gut funktionierenden Familie oder Ehe und nehmen eine ExpertInnenposition ein, aus der heraus sie dann die Ziele bestimmen. Dagegen konzentriert sich ein lösungsorientierter Ansatz ausschließlich auf das, was die KlientIn sagt, was sie will.

Wenn wir uns darauf konzentrieren, was die KlientIn *im Gegensatz zu dem, was wir denken*, will, so sind die Ziele der KlientInnen wesentlich. Wir haben herausgefunden, daß nicht nur die Benennung eines Ziels wichtig ist, sondern ebenso auch das Anwenden bestimmter Kriterien, um solche Ziele zu entwickeln.

Kriterien eindeutig definierter Ziele sind folgende:

1. Positive Darstellung

Hierbei denken wir nicht an Begriffe wie gut oder schlecht, moralisch oder unmoralisch, gesund oder ungesund. Wir meinen damit, daß das Ziel in einer sprachlich positiven Form dargestellt werden soll, d.h., daß die KlientIn umschreiben soll, was sie machen oder denken *wird* und nicht, was sie *nicht machen* oder *nicht denken* wird. Der Grund, ein Ziel in einer sprachlich positiven Form darzustellen, ist der, daß wir wollen, daß die KlientIn ein Bild von ihrem Ziel in ihrem Kopf oder aus ihren Erfahrungen entwickelt. Das kann ein visuelles Bild sein, es können Wörter oder Klänge sein ebenso wie Gefühle oder Empfindungen. Dieses Bild wird wahrscheinlich einige oder sogar alle diese Sinnesmodalitäten einschließen. Der kritische Punkt hierbei ist, daß das Bild etwas Existierendes beschreiben muß und nicht etwas nicht Vorhandenes.

Wir wollen eine positive Darstellung, da ein Bild von irgendetwas, das negativ beschrieben wird, unmöglich ist. Denken Sie einmal einen Augenblick darüber nach. Wenn wir Sie in den nächsten Sekunden bitten würden, nicht an ein Stück Kuchen zu denken, so ist es sehr wahrscheinlich, daß Sie sich gerade ein Stück Kuchen vorstellen und Ihnen das Wasser im Munde zusammenläuft. Vielleicht tun Sie dann etwas gegen das Bild, damit es verschwindet oder versuchen, es auszuradieren, um „nicht an das Stück Kuchen zu denken." Sie werden es jedoch in Ihrer Vorstellung haben, noch bevor Sie irgendetwas anderes tun.

Genau auf diese Weise sollten KlientInnen sich klarmachen, daß es ihr Ziel ist, nicht mehr deprimiert zu sein. Es wäre jedoch unmöglich, sich davon ein Bild zu machen. Sie würden sich nämlich zuerst das Gefühl des Deprimiertseins ins Gedächtnis zurückrufen und sich dann sagen, daß dieses Gefühl nicht wahrgenommen werden soll oder daß es nicht nötig sei. KlientInnen könnten sich auch dabei vorstellen, wie es ihnen im Zustand des Deprimiertseins geht oder wie sie dabei handeln oder wie sie deprimierende Kommentare wiederholen. Eins steht fest, je mehr KlientInnen versuchen, sich selber nicht deprimiert zu machen, umso wahrscheinlicher ist es, daß sie über ihr Deprimiertsein nachdenken und sich im Ergebnis noch deprimierter fühlen werden.

Ein großes und nicht beabsichtigtes Hindernis der problemorientierten Ansätze ist die miteingeschlossene selbstverstärkende Bekräftigung eines Problems. Die KlientInnen sprechen oft über ihr Problem und formen sich Bilder darüber. Je mehr KlientInnen über ihr Problem sprechen, desto mehr aktualisieren sie die gleichen Gefühle, die mit diesem Problem verbunden sind und rufen Bilder des Problems aus der Vergangenheit hervor.

Zu einem derartigen Verstärken des Problems wollen wir unsere KlientInnen nicht hinführen. Wir wollen sie nicht dazu bringen, zuerst an ihr Problem zu denken, sondern an das Erreichen ihres Ziels. Wenn KlientInnen jedoch ein Bild über das, was sie wollen, entwickeln, kann ein solches Bild für sie verlockend sein und als ihr Film für den Weg dienen, den sie einschlagen wollen.

Wenn wir uns noch einmal die Geschichte der Bobfahrerinnen ins Gedächtnis rufen, so werden Sie bemerken, daß der beachtliche Vorteil dieser Athletinnen darin bestand, daß sie ein Bild über sich entwickelten, wie sie sich erfolgreich durch die schwierige Bahn manövrieren. Sie formten nicht nur ein Bild ihres Ziels, sondern wurden selber ein Teil des positiven Bildes von ihrem Ziel und nutzten dieses Bild wieder positiv für die aktuelle Situation.

Wenn Ihre KlientIn ein *negatives* Bild zeichnet, so ist das Schlüsselwort, ein *positives* Bild hervorzurufen, *„stattdessen"*. Zum Beispiel, wenn eine Klientin sagt: „Ich will mich nicht von meinem Ehemann zurückziehen," so sollten Sie folgende Frage stellen, „Was wollen Sie stattdessen tun?" Durch das Nebeneinanderstellen dieser beiden Fragen, wird eine positive Beschreibung über andere Dinge, die sie machen oder denken wird, hervorrufen.

2. Prozeßhafte Darstellung

Hiermit meinen wir, daß das Ziel so dargestellt werden soll, daß diese Beschreibung mit dem fließenden Ablauf eines Kinofilms vergleichbar ist, das heißt, als Prozeß im Gegensatz zu einem unbeweglichen Bild. Substantive stehen für unbewegliche Bilder; auch wenn sie besser als negative Aussagen sind, so geht von Standaufnahmen nicht annähernd eine so große Verlockung oder Wirkung aus wie von Tonfilmen.

Es gibt ein Zeichen, das deutlich macht, daß KlientInnen ihre Ziele prozeßhaft beschreiben: wenn sie Verben benutzen.*

Diese Sprachform zeigt an, daß sie Handlungen, Gedanken oder Bilder aufeinander folgen lassen, was sprachlich sowohl in der Zukunft als auch in der Gegenwart geschehen kann.

Zum Beispiel könnte die KlientIn sagen: *„Ich werde* erst *zuhören*, was mein Kind mir zu sagen hat, ehe ich ihm sage, was ich will, daß es tun soll." Die KlientIn könnte diesen Ablauf auch konjunktivisch ausdrücken: „Wenn ich das so handhaben würde, wie ich es wollte, *würde ich* meinem Kind *zuhören*, was es zu sagen hat, ehe ich ihm sagen würde, was ich gerne hätte, daß es tun soll." Die KlientIn könnte ihr Ziel auch

---

* **Anm. d. Übers.:** im Englischen geht es hier um die „ing"-Form.

in der Gegenwart formulieren: „Wenn ich die Beziehung zu meinem Kind so handhabe, wie ich es jetzt will, dann *höre ich* meinem Kind erst *zu*, bevor ich ihm sage, was ich will, daß es tun soll." Diese Beispiele kennzeichnen Prozeßbeschreibungen, die sprachlich durch Verben verdeutlicht werden und für die Definition eines Ziels brauchbar sind.

Um eine prozeßhafte Beschreibung hervorzubringen, sollten Sie das Wort „wie" benutzen. Die KlientIn wird dann mit hoher Wahrscheinlichkeit Beschreibungen in der Verbform wählen oder eine Abfolge von Handlungen beschreiben. Durch „was"-Fragen werden in der Regel Substantive hervorgebracht, daher sind sie für Prozeßbeschreibungen nicht geeignet.

3. Darstellung im Hier und Jetzt

Mit dem Begriff Prozeß im Hier und Jetzt ist gemeint, daß die KlientIn *sofort* mit der Arbeit an ihrer Lösung beginnt und mit lösungsorientierten Handlungen weitermacht. Viele KlientInnen reden über das, was sie wollen, in einer Art, als ob das Ziel irgendein Objekt in der fernen Zukunft wäre. Zum Beispiel könnte eine KlientIn sagen: „Ich möchte eine Entscheidung treffen, ob ich verheiratet bleiben oder mich scheiden lassen soll." Das Problem bei einer solchen Verhaltensbeschreibung als Ziel besteht darin, daß das Ziel gewöhnlich in zu ferner Zukunft liegt und so weit von der Person entfernt ist, daß kein Gefühl der Kontrollierbarkeit entstehen kann. Das Ziel, eine Entscheidung zu treffen, wird sprachlich durch ein Substantiv ausgedrückt, ein statisches Objekt, welches weit weg von der KlientIn liegt. Daran denkt man wie an ein Ereignis, welches in ferner Zukunft liegt.

Wir wollen, daß das Ziel auf eine prozeßhafte Weise beschrieben wird und etwas darstellt, dem man sofort folgen kann. So würden wir fragen, „Wenn Sie *auf dem Weg sind*, jetzt eine Entscheidung zu fällen, was würden Sie machen oder was würden Sie anders machen?" Dies kann auch so ausgedrückt werden, „Wenn diese Sitzung vorbei ist und Sie dabei sind, Ihr Problem zu lösen, was werden Sie anders machen, oder was werden Sie dann zu sich selber anders sagen? " „ ... zu sich selber anders sagen", könnte eine andere Absicht wecken. Diese Fragen transportieren das Ziel in einen prozeßhaften Verlauf und können wesentlich beschleunigend wirken. Der Klient könnte so antworten: „Ich würde das Thema der Trennung mit meiner Frau ansprechen und mit ihr über Trennung sprechen, statt dieses Thema zu vermeiden."

Als TherapeutInnen vertreten wir nicht notwendigerweise die Auffassung, daß wir die KlientIn bis zu dem Punkt begleiten, an welchem schließlich irgendeine Entscheidung gefällt wird. Es ist für uns grundlegend, die KlientIn in einen Prozeß zu führen mit dem Ziel, daß sie innerlich eine Überzeugung entwickelt, daß sie auf dem Weg dahin ist, eine Entscheidung zu treffen.

Das Problem bei Zielen, die in ferner Zukunft liegen, besteht darin, daß sie so weit weg sind. Erfahrungsgemäß erscheinen sie zu fern und können daher weniger von der KlientIn kontrolliert werden. Durch die prozeßhafte Darstellung des Ziels in der Gegenwart, konzentriert sich die KlientIn mehr auf Dinge, die sie im Hier und Jetzt tun kann oder schon tut.

Neben den KlientInnen, die einen Abschluß, wie z.B. eine Entscheidung wollen, gibt es auch die KlientInnen, die eine Veränderung ihres allgemeinen Befindens erreichen wollen. Eine KlientIn könnte etwa äußern, daß sie 50 Pfund abnehmen möchte. Diese Beschreibung drückt einen statischen Zustand aus, der zudem in ferner Zukunft liegt. Wird der Gewichtsverlust als Ziel definiert, wollen wir den damit verbundenen Lösungsprozeß ins Hier und Jetzt bringen.

Wir würden fragen, „Wenn Sie aus dieser Sitzung heute herausgehen und Sie wären dabei, abzunehmen, was würden Sie anders machen?“ Diese Frage transportiert den entfernten Zustand einer 50-Pfund Gewichtsabnahme in einen prozeßhaften Verlauf im Hier und Jetzt.

Eine Antwort wie „Ich würde anders essen und meinen Tag anders verbringen, nicht mehr so hektisch“, wäre ein guter Anfang. Die Person beschreibt dann ihr Eßverhalten wie auch ihren Tagesablauf auf eine *andere* Weise. Die Verben beschreiben einen prozeßhaften Verlauf und spornen mehr zu einer direkten Umsetzung an.

4. So spezifisch wie möglich

Je spezifischer eine Beschreibung ist, umso größer ist der Aufforderungscharakter für die KlientIn. Hier kommt die Fähigkeit der TherapeutIn ins Spiel, alle ihre Fertigkeiten einzusetzen, KlientInnen zu helfen, spezifischere Gedanken über ihr Handeln und Denken zu entwickeln. Wenn wir von „Handeln und Denken“ sprechen, meinen wir die Beschreibungen der KlientInnen über ihr konkretes Verhalten und die Beschreibungen, die sie sich selber und anderen geben würden. Das, was KlientInnen angeben, was sie zu sich selbst sagen, bestimmt die Bedeutung oder eine neue Bedeutung für ihre Beschreibung einer Situation.

Man sollte immer daran denken, daß auch KlientInnen, die nicht sofort spezifische Beschreibungen finden, nicht widerspenstig sind. Wenn man sich für einen Moment vor Augen führt, daß KlientInnen sich wahrscheinlich zu sehr auf das Problem und auf das, was sie nicht wollen, konzentrieren, dann denken sie vermutlich nie oder nur selten daran, was sie *wollen*. Deshalb brauchen KlientInnen etwas Anleitung und Geduld auf seiten der TherapeutIn, um sich auf das Positive zu konzentrieren – auf das, was sie wollen und speziell, wie sie das umsetzen können.

Der beste Weg, spezifische Antworten hervorzurufen, ist der direkte. Zum Beispiel: „Können Sie mir *genauer* schildern, wie Sie Ihrem Kind mehr zuhören werden? Was werden Sie anders machen? Was wird Ihr Kind speziell an Ihnen bemerken, um festzustellen, daß Sie ihm zuhören?"

5. KlientInnen kontrollieren (d.h. KlientInnen können eine Handlung beginnen und/oder fortführen)

Dies ist ein entscheidendes Kriterium, das wohl besonders beleuchtet werden sollte. Viele unserer KlientInnen kommen mit Beschwerden darüber, wie sie *jemand anderen* geändert wünschen oder wie sie etwas anders haben wollen, das sie nicht beeinflussen können. Wenn wir uns mit KlientInnen auf Ziele einlassen, jemand anderen zu ändern, beteiligen wir uns an einem endlosen und fruchtlosen Vorhaben.

Wir wollen KlientInnen dabei helfen, ein Ziel zu bestimmen, mit welchem *sie unmittelbar* in der Therapiestunde einen Prozeß *beginnen und aufrechterhalten* können. Das Ziel kann nicht davon abhängig sein, daß irgendetwas anderes oder irgendjemand anderes sich ändert oder zuerst ändert. Wir können KlientInnen behilflich sein, Veränderungen in Beziehungen zu anderen herbeizuführen, auch wenn die andere Person sich nicht in Therapie befindet, aber wir können uns nicht der Vorstellung anschließen, daß ein anderer sich zuerst verändern muß.

KlientInnen, die bei der Formulierung ihres Ziels zunächst die Veränderung einer Bedingung nennen, die nicht von ihnen kontrolliert werden kann oder die Veränderung eines anderen als Bedingung voraussetzen, gehen von der Annahme aus, daß Änderungen *erst* auftreten müssen, damit etwas anderes geschehen kann. Die KlientInnen sehen in dieser Veränderung (etwas, das sie nicht kontrollieren können oder eine Veränderung bei einem anderen) vielleicht ein Hilfsmittel oder eine Bedingung für etwas, das sie letztlich wollen. Ein Beispiel: In einem

Kokainfall dachte eine Frau, daß sie zunächst Kokain ablehnen müßte, um aufhören zu können. Sie dachte, daß sie dahin kommen müsse, Kokain nicht zu mögen, um mit dem Konsum aufhören zu können. Den Geschmack daran zu verlieren, lag jedoch nicht in ihrer Kontrolle.

KlientInnen denken oft, daß „A" erst geschehen muß, damit „B" eintritt. Wenn sie im Rahmen dieser Annahme handeln, versuchen sie ständig, „A" eintreten zu lassen, damit sie „B" erreichen. Wenn „A" jedoch außerhalb ihrer Kontrolle liegt, geben sie sehr frustriert auf.

Ein weiteres Beispiel: Ein Mann glaubt vielleicht, daß er mehr Selbstbewußtsein haben muß, um direkter auf andere zugehen zu können, wenn er eine Verabredung wünscht. Indem er als einen ersten Schritt den Versuch startet, sich selbstbewußter zu fühlen oder sich daran zu erinnern, daß er selbstbewußter sein muß, sind ihm natürlich die Zeiten, in denen er sich nicht selbstbewußt fühlt, noch viel gegenwärtiger. Indem er vermeidet, Frauen anzusprechen, bis er sich selbstbewußter fühlt, wird ihm sein Mangel an Selbstbewußtsein noch schmerzlicher bewußt. Er glaubt, daß „A" – mehr Selbstbewußtsein – zuerst eintreten muß, bevor er das tun kann, was er will, nämlich „B", Frauen ansprechen und sich mit ihnen verabreden. Das Problem liegt darin, daß der Versuch, sich selbstbewußter zu fühlen, nicht direkt von ihm kontrolliert werden kann. Es ist komisch, aber je mehr er sich auf seinen Mangel an Selbstbewußtsein als Bedingung für weiteres Handeln konzentriert, desto weniger fühlt er sich selbstbewußt und desto unwahrscheinlicher wird es, daß er eine Frau um eine Verabredung bittet.

Ein anderes Beispiel ist ein Ehemann, der denkt, daß eine Veränderung bei seiner Frau eine Vorbedingung für mehr Nähe ist. Er denkt, daß sie den Wunsch haben solle, mehr Zeit gemeinsam zu verbringen. Daher versucht er, sie davon zu überzeugen, daß ihr Wunsch nach mehr Freiraum unrealistisch und kein Zeichen von Liebe sei. Er versucht, sie davon zu überzeugen, daß sie den Wunsch entwickeln solle, mehr mit ihm zusammen zu sein, weil das verheiratete Paare, die einander lieben, so tun. Es ist seltsam, aber je mehr er versucht, sie davon zu überzeugen, desto weniger verspürt sie den Wunsch, mit ihm zusammen zu sein. Er versucht weiter, seine Frau zu ändern und verfolgt damit ein Ziel, welches nicht in seiner Kontrolle liegt. Er fährt fort, sich eher auf das Hilfsmittel (die Veränderung in der Haltung seiner Ehefrau) als auf das Ziel, mehr Nähe zu seiner Frau zu haben, zu konzentrieren.

Wenn KlientInnen sich auf versuchte, aber fehlgeschlagene Lösungen versteifen, nehmen sie im weiteren eine Haltung ein, sehr entfernte

Ziele (oder Endpunkte dieser Wege) zu sehen, die jedoch außerhalb ihrer Reichweite liegen. Wenn KlientInnen ein Ziel formulieren, das nicht von ihnen kontrolliert werden kann, aber als Mittel für das Erreichen ihres Endziels gesehen wird, helfen wir ihnen, ihre Annahme über den Weg zum Endziel umzukehren. Wo Klientinnen denken, daß „A" zu „B" führt oder daß „A" zuerst eintreten muß, schlagen wir oft die gegenteilige Annahme vor, nämlich, daß „B" zu „A" führen kann. Sehr oft schließt „B" eine konkrete Handlung oder eine andere Denkweise auf ihrer Seite ein, die innerhalb ihrer Kontrolle liegt.

Wenn man die Annahme umkehrt und den Mann, von dem gerade die Rede war, dazu bringt, so zu handeln, als ob er selbstbewußt sei oder den Ehemann dazu bringt, so zu handeln, als ob er bereits mehr Nähe zu seiner Frau habe, bietet man beiden Optionen, die von ihnen persönlich kontrolliert werden können.

Wenn der Mann *so tut, als* sei er selbstbewußt, tut er etwas, das etwas von dem, was er will, erfordert. Er geht vielleicht auf eine Frau zu und fängt mit ihr ein Gespräch an. Vielleicht erreicht er nicht die Verabredung, die er sich wünscht und das Gespräch mag nicht alles sein, was er will, aber er hat dadurch eine Erfahrung und eine Rückmeldung für seinen nächsten Anlauf. Indem er dieses Handeln fortsetzt und den Erfordernissen anpaßt, erhöht sich die Wahrscheinlichkeit, daß sein Selbstbewußtsein sich verändern wird und/oder er vielleicht entdeckt, daß Selbstvertrauen eine nicht so wesentliche Bedingung für ein Gespräch mit Frauen ist.

Wenn der Ehemann sich mehr auf die Situationen konzentriert, wo er seiner Frau nahe ist und darauf, was er dann macht, stellt er fest, daß er entspannter ist und nicht mehr so viel Druck auf seine Frau ausübt. Sie bemerkt, daß er viel entspannter ist und zeigt sich freundlicher. Dadurch, daß er sich erfolgreich auf das konzentriert, was er mit ihr genießt und sie Zeiten voller Nähe erleben, kann er seine Vorstellung, daß sie sich zuerst verändern muß, aufgeben.

6. In der Sprache der KlientIn

Dieses Kriterium ist für uns TherapeutInnen ein Prüfstein. Wir wollen sicher sein, daß wir auf das, was die KlientIn für sich als Ziel definiert, hinarbeiten und nicht auf das, was wir für sie wollen oder denken. Viele TherapeutInnen haben Ausbildungen gemacht, in denen Vorstellungen darüber, was gut, normal oder gesund ist, vermittelt wurden. Es gelingt uns leicht, in ein Denken hineinzurutschen, daß die KlientIn eine Vielzahl von Problemen hat, über die sie nicht spricht oder die sie leugnet. Und dann denken wir darüber nach, was die KlientIn alles in Angriff nehmen *sollte*.

Viele TherapeutInnen haben gelernt, „zwischen den Zeilen zu lesen", wenn Menschen erzählen und dabei zu interpretieren, was sie *wirklich* wollen, auch, wenn sie es noch gar nicht bewußt wissen. Viele TherapeutInnen haben zu Interpretationen gegriffen wie „das Versagen des Kindes in der Schule ist wirklich als Hilferuf an seine Familie aufzufassen" oder „die Schulverweigerung des Jungen ist ein Appell nach mehr Grenzsetzung." Durch solche Annahmen oder Interpretationen können wir leicht in die Versuchung geraten, Ziele für unsere KlientInnen zu bestimmen, statt sich auf die Wünsche der KlientInnen zu konzentrieren.

Wenn Kinder, von denen sie denken, sie rufen nach Hilfe, indem sie in der Schule versagen, keine Hilfe in der Schule wollen, versuchen Sie nicht, sie davon zu überzeugen. Fragen Sie, weswegen sie zu Ihnen kommen, und halten Sie es in ihren Worten fest.

Wenn wir feststellen, daß wir in den Sitzungen nicht weiterkommen, erkennen wir in der Regel, daß wir nicht mehr die Spur zum Ziel verfolgen. Manchmal fragen wir uns gegenseitig um Rat. Wenn wir uns konsultieren, ist unsere erste Frage an den anderen: „Was will die KlientIn?" Manchmal sieht die Antwort so aus: „Tja, ich denke, daß die KlientIn ihre Kommunikation verbessern will." Die KonsultantIn wird wieder fragen: „Drückt *die KlientIn* aus, daß sie das will?" Wir stellen dann gewöhnlich fest, daß wir angenommen haben, daß die KlientIn das will oder daß wir unsere eigene Entscheidung darüber getroffen haben, was die KlientIn wollen sollte, statt sicher zu gehen, daß wir eine explizite Aussage von der KlientIn haben. Wir haben eine Handlung auf ein Ziel hin verfolgt, das die KlientIn nicht als ihr eigenes definiert hat.

Um sicher zu stellen, daß man das Ziel der KlientIn kennt, sollte man sich *mit den Worten der KlientInnen aufschreiben, was sie wollen.* Es ist nicht ungewöhnlich, daß die letzte Fassung über ihre Vorhaben nicht mit den ersten Aussagen übereinstimmt. Im Gespräch über das Ziel und der Klärung anhand der Kriterien für eindeutig definierte Ziele, verändert sich u.U. die Art des Ziels. KlientInnen erkennen vielleicht durch die Definition von Prozessen, daß sie andere Menschen nicht ändern können, oder sie erkennen, daß ihr jetziges Ziel sich von ihrem zuerst beschriebenen unterscheidet. Man sollte jedoch sicherstellen, daß die zuletzt beschriebene Form des Ziels *mit ihren Vorhaben und Worten übereinstimmt.*

Kriterien für eindeutig definierte Ziele

Die Abbildung 2 zeigt eine Checkliste für eindeutig definierte Ziele. Mit diesem Hilfsmittel können sie überprüfen, ob ein Ziel kontinuierlich entwickelt wird. Jede Aussage von KlientInnen kann mit den Kriterien verglichen werden. Die Schlüsselwörter werden Ihnen Hinweise liefern, ob die Aussagen mit den Kriterien übereinstimmen oder Ihnen kurze Anhaltspunkte für Ihr weiteres Vorgehen geben. Ist eine Aussage noch nicht hinreichend definiert, verwenden Sie eine Frage aus der rechten Spalte, um der KlientIn zu helfen, ihren „Film" im Hinblick auf das Kriterium zu entwickeln.

Kriterium	Schlüsselwort	Musterfrage
1. positiv	„stattdessen"	„Was werden Sie stattdessen tun?"
2. prozeßhaft	„wie" Verbform	„Wie werden Sie das tun?"
3. Hier und Jetzt	auf dem Weg sein	„Wenn Sie heute aus der Sitzung herausgehen und auf dem Weg zu Ihrem Ziel sind, was werden Sie anders machen oder wie werden Sie anders zu sich sprechen?"
4. so spezifisch wie möglich	„spezifisch"	„Wie werden Sie das im einzelnen tun?"
5. Im Kontrollbereich der KlientIn	„Sie"	„Was werden Sie tun, wenn das eintritt?"
6. In der Sprache der KlientIn	Worte der KlientIn verwenden	

Abb. 2

Diskussion

Frage:

Worin besteht der Unterschied zwischen Zielen und Lösungen?

Wir verstehen Lösungen als eine Art von Ziel und Lösen als eine Art von Ziel-Finden [goaling]. Man könnte das auch so beschreiben: Die Arbeit zwischen TherapeutInnen und KlientInnen ist zielorientiert. Innerhalb dieses größeren Rahmens kann es vorkommen, daß KlientInnen und TherapeutInnen eine Konstruktion und Lösung eines Problems als Ziel der Therapie entwerfen. Es gibt jedoch auch andere KlientInnen, die sich sofort auf das, was sie wollen, konzentrieren und möglicherweise das Ziel nie im Kontext des Problems oder der Lösung erwähnen.

In unserem Denkmodell gehen wir nicht davon aus, daß Information über das Problem erforderlich ist, um hilfreich zu sein. Eine treffendere Beschreibung für diesen Ansatz wäre ziel- oder ergebnisorientierte Therapie. Jedoch arbeiten wir mit vielen KlientInnen in Situationen, in denen sie das Ziel und die Funktion der Therapie als ein Lösen von Problemen wahrnehmen.

Es ist wichtig, sich daran zu erinnern, daß Ziele und Lösungen Prozesse sind. Auch wenn es sich bei den Begriffen Ziel und Lösung um Substantive handelt, und wir leicht denken können, daß Ziele statisch sind oder ein Endergebnis darstellen, müssen wir immer wieder betonen, daß Ziele und Lösungen einem Film ähneln und nicht etwa abgeschlossenen Ergebnissen.

Frage:

Was ist mit Themen, die die KlientIn nicht erwähnt hat, aber von denen wir wissen, daß sie ein Problem darstellen? Was ist mit tieferliegenden oder ungelösten Problemen?

Mit Ausnahme solcher Probleme, die rechtlich und ethisch unzweifelhaft sind wie z.B. Mißhandlungen oder einer Gefährdung von sich und anderen, respektieren wir die Fähigkeit und Verantwortung von KlientInnen, sich auf ihr eigenes Ziel oder Problem zu konzentrieren. Wenn Veränderung eine notwendige Voraussetzung zum Erreichen eines Ziels ist, wird das Problem von selbst hochkommen und automatisch gelöst werden. Wenn beispielsweise Eltern wegen des Schulverhaltens ihres Kindes zu uns kommen, gehen wir davon aus, daß möglicherweise bestehende Eheprobleme an die Oberfläche kommen, wenn wir uns darauf konzentrieren, wie die Eltern an die Lösung des Schulproblems herangehen. Wir müssen die Eltern nicht direkt damit konfrontieren oder ihre Schwierigkeiten als Eheprobleme etikettieren. Wenn die Eltern gemeinsam für das Schulverhalten ihrer Kinder eine Lösung finden, werden sie ihre Schwierigkeiten entweder direkt oder indirekt herausarbeiten müssen. Wir verlassen uns auch auf unsere Annahme, daß kleine Veränderungen zu großen Veränderungen führen und sich daher das Eheproblem vielleicht von selber löst.

Wir unterscheiden auch nicht zwischen oberflächlichen und tieferliegenden Problemen. Wir nehmen jedes Problem, jede Lösung oder jedes Ziel *so, wie es sich zeigt* und machen keine Änderung von einem anderen abhängig und sehen kein Problem als Hinweis auf mögliche andere.

Übungen

1. Denken Sie an eine Schwierigkeit, mit der Sie sich zur Zeit schwertun. Fragen Sie sich: „Was möchte ich stattdessen tun?" Wenn Sie damit angefangen haben, sehen Sie sich die Kriterien für eindeutig definierte Ziele im einzelnen an. Falls Ihre Lösung nicht mit den Kriterien übereinstimmt, so passen Sie Ihre Lösung entsprechend an.

2. Üben Sie in einem Rollenspiel, in welchem eine KollegIn die KlientIn spielt. Fragen Sie nach dem Ziel der Konsultation. Führen Sie die Übung eher mit Blick auf die Ziele als auf die Probleme durch, damit die Anwendung der sechs Kriterien leichter wird. Schreiben Sie die Antworten Ihrer GesprächspartnerIn auf und vergleichen Sie die Zielaussagen mit den Kriterien. Stellen Sie „Stattdessen"- und „Wie"-Fragen sowie die Frage „Wie werden Sie das konkret tun?", um sich auf das Ziel zu konzentrieren.

3. Gehen Sie Ihre Fallaufzeichnungen durch und identifizieren Sie das *von der KlientIn genannte Ziel.* Gehen Sie das Arbeitsblatt für eindeutig definierte Ziele durch. Paßt das von der KlientIn genannte Ziel zu den Kriterien? Falls nicht, fragen Sie sich, welche Fragen in der nächsten Sitzung notwendig sind. Stellen Sie sicher, daß es um das Ziel der KlientIn geht und nicht um das Ziel, das Sie für die KlientIn haben.

Kapitel 5

Schleichwege zur Konstruktion von Lösungen

Bedeutung und Erfahrung sind interaktional konstruiert.

Dieses Kapitel gibt einen Überblick über die verschiedenen Wege, Lösungen zu konstruieren. Nach dieser Einführung werden die Wege in den folgenden Kapiteln detaillierter beschrieben.

Positive Wege: Positive Konversation

Eine Beschreibung des Gesprächs zwischen TherapeutIn und KlientIn, wobei die Basis die Konstruktion von Lösungen ist, könnte so aussehen: Ein Wandeln auf vielen verschiedenen Wegen. Genauso wie man von Hamburg nach München auf unterschiedlichen Wegen gelangen kann, so ist es auch bei den verschiedenen Prozessen, Lösungen zu konstruieren. Es gibt nicht nur einen Weg, der in jedem Fall besser oder richtig ist. Kein Weg bringt sie immer so dorthin, wie Sie es wollen. Es gibt vielmehr eine unbegrenzte Anzahl von Wegen und Gesprächen.

Die Abbildung 3 zeigt eine Zusammenstellung und Abfolge von Wegen, die eine Richtschnur für mögliche Gespräche geben. Mit Hilfe dieser Karte können Sie Ihr Denken und Handeln im Entwicklungsprozeß von Zielen und Lösungen leiten. (Diese Karte ist eine Entwicklung der „Zentralkarte" von de Shazer, 1988).

Diese Karte stellt einen vereinfachten Leitfaden für unser Gespräch in der Therapiesitzung dar. Sie visualisiert vier Annahmen:

1. Wenn man sich auf das Positive, die Lösung und die Zukunft konzentriert, wird eine Veränderung in die gewünschte Richtung erleichtert. Fokussieren Sie daher auf ein lösungsorientiertes Gespräch und nicht auf ein problemorientiertes Gespräch.

2. TherapeutIn und KlientIn können für *jedes* Problem Ausnahmen erarbeiten, die sich wiederum für die Konstruktion von Lösungen nutzen lassen.

3. Veränderung geschieht fortwährend.

4. Bedeutung und Erfahrung sind interaktional konstruiert.

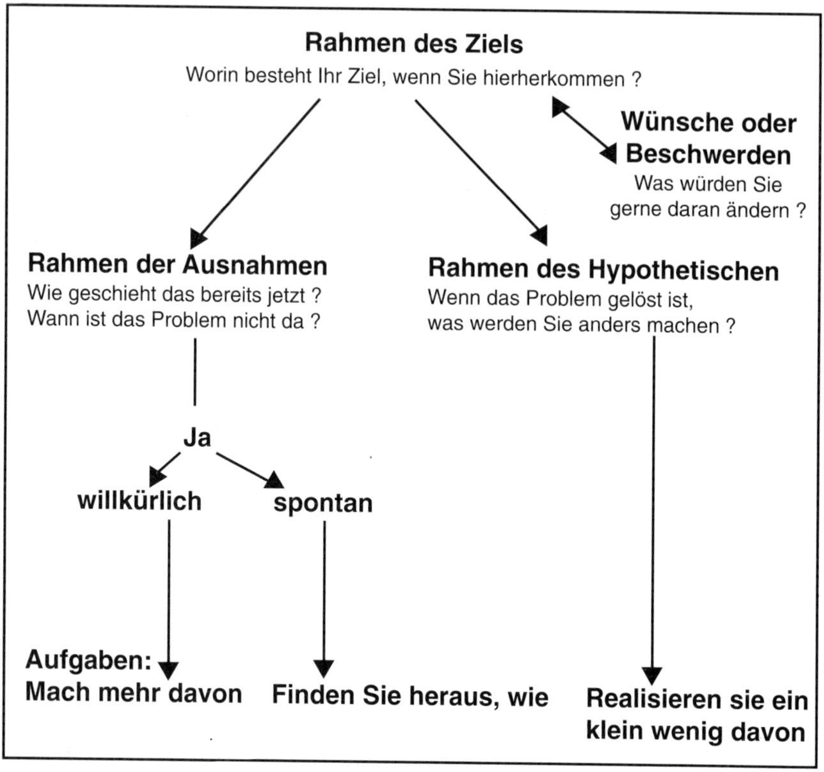

Abb. 3: Wege, Lösungen zu konstruieren

Durch diese Karte wird der Fokus auf das Positive gerichtet. Das geschieht folgendermaßen: 1. Erkennen, was die KlientIn will (das Ziel); 2. sich darauf konzentrieren, wie das bereits jetzt geschieht (Ausnahmesituationen, in welchen sich das Ziel realisiert) oder auf Zeiten, wo das Problem nicht auftritt (Ausnahmen der Problemsituation); 3. darauf schauen, wie das Ziel/die Lösung in der Zukunft aussieht (hypothetische Lösung). Die Karte (und die implizierten Annahmen) geht davon aus, daß Veränderungen fortwährend stattfinden und daß neue Bedeutungen und die Erfahrung der Veränderung durch das therapeutische Gespräch konstruiert werden. Die Wege zeigen nur verschiedene Möglichkeiten für neue Bedeutungen und Erfahrungen an, die sich in der Interaktion zwischen TherapeutIn und KlientIn entwickeln.

Nach diesem groben Überblick werden wir uns die Karte im folgenden genauer ansehen.

Wünsche und Klagen oder Ziele und Probleme

Wir beginnen die erste Sitzung mit der Frage „Mit welchem Ziel kommen Sie hierher?“ Oft beschreiben KlientInnen das, was sie wollen in einer Art, die impliziert, daß von ihnen irgendetwas getan werden kann. Jedoch wählen sie anfangs oft die Form einer Klage oder eines Wunsches und beschreiben kein Ziel und kein Problem.

Diese Unterscheidungen sind am Anfang einer Therapie nützlich. Wünsche sind affektive Äußerungen von KlientInnen, wie sie etwas haben wollen. Bei diesen Wünschen kann es sich um heftiges Verlangen oder Begehren handeln, aber eben nicht um Ziele. Klagen sind die andere Seite der Münze. Klagen sind Äußerungen, die anzeigen, auf welche Art die KlientIn mit der bestehenden Situation unglücklich ist. Bei Klagen handelt es sich in der Regel um Äußerungen von Unzufriedenheit, Kummer, Schmerz oder Groll. Äußerungen über Wünsche oder Klagen enthalten weder Lösungen, noch Möglichkeiten etwas zu tun. In der Regel sind sie emotionale, situationsbezogene Äußerungen.

KlientInnen berichten vielleicht auch über eine eigene Diagnose oder über eine, die von Fachleuten gestellt wurde. Diagnosen sind weder Ziele noch Probleme. Diagnosen sind eher Etiketten, die einen Zustand oder eine Bedingung beschreiben. Als solche implizieren Diagnosen weder eine Handlung noch eine Lösung.

Eine Diagnose bringt auch logische Ebenen durcheinander. Eine Diagnose kann die Person mit dem Problem, das in der Diagnose enthalten ist, verwechseln und die Situation so darstellen, als seien Person und Problem identisch. White und Epston (1990) beschreiben, wie solche Etiketten eine Person mit Problemen durcheinander bringen können und wie ihnen das Energie raubt. In ihrem Modell wenden sie eine Methode, die „Externalisierung des Problems“, an, um die verschiedenen Ebenen auseinanderzuhalten. Auch uns kommt es darauf an, die Person vom Problem zu trennen, aber uns ist noch wichtiger, uns auf das Ziel oder die Lösung zu konzentrieren, die losgelöst von der Person sind.

Wie wir schon in unseren Annahmen in Kapitel 2 dargelegt haben, gehen wir nicht davon aus, daß eine Person etwas *ist* und daß die Person *jederzeit* auf bestimmte Weise handelt.

Wenn KlientInnen zu uns kommen und Selbstdiagnosen stellen oder sagen, daß sie unglücklich oder die Kinder aufsässig seien oder sie sich wünschten, daß die Kinder glücklicher oder vertrauensvoller seien oder daß der Gatte netter sein solle, fragen wir uns, „Was können *wir* als TherapeutInnen dabei tun?“ Da Wünsche und Klagen nur gefühlsmäßige Äußerungen sind, können wir sehr wenig tun. Wenn wir solche Äußerungen als Ziele akzeptieren, werden wir endlos damit beschäftigt sein, die Gefühle der KlientInnen im Hinblick auf die beschriebenen Situationen zu verändern.

Unser Ziel besteht darin, KlientInnen dabei zu helfen, ihre Beschreibungen des Unglücklichseins in Beschreibungen von Zielen zu verändern. Anhand von Wünschen oder Klagen, die in Ziele übersetzt werden, können KlientInnen in Ansätzen Aktivitäten oder Lösungen formulieren. Zum Beispiel: Eine KlientIn kommt zu uns und als Antwort auf die Frage „Worin besteht Ihr Ziel?“ beschreibt sie, wie deprimiert sie sich fühle und wie sie schon immer eine geringe Selbstachtung gehabt habe. Sie erzählt uns weiterhin eine lange Geschichte über gescheiterte Beziehungen zu Männern und wie sie gerade ihren Job verloren habe. Sie sagt, daß sie sich sehr schlecht fühle und sich überlege, ob sie jemals wieder eine Beziehung haben oder glücklich werde. Während die Klientin uns das erzählt, kommt uns folgende Frage in den Sinn: „Das ist alles sehr traurig, aber wie können wir ihr dabei helfen, oder was will sie erreichen, wenn sie zur Therapie kommt?“

Diese Frage signalisiert uns, daß wir und die KlientIn noch auf der Ebene der Wünsche und Klagen sind und daß wir „etwas anderes machen“ müssen. Die folgenden Fragen sind eine Hilfe, sich von Wünschen oder Klagen hin zu Äußerungen von Zielen und Problemen zu bewegen:

Erste mögliche Frage: „Es tut mir sehr leid zu hören, wie alles bei Ihnen gelaufen ist. Können Sie mir sagen, was Sie gerne verändern würden oder auf welche Weise Sie die Dinge gerne anders angehen würden?“ Durch diese Frage werden die Gefühle der Klientin ernstgenommen, und es ist eine zielorientierte Frage, die sie einlädt, das Ziel in Form einer Veränderung oder einer Handlung zu formulieren.

Zum Beispiel könnte die bereits erwähnte KlientIn sagen, „Tja, ich möchte daran arbeiten, eine gut funktionierende Beziehung zu führen, damit ich nicht weiter Ablehnung erfahren muß.“ Diese Äußerung ist näher an einem Ziel, an dem sie arbeiten kann.

Zweite mögliche Frage: „Es tut mir leid zu hören, wie schlimm alles bei Ihnen gelaufen ist. Können Sie mir sagen, wobei ich Ihnen helfen kann?“ Diese Frage fordert zu einer etwas spezifischeren Äußerung auf und zeigt, wie Sie als TherapeutIn hilfreich sein können.

Dritte mögliche Frage: „Es tut mir sehr leid, zu hören, wie schlecht alles bei Ihnen gelaufen ist. Können Sie mir noch einmal sagen, wie für Sie das Ergebnis der Therapie aussehen könnte?“ Diese Frage geht auf die Ausführungen der KlientIn ein, und sie drückt wieder unsere Zielorientierung aus.

Vierte mögliche Frage: „Diese Frage klingt vielleicht merkwürdig, in Anbetracht dessen, was sich alles zugetragen hat, aber worin besteht das Problem für Sie?“ Diese Frage hat nun nicht den Vorteil, eine KlientIn zu einer positiven Aussage zu bewegen, aber manchmal kann eine solche Frage nützlich sein, eine Problemformulierung zu erhalten als einen Schritt, den jemand macht, der die eigene Situation negativ darstellt. Auch eine Problemäußerung impliziert, daß man etwas tun kann.

Würde die KlientIn sagen, „Ich möchte nichts tun, wodurch ich zurückgewiesen werde“, impliziert diese Aussage, daß es Handlungsmöglichkeiten in die entgegengesetzte Richtung gibt. Sie könnte in der Lage sein, etwas zu tun, um mehr Akzeptanz zu bekommen. Wir würden dann fragen, „Also, was würden Sie stattdessen tun?“

Wenn man von einem Wunsch oder einer Klage zu einem Ziel geht, bewegt man sich von einer bloßen Gefühlsäußerung hin zu einer Definition, die impliziert, daß Handlungsmöglichkeiten bestehen. Wenn die KlientIn einmal dabei ist, etwas auf der Ziel- oder Problemlösungsebene zu beschreiben, sind wir in der Position, die konversationellen Rahmen und Wege zur Konstruktion von Lösungen zu nutzen wie in Abbildung 3 skizziert.

Konversationelle Rahmen

Wir verwenden in Gesprächen mit KientInnen drei Hilfsmittel: die Rahmen der Ziele, die Rahmen der Ausnahmen und die Rahmen der hypothetischen Lösungen. Wir nutzen sie als ko-konstruktive Rahmen – Einladungen und Aufforderungen für KlientIn und TherapeutIn, sie zu betreten. Es sind nicht einfach nur konstruktive oder perzeptive Rahmen, die uns InterviewerInnen helfen, Informationen zu filtern. Wenn wir KlientInnen Fragen mit Hilfe dieser Rahmen stellen, fordern wir sie dazu auf, eine Geschichte oder eine „Realität“ innerhalb der jeweiligen Rahmenbereiche zu konstruieren. Wenn die KlientIn innerhalb dieser Rahmen antwortet, konstruieren die KlientIn und die TherapeutIn gemeinsam neue Geschichten ihrer Erfahrung. Sowohl TherapeutIn als auch KlientIn arbeiten dann innerhalb dieser Rahmen.

Wir benutzen die Begriffe Rahmen des Ziels, Rahmen der Ausnahmen und Rahmen der hypothetischen Lösungen auf zwei verschiedenen Ebenen. Einmal beziehen wir uns auf eine Wahrnehmungsebene und beschreiben, wie wir das filtern, was wir bei der KlientIn sehen und hören und wie die KlientIn das filtert, was sie bei uns sieht und hört. Auf der interaktionalen Ebene benutzen wir diese Rahmen, um das wechselseitige Rahmen, in das jedE einbezogen ist, wenn wir miteinander sprechen, zu beschreiben. Es wird der Rahmen der Konversation.

White und Epston (1990) führen aus, auf welche Weise die narrative Metapher eine hilfreiche Analogie für die Therapie sein kann. Sie nehmen an, daß Menschen eine Geschichte ihrer Erfahrung entwickeln. Sie nehmen weiter an, daß das Ziel der Therapie ein gemeinsames Erarbeiten neuer Geschichten ist, durch welche es möglich wird, hilfreiche, zufriedenstellende und nicht festgelegte Erfahrungen zu machen.

Wir finden die Metapher des „Geschichten-Machens" hilfreich; unsere Metapher des Filme-Machens stimmt mit der des „Geschichten-Machens" überein. Wir verwenden die Rahmen des Ziels, der Ausnahmen und der hypothetischen Lösungen, um den Prozeß, neue Geschichten oder Filme hervorzubringen, zu beschleunigen. Wir verfolgen mit der Anwendung dieser Rahmen verschiedene Zwecke. Mit dem Rahmen des Ziels wollen wir die KlientIn zu einem Gespräch darüber auffordern, was sie tun will und worin die Aufgabe der Therapie besteht. Dieser Rahmen findet in Variationen der Frage „Worin besteht Ihr Ziel, wenn Sie hierherkommen?" Anwendung.

Mit dem Rahmen der Ausnahmen wird die KlientIn aufgefordert, über die Zeiten zu sprechen, in welchen das Ziel oder die Lösung bereits geschieht oder das Problem nicht da ist. Dieser Rahmen wird in Variationen der beiden folgenden Fragen angewendet: „Wann geschieht das schon ein wenig?" und „Wann ist das Problem nicht da?"

Der Rahmen der hypothetischen Lösungen ist eine Aufforderung zum Brainstorming und zum so-tun-als-ob das Ziel sich schon ereignet oder das Problem gelöst ist. Er findet in Variation der folgenden Frage Anwendung: „Wenn Sie das tun, was Sie wollen (oder wenn das Problem gelöst ist), was werden Sie dann anders machen?"

Auf dem Weg, Ziele zu entwickeln und Lösungen zu konstruieren, werden diese drei Rahmen zusammen eingesetzt.

Eine Karte zur Konstruktion lösungsorientierter Wege

Wir wollen eine eindeutige *Definition von der KlientIn darüber, was sie tun will*; dabei hilft die „Logik" der Karte (Abb. 3) sowohl der TherapeutIn als auch der KlientIn, das Ziel in einer eindeutig definierten Art zu konstruieren. Wir helfen der KlientIn, ihr Ziel zu konstruieren, indem wir uns im Gespräch auf *Situationen konzentrieren, in denen die KlientInnen bereits jetzt ihr Ziel erreichen* (Ausnahmen, die zeigen, daß das Ziel bereits geschieht oder das Problem nicht präsent ist) oder *wie sie es in Zukunft tun werden* (hypothetische Lösung).

Wir verwenden diese Karte zur Konstruktion lösungsorientierter Wege zusammen mit der Checkliste für eindeutig definierte Ziele, um das Gespräch zur Entwicklung von neuen Bedeutungen und Zielen oder Lösungen zu lenken. Wir folgen als TherapeutInnen den Wegen der Karte, und wir vergleichen jede Äußerung der KlientIn mit der Checkliste für eindeutig definierte Ziele, um die Entwicklung des Ziels zu fördern.

Ein lösungsorientierter Ansatz läuft darauf hinaus, diese drei Rahmen und die sich hieraus ergebenden Fragen miteinander zu verflechten. Die meisten Fragen, die wir KlientInnen stellen, sind Variationen dieser drei Fragen. Wir verwenden sie in einer offenen Weise, so daß wir die Antworten nicht darüber steuern. Die ExpertIn ist die KlientIn; sie soll die Lösung oder das Ziel konstruieren.

Wir fassen zusammen: Unsere erste Frage an die KlientIn ist „ Worin besteht Ihr Ziel, wenn Sie hierherkommen?" Auf diese Frage bekommen wir in der Regel eine Aussage zum Ziel. Es kommt jedoch auch vor, daß die KlientIn eine Klage oder einen Wunsch äußert, und wir ihnen dann helfen müssen, aus ihrer Aussage ein Ziel zu entwickeln. Antwortet die KlientIn in Form eines Wunsches oder einer Klage, verwenden wir eine der vier Fragen aus dem vorherigen Abschnitt, um ihr zu helfen, sich auf die Zielebene zu begeben. Wir könnten folgende Frage stellen: „Sagen Sie, was würden Sie gerne ändern?", oder „Sagen Sie mir, wie ich Ihnen dabei helfen kann." So machen wir weiter, bis wir eine Aussage auf der Ziel/Problemebene haben.

Dann können wir weitere Wege zur Konstruktion von Lösungen verfolgen. Die nachfolgend skizzierten Wege sind nur Vorschläge, die dazu anregen sollen, über Ziele und Gespräche nachzudenken. Wir denken nicht, daß das die einzigen Wege sind oder daß die Wege Schritte vorgeben, die man verfolgen muß. Wir sind der Überzeugung, daß jede TherapeutIn anders und jede KlientIn einzigartig ist. Jedes Gespräch zwischen einer TherapeutIn und einer KlientIn ist einzigartig, wie jeder Weg zur Konstruktion von Lösungen einzigartig und in seinem Ausgang offen ist. Es gibt keinen festgelegten Weg.

Weg 1: Zielaussage und Ausnahmen

Wenn KlientInnen auf die Frage „Worin besteht Ihr Ziel, wenn Sie hierherkommen?" mit einer Aussage zu ihrem Ziel antworten oder wenn wir KlientInnen dabei geholfen haben, aus ihrer Klage oder aus ihrem Wunsch ein Ziel zu entwickeln, begehen wir gemäß der Karte entweder den Weg der Ausnahmen oder den Weg der hypothetischen Lösungen. Beim Weg der Ausnahmen orientieren sich KlientInnen an Zeiten, wo das Ziel bereits realisiert wird, wenn auch noch nicht vollständig oder so, wie sie es wollen.

Während die KlientIn ihr Ziel beschreibt, überprüfen wir anhand unserer Kriterienliste für eindeutig definierte Ziele, ob die Aussage sprachlich positiv formuliert ist; das ist dann der Fall, wenn die KlientIn mitteilt, was sie will – und nicht, was sie nicht will.

Wenn wir den Weg der Ausnahmen einschlagen, ist es wichtig, auch die anderen Kriterien weiterhin zu bedenken und die KlientIn aufzufordern, spezifischere und prozeß-orientiertere Beschreibungen im Hier und Jetzt zu entwickeln. Zum Beispiel, wenn eine KlientIn sagt, daß sie sich gerne *sicherer und vertrauensvoller in einer Liebesbeziehung verhalten* möchte, würden wir folgende Fragen stellen: „Wie machen Sie das im einzelnen, wenn Sie sich ein wenig sicherer bewegen?" (Diese Frage ist konkret und prozeßorientiert).

Nehmen wir einmal an, KlientInnen erkennen die Zeiten, wo sie bereits einige ihrer Wünsche realisieren (Ausnahmezeiten, in denen sich das Ziel schon ereignet), dann bezieht sich der nächste Gliederungspunkt der Karte auf eine Unterscheidung hinsichtlich der Kontrolle (das fünfte Kriterium eindeutig definierter Ziele). Eine Unterscheidung bezogen auf den Aspekt der Kontrolle nehmen wir auf der Grundlage der Hinweise vor, die wir von den KlientInnen aus ihrem jeweiligen Bezugsrahmen bekommen. Wir gehen davon aus, daß KlientInnen bei der Realisierung ihrer Vorhaben so handeln, daß sie das Gefühl der Kontrolle haben. Es mag jedoch sein, daß sie selber ihre Handlungen als vollkommen spontan erleben und das Gefühl haben, sie nicht unmittelbar kontrollieren zu können.

KlientInnen erkennen vielleicht, daß ihre Fähigkeit, sich sicherer in einer Liebesbeziehung zu verhalten, entweder von ihrer Stimmung oder möglicherweise von den Reaktionen der anderen abhängig ist. Es ist auch möglich, daß sie nicht wissen, wie sie sich ihr Handeln in Ausnahmezeiten erklären sollen.

Wenn KlientInnen ihr Handeln als kontrollierbar oder willkürlich erleben, dann würden wir sie darüber hinaus fragen, wie sie weiter fortfahren werden, diese Dinge zu tun. Wenn sie die Realisierung ihres Ziels als spontan oder nicht kontrollierbar erleben, würden wir ihnen eine Hilfestellung geben, indem wir zeigen, daß das, was sie bereits tun, von ihnen kontrolliert und wiederholt werden kann.

Vielleicht ist Ihnen aufgefallen, daß die Beschreibung des Ziels „sich sicherer *verhalten*" fast einer Formulierung eines Wunsches gleichkommt. Hätte die KlientIn gesagt, daß sie „sicherer *sein*" wolle, wäre diese Aussage nur der Wunsch nach einem Gefühl gewesen. Wenn die KlientIn als erstes von „sicherer *sein*" gesprochen hätte, hätten wir Fragen stellen müssen, um aus dieser Äußerung ein Ziel zu entwickeln, das impliziert, daß die KlientIn handeln kann; zum Beispiel „Wie kann ich Ihnen hierbei helfen?" oder „Wenn Sie sich so fühlen, was würden Sie anders machen?"

Weg 2: Zielaussage und hypothetische Lösungen

Wenn die KlientIn daran festhält, daß es keine Situation gibt, in der das Ziel bereits realisiert wird oder wenn es ihr schwerfällt, ein Ziel in positiven Begriffen zu beschreiben, verwenden wir den Rahmen der hypothetischen Lösungen, um mehr Einzelheiten über das Ziel herauszufinden. Sollte die oben erwähnte KlientIn behaupten, es gäbe keine Situation, in der ein sicheres Verhalten schon ein wenig realisiert wird, würden wir nach einer hypothetischen Zukunft fragen, in der sich das Ziel ereignen wird. Zum Beispiel: „Stellen Sie sich vor, es würde ein Wunder geschehen und sie würden so handeln, wie sie es wollen, auf welche Weise würden Sie anders *handeln* (Formulierung der KlientIn)?" (Hypothetische Zielorientierung) oder „Stellen Sie sich vor, daß Sie nach der heutigen Sitzung einen Weg einschlagen, sich sicherer zu verhalten, was würden Sie dann anders machen?" (Hypothetische Zielorientierung und Zielorientierung im Hier und Jetzt)

Wenn die KlientIn sich einmal in den Rahmen der hypothetischen Lösungen begibt und die gestellte Frage beantwortet, beschreibt sie gewöhnlich Einzelheiten, die es ermöglichen, auf Ausnahmen oder solche

Zeiten zu kommen, in denen sie das Ziel bereits jetzt ein bißchen erreicht. Zum Beispiel, könnte der Klient auf die Frage nach der hypothetischen Lösung antworten, daß er, wenn er sich in Beziehungen sicherer verhalten würde, eher eigene Interessen verfolgen würde, anstatt darauf zu warten, daß seine Freundin ihn anruft. Diese Äußerung ist konkreter und die TherapeutIn kann dann folgende Frage stellen: „Erzählen Sie mir über solche Zeiten, wo Sie sich auf ihre eigenen Dinge konzentrieren trotz der Versuchung, am Telefon zu warten." Hierdurch wird der Klient in Ausnahmezeiten versetzt, in denen das Ziel bereits realisiert wird. Arbeiten Sie dann mit diesem Beispiel anhand der Kriterien für eindeutig definierte Ziele weiter.

Weg 3: Problemaussage und Ausnahmen

Wenn die KlientIn ein Problem und kein Ziel präsentiert, können wir sie in eine positive Richtung bewegen, indem wir eine ausnahmenorientierte Frage stellen: „Wann tritt das Problem nicht auf?" Durch eine derartige Frage wird der KlientIn eine Orientierung gegeben, nach Positivem zu suchen. Diese Frage ist eher dem „Rahmen des Problems" als dem des Ziels zuzuordnen, führt die KlientIn jedoch zu einer anderen Betrachtung der Problemzeiten und in die Gegenwart, in welcher das Problem nicht auftritt.

Entsprechend können wir auch den Weg der „Ausnahmen" verfolgen, den wir bei der KlientIn beschritten haben, die mit einer positiven Aussage begann (Weg 1. Zielaussagen und Ausnahmen), indem wir die KlientIn auffordern, über „Ausnahmen des Problems" nachzudenken. Wir verfolgen diesen Weg der Karte, ohne zunächst eine Aussage zum Ziel zu bekommen. Angenommen, derselbe Klient käme zu uns und würde als Grund angeben, daß er sich seiner Freundin gegenüber zu unsicher verhalte. Er sagt, daß er sie wiederholt mit Fragen verfolgt und bei ihr nachgebohrt habe, ob sie ihn liebe oder nicht. Seine erste Äußerung ist als Problem formuliert. Wir können den Rahmen der Ausnahmen verfolgen, wenn wir fragen, „Wann passiert das nicht?" Auf diese Weise lenken wir den Blick auf Ausnahmen, bleiben aber innerhalb eines Rahmens, der die „Ausnahmen des Problems" beleuchtet. Wenn Ausnahmen deutlich geworden sind, ist die KlientIn eher in der Lage oder auch bereit, genauer zu beschreiben, was sie *will*, und was sie nicht will – und wie sie *handeln* will und wie sie es nicht will. Vielleicht nimmt sie dann auch eine Haltung ein, die es leichter macht, eine positivere Definition der Ausnahmen anzunehmen.

Es kann sein, daß der oben erwähnte Klient am Anfang so überreizt war, daß sein Denken und Reden allein davon bestimmt war, was er nicht wollte, nämlich, unsicher sein. Indem wir mit ihm Zeiten aufspüren, wo er sich nicht so unsicher in der Beziehung verhielt, fordern wir ihn dazu auf, sich Kontexte oder Zeiten anzusehen, in denen er erfolgreich war. Falls er seine Unsicherheit auf solche Zeiten zurückführt, wo er seine Freundin mit Fragen wie „Liebst Du mich?" „Wie sehr liebst Du mich?" und „Was denkst Du über mich?" verfolgt, würden wir ihn bitten, sich die Momente anzusehen, wo er solchen Fragen widersteht oder etwas anderes macht. Wenn er Ausnahmen für sich erkannt hat, kann er vielleicht besser über das, was er will, reden und ein Ziel eindeutig definieren. Womöglich gelingt es ihm dann zu sagen, daß er sein „Handeln mehr von sich abhängig" machen will und nicht von den Reaktionen seiner Freundin abhängig sein will. Der Rahmen „Handeln mehr von sich abhängig" machen, stellt eine positive Formulierung dar und ist der Anfang eines tragfähigeren Ziels.

Auf diesem Weg verwenden wir immer noch unsere Checkliste für eindeutig definierte Ziele. Der Unterschied zu Weg 1 (Zielaussage und Ausnahmen) besteht darin, daß wir zunächst innerhalb des Rahmens „Ausnahmen des Problems" bleiben und nicht den Rahmen des Ziels verfolgen. Diesen setzen wir erst dann ein, wenn KlientInnen an einen Punkt gekommen sind, wo sie definieren können, was sie wollen. KlientInnen sind dann eher in der Lage, ihre eigenen Filme zu kreieren und sie in Begriffe zu fassen, die verdeutlichen, was sie tun wollen. Wir helfen der KlientIn dabei, Ausnahmen konkreter zu beschreiben, in einer prozeßhaften Weise zu formulieren und möglichst nah am Hier und Jetzt. Wir stützen uns auch auf die in der Karte gemachte Unterscheidung zwischen willkürlichen und spontanen Ausnahmen und helfen dann der KlientIn, solche Vorhaben zu beschreiben, die von ihr kontrolliert werden können.

Weg 4: Problemaussage und hypothetische Lösung

Manchmal ist es am Anfang einer Therapie günstiger, in eine hypothetische Zukunft zu wechseln, wo das Problem gelöst ist. Der „Rahmen der hypothetischen Lösungen" kann hilfreich sein, wenn es einer KlientIn schwerfällt zu sagen, was sie will oder wenn es ihr nicht gelingt, Ausnahmen zu finden.

Ein hypothetischer Lösungsweg kann vielen KlientInnen helfen, besonders Paaren, die zornig und voller Groll aufeinander zu uns kommen, und kaum etwas Positives erkennen können. Ein hypothetischer Lösungsweg hilft auch denjenigen KlientInnen, die sich zu sehr auf ihr Problem oder ihre versuchte Lösung konzentrieren. Es kann zum Beispiel vorkommen, daß Eltern sich so sehr auf das Fehlverhalten ihres Kindes konzentrieren, daß sie nicht mehr erkennen, wie ihr Leben aussehen wird, wenn das Problem gelöst ist oder was sie überhaupt wollen. Ein weiteres Beispiel sind KlientInnen, die sich bei ihren Bemühungen, Gewicht zu verlieren, so sehr auf die Methoden des Abnehmens konzentrieren, daß sie nicht mehr klar haben, was sie mit dem Gewichtsverlust erreichen wollen.

Die typische Frage, die sich aus dem Rahmen der hypothetischen Lösung ergibt und die Vorstellung eines Lebens ohne das Problem hervorruft, wird so gestellt: „Angenommen, heute Nacht geschähe ein Wunder und Sie wachten morgen auf, und das Problem wäre gelöst, oder Sie würden zumindest denken, daß Sie auf dem Weg wären, es zu lösen, was würden Sie anders *machen*?“ Diese Frage ist eine Variation der „Wunder-Frage“ des Brief Family Therapy Center (DE SHAZER, 1988).

Durch diesen neuen Rahmen werden sie aufgefordert, ihre im Augenblick vorhandene Wirklichkeit zu verlassen und in eine hypothetische Realität des Wunders hineinzugehen. Sind sie erst einmal in der hypothetischen Realität, dann ist alles möglich. Sie verlassen den Rahmen des „realen“ Problems und beschreiben innerhalb des „Wunder“-Rahmens, was sie wollen oder tun werden.

Ein Paar, das zu uns kommt und von ständigen Streitereien erzählt, können wir auf eine Wunder-Zukunft lenken, wo das Problem gelöst ist. Sie würden vielleicht antworten, daß sie *mit*einander und nicht mehr *gegen*einander reden. Dadurch, daß sie den Rahmen und die Unterscheidungen aufgeben, die auf das Hier und Jetzt und die „Realität“ bezogen sind, können sie über ihre Vorhaben in einer „nichtrealen“ oder „Wunder“-Zukunft sprechen.

KlientInnen, die im Wechsel übermäßig essen und trinken und Abführmittel nehmen, um Gewicht zu verlieren, können sich darauf konzentrieren, was sie tun, wenn sie ihr angestrebtes Gewicht erreicht haben. Vielleicht würden Sie antworten, daß sie sich selbstsicherer mit ihren ArbeitskollegInnen und in sozialen Beziehungen verhalten.

Oft führt die Frage nach einer hypothetischen Lösung zu einer angemesseneren Ziel- oder Lösungsdefinition als die Problem – „Wirklichkeit“, von der die KlientInnen ausgingen. Das oben erwähnte streitende

Paar kann sich jetzt auf das „Miteinander"-Reden konzentrieren. Die KlientInnen, die ihr Übergewicht beklagt haben, können sich jetzt darauf konzentrieren, was sie schließlich, abgesehen von ihrer Gewichtskontrolle, wollen – nämlich, selbstsicherer zu werden.

Der nächste Schritt der Karte sieht vor, KlientInnen zu solchen Zeiten in der Gegenwart zu leiten, wo es Ausnahmen gibt; das heißt wenn die hypothetische Lösung bereits „ein klein wenig" realisiert wird. In der Abbildung 3 ist dieser Schritt durch den Pfeil vom Rahmen der hypothetischen Lösung zum Rahmen der Ausnahmen gekennzeichnet. Durch diesen Schritt wird das Wunder in die Gegenwart transportiert, wo es als Baustein genutzt werden kann. Diese neuen und realisierbaren Zieldefinitionen erleichtern es Klientinnen, „Ausnahmen" zu finden.

Das streitende Paar würden wir bitten, nach solchen Zeiten zu suchen, wo sie bereits jetzt schon *ein wenig mit*einander reden. Im Rahmen des Miteinanderredens ist das Paar jetzt eher in der Lage, positive Aspekte ihres Handelns zu finden und zu erkennen, was in solchen Zeiten gut läuft als im Rahmen des Problems.

Sollte es aus Zeitgründen nicht möglich sein, vom Rahmen des Hypothetischen zu den Ausnahmen zu kommen, besteht die Möglichkeit, der KlientIn eine Aufgabe zu stellen; eine derartige Aufgabe könnte etwa so lauten: „Versuchen Sie, die Wunder-Lösung ein wenig im Alltag umzusetzen". Hierauf werden wir in Kapitel Sechs im Zusammenhang mit den Ausführungen zum Rahmen der hypothetischen Lösungen noch näher eingehen.

Die Abfolge der einzelnen Schritte auf der Karte ist mit der Entwicklung von Zielen und Lösungen anhand der Kriterien für eindeutig definierte Ziele verknüpft. Für jeden Weg können Aufgaben vorgeschlagen werden, die am Ende der Sitzung besprochen werden können. So führt die Karte nicht nur zur Entwicklung von Zielen und Lösungen, sondern auch zu Handlungen, die KlientInnen am Ende jeder Sitzung ergreifen können.

In den folgenden beiden Kapiteln werden wir genauer erklären, wie die verschiedenen Wege anzuwenden sind.

Diskussion

Frage:

Besteht durch diese Karte nicht die Gefahr, der Interaktion zu viel Struktur aufzuerlegen?

Diese Karte möglicher Wege, die in der Konversation mit KlientInnen eingeschlagen werden können, ist lediglich ein konzeptuelles Schema. Auch wenn wir es zunächst ganz eindeutig lehren, erwarten wir dennoch, daß jede TherapeutIn es schließlich ihrem persönlichen Stil anpaßt. Diese Karte soll nicht dazu führen, die persönliche Beziehung zu verlieren. Sie bietet vielmehr nur mögliche Wege für Gespräche an und legt das Ziel oder was die KlientIn tun sollte, nicht fest. Durch den Einsatz dieser Karte sowie der Kriterien für eindeutig definierte Ziele wird ein Unterschied zwischen einer therapeutischen Konversation und einem Alltagsgespräch oder anderen Unterhaltungen gemacht.

Die Kriterien für eindeutig definierte Ziele bieten Richtlinien zur Konstruktion von Lösungen, ohne jedoch den Inhalt zu spezifizieren. Wenn Sie sich dabei ertappen, daß Sie KlientInnen das Ziel liefern oder versuchen, das Gespräch so zu lenken, daß die KlientInnen das tun, was Sie für gut halten, haben Sie sich verirrt. Versuchen Sie dann, auf das zurückzukommen, was die KlientInnen sagen und tun wollen.

Übungen

1. Stellen Sie in einem Rollenspiel die Eingangsfrage einer Erstsitzung: „Worin besteht Ihr Ziel, wenn Sie hierherkommen?" Fragen Sie sich im nächsten Schritt, ob es sich bei der Antwort um eine Klage oder einen Wunsch handelt oder um eine Aussage zum Ziel. Spielen Sie das mehrmals mit ihrer PartnerIn in verschiedenen KlientInnenrollen durch. Üben Sie zu erkennen, wann Sie eine Ziel-oder Problemaussage bekommen und wann Sie die Äußerung eines Wunsches oder einer Klage erhalten.

2. Überprüfen Sie den Stand Ihrer aktuellen Fälle, und fragen Sie sich, ob die Aussagen Klagen und Wünsche oder Ziele sind.

Kapitel 6

Der Rahmen hypothetischer Lösungen

Eine Ausrichtung auf das Positive, auf die Lösung und auf die Zukunft erleichtert eine Veränderung in die gewünschte Richtung. Deshalb soll man sich auf lösungs-orientiertes Sprechen konzentrieren und nicht auf problem-orientiertes.

Mit Hilfe der Checkliste für eindeutig definierte Ziele und der Karte zur Konstruktion von Lösungen können wir uns nun den Rahmen hypothetischer Lösungen im einzelnen ansehen. Es empfiehlt sich, mit dem Rahmen hypothetischer Lösungen zu beginnen. Wenn Sie mit diesem Rahmen arbeiten, erhöht sich die Wahrscheinlichkeit, sprachlich positive Äußerungen hervorzurufen; eine positiv beschriebene Lösung ist der erste Schritt zur Konstruktion von Lösungen.

Der Rahmen hypothetischer Lösungen wird in folgenden Fällen benutzt: 1. wenn es uns schwierig erscheint, daß KlientInnen ihr Ziel in einen positiven Rahmen stellen; 2. wenn es uns schwierig erscheint, daß KlientInnen auf Ausnahmen kommen, da es ihnen schwerzufallen scheint, ihre Situation anders als in einem Problem-Rahmen zu sehen oder 3. wenn wir prüfen wollen, wie die Ausnahme im Verhältnis zu den Lösungen, die sich Klientinnen vorstellen, aussehen.

Wie im vorherigen Kapitel bereits angedeutet, liegt der Vorteil des Rahmens hypothetischer Lösungen darin, daß KlientInnen sich von ihrer einengenden Problemdefinition lösen können. Eine Problemdefinition erlegt bestimmte Grenzen auf, so daß die Möglichkeiten, Lösungen auszuwählen, beschränkt sind.

Zum Beispiel: Wenn KlientInnen ihr Problem als maßloses und unkontrolliertes Essen und Trinken beschreiben, definieren sie ihre Lösungen in der Regel so: Sie wollen versuchen, ihr Verlangen nach Nahrung und ihr Eßverhalten zu kontrollieren. Sie sagen manchmal, daß sie ihren Appetit und ihr Verlangen nach all den falschen Nahrungsmitteln nicht kontrollieren können. Daher überlegen sie sehr oft, ob sie sich einen Nahrungsplan auferlegen, und Süßigkeiten und andere „schlechten" Nahrungsmittel meiden sollen. Das Problem aus Sicht der KlientInnen wird als mangelnde Kontrolle definiert, und in ihren Bemühungen sehen sie den Versuch, ihr Verlangen und ihren Appetit zu kontrollieren. Wenn

Sie an diesem Punkt nach Ausnahmen fragen, würden sie von solchen Zeiten hören, wo KlientInnen ihr Verlangen nach Nahrung „kontrollieren“. Diese Ausnahmen sind nicht besonders nützlich, weil die KlientInnen weiterhin in ihrem unangemessenen Problem-Rahmen stecken. Mit diesem Rahmen kann man nicht gut arbeiten. In solchen Zeiten meinen KlientInnen, daß sie ihre Wünsche kontrollieren können und denken nicht mehr über anderes nach.

Auf unsere Frage, was sie anders machen würden, wenn das Problem gelöst wäre, sagen sie oft, sie würden eher über andere Dinge in ihrem Leben nachdenken und sich keine Gedanken über ihren Appetit und ihre Eßgewohnheiten machen und Essen und Trinken in einem angemessenen Verhältnis zu ihrem ganzen Leben sehen. Der Rahmen, über andere Dinge des Leben nachzudenken und anders über Essen zu denken, ist viel offener. Er berührt nicht die Kontrolle von Wünschen, d.h., nicht über Essen nachzudenken. Mit diesem Rahmen können KlientInnen viel offener über viele verschiedene Dinge nachdenken, anstatt sich Sorgen über ihr Eßverhalten zu machen. Sie können auch überlegen, inwiefern diese neue Perspektive anders oder nützlich sein kann.

Wenn man sich am Anfang eines Gesprächs auf das Leben ohne das Problem konzentriert, werden Menschen in die Lage versetzt, eine Sphäre verschiedener Möglichkeiten zu betreten. Ihr alter Rahmen bot ihnen nur eine begrenzte Sichtweise, die ihnen nicht half.

Variationen des Rahmens hypothetischer Lösungen

Der Rahmen hypothetischer Lösungen kann sehr unterschiedlich eingeführt werden, um ihn der Weltsicht der Klientinnen anzugleichen. Das Brief Family Therapy Center in Milwaukee setzt ihn in Form der „Wunder-Frage“ ein:

> „Stellen Sie sich vor, es wäre Nacht und sie schliefen, und es passierte ein Wunder, und das Problem wäre gelöst. Wie würden Sie das wissen? Was würde anders sein? Wie würde Ihr Ehemann es wissen, ohne daß sie ihm ein Wort darüber sagen?“ (DE SHAZER, 1988, S.5)

Die „Wunder-Frage“ wurde aus der „crystal ball technique“ von ERICKSON entwickelt (ERICKSON, 1954). Hinter dieser Technik steht die Idee, die KlientIn in Trance eine Vorstellung der Zukunft hervorbringen zu lassen, in der das Problem entweder gelöst sein wird oder nicht mehr existiert. Ein weiterer Gedanke war, die KlientIn aus der Zukunft in die Gegenwart zurückschauen zu lassen, um zu erkennen, wie sie zu einer Lösung gekommen ist.

Durch den Einsatz des Rahmens hypothetischer Lösungen wird die gleiche Idee verfolgt; die KlientInnen müssen hierbei jedoch nicht in Trance versetzt werden.

Dieser Rahmen kann auf verschiedene Weise eingeführt werden, je nach Weltsicht der KlientIn. Wenn die Vorstellung von Wundern akzeptiert wird, verwenden wir unsere Abwandlung der ursprünglichen Wunder-Frage.

> Wenn in dieser Nacht ein Wunder geschähe und Sie wachten auf, und das Problem wäre gelöst oder Sie befänden sich zuversichtlich auf einem Lösungsweg, was würden Sie dann anders machen?

Durch diese Frage wird die KlientIn aufgefordert, sich in einen Rahmen zu begeben, in dem das Problem gelöst ist oder gelöst werden kann. Der Rahmen des „Weges zum Ziel" ermöglicht eher eine prozeßorientierte Antwort. Wir verwenden auch fast ausschließlich das Verb „tun"*. Wir möchten KlientInnen so weit wie möglich dahin bringen, daß sie die Frage in Ausdrücken einer Handlung beantworten oder von Dingen, die sie zu sich oder anderen sagen, d.h. *die Bedeutungen, die sie hervorbringen.*

Das bedeutet allerdings nicht, daß wir ihre Gefühle gering schätzen. Wir unterstützen jedes Gefühl, das eine KlientIn durchlebt. Wenn man Lösungen entwickeln will, ist es jedoch viel einfacher, durch *Handeln* einen Weg zum Gefühl zu finden als den Weg zu einer neuen Handlung zu erfühlen. Es ist viel einfacher, zu handeln; dadurch ändern sich vielleicht die Gefühle. Wenn man zuerst auf ein Gefühl wartet, wartet man vielleicht lange. Wenn man versucht, ein Gefühl zu erzwingen, entsteht paradoxerweise oft das Gegenteil von dem, was man will. JedE weiß, wie schwer es ist, sich entspannt oder glücklicher zu fühlen, wenn es einem schlechtgeht und wie kontraproduktiv der Versuch ist, das Gefühl zu erzwingen.

Wir versuchen möglichst oft, Aussagen zu bekommen, die irgendeine Handlung, irgendein Verhalten oder irgendeinen neuen Rahmen ein-

---

* **Anm. d. Übers.:** Im Original ist die „ing"-Form gemeint.

schließen oder etwas, was KlientInnen sich oder anderen sagen werden.

Auf die Frage nach hypothetischen Lösungen antworten einige KlientInnen mit einer Lösung, die in einigen Monaten vollendet sein wird. Wir erhalten von ihnen Antworten wie „ich werde dann entschieden haben, ob ich in meinem Job bleibe oder nicht" oder „ich werde ein gutes Selbstbild haben." In diesen Antworten stecken vollendete Tatsachen; sie sind nicht annähernd so hilfreich wie Prozeßbeschreibungen. In solchen Fällen wiederholen wir die Wunder-Frage und legen den Akzent auf den Teil der Frage, in welchem „der Weg hin zur Problemlösung" betont wird. Wir stellen die Frage so:

> Stellen Sie sich vor, Sie wachen morgen auf, und Sie haben über Ihren Job noch nicht entschieden, denken aber, daß Sie auf dem Weg sind, eine endgültige Entscheidung zu treffen, was machen Sie dann *anders?*

Durch eine derartige Frage wird die KlientIn zu einer Antwort aufgefordert, die eher im Hier und Jetzt liegt und prozeßorientiert ist und in kleinere Verhaltenseinheiten zergliedert ist, als dies bei einer „Entscheidung" der Fall wäre.

Wenn KlientInnen uns sagen, sie werden sich anders *fühlen,* erkennen wir ihr Gefühl an und formulieren eine neue Frage. Zum Beispiel: „Wenn Sie sich so fühlen, was werden Sie anders *machen*?"

Fällt es KlientInnen immer noch schwer, aus ihrem eigenen Bezugsrahmen heraus zu sprechen, wechseln Sie in einen anderen. Zum Beispiel:

> Wenn ich eine Fliege an der Wand wäre und Sie beobachten würde, was würde ich Sie anders machen sehen? Woraus könnte ich schließen, daß Sie sich anders fühlen? Wie würde *irgendeiner* aus Ihrer Familie es *wissen*?

Diese Fragen würdigen die erste Aussage der Klientinnen, daß sie sich anders fühlen würden. Ohne dies zu verleugnen, akzeptieren wir, daß es einen Unterschied geben wird und fragen nach Informationen in Ausdrücken von Handeln und Denken.

Es gibt auch andere Wege, den Rahmen hypothetischer Lösungen einzuführen:

Kleinen Kindern hilft die Vorstellung des Zaubers; daher würden wir die Frage in Begriffen des Zaubers stellen.

> Wenn wir einen Zauberstab hätten, und das Problem verschwände, was würdest Du anders machen?

Wir könnten auch die Vorstellung des „so tun, als ob" benutzen.

> Laß uns einfach so tun, als ob das Problem gelöst wäre und Dir gelingt alles besser (Auskommen mit anderen Kindern in der Schule, bessere Noten in der Schule, pünktlich in der Schule sein...). Was machst Du dann anders?

Für die *praktisch veranlagte KlientIn*, für die die Vorstellung eines Wunders oder Zaubers nicht passen würde, könnten wir die Frage auch nüchterner stellen:

> Wenn das die letzte Sitzung wäre, und Sie würden hier weggehen und das Problem wäre gelöst, oder Sie würden sich zumindest auf dem Weg zur Lösung befinden, was würden Sie anders machen?

Bei KlientInnen, die schlecht über ihre letzten sechs TherapeutInnen sprechen und sagen, daß es keinen Fortschritt gegeben hätte, könnten wir mit folgender Frage anfangen:

> Stellen Sie sich vor, Sie würden von der Therapie profitieren, was würden Sie anders machen?

Wenn solche KlientInnen die Frage so beantworten, wie sie gestellt wurde, werden sie in einen Rahmen gehen, in welchem sie selber etwas anders tun und nicht in einem Rahmen bleiben, in welchem die TherapeutIn anders ist.

KlientInnen, die nicht denken, daß sie irgendetwas anders „machen" werden, könnten wir fragen:

> Was könnten Sie sich oder einer anderen sagen, das anders ist?

Diese Frage wird die Bedeutung verändern, die der Situation beigemessen wird, auch dann, wenn das Verhalten oder die Handlungen nicht anders sind. Es gibt so viele Möglichkeiten, Fragen innerhalb des Rahmens hypothetischer Lösungen zu stellen, wie es KlientInnen oder TherapeutInnen gibt. Wir wollen durch die unterschiedlichen Einführungen der Fragen erreichen, sie der jeweiligen Weltsicht der KlientInnen anzupassen, damit sie es leichter haben, den Rahmen der hypothetischen Lösungen zu betreten.

Bei Fragen innerhalb des Rahmens hypothetischer Lösungen werden Sie die gesamte Bandbreite der Antworten durchlaufen, die zunächst als Sperren erscheinen. KlientInnen sagen vielleicht, „Ich werde gar nichts anders machen. Ich werde mich nur anders fühlen" oder „Nicht ich werde anders sein, mein Ehemann wird anders sein." Solche Antworten sind kein Zeichen von „Widerstand". Vielmehr ist die KlientIn dabei, ein neues Territorium zu betreten, was ihr vielleicht schwerfällt. Stellen Sie sich darauf ein, langsam und geduldig vorzugehen. Die Antwort der KlientIn ist eine Rückmeldung für Sie und wird Ihnen sagen, was als nächstes zu tun ist.

In der Regel reicht es aus, die Antwort zu akzeptieren und die Frage noch einmal zu stellen, so wie wir es gerade im obigen Abschnitt mit der Antwort „Anders fühlen" diskutiert haben: „Stellen Sie sich vor, Sie würden sich anders fühlen, was würden Sie anders machen?"

Reagiert die KlientIn mit einer längeren Pause und der Antwort „Ich weiß nicht", sollten Sie die Antwort so annehmen. Die KlientIn hat vermutlich noch nicht über mögliche Lösungen nachgedacht und kennt daher auch *noch* keine. Nehmen Sie die Antwort an und wiederholen Sie die Frage, auch wenn sie vollkommen unlogisch klingt: „Angenommen, Sie wüßten es, was würden Sie dann sagen?" Oberflächlich betrachtet, macht die Frage wenig oder keinen Sinn. Als wir das erste Mal hörten, wie Insoo BERG die Frage anwendete, erschien es uns lachhaft. Sie werden jedoch erstaunt sein, daß die meisten unserer KlientInnen die Frage akzeptieren; sie reagieren manchmal mit einem Lächeln und gehen dann zu einer Antwort über.

Einige KlientInnen antworten, *sie* würden nichts anders machen. Ihr Ehegatte oder ihre Kinder wären anders. Nehmen Sie das an und wiederholen die Frage:

> Stellen Sie sich vor, Ihr Ehemann verhält sich mehr so, wie Sie es wollen. Was werden Sie anders machen?

Wenn sie dabei bleiben, daß sie nichts anders machen werden, glauben sie wahrscheinlich ihrem Bezugsrahmen gemäß, daß sie einfach sie selber bleiben werden. Versuchen Sie, den Bezugsrahmen zu ändern und fragen Sie:

> Was wird Ihr Ehemann sagen, was Sie anders machen werden?

In den meisten Fällen bekommen wir durch die Anerkennung der ersten Aussagen der KlientInnen und durch Wiederholen der Frage schließlich eine Antwort, mit der wir arbeiten können. KlientInnen wollen unsere Fragen beantworten. Dies ist gewöhnlich für viele KlientInnen eine neue Art zu denken, und Sie müssen geduldig sein.

„Follow-up"-Fragen

Die Antworten auf die Fragen nach den hypothetischen Lösungen müssen an den Kriterien für eindeutig definierte Ziele gemessen werden. Sie werden sich fragen, ob das, was die KlientIn sagt, sprachlich positiv formuliert ist, einen Prozeßcharakter hat, das Hier und Jetzt betrifft, so spezifisch wie möglich ist und von der Klientin kontrolliert werden kann. Alle Fragen, die Sie schon gelernt haben, das Ziel entsprechend der Kriterien zu entwickeln, sind hier bedeutsam.

Wir wollen nun – der Abfolge auf unserer Karte entsprechend – unsere hypothetische Lösung in die Gegenwart bringen und prüfen, wie die KlientIn sich vorstellt, daß eine Lösung bereits jetzt schon realisiert wird. Der Versuch, die hypothetische Lösung der KlientIn in die Gegenwart zu bringen, mag für Sie zunächst keinen Sinn ergeben. Vielleicht wundern Sie sich über Fragen wie, „Wenn wir eine *hypothetische* Lösung erarbeiten würden, auf welche Weise würde sie jetzt bereits realisiert?" oder „Wenn die KlientIn eine Lösung innerhalb eines `Wunder`-Rahmens konstruiert hat, wie könnten `Wunder` bereits jetzt realisiert werden?" Sie könnten sich auch fragen, wie es kommt, daß KlientInnen jetzt über Ausnahmen berichten, und es vorher nicht getan haben. So merkwürdig es scheinen mag, wenn wir das Hypothetische verkleinern, werden KlientInnen Zeiten, wo das Hypothetische bereits auftritt, suchen und finden. Um zu helfen, die hypothetische Lösung zu verkleinern, fragen wir üblicherweise auf diese Art:

> Erzählen Sie mir etwas über solche Zeiten, wo es (die hypothetische Lösung) schon jetzt *ein klein wenig* geschieht.

Indem wir Wörter wie „ein klein wenig" oder ähnliche einbauen, sind KlientInnen imstande, jetzt Ausnahmen zu finden, d.h. Zeiten, wo die hypothetische Lösung schon auftritt. Auch wenn Sie KlientInnen auffordern, „Ihnen von diesen Zeiten zu erzählen", gehen Sie davon aus, daß es solche Zeiten gibt und sie danach suchen. Im Gegensatz dazu stünde folgende Frage: „Gibt es irgendwelche Zeiten, in denen das bereits jetzt ein klein wenig realisiert wird?" Hierauf könnte ein KlientIn leicht „nein" sagen. Wenn Sie sie jedoch bitten, über einige Situationen zu berichten, erhöht sich die Wahrscheinlichkeit, eine Antwort über Ausnahmen zu bekommen.

Durch die Frage nach Ausnahmen oder Zeiten, in denen die hypothetische Lösung bereits jetzt realisiert wird, überprüfen Sie gleichzeitig, wie bewußt Ihnen die Annahmen sind, daß zu jedem Problem durch Sie und die KlientIn Ausnahmen hervorgebracht werden können. Je sicherer Sie im Umgang mit dem Rahmen hypothetischer Lösungen werden, und je mehr Ihnen Fragen nach Ausnahmen zur Gewohnheit werden, desto mehr werden sich diese Annahmen bestätigen.

KlientInnen können oft durch einen anderen Rahmen und die Wunder-Frage auf Ausnahmen stoßen, die sie vorher innerhalb des Problemrahmens nicht finden konnten. Im vorherigen Beispiel, wo das Problem das übermäßige Essen war, bringt die hypothetische Lösung „Nachdenken über andere Dinge des Lebens" oder einen anderen „Blickwinkel" im Umgang mit Nahrungsmitteln haben, andere Rahmen hervor. Mit solchen Rahmen kann man besser arbeiten als mit dem Rahmen der Kontrolle. Mit diesen neuen Rahmen haben TherapeutIn und KlientIn eine bessere Chance, Ausnahmen zu erkennen. Nach Ausnahmen würden wir so fragen: „Erzählen Sie mir doch jetzt von Zeiten, in welchen Sie `mehr über andere Dinge in Ihrem Leben nachdenken` oder in denen Sie schon mehr den `Blickwinkel` haben, den Sie suchen." Die KlientIn wird daraufhin mit diesen neuen Rahmen nach entsprechenden Zeiten in der Gegenwart suchen.

Wenn die KlientIn mit einer Ausnahme antwortet, konzentriert sich unser Gespräch auf die hypothetische Lösung *in der Gegenwart*. Der Vorteil einer Lösung, die in der Gegenwart liegt – auch wenn sie nur in Bruchstücken gesehen wird –, besteht darin, daß das Ziel der Therapie dann mit „dies aufrechterhalten" und nicht mit „lösen eines Problems" beschrieben werden kann.

Ein weiterer Vorteil, die hypothetische Lösung in der Gegenwart zu lokalisieren, ist, daß KlientInnen beginnen, Verbformen der Gegenwart zu gebrauchen: Das ist in der Regel ein Zeichen dafür, daß sie in ihre „Filme" hineingehen. Im Hypothetischen zeigt sich die Lösung oft in Form eines Films, den die KlientInnen als BeobachterInnen anschauen. An diesem Punkt sind sie noch vom Film getrennt. Wenn man den Film oder die hypothetische Lösung durch Ausnahmen in die Gegenwart bringt, können die KlientInnen nicht mehr nur zuschauen. Sie erzählen dann so, als ob sie in ihren Filmen gewesen wären und berichten über ihre Erfahrungen.

Hätten unsere Bobfahrerinnen sich nur die Filme ihres Rennens angesehen, wären ihre Erfahrungen nicht so stark, als wie wenn sie sich selber in den Film hineinbegeben und den Lauf leben. Die Bobfahrerinnen durchlebten ihren Lauf wirklich in verschiedenen Sinnesmodalitäten, visuell, akustisch und sinnlich.

Wenn KlientInnen von Ausnahmen in der Gegenwart sprechen, dann tun sie dasselbe wie die Bobfahrerinnen. Sie berichten in der Gegenwart über ihre Erfahrungen und nicht aus dem Blickwinkel einer BeobachterIn.

Fallbeispiel

Ein Paar beklagte sich über seine konkurrenzbeladene und konflikthafte Beziehung. Das Paar war seit einigen Jahren verheiratet und berichtete, daß die meiste Zeit ihrer Ehe schlecht gewesen wäre. Sie bemerkten jedoch auch, daß sich ihre Beziehung ein bißchen verbessert hatte, seit sie vor etwa zwei Wochen ernsthaft über eine Scheidung diskutiert hätten.

Die Ehefrau erklärte sich diese Verbesserung als ein Ergebnis ihres „Nachgebens". Vorher hätte sie die meiste Zeit mit ihm gestritten. Der Ehemann erklärte dies als ein Ergebnis seines Zuhörens. Vorher hätte er seine Frau immer unterbrochen. Wir konzentrierten uns weiter darauf, über diese besseren Zeiten zu sprechen, um mehr über ihr erfolgreiches Handeln herauszufinden.

Sie berichtete, daß sie sich gut behandeln würde, wenn sie sich hin und wieder von ihm umarmen ließe, und er gab an, daß er sich mehr bemühen würde.

Sie war dennoch angesichts dieser Ausnahmen skeptisch, weil sie das Gefühl hatte, daß sämtliche Verbesserungen auf ihr „Nachgeben" zurückgingen und daß er dachte, daß nur sie an den Problemen schuld wäre. Auch wenn sie die Ausnahmen erkannte, konnte sie diese nur innerhalb des Rahmens des „Nachgebens" sehen. Das „Nachgeben" stellte für sie wahrscheinlich nur eine kurzfristige Lösung dar. Wenn sie andauernd nachgeben würde, wäre sie wahrscheinlich weiter verärgert, weil sie denken würde, sie müßte das tun. Dann würde sie wieder in eine Streithaltung zurückfallen. So lange er dachte, sämtliche Veränderungen würden auf sie zurückgehen und die Probleme wären im Grunde ihre, war es unwahrscheinlich, daß er irgendetwas anders machte oder das Gefühl bekam, daß er ein Teil der Lösung war.

Wir stellten die Frage nach den hypothetischen Lösungen: „Also, lassen Sie uns annehmen, ein Wunder wäre geschehen und Ihre Beziehung würde eher so laufen, wie Sie es wollen, was würden Sie anders machen?" Sie sagte, daß es dann keine Konkurrenz mehr geben würde. Da diese Beschreibung negativ war, fragten wir, was es *stattdessen* geben würde. Sie sagte, es gäbe dann „Verstehen und Toleranz". Diese Aussage war positiv, wenn auch immer noch vage und nicht prozeßhaft.

Als wir ihn fragten, was er seiner Meinung tun würde, sagte er, er wisse es nicht. Wir akzeptierten diese Aussage und bauten sie in folgende Frage ein: „Nun, wenn Sie es wüßten, was würden Sie sagen?" Er antwortete, daß ihre Phasen des Beisammenseins und der Trennung „ausgewogener" sein würden. Er war der Meinung, die Zeit der Trennung würde jetzt eine Bedrohung für sie darstellen. Seine Antwort der „Ausgewogenheit" war positiv formuliert, aber auch noch vage und nicht prozeßhaft.

In dieser Phase standen wir vor folgender Wahl: Es gab die Möglichkeit, die Äußerungen im Hinblick auf *Verstehen, Toleranz* und *Ausgewogenheit* konkreter zu erarbeiten und sie sprachlich in eine prozeßhaften Darstellung zu bringen oder gemäß unserer Karte den Weg der Ausnahmen zu verfolgen und herauszufinden, wie Verstehen, Toleranz und Ausgewogenheit bereits jetzt schon ein wenig realisiert werden.

In der Regel entscheiden wir uns, nach Ausnahmen zu suchen. Der Vorteil hierbei ist, daß die Suche nach Ausnahmen, die hypothetische Lösung in die Gegenwart bringt; gleichzeitig gelangen auch die positiven und arbeitsfähigen Rahmen in die Gegenwart, in welcher die KlientIn konkret sein und prozeßhaft beschreiben kann. Mit den Rahmen des „Verstehens und der Toleranz" könnte die Ehefrau sich nun solche Zeiten ansehen, in denen sie nicht „nachgab", ihr Ehemann etwas anders machte und es besser lief. Mit diesen Ausnahmen von Verstehen und Ausgewogenheit könnte man besser arbeiten, und es würde ihm leichter fallen, zu erkennen, was er in solchen Zeiten anders macht, statt davon auszugehen, daß all die guten Zeiten dem Anderssein seiner Frau zuzuschreiben wären.

Diese neuen Rahmen „des Verstehens, der Toleranz und der Ausgewogenheit", die durch die Frage nach den hypothetischen Lösungen eingeführt wurden, waren offener und positiver als die ersten Problem-Rahmen. Innerhalb dieser Rahmen konnte sich das Paar zu einer anderen „Suche" in der Gegenwart aufmachen. Es fiel ihnen nun leichter, die Dinge in der Gegenwart zu sehen, die sie bereits erfolgreich umsetzten und von ihnen kontrolliert werden konnten.

Ein weiterer Vorteil, hypothetische Lösungen in die Gegenwart zu bringen, liegt darin, daß KlientInnen Ihnen in der Regel Antworten geben, die konkreter und prozeßhaft dargestellt sind. Sie fördern daher die Entwicklung der Lösung gemäß der Kriterien für eindeutig definierte Ziele.

Auf unsere Frage, wie sich ein Teil der hypothetischen Lösung schon jetzt zeige, entgegnete das Paar, daß es Zeiten dieses „Verstehens" geben würde. Sie sagte, daß sie ihm in solchen Zeiten mehr zuhören würde und nicht versuchte, seine Aussagen ständig zu widerlegen und daß er nicht weggegangen wäre. Wir fragten, was er *anstelle* des Weggehens tun würde? Sie erklärte, daß er ruhig wäre und ihr es möglich macht, zu sagen, was sie denkt.

Als wir ihn fragten, was er in solchen Zeiten getan hätte, wußte er es nicht. Bevor wir fragen konnten, „Tja, falls Sie es wüßten, was würden Sie sagen?", antwortete sie und sagte, er wäre gesprächiger und netter gewesen. Früher hatte sie sich besorgt gefragt, was er wohl über sie denken würde, wenn er ruhig war oder wegging. Sie hatte es gerne, wenn er bei ihr blieb und ihr mitteilte, was er dachte. Das konnte er verstehen, und er glaubte, das so weiter machen zu können.

Wir gaben dem Paar am Ende der Sitzung eine Rückmeldung, die das hervorhob, was sie selber erkannt hatten, was in dem passenderen Rahmen der hypothetischen Lösung wirksam war. Wir sagten dem Paar, wir wären sehr beeindruckt, daß es bei ihnen bessere Zeiten des „Verstehens, der Toleranz und des Gleichgewichts" geben würde. Die Art, wie sie das umsetzten, würde uns beeindrucken, und wir würden gerne mehr über solche Zeiten erfahren. Daher gaben wir ihnen eine Aufgabe: Bis zur nächsten Sitzung sollten sie ihre Aufmerksamkeit auf weitere Dinge richten, die sie in solchen Zeiten umsetzten, *bis jetzt* aber noch nicht wahrgenommen hatten. Darüber sollten sie das nächste Mal berichten.

Arbeitsblatt zum Konstruieren von Lösungen

Das Arbeitsblatt (Abbildung 4, S.110) zeigt ein Schema, das die drei Hauptfragen einer Lösungs-Orientierung und die Kriterien für eindeutig definierte Ziele umfaßt. Das Arbeitsblatt soll es Ihnen erleichtern, den Antworten der KlientInnen zu folgen und Fragen, die Sie stellen möchten, zu finden.

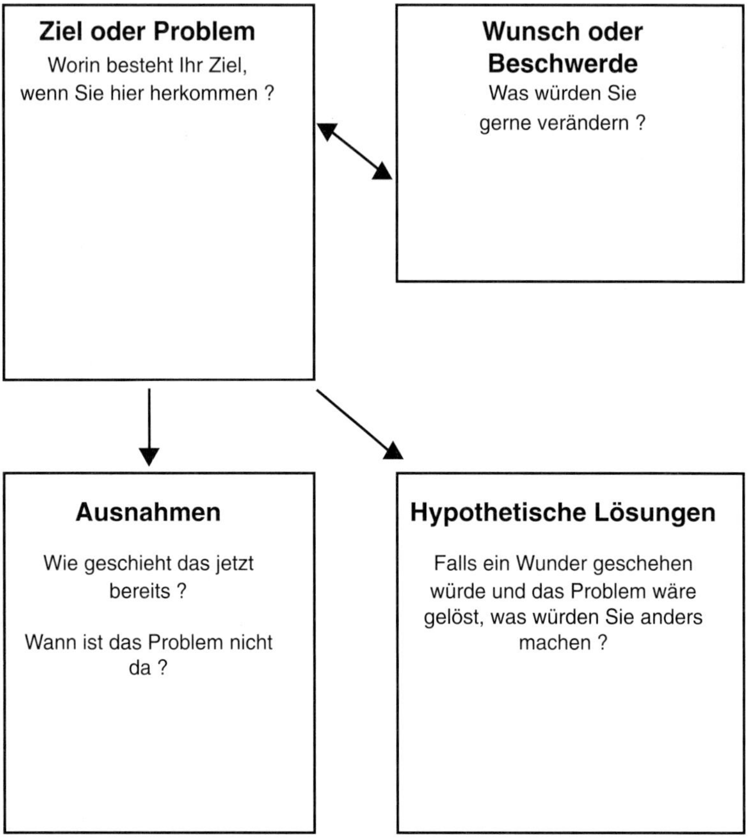

Kriterien für eindeutig definierte Ziele

Ja	**Nein**	
....	....	1. positiv
....	....	2. prozeßhaft
....	....	3. hier und jetzt
....	....	4. so spezifisch wie möglich
....	....	5. im Kontrollbereich der KlientIn
....	....	6. in der Sprache der KlientIn

Abb. 4: Arbeitsblatt zur Konstruktion von Lösungen

Diskussion

Frage:

Ich habe KlientInnen gefragt, was sie wollen oder was anders sein wird, wenn das Problem gelöst ist, und sie sagen mir, „Ich werde 75 Pfund verloren haben“, oder „Ich werde entschieden haben, ob ich verheiratet bleibe oder mich scheiden lasse.“ Wenn ich versuche, genauer zu erfragen, was sie tun müssen, erzählen sie von den vielen Diäten, die bereits daneben gegangen sind oder das Gespräch kreist um ihren Konflikt und ihre Ambivalenz bezogen auf ihre Entscheidung zu heiraten. Was machen Sie in solchen Situationen?

Viele KlientInnen geben auf die Frage nach der hypothetischen Lösung Antworten, die vage Lösungen beschreiben. Sie beschreiben Situationen, die erst in einigen Monaten oder noch später eintreten werden und die einen Zustand oder einen abgeschlossenen Prozeß beschreiben. Ihre Antwort hilft uns insofern, als sie deutlich macht, wonach sie letztendlich suchen. Wir wollen KlientInnen ihren Weg hin zum Ziel erleichtern oder sie in einen Prozeß führen. Wir wollen nicht den endgültigen Abschluß des Abnehmens oder eine Entscheidung zum Therapieziel machen. Das mag zwar in der Zeit, in der sie uns sehen, geschehen, aber wir wollen das angestrebte Endergebnis nicht zum Ziel machen. Das Ziel ist der Prozeß; das kann der Prozeß eines veränderten Eßverhaltens sein oder ein Prozeß, bei welchem sich die KlientIn schrittweise auf die Entscheidung über eine Heirat hinbewegt.

Zur Verdeutlichung wollen wir Sie daran erinnern, daß dieses Denkmodell sich nicht auf Ziele, sondern auf das Aushandeln von Zielen [„goaling“] konzentriert und nicht auf Lösungen, sondern auf den Prozeß des Lösens. Die Verbform soll daran erinnern, daß wir Klientinnen gerne in einem Prozeß sehen.

Wenn KlientInnen nicht prozeßhaft beschreiben und antworten, sie wären gerne 75 Pfund leichter, fragen wir:

> Also, wenn Sie heute hier weggehen, und Sie haben noch nicht Ihr Wunschgewicht, aber Sie sind *auf dem Weg*, es zu erreichen, was machen Sie dann anders?

Eine andere Frage wäre: „Wenn Sie sich auf Ihrem Weg hin zur Lösung befinden, wie werden Sie anders handeln?“

In der Regel erhalten wir auf diese Fragen Antworten, die stärker prozeßorientiert sind und mehr in der Gegenwart liegen. Vielleicht haben alle KlientInnen die gleichen Rahmenbedingungen, aber sie *handeln und denken auf jeweils andere Weise*. Diese Antworten fokussieren nicht nur das, was sie tun, sondern auch das, was sie kontrollieren können. Bei KlientInnen, die leicht denken, es gäbe nur zwei Lebensformen, die Problemzeit und die wunderbare Zeit der Lösung, in der sich alles um sie herum ändert, entsteht durch diese Art des Fragens ein Verständnis von Prozeß, von Lösen eines Problems und von Erreichen eines Ziels.

Auch andere Vorgehensweisen sind möglich. Wir könnten fragen, „Wenn Sie Ihr Wunschgewicht haben, was werden Sie anders machen?" Daraufhin sagen KlientInnen vielleicht, was sie im Blick auf die hypothetische Lösung anders machen oder denken werden. Wenn die KlientIn zum Beispiel sagt, „Ich werde mit Menschen positiver umgehen und mich wahrscheinlich eher sozial einbinden", dann können Sie fragen „Wie realisieren Sie das jetzt schon ein klein wenig?"

Mit der Antwort auf diese Frage sprechen Sie schon über Ausnahmen, wo die KlientIn bereits etwas von dem tut, was sie letztendlich sucht.

Wie in Kapitel Vier erwähnt, denken viele KlientInnen, daß A zu B führt und verkennen, daß B auch zu A führen kann. Wenn KlientInnen denken, daß sie sich erst positiv verhalten oder ausgehen (B) können, wenn sie ihr Gewicht verlieren (A), verfehlen sie die andere Seite der Lösung. Das heißt, sie können auch Gewicht reduzieren (A), wenn sie mehr von dem tun, was sie letztendlich wollen, nämlich, sich positiv zu verhalten oder auszugehen (B).

Frage:

Es scheint, daß Sie in Ihren Fragen viel Wert auf Präzision legen. Warum ist Präzision so wichtig?

Wir denken, daß KlientInnen kooperativ sind und die Fragen oft so beantworten, wie wir sie stellen. Wenn Sie fragen, was geschehen wird (und nicht, was sie tun werden), werden sie über Unterschiede außerhalb ihrer Person in ihrer Umgebung erzählen. Wenn sie fragen, wie sie sich fühlen werden, werden sie mit Gefühlsäußerungen antworten. Wenn Sie fragen, auf welche Weise die Situation anders sein wird, werden sie vielleicht sehr vage antworten oder beschreiben, wie jemand anders sich verändern wird. KlientInnen werden in der Regel die Frage so beantworten, wie sie gestellt wird. Daher sollten Sie darüber nachdenken, *was* Sie wissen wollen. Wollen Sie eine Gefühlsäußerung, wollen Sie eine Äußerung zum Verhalten oder wollen Sie eine Aussage über die Bedeutung, die die KlientIn einer Lösung zuschreibt.

Reden mit einer KlientIn ähnelt ein klein wenig der Arbeit mit Computer Software. Wenn Sie mit dem Computer *kooperieren* sollen, indem Sie eine bestimmte Richtung gemäß der Syntax der Software eingeben, dann arbeitet der Computer mit dieser Kommunikation. Sind Sie beim Eingeben oder Bestimmen der Richtung nicht präzise, ist es nicht auf den Widerstand des Computers zurückzuführen, wenn er nicht mit Ihnen kooperiert. Er wird angemessen auf Ihre Kommunikation antworten. Sie müssen die Richtung präzise angeben oder Sie werden nicht die Antwort bekommen, die sie suchen. Sie müssen mit den Regeln der Software kooperieren.

Übung

1.Schritt

Stellen Sie einer KlientIn die Frage nach der hypothetischen Lösung und achten Sie auf das, was sie Ihnen erzählt. Wenn Sie die Frage zum ersten Mal stellen, widerstehen Sie der Versuchung, aus der Antwort irgendwie mehr zu machen. Konzentrieren Sie sich auf das, was die KlientIn sagt oder darauf, wie sie es sagt oder halten Sie fest, was sie damit macht. Wenn Sie merken, daß Sie der Versuchung erliegen könnten, bitten Sie sie, Ihnen mehr über die hypothetische Lösung zu erzählen.

2.Schritt

Während die KlientIn Ihnen mehr über ihre hypothetische Lösung erzählt, schreiben Sie die Antworten auf das Arbeitsblatt zum Konstruieren von Lösungen (Abbildung 4). Verwenden Sie dann die Checkliste der Kriterien für eindeutig definierte Ziele. Gebrauchen Sie die Worte „stattdessen“, „wie“, „konkret“ und „auf dem Weg hin zum Ziel“, um mitzuhelfen, daß die Lösung eindeutiger definiert wird. Nehmen Sie die Checkliste für eindeutig definierte Ziele in die Sitzung mit. Wenn Sie zögern, die Arbeitsblätter mit in die Sitzung zu nehmen, dann benutzen Sie sie zwischen den Sitzungen, um den Fortschritt der KlientIn beim Konstruieren von Lösungen abzuschätzen.Vielleicht kommen Ihnen dann einige Ideen, mit welchen Fragen Sie in die nächste Sitzung gehen wollen.

3. Schritt

Bitten Sie Ihre KlientInnen, Ihnen von solchen Zeiten zu erzählen, in welchen diese hypothetische Lösung bereits jetzt ein wenig realisiert wird. Dies mag zunächst wie ein langsamer und langweiliger Prozeß scheinen. Es mag zu kognitiv scheinen, sollten Sie gefühlsorientiert arbeiten. Seien Sie geduldig. Die Belohnungen werden mehr als erfreulich sein.

Sie sind jetzt bereit für „den Rahmen der Ausnahmen".

Kapitel 7
Der Rahmen der Ausnahmen

Zu jedem Problem können von TherapeutIn und KlientIn Ausnahmen konstruiert und dazu benutzt werden, Lösungen zu entwickeln.

Wenn wir das Wort „Problem" verwenden, unterscheiden wir Problemzeiten von solchen Zeiten, wo das Problem nicht auftritt. Haben wir diese Entscheidung erst einmal getroffen, und das Problem wird nicht gelöst, dann neigen wir alle leider dazu, uns stärker auf die Problemzeit und auf das, was nicht funktioniert, zu richten.

Wir erfinden dann irgendeine Regel oder einen Glauben und filtern alle erfolgreichen Erfahrungen. Wenn wir zum Beispiel einmal entscheiden, daß Flugangst ein Problem ist, das wir loswerden müssen, suchen wir die Ursache des Problems. Wir lenken unsere Aufmerksamkeit dann leicht auf die Zeiten, wo wir Angst haben. Unsere Angst wird größer, je mehr Aufmerksamkeit wir ihr schenken.

Die Ausnahmen von der (Problem-)Regel führen dazu, auf die andere Seite der Unterscheidung zwischen Problemzeit und allem anderen zu sehen. Wenn wir etwas anderes tun, tun wir wahrscheinlich etwas, was günstiger ist. Deshalb wünschen wir, daß unsere KlientInnen dasselbe machen.

Mit den folgenden Fragen laden wir unsere KlientInnen ein, den Rahmen der Ausnahmen zu betreten. Viele der frühen Entwürfe dieser Fragesequenzen gehen auf LIPCHIK (1988 a, b) und LIPCHIK und DE SHAZER (1986) zurück.

Folgende Sequenz ist für uns grundlegend:

Ausnahmen *hervorlocken*

> „Wann machen Sie bereits etwas von dem, was Sie wollen?" *(Wird als Reaktion auf eine Zielaussage der KlientIn angewendet)*

> „Wann tritt das Problem nicht auf?" *(Wird als Antwort auf eine Problemaussage angewendet)*

Kontextuelle Unterschiede hervorheben

> „Was ist anders in solchen Zeiten?"

Spezifizieren

Innerhalb des Bezugsrahmens der KlientIn:

„Was machen *Sie* anders?"

„Auf welche Weise denken *Sie* anders?"

Außerhalb des Bezugsrahmens der KlientIn:

„Wie werden Sie von *anderen* wahrgenommen, wenn Sie anders handeln?"

„Wenn *die anderen* denken, daß Sie anders handeln, wie gehen *die anderen* dann anders mit Ihnen um?"

Die Ausnahmen mit dem Therapieziel *verbinden* und das Ziel als Fortsetzen der Ausnahmen *bestimmen:*

„Also, wenn Sie so weitermachen, denken Sie dann, daß Sie am Anfang eines Weges sind, auf dem Sie das bekommen, was Sie wollen?"

Das Ziel *verfolgen*, indem die Ausnahmen weiter umgesetzt werden:

„Wie werden Sie damit fortfahren?"

„Wie sagen Sie voraus, daß Sie damit fortfahren?"

„Wie werden andere wissen, daß Sie damit fortfahren?"

Der Anstoß, der durch diese Fragesequenz gegeben wird, geht dahin, Ausnahmen zum Problem zu schaffen, herauszufinden, was anders ist, die Ausnahmen mit dem Therapieziel zu verbinden und dann diesen Ausnahmen zu folgen.

Es bestehen einige Vorteile, über Ausnahmen zu reden und nicht über irgendeine hypothetische Zukunft oder etwas anderes. Der erste Vorteil läßt sich metaphorisch erklären. Wenn wir ein Gebäude durch eine Drehtür betreten, dann kennen wir alle die Erfahrung, die Tür überhaupt erst in Bewegung zu bringen. Die Tür ist schwer und manchmal schwer, überhaupt in Gang zu bringen. Wir müssen die Trägheit einer großen Glas- oder Metalltür überwinden. Wenn wir aber genau dann in die Tür gehen, wenn sie eine anderE verläßt und sie sich noch bewegt, haben wir es viel leichter, denn wir müssen uns in unseren Bewegungen nur diesem Moment anschließen.

Das gilt auch für unsere KlientInnen. Wenn die KlientIn denkt, sie müßte ein Problem von Anfang bis Ende lösen, erscheint der Prozeß, als ob die Trägheit des Problems überwunden werden müsse. Wenn wir der KlientIn jedoch helfen, über Ausnahmen nachzudenken und das Ziel der Therapie so beschreiben, daß sie mehr von dem tut, was sie bereits tut, dann existiert die Trägheit des Problems nicht. Die KlientIn muß nur fortfahren, „die Tür in Bewegung" zu halten.

Ein weiterer Vorteil besteht darin, daß die Ausnahmen die Lösung in den Bereich des Möglichen und in die Gegenwart transportieren. Die Gegenwart ist viel verlockender als die weit zurückliegende Vergangenheit oder die ferne Zukunft. Die Erfahrungen sind greifbar und Aspekte wie Nutzen und Erfolg sind leichter zu vermitteln.

Es gibt verschiedene Möglichkeiten, Ausnahmen zu erarbeiten:

1. Wenn die KlientIn ein Ziel und kein Problem formuliert hat, fragen Sie, „Wann tun Sie schon *etwas* von dem, was Sie möchten?"

2. Wenn die KlientIn ein Problem äußert, fragen Sie, „Wann tritt das Problem nicht auf?"

3. Es kommt vor, daß KlientInnen, während sie über den Grund ihres Kommens berichten, auch erwähnen, daß es ein wenig besser gehe oder daß irgendetwas anders sei. In solchen Fällen werden Ausnahmen durch folgende Frage hervorgebracht, „Auf welche Weise ist das anders oder besser?" Durch diese Frage nach Unterschieden werden Sie die KlientIn dazu bringen, mehr über solche Zeiten der Ausnahmen zu sprechen.

Hier sind einige Beispiele:

1. Zielaussage und Ausnahmen

Therapeut: Worin besteht Ihr Ziel, wenn Sie hierherkommen? *(Rahmen des Ziels)*

Klient: Ich dachte auf dem Weg hierher darüber nach, ich möchte besser mit meinem Kind umgehen Ich habe gerade meine Scheidung hinter mir, und ich habe das Sorgerecht für meinen 15jährigen Sohn. *(Zielaussage)*

Therapeut: *(emphatisch)* Hört sich nach einer Zeit der Veränderung an. *(neugierig)* Was verstehen Sie unter „besser umgehen?" *(Spezifizieren)*

Klient: Na, ja, manchmal geht er zur Schule und manchmal nicht. Ich denke, wenn ich besser mit ihm umgehen würde, ginge er zur Schule und würde auch andere Dinge tun, die ich ihm sage. Ich könnte ihn besser disziplinieren. *(Zielaussage, „besser umgehen" und „disziplinieren")*

Therapeut: Also, wenn Sie besser mit ihm umgehen, werden Sie ihm sagen, was er zu tun hat, und Sie werden ihn besser disziplinieren. *(Klarstellung)* Wann gehen Sie bereits jetzt besser mit ihm um oder disziplinieren ihn so, wie Sie es wollen? *(Rahmen der Ausnahmen um das Ziel)*

Klient: Es gibt einige Dinge, bei denen ich absolut sicher bin, wie zum Beispiel, wann abends Schluß zu sein hat. Ich weiß, wann es gut für ihn ist, nach Hause zu kommen, und ich kann ihn, wenn nötig, auflaufen lassen. Aber es kommt auch vor, daß er sagt, daß seine Mutter ihn in diesem Punkt gewähren lasse, oder er streitet mit mir und dann gebe ich nach.

Therapeut: Also, gibt es bereits jetzt Zeiten, in denen Sie irgendwie besser mit ihm umgehen, auch wenn er solche Dinge sagt oder mit Ihnen streitet? *(Rahmen der Ausnahmen bezogen auf eine Problemäußerung)*

Klient: Manchmal weiß ich, daß es nur meine Schuld oder meine Angst ist, daß er zurückgehen will, um bei seiner Mutter zu leben. *(Kontextueller Unterschied im Wissen, daß er auf Schuld oder Angst antwortet)*

Therapeut: Wenn Sie wissen, daß Sie aufgrund Ihrer Schuldgefühle oder Ihrer Angst reagieren, wie macht das einen Unterschied? *(Kontextueller Unterschied)*

Klient: Na ja, dann bleibe ich gelassen und tue das, was ich tun soll.

Therapeut: Also, wenn Sie weiterhin erkennen, wann Sie aufgrund Ihrer Schuldgefühle oder Ihrer Angst reagieren und weiter das machen, wovon Sie überzeugt sind, denken Sie, Sie sind dann auf dem Weg hin zu Ihrem Ziel? *(Ausnahmen mit dem Therapieziel verbinden)*

Klient: Ja. Ich muß mich nur selber in den Griff bekommen.

Therapeut: Wie werden Sie das weiter tun? *(Verfolgen des Ziels)*

In diesem Beispiel begann der Mann mit einem positiv formulierten Ziel. Wir nahmen an, daß es Zeiten gibt, wo er bereits sein Ziel realisiert, und wir fragten nach solchen Ausnahmezeiten. Wir fragten nach Unterschieden solcher Zeiten und fanden heraus, daß er schon tut, was er will – „besser umgehen“ und „disziplinieren“ –, wenn er sich sicher fühlt und sich in den Griff bekommt, wenn er aus Schuld oder Angst heraus reagiert. In der weiteren Sitzung konzentrierten wir uns darauf, wie er die Ausnahmen weiter aufrechterhalten kann.

2. Problemaussage und Ausnahmen

Ein junger Mann kam zu uns und klagte, Stimmen zu hören. Stimmen an sich oder sie zu hören stellen nicht notwendigerweise ein Problem dar.

TherapeutIn: Also, ich bin etwas verwirrt. Wie sind diese Stimmen ein Problem für Sie? *(Wechsel von der Ebene der Klage zum Problem)*

Klient: Na ja, diese Stimmen sagen mir, daß Leute hinter mir her sind und daß ich vorsichtiger sein sollte.

TherapeutIn: Bei manchen Gelegenheiten könnte dieser Hinweis gut sein. Also wie stellen sie ein Problem für Sie dar? *(Wechsel von der Klage zum Problem)*

Klient: Tja, die Leute bei mir im Haus sagen mir, daß ich mich ziemlich verrückt und paranoid aufführe.

TherapeutIn: Oh, das Problem ist also, daß Sie sich anders verhalten und die Leute Sie dann anders behandeln? *(Verdeutlichung des Problems)*

Klient: Ja, sie betrachten mich richtig mißtrauisch.

TherapeutIn: Also, gibt es Zeiten, wo Sie nicht auf die Stimmen hören oder sich nicht so verhalten? *(Herausstellen der Ausnahme)*

Klient: Hm, die Stimmen sind immer da.

TherapeutIn: Also, hören Sie immer auf die Stimmen? *(Herausstellen der Ausnahme)*

Klient: Nein, nicht immer. Manchmal bin ich einfach zu beschäftigt, oder ich traue eher meiner eigenen Meinung als den Stimmen. *(Kontextueller Unterschied)*

TherapeutIn: Also, manchmal vertrauen Sie Ihrer eigenen Meinung und handeln anders. Läuft es dann eher so, wie Sie es gerne hätten? *(Spezifizieren)*

Klient: Ja.

TherapeutIn: Wie machen Sie das? *(Spezifizieren mit der Voranname, daß er seine Wahl steuert)*

Klient: Ich ignoriere einfach die Stimme wie einen Radiosender, den ich nicht mag. *(Spezifizieren)*

TherapeutIn: Gibt es auch Zeiten, wo Sie auf die Stimmen hören wollen, wenn Sie Ihnen beispielsweise sagen, daß Sie vorsichtig sein sollen? *(Herausstellen der Ausnahme)*

Klient: Ja, einige aus meiner alten Clique, die ich aus aus der Zeit kenne, als ich mit Dope dealte, wollen mich immer noch zurückgewinnen, und dann muß ich cool bleiben.

TherapeutIn: Also, manchmal denken Sie, daß der Hinweis gut ist, und dann entscheiden Sie sich, zuzuhören. Wenn Sie so weitermachen und für sich die Wahl treffen, wann Sie auf Ihre eigene Meinung und wann Sie diese anderen Hinweise hören wollen, würden Sie dann denken, Sie befänden sich auf Ihrem Weg hin zu Ihrem Ziel? *(Ausnahmen mit dem Therapieziel verbinden)*

Klient: Das wäre in Ordnung.

TherapeutIn: Wie werden Sie das machen, weiterhin so auszuwählen? *(Verfolgen der Ausnahme „auswählen" als Therapieziel)*

In diesem Beispiel wurde die Klage zunächst von der Klageebene der „Stimmen" auf die Problem/Lösungsebene des „Sich verrückt aufführen und von Leuten anders behandelt werden" verschoben. Stimmen zu hören, muß nicht unbedingt ein Problem darstellen. Daher mußten wir seine Äußerung auf die Ziel- oder Problemebene bringen, bevor wir nach Ausnahmen fragen konnten. Er äußerte, die Stimmen seien ein Problem für ihn, weil er sich dann verrückt aufführte und die Leute ihn dann so behandelten, als wäre er verrückt.

Mit dieser Problemdefinition, die verdeutlichte, wie die Stimmen ihn dazu brachten, etwas zu tun, wodurch er in den Augen seiner Freunde verrückt erschien, konnten wir dann nach Ausnahmen fragen. Dadurch wurde klar, wann die Stimmen für ihn kein Problem waren und er sich nicht entsprechend problematisch verhielt.

Durch die Ausnahmen fanden wir heraus, daß er selber auswählt. Ferner wurde deutlich, daß er durch seine Entscheidung, wann er seiner eigenen Meinung oder der Meinung einer anderen Person folgt, zufriedener wird und er dadurch eher das macht, was er selber will.

3. Neue Veränderungen oder Unterschiede

Ein Paar, das seit 13 Jahren verheiratet ist, kam zu uns in die Therapie.

TherapeutIn: Worin besteht Ihr Ziel, wenn Sie hierherkommen? *(Herausstellen des Ziels)*

Ehefrau: Wir hatten Schwierigkeiten. Vor einigen Jahren hat mein Mann seinen Job aufgegeben, um wieder zur Schule zu gehen, und ich habe finanziell die ganze Verantwortung übernommen. In letzter Zeit hat mich diese gesamte Verantwortung überfordert. Dazu gehört auch, daß ich gewohnt war, zuerst immer an seine Bedürfnisse zu denken, aber am letzten Wochenende habe ich entschieden, daß es mir reicht. Ich fühlte mich erdrückt. Ich verließ ihn, ging zu meiner Schwester und blieb dort. *(Trotz einer zielorientierten Frage beginnen KlientInnen manchmal mit Klagen oder Problemen. Oft stecken in diesen Aussagen Hinweise auf Ausnahmen und Unterschiede.)*

TherapeutIn: War das für Sie ungewohnt, sich so zu verhalten? *(Herausstellen der Ausnahme und Suche nach kontextuellen Unterschieden)*

Ehefrau: Ja, sehr, und seitdem ist es ein wenig besser. Ich bin wieder zu ihm gezogen; aber ich habe ihm gesagt, daß ich will, daß er manche Dinge anders macht. Seitdem war er zugänglicher. Ich glaube, wir müssen anders miteinander sprechen; er hat mir zugehört und ist offener mit mir umgegangen. *(Die Klientin ergänzt die Ausnahme und beschreibt, wie ihr Handeln sich verändert hat.)*

TherapeutIn: Wirklich? *(ermutigend und neugierig)* Wie haben Sie ihn dabei gesehen? *(Spezifizieren)*

Ehefrau: Tja, früher wäre er weggegangen, und jetzt hört er wirklich zu und ermutigt mich sogar, mehr zu sagen. Ich wollte auch, daß wir zusammen in die Therapie gehen und daß er einen Job annimmt. Er hat sich nach einer Arbeit umgesehen und daß er hier ist, bedeutet mir sehr viel.

TherapeutIn: Das glaube ich; *(mit ermutigender Stimme)* es ist nicht immer einfach, in eine Therapie zu gehen. Hm, sagen Sie: Wenn Sie weiter so gute Gespräche führen und Sie weiter zuerst an sich selber denken, würden Sie dann sagen, daß Sie auf dem Weg hin zu Ihrem Ziel sind, das Sie in der Therapie verfolgen? *(Ausnahmen werden mit dem Therapieziel verbunden und Verwendung ihrer Worte)*

Ehefrau: Ja.

TherapeutIn zum Ehemann (mit Enthusiasmus): Stimmt das, haben Sie das alles gemacht? *(Herausstellen der Ausnahme)*

Ehemann: Ja. Aber es war hart. Lange Zeit war der Rollentausch sehr extrem. Sie kümmerte sich um das Geld und manchmal auch nicht so gut. Wenn sie das Geld verhunzte, wollte ich es gar nicht wissen. Ich stellte mir vor, daß sie dann auch wieder für einen Ausgleich zu sorgen hatte. Aber letztens kapierte ich, daß wir zusammen arbeiten müssen; also habe ich mich wieder eingebracht. *(Weitet die Ausnahme aus und bietet eine neue Bedeutung an, „Wir müssen zusammenarbeiten.")*

TherapeutIn: Sie haben also für sich entschieden, daß es nicht läuft, wenn Sie sich ´raushalten und übernehmen in Hinblick auf die finanzielle Situation auch wieder Verantwortung. Das ist wirklich großartig. Wie machen Sie das? *(Herausstellen kontextueller Unterschiede und Spezifizieren).*

Ehemann: Tja, als sie in jenen Tagen weggegangen war, erkannte ich, wie wichtig sie mir ist und daß ich ihr nicht einfach all die Kopfschmerzen überlassen kann. *(Neue Bedeutung)*

TherapeutIn: Hm, wie war sie anders? *(Herausstellen der Ausnahme bei ihr)*

Ehemann: Tja, ich wollte mehr darüber wissen, was so läuft und nicht mehr alles von mir fernhalten, nur um des lieben Friedens willen. Sie hat mir mehr darüber erzählt, was sie von mir will und wie schlecht unsere finanzielle Situation wirklich ist.

TherapeutIn: Ich glaube, ihr Weggehen war ein ziemlicher Schock für Sie?

Ehemann: Ja, das stimmt.

TherapeutIn: Hm, mich beeindruckt, daß Sie die Initiative ergriffen und etwas gemacht haben. Nicht jeder handelt so, und Sie hätten sie auch einfach gehen lassen können. *(Ermutigend und bestärkend)* Also, tun Sie noch anderes, was sie noch nicht bemerkt hat? *(Aufforderung, anderes herauszustellen und zu spezifizieren in der Erwartung, daß weitere Ausnahmen existieren)*

Ehemann: Ja, ich nahm Kontakt mit meiner Schwester auf und bat sie, uns Geld zu leihen. Ich mußte meinen Stolz überwinden, denn ich bin eine ziemlich zurückgezogene Person.

TherapeutIn: Ich sehe, daß es hart für Sie war. Ich vermute, das ist ein Zeichen dafür, wie ernst Ihnen die Situation ist und wie sehr Sie sich darum bemühen, alles wieder ins Lot zu bringen. Wenn Sie so weitermachen, und Sie führen weiterhin so offene und gute Gespräche, auch wenn Miteinanderreden nicht immer einfach ist, denken Sie dann, Sie befinden sich auf Ihrem Weg hin zum Ziel? *(Ausnahmen werden mit dem Therapieziel verbunden)*

Ehemann: Ja, ich denke ja.

TherapeutIn: Tja, sagen Sie, wie werden Sie beide daran festhalten, weiter so zu handeln? *(Verfolgen der Ausnahmen als Therapieziel)*

Diese Falldarstellung ist ein typisches Beispiel dafür, wieviel Information wir bekommen, wenn wir TherapeutInnen genau auf Ausnahmen und Unterschiede hören. Durch unsere Frage, wie sich ihr Weggehen von ihrem sonstigen Verhalten unterschied, eröffneten wir eine Diskussion für viele andere Unterschiede, die erst in den vergangenen Tagen aufgetaucht waren. Diese Unterschiede, die sich auf den Problembereich bezogen, wurden ergänzt und dann als Übergangsziel der Therapie definiert. Hätten wir nicht nach der Veränderung bezogen auf ihr Weggehen gefragt, wären die Ressourcen, die in diesem Handeln steckten, verlorengegangen.

Ein neuer, eher kreativer [„virtuous"] Kreis – im Gegensatz zum Teufelskreis [„vicious"] – kann so wachsen: die Ehefrau wird dabei eher weiter an ihre und nicht zuerst an seine Bedürfnisse denken, und er wird sich weiter um die Angelegenheiten der Familie kümmern und nicht alles seiner Frau überlassen.

Indem wir diese neuen Handlungsmuster als Zwischenziel der Therapie definieren, kann das Paar seine Aufgaben darin sehen, die Dinge wie in der vergangenen Woche weiter fortzusetzen; das bedeutet, die Veränderung weiterhin aufrechtzuerhalten. Denken Sie an unsere Metapher der Drehtür und daran, wie schwer es sein kann, eine Drehtür in Bewegung zu setzen und wie leicht sie bewegt werden kann, wenn sie bereits in Bewegung ist. Bleiben wir beim Bild der Drehtür, so ist das Ziel der KlientInnen, das fortzuführen, was sie bereits tun, fast gleichbedeutend mit dem Aufrechterhalten der Bewegung der Drehtür. Das Gespräch sollte sich von dem Punkt an auf das konzentrieren, was das Paar bereits erfolgreich macht; diese Information sollte – falls erforderlich – durch Fragesequenzen bezogen auf die Ausnahmen weiter verwertet werden.

In der beschriebenen Sitzung antwortete die Ehefrau auf die Frage „Wie werden Sie das weiter aufrechterhalten?" mit einer sorgenvollen Aussage. Sie sagte, sie habe herausgefunden, daß ihr Ärger und ihr Groll aus der Vergangenheit ihr manchmal hochkomme. Wenn sie mit ihrem Mann in dieser anderen Art offener und ehrlicher reden wollte, würde sie manchmal durch ihren Ärger blockiert.

Wir nahmen nicht an, daß ihr Ärger oder Groll ein Problem darstellten oder daß der Ärger sie die *ganze* Zeit hemmte; vielmehr gingen wir davon aus, daß es hierzu ebenfalls Ausnahmen gab. Also fragten wir: „Gibt es auch Zeiten, wo Ärger weniger ein Problem ist?" Sie antwortete, oftmals sei es so, daß sie einfach ruhig werde, wenn sie sich ärgere und aufhöre, mit ihrem Mann zu sprechen. Jedoch gebe es auch jetzt Zeiten, wo sie sich mit ihrem Ärger beschäftige.

„Wie?" fragten wir. Sie sagte, es gebe jetzt Zeiten, wo sie überlege, sich mit ihrem Ärger zu beschäftigen und nicht einfach still zu sein und nicht zu reden. In solchen Zeiten entschied sie sich, so mit ihrem Ärger umzugehen, daß sie ihm mitteilte, wie sie sich fühlte, und dann kam sie da `raus. Er hatte ihr gesagt, daß er die Vergangenheit nicht ändern könne. Sie sagte, daß sie jetzt durch das Aussprechen ihrer Gefühle bereit sei, die Vergangenheit beiseite zu legen und über die Gegenwart zu sprechen.

Das Anliegen der Ehefrau wurde auf unsere Frage, wie sie die Veränderung aufrechterhalten wollten, hervorgebracht. Wir beschäftigten uns weiter damit, indem wir die Fragesequenz der Ausnahmen durchgingen: Dabei kamen die sich bereits andeutenden Wege, wie sie mit ihrem Groll umging, zum Vorschein. Wir wollen noch einmal folgendes deutlich machen: Wenn wir ihren Groll als ein „Problem" behandelt und uns nicht auf die Ausnahmen konzentriert hätten, wäre vielleicht eine Situation zum Vorschein gekommen, von der sie gedacht hätte, ihr Groll sei das zu lösende Problem; dann hätte sie nicht weiter den Weg verfolgt, ihre Gefühle auszudrücken und vornehmlich ihren Bedürfnissen nachzugehen, wie sie es bereits tat.

Die Vorstellung, daß es zu jedem Problem Ausnahmen gibt, ist vielleicht nicht ganz ungewöhnlich, wenn wir uns klarmachen, daß viele KlientInnen als Reaktion auf eine Krise zu uns kommen. Die Probleme bestanden vielleicht eine zeitlang, aber oft ist eine bestimmte Schwelle im Bewußtsein erreicht, wenn jemand sagt: „Das muß sich ändern," oder das Problem ist durch eine andere Person, beispielsweise eine SchulberaterIn, aufgebracht worden. Wenn Menschen in einer Krise stecken, reagieren viele darauf so, daß sie eine TherapeutIn anrufen. Das ist ein Schritt unter vielen, die sie bereits unternommen haben. Sie haben bereits andere Schritte als den Anruf bei der TherapeutIn vollbracht; diese Schritte können sich jedoch KlientIn und TherapeutIn zunutze machen.

Ein Supervisor erzählte uns einmal, er glaube, KlientInnen würden in Therapie gehen, nicht weil sie eine Lösung brauchten, sondern weil sie erkannt hätten, worin die Lösung bestand und darüber erschrocken waren. Das ist eine andere Erklärung von Ausnahmen. Menschen haben vielleicht schon Vorstellungen darüber, was sie tun sollten und haben damit vielleicht schon begonnen. Unsere Aufgabe besteht darin, ihre Befürchtungen zu normalisieren und ihre in Gang gesetzten Handlungen zu unterstützen.

Was macht man mit den Ausnahmen?

Viele, die sich mit diesem Ansatz noch nicht so gut auskennen, sagen, daß sie viele Ausnahmen erkennen und konstruieren können, aber daß sie weder wissen, was sie mit den Ausnahmen machen können, noch scheinen ihnen die Ausnahmen so bedeutsam, um darauf eine erfolgreiche Therapie aufzubauen.

Wenn Sie Ausnahmen herausgearbeitet haben, ist es hilfreich, sie auf drei Aspekte zu überprüfen. Ausnahmen sollten:

1. mit den Kriterien für eindeutig definierte Ziele übereinstimmen,
2. mit dem Therapieziel verbunden und von der KlientIn als Therapieziel akzeptiert werden,
3. bedeutsam aus der Sicht der KlientInnen sein, so daß sie wahrscheinlich weiter bestehen.

Stimmen die Ausnahmen mit den Kriterien für eindeutig definierte Ziele überein?

Die Karte, der Rahmen des Ziels, der Rahmen der Ausnahmen und der Rahmen der hypothetischen Lösung sind Hilfsmittel, um Ziele und Lösungen zu entwickeln. Unabhängig vom Weg, den wir verfolgen, wollen wir die Antworten der KlientInnen innerhalb des Rahmens des Ziels, des Rahmens der Ausnahmen oder des Rahmens der hypothetischen Lösung mit Blick auf die Kriterien für eindeutig definierte Ziele vergleichen.

Wenn KlientInnen uns berichten, was sie nicht in Ausnahmezeiten tun, fragen wir, was sie stattdessen machen. Wir erhalten dann eine Schilderung, die sprachlich positiv ist und das beschreibt, was sie tun. Wir wollen auch, daß KlientInnen die Ausnahmen prozeßhaft äußern – d.h., wie sie das tun, was sie bereits tun oder wie sie denken, was sie bereits denken.

Oft führen KlientInnen Ausnahmen auf ein Ergebnis von Aktivitäten oder Beziehungen zurück, die sich jedoch nicht auf ihr Anderssein beziehen – d.h., ein anderer oder etwas anderes ist anders. Wir wollen solchen Antworten eine neue Richtung geben, um herauszufinden, was KlientInnen tun, was von ihnen kontrolliert werden kann. (Vgl. Kapitel 10 „Vermögen“ vergrößern)

Wird das „Aufrechterhalten der Ausnahmen“ als Ziel der Therapie akzeptiert?

Wenn KlientInnen über Ausnahmen zu Problemzeiten berichten, müssen wir mit ihnen überprüfen, ob ein Aufrechterhalten der Ausnahmen für sie als Therapieziel akzeptabel ist oder nicht. Wie wir schon an anderer Stelle erwähnt haben, erleichtert es die Therapie, wenn wir das

Therapieziel in einen Rahmen stellen, wo es um ein Fortsetzen des Handelns geht, das sie bereits realisieren. Wir wollen jedoch, daß KlientInnen sich ausdrücklich damit einverstanden erklären, daß es auch ihr Therapieziel ist. Wir wollen kein Ziel verfolgen, das nicht das ist, was die KlientIn will oder wo die KlientIn glaubt, daß ein Verfolgen eines speziellen Weges nicht zu einer Lösung führen wird.

Wir wollen auch andere Anliegen oder Ziele mit den Ausnahmen verbinden. Wir wollen das beispielhaft verdeutlichen. Eine Mutter könnte mit einem Anliegen wegen ihres Vierjährigen, der Probleme in der Vorschule hat, zu uns kommen. Sie sagt, was sich in letzter Zeit verändert habe, sei, daß sie nunmehr nicht mehr versuche, seinen fehlenden Vater zu ersetzen und daß sie mehr auf ihre eigenen Bedürfnisse Rücksicht nehme. Das Aufrechterhalten dieser gerade erst eingetretenen Veränderungen (Ausnahmen) – ihre Entscheidung, den Vater nicht ersetzen zu können, mehr Rücksicht auf ihre eigenen Bedürfnisse zu nehmen und nicht ihre Aufmerksamkeit fast ausschließlich ihrem Sohn zu widmen – sollte mit dem Therapieziel verbunden werden. Es wäre hilfreich, dieses „Verbinden“ auf ihr Anliegen für ihren Sohn auszuweiten. Wir könnten sagen, „Denken Sie, daß Sie – wenn Sie weiter mehr für sich tun und sich eine Pause von dem Druck gönnen – langfristig besser mit Ihrem Sohn und seiner Vorschulsituation umgehen werden?“ Wenn die Antwort „Ja“ wäre, würden wir weiter fragen, „Wie werden Sie fortfahren zu entscheiden, mehr für sich zu tun?“ Wenn die Antwort „Nein“ wäre, würden wir daraufhin das Anliegen oder die Bedenken explorieren und überprüfen, ob die Ausnahmen auf irgendeine andere Art als Bindeglied genutzt werden können.

Kann man mit den Bedeutungen oder Rahmen der Ausnahmen arbeiten, und ist es wahrscheinlich, daß sie aus der Sicht der KlientInnen bestehen bleiben?

KlientInnen beschreiben manchmal Ausnahmen, die funktionieren; die Bedeutung, die ihre Handlungen umgibt, hält wahrscheinlich die Ausnahmen aufrecht. KlientInnen sagen vielleicht, daß sie vor kurzem entschieden haben, daß es für sie keinen Sinn mache, sich um Dinge zu sorgen, an denen sie nichts ändern könnten. Daraufhin haben sie sich auf Probleme konzentriert, an denen sie etwas verändern können. Diese neue Entscheidung beinhaltet einen Rahmen, mit dem man besser arbeiten kann, eine Unterscheidung zwischen Dingen, an denen KlientInnen etwas verändern können und an denen sie nichts verändern können. Wenn sie sagen, sie können darauf vertrauen, diese Unterscheidung weiter zu praktizieren, müssen wir als TherapeutInnen sie nicht auf einen anderen Rahmen polen.

Eine Klientin, die aber denkt, es laufe mit ihrem Mann in der Beziehung besser, weil sie „nachgibt", wird vielleicht Ärger in der Zukunft haben. Auch wenn sie weiter Streitereien vermeidet, glaubt sie vielleicht dennoch, daß sie verliert; entweder fühlt sie sich daraufhin schlecht, oder sie sammelt ihre Kraft, um wieder zu streiten. Dieser Rahmen „Nachgeben" ist einer, von dem aus Sie und die Klientin vielleicht in einen anderen Rahmen hineingehen.

Arbeitsblatt: Ausnahmen

Die Abbildung 5 ist eine Arbeitshilfe, die eine Sequenz von Fragen zur Konstruktion von Ausnahmen enthält. Die Anordnung soll nur als Vorschlag aufgefaßt werden. Im realen Gespräch mit Ihrer KlientIn brauchen Sie vielleicht bestimmte Fragen nicht, oder Sie stellen fest, wie Sie von einem Thema zum anderen springen. Die Zwischenräume sind für die Antworten Ihrer KlientInnen vorgesehen.

Diskussion

Frage:

Was ist mit solchen Problemen, die nach den Beschreibungen der KlientIn immer da sind?

Bei den meisten Problemen, die KlientInnen ansprechen, werden Sie durch eine Veränderung der Ausnahme-Frage zusätzliche Ergebnisse bekommen. Anstatt beispielsweise zu fragen, „Erzählen Sie mir über Zeiten, wo Ihr Ehemann Sie nicht ignoriert", könnten Sie sagen, „Erzählen Sie mir über solche Zeiten, wo das ein bißchen weniger das Problem ist." Dieses Verkleinern des Rahmens mit Worten wie „ein bißchen weniger" oder „nicht so viel" wird die KlientIn in die Lage versetzen, den Rahmen der Ausnahmen zu betreten.

In solchen Zeiten, wo die KlientIn sagt, es gäbe keine Ausnahmen, stellen Sie die Frage nach den hypothetischen Lösungen, um das Denken in eine positivere Richtung zu lenken oder einen Rahmen zu bekommen, mit dem Sie besser arbeiten können. Wenn Sie durch die

Ausnahmen herausstellen

In einer Zielaussage: Wann tun Sie bereits schon etwas von dem, was Sie wollen? ....

....

In einer Problemaussage: Wann tritt das Problem nicht auf? ....

....

Kontextuelle Unterschiede

Was ist in diesen Zeiten anders? ....

....

Spezifizierungen

Innerhalb des Bezugsrahmens der KlientIn:

Was machen Sie anders? ....

....

Wie denken Sie anders? ....

....

Außerhalb des Bezugsrahmens der KlientIn:

Wie nehmen andere Sie wahr, wenn Sie anders handeln? ....

....

Wenn andere denken, Sie handeln anders, wie handeln die anderen anders? ....

....

Verbinden und Rahmen

So, wenn Sie weiter diese Dinge tun, denken Sie, daß Sie am Anfang eines Weges sind, das zu bekommen, was Sie sich von Ihrem Hierherkommen erhoffen? ....

....

Das Ziel verfolgen, Ausnahmen aufrechtzuerhalten

Wie werden Sie das aufrechterhalten?

Wie sagen Sie voraus, daß Sie dies aufrechterhalten werden? ....

....

Wie werden andere wissen, daß Sie dies aufrechterhalten? ....

....

Abbildung 5: Arbeitsblatt Ausnahmen

Frage nach den hypothetischen Lösungen einen solchen Rahmen haben, der zudem offener ist, können Sie wieder versuchen, Ausnahmen herauszustellen. Denken Sie daran, die Antwort auf die Frage zu den hypothetischen Lösungen mit Worten wie „ein klein wenig“ oder „etwas“ einzuschränken. Ein Beispiel hierzu: Einem Klienten, der denkt, es gebe keine Zeiten, wo er sich nicht ängstlich verhält, wenn er in ein Flugzeug steigt, aber denkt, daß er positiver denken und handeln wird, wenn das Problem gelöst ist, würden Sie folgende Frage stellen: „Erzählen Sie mir jetzt über solche Zeiten, wo Sie sich ein *bißchen zuversichtlicher* oder *zumindest nicht so ängstlich* verhalten?“

Der Ausdruck „nicht so ängstlich“ ist eine Möglichkeit, den Rahmen zu verkleinern, indem Sie die negative Sprache als Schritt für die Gedanken des Klienten beibehalten. Das hat die Funktion eines Zwischenschritts bezogen auf das Denken des Klienten. Vielleicht wäre der Sprung für den Klienten zu groß, zu denken, daß er sich sogar ein bißchen zuversichtlich verhalten hat. Er denkt vielleicht, daß er niemals in irgendeiner Weise zuversichtlich ist. Er kann sich jedoch vorstellen, daß er manchmal nicht ganz so ängstlich handelt. Dieser eingeschränkte negative Rahmen stellt vielleicht Ausnahmen heraus. Wenn Sie über Ausnahmen im Sinne „des nicht ganz so ängstlich handeln“ gesprochen haben und Sie ihm geholfen haben, diese Ausnahmen zu erarbeiten, ist er vielleicht eher in der Lage, seine Ausnahmen positiv zu erkennen und sogar das Wort „zuversichtlich“ zu gebrauchen.

Übungen

1. Verwenden Sie zuerst in einem Rollenspiel das Arbeitsblatt „Rahmen der Ausnahmen“ mit einer KollegIn, so daß Sie sich daran gewöhnen können, damit zu arbeiten und sich selbst hören, wie Sie die Fragen stellen. Dieses Üben mit einer KollegIn wird Ihnen helfen, bevor Sie anfangen, diese Fragen Ihren KlientInnen zu stellen.

2. Verwenden Sie das Arbeitsblatt „Konstruktion von Lösungen“ (Abbildung 4, S. 110) in Ihrer Sitzung. Notieren Sie sich in der Sitzung Aussagen bezogen auf das Ziel oder das Problem oder auch zu irgendwelchen anderen Ausnahmen, die die KlientIn erwähnt. Überprüfen Sie nach der Sitzung Ihr Arbeitsblatt und vergleichen Sie die Antworten der KlientIn mit den Kriterien für eindeutig definierte Ziele (Abbildung 2, S. 82). Bereiten Sie die Fragen vor, die Sie das nächste Mal stellen wollen. Wenn Sie im Umgang mit dem Arbeitsblatt vertrauter sind, werden Sie nicht bis zum Ende der Sitzung warten müssen, um die Kriterien anzuwenden.

Kapitel 8
Positive Rückmeldung

Kleine Änderungen führen zu größeren Änderungen

Bis jetzt haben wir uns auf konversationelle Schleichwege zur Konstruktion von Lösungen konzentriert und einen Überblick über die Kriterien für eindeutig definierte Ziele gegeben. Wir haben auch diskutiert, wie die Fragen, die wir benutzen, so stark beeinflussen, da in den Fragen implizit unsere Arbeitsannahmen enthalten sind, die die Tendenz haben, KlientInnen auf neue Wege des Denkens und Handelns hinzuweisen. Obwohl wir glauben, daß das Hervorbringen von Lösungen in der Konversation zwischen KlientIn und TherapeutIn ausreichen kann, glauben wir auch, daß ein enormer Vorteil für die KlientIn darin liegt, eine positive Rückmeldung zu erhalten.

Es ist ganz einfach, wir glauben, daß ein wenig positive Unterstützung und Ermutigung lange anhalten kann. KlientInnen spüren oft mitten in der Veränderung Verwirrung oder Furcht – und ein wenig Ermutigung durch jemanden, der Abstand vom Problem hat, kann beruhigend wirken.

Dieses Kapitel konzentriert sich auf direktere Formen der Rückmeldung, die wir KlientInnen anbieten: nämlich „Cheerleading" (Anfeuern), Komplimente, Botschaften und Aufgaben.

Cheerleading*

Im allgemeinen verwenden wir Cheerleading als Unterstützung und Ermutigung positiver Dinge, die KlientInnen tun, und ganz besonders im Hinblick auf ihr Verändern und Lösen. Cheerleading kann emotionale Unterstützung sein, die durch eine angehobene Stimme, durch Gesten, aufgeregte Äußerungen oder die Wahl bestimmter Worte herüberkommt. In der Sitzung wollen wir umgehend auf jede Äußerung von Veränderung antworten, wie klein sie auch sein mag. Trainees sind oft

* Dieser Begriff wurde ursprünglich als Untersuchungscode bei der Erforschung von Prozessen in Interviews angewendet. Wir verwenden diesen Begriff hier, um jede unterstützende Äußerung durch die TherapeutIn zu beschreiben. Vgl., de Shazer et al., 1985. (**Anm. d. Übers.:** Um den Begriff in seiner Bedeutung nicht zu verzerren, wird er nicht übersetzt. Im folgenden wird weiter von „cheerleading" gesprochen.)

überrascht, wie sehr wir Emotionen nutzen. Trainees erwarten irrtümlicherweise von uns, daß wir entweder kognitiver sind oder bei KlientInnen mehr Zurückhaltung zeigen. Unsere Interviews sind aber kaum simple Verhöre. Konversationen mit KlientInnen unterstützen und ermutigen weitere Änderungen emotional.

Kürzlich haben wir mit einer Familie und ihrem Siebenjährigen gearbeitet, der Probleme hatte, sein Bett die ganze Nacht trocken zu halten. Am Anfang der Sitzung wirkte der Junge auf uns ziemlich verlegen, als er seine Eltern über sein Versagen reden hörte.

Wir fragten nach Zeiten, wo der Junge die ganze Nacht ohne Einnässen durchhält. Die Eltern sagten, daß es mehrere Nächte in einer Woche ohne Einnässen gebe.

Wir fragten ihn:

TherapeutIn: Ist es richtig, daß es einige Nächte gibt, in denen Du Dein Bett die ganze Nacht trocken hältst? *(mit leicht erhobener Stimme und neugierig)*

Junge: Ja. *(etwas verlegen und zurückhaltend)*

TherapeutIn: Tja, das klingt ziemlich gut. Wie machst Du das? *(Cheerleading wie auch Suche nach Spezifizierungen und kontextuellen Unterschieden)*

Junge: Manchmal wache ich auf und gehe zur Toilette.

TherapeutIn: Tatsächlich! *(aufgeregt und überrascht).* Das klingt schon ziemlich erwachsen. Wie machst Du das?

Junge: Tjaaaa, ich weiß nicht. Ich glaube, ich will einfach nicht im Nassen schlafen müssen.

TherapeutIn: Wirklich? Das sagst Du zu Dir in der Nacht? *(weiter mit Enthusiasmus)* Wie schaffst du es, Dich selber daran zu erinnern und dann aufzustehen? Bist Du nicht wirklich müde?

Junge: *(aufgeregter)* Ja, aber ich kann es machen.

TherapeutIn: Tja, ich glaube, daß Du das kannst, aber das klingt schon ziemlich erwachsen. *(Anknüpfen an seinen Wunsch, mehr wie ein Erwachsener gesehen zu werden)* Was denken Deine Eltern über Dich, wenn Du so erwachsen handelst?

Wie Sie feststellen können, reagieren wir sehr emotional auf Neuigkeiten über Positives und Veränderungen und versuchen, Neugier und Aufregung so einzusetzen, daß KlientInnen davon in der Sitzung profitieren.

Cheerleading schließt auch einige Voranahmen ein, an die wir glauben. Wir glauben, daß die einzelnen ihre Handlungen kontrollieren können – das heißt, sie sind diejenigen, die ihre Veränderung hervorbringen, auch wenn sie zunächst denken, daß ihre Veränderung entweder spontan oder außerhalb ihres eigenen Kontrollbereichs sei. Daher verankern wir Annahmen über Verantwortung und „Kontrollierbarkeit" ins Cheerleading mit Fragen und Äußerungen wie:

1. „Wie haben Sie sich entschieden, das zu tun?"
2. „Wie erklären Sie sich das?"
3. „Das ist wirklich großartig!"

1. „Wie haben Sie sich entschieden, das zu tun?" (Lipchik, 1988b)

So kann man nach einer Ausnahme fragen. Die Frage „Wie haben Sie sich entschieden, das zu tun?" wird gewöhnlich mit erhobener Stimme und erregter Neugier gestellt. Am Anfang denken KlientInnen vielleicht nicht, daß sie bewußt entschieden haben, die Ausnahme oder Veränderung umzusetzen, aber wir laden sie ein, in Begriffen von bewußter Kontrolle und persönlicher Verantwortung zu denken.

Zum Beispiel hat der Junge im oben erwähnten Interview zunächst vielleicht nicht gedacht, daß das, was er bereits tat, anders oder gut war oder eine Rolle spielte. Durch die Frage „Wie hast Du das gemacht?" tendiert er jedoch dazu, sein Verhalten zu erforschen und das hervorzuholen, was die besseren Zeiten ausmacht.

Oftmals denken KlientInnen auch vielleicht, daß ihr Handeln womöglich einer zuversichtlichen Stimmung entspringt oder weil ein anderer etwas zuerst gemacht hat. Dennoch wollen wir KlientInnen in ihrem Handeln anfeuern (cheerlead) und bei ihnen die Idee verankern, daß das, was sie tun, „verantwortungsbewußt" ist.

Ein Beispiel: „Also, Sie denken, Sie haben die Stellenanzeigen durchgesehen, nur weil Sie aufgewacht sind und sich mehr Sorgen gemacht haben. Aber wie haben Sie entschieden, das zu tun? Andere würden auf Besorgnis reagieren, indem sie zurück ins Bett gehen."

In einem anderen Fall, wo jemand denkt, daß er immer nur auf eine andere Person reagiert, könnten wir fragen: „Also, ich weiß, Sie denken, Sie haben nur reagiert, weil sie freundlicher war, aber wie haben Sie sich entschieden, überhaupt zu reagieren? Sie sind aus anderen Beziehungen ein gebranntes Kind. Wie haben Sie den Mut gehabt, wieder eine Chance zu ergreifen? Wie haben Sie sich entschieden, das zu tun?“

2. „Wie erklären Sie sich das?“

Diese Frage kann bei Leuten angewendet werden, denen die positiven Dinge, die sie getan haben, nicht bewußt sind. Der Kernpunkt der Frage zielt nicht so sehr darauf ab, eine aktuelle Erklärung zu bekommen, sondern ihr positives Handeln ins Rampenlicht zu stellen. Die Frage kann mehr rhetorisch als wörtlich sein.

Die Frage „Wie erklären Sie sich das?“ wird gewöhnlich mit angehobener Stimme gestellt, die sowohl auf Ermutigung als auch auf Neugier hinweist.

3. „Das ist wirklich großartig!“

Jedes formulierte Kompliment kann im Gespräch verwendet werden, um neues oder positives Verhalten zu unterstützen. Positives Cheerleading wird eingesetzt, um die Ressourcen im Gespräch und das weitere Suchen nach zusätzlichen Ausnahmen oder Positivem zu erleichtern. KlientInnen sind oft vorsichtig in bezug auf Veränderungen, besonders, wenn sie denken, daß das etwas vollkommen Neues für sie ist. Diese Art von Unterstützung ist angenehm und kommunikativ, weil sie Befürchtungen zerstreut und ein positives Weitermachen erleichtert.

Cheerleading muß in der Geschwindigkeit und in der Zeit passen. Manchmal versuchen TherapeutInnen, die sich noch nicht so gut mit dem Lösungsfokus auskennen, jedes positive Verhalten der KlientIn herauszustellen, bevor die KlientIn emotional bereit ist, Komplimente zu akzeptieren. Die TherapeutInnen sind dann vielleicht „ihren KlientInnen zu weit voraus.“ Sie werden diese Situationen daran erkennen, daß die KlientIn anfängt, Ihre Komplimente zu entwerten oder mit Ihnen darüber streitet, daß die Dinge wirklich nicht *so* gut sind.

Diese Situationen erinnert uns an eine Geschichte, die uns unser Freund und Kollege Kevin O'Connor erzählt hat. Kevin berichtete uns von einer Krankenschwester, die in einem medizinischen Rehabilitationszentrum arbeitete. Jeden Tag nahm sie PatientInnen zu einem Spaziergang mit, die sich noch schwach und unsicher fühlten, ob sie stark genug und in der Lage waren, spazierenzugehen. Die Krankenschwester hakte sie unter und begann, mit ihnen den Krankenhausflur entlang zu gehen. Sie lernte dabei folgendes: Solange sie nur ein wenig hinter ihnen ging, während sie den Arm der PatientInnen stützte, verlief der Spaziergang scheinbar gut. Wenn sie ein wenig vor ihren PatientInnen ging, drückte die PatientIn ein Gefühl der Unsicherheit aus oder sagte, daß sie vielleicht zu schnell gehen würden. Die Krankenschwester lernte schnell, daß die Spaziergänge besser liefen, wenn die PatientInnen das Gefühl hatten, sie sei nur leicht hinter ihnen und nicht in fordernd ziehender Weise vor ihnen.

So verhält es sich auch in der Therapie; die TherapeutIn kann als jemand wahrgenommen werden, die versucht, KlientInnen von ihrem positiven Handeln zu überzeugen, bevor diese selbst innerlich an dem Punkt sind, es zu erkennen oder zu akzeptieren. Klientinnen sind nicht „resistent." Es ist eher so, daß KlientInnen aufrichtig glauben, daß das, was Sie als positives Handeln oder Veränderung sehen, für sie selber nicht so bedeutsam ist und Sie etwas falsch wahrnehmen. Je mehr Sie also versuchen, das Positive herauszustellen, desto mehr versuchen sie, Ihnen deutlich zu machen, daß die Veränderungen wirklich nicht so bedeutsam sind.

Das Gespräch kann daraufhin zu einem Streit zwischen TherapeutIn und KlientIn werden, wobei die TherapeutIn die Rolle der eher positiven Person verkörpert und die KlientIn die Rolle der eher negativen oder realistischen Person, was von Ihrem Blickwinkel abhängig ist. Die Bedeutung der Botschaft liegt jedoch in der Antwort, die Sie bekommen. Wenn das Gespräch in dieser Weise weiterläuft, die TherapeutIn Positives zitiert und die KlientIn „Ja, aber" erwidert, dann müssen Sie etwas anderes machen.

In solchen Situationen hat die TherapeutIn eine Sprache oder einen Rahmen gewählt, die nicht zur Sichtweise der KlientIn passen, oder es ist für die KlientIn ein zu großer Sprung, dies *jetzt* oder *zu diesem Zeitpunkt* zu akzeptieren.

Eine TherapeutIn könnte beispielsweise sagen:

TherapeutIn: Tja, Beth, es klingt so, als ob Sie eine Menge Gutes für sich selber tun. Sie haben mit einigen FreundInnen Kontakt aufgenommen und sind am Wochenende aus dem Haus gekommen. Sie sind dabei, ihre schlechte Beziehung loszulassen und an sich selber zu denken.

Beth: Nein, nicht wirklich. Ich denke die ganze Zeit an ihn, und ich bin nicht glücklich. Als ich mit meinen Freundinnen weg war, fühlte ich mich wirklich unten und habe kaum etwas gesagt.

TherapeutIn: Ja, aber Sie haben etwas gemacht und nicht nur herumgesessen, und es hört sich so an, als ob Sie sogar mit einem anderen Mann gesprochen haben.

Beth: Ja, aber er war langweilig, und ich dachte immer noch an Michael.

Wenn Ihre KlientIn oder Sie anfangen, „Ja, aber“ zu sagen oder Sie spüren, daß Sie versuchen, Ihren KlientInnen etwas einzureden, können Sie annehmen, daß Sie Ihrer KlientIn zu weit voraus sind. Verkleinern Sie Ihre Komplimente; benutzen Sie dieselben komplimentierenden Worte, allerdings mit gemäßigter Betonung und weniger Emotionen.

Cheerleading ist effektiver, wenn es als Reaktion auf das, was die KlientIn geäußert hat, erfolgt und nicht auf etwas, was Sie sehen. Beispielsweise könnte die TherapeutIn zu der Klientin, die gedanklich bei Michael war, folgendes sagen:

TherapeutIn: Also, obwohl Sie sich schrecklich fühlten, haben Sie einiges versucht, ohne aber überwältigende Ergebnisse zu erreichen. *(Mit Neugier, aber tiefer und angepaßter, affektiver Stimme)*

Beth: Ja, ich weiß, daß es Zeit braucht, um über Michael hinwegzukommen, und ich kann einfach nicht zu Hause bleiben. Ich wünsche mir nur, nicht so viel an ihn zu denken.

TherapeutIn: *(mit tiefer Stimme und weniger Affekt)* Ich glaube, Sie haben recht. Es braucht Zeit. Angenommen, Sie fühlten sich wegen der gescheiterten Beziehung unten, wie haben Sie aber entschieden, aus dem Haus zu gehen und nicht einfach herumzusitzen und an ihn zu denken? *(Mit Neugier, aber gedämpftem Affekt)*

Die TherapeutIn paßt sich der Stimme der Klientin an und der Bedeutung, die die Klientin in den Änderungen sieht. Die TherapeutIn bestätigt ihr Gefühl und die Tatsache, daß sie *etwas* getan hat, reagiert jedoch nicht mit übertriebener Aufregung.

Im Kapitel, wo es um Kooperieren geht, werden wir uns noch im einzelnen mit Möglichkeiten, die Stimme, den Affekt sowie die Sprache anzupassen, beschäftigen.

Die Konsultation oder „Denk"-Pause

Vom Brief Family Therapy Center Milwaukee, vom Brief Therapy Center des Mental Research Institute und vom Mailänder Modell lernten wir die Vorteile, eine Konsultation oder „Denk"-Pause in unsere Sitzungen zu integrieren. Durch die Pause können wir uns Zeit außerhalb des Therapiegesprächs nehmen, um über den Fortschritt der Konstruktion von Lösungen nachzudenken oder ein Brainstorming zu machen und eine direkte Rückmeldung für die KlientIn vorbereiten.

Auch wenn wir schon während der Sitzung zu wissen glauben, was wir der KlientIn sagen wollen und die Aufgabe definieren können, die wir vorschlagen wollen, machen wir eine Pause. Es gab zu viele Situationen, wo wir die Pause ausgelassen haben und wir, nachdem die KlientIn weg war, erkannten, was wir gerne gesagt hätten. Die Pause ermöglicht ein wenig Distanz und Zeit, um darüber nachzudenken, was wir als Rückmeldung anbieten wollen.

Wie wir kurz in Kapitel Drei erwähnten, dauern unsere Gespräche mit KlientInnen in der Regel 30 bis 45 Minuten. Wenn wir als Team mit einem Einwegspiegel arbeiten, klärt die KollegIn, die das Gespräch führt, die KlientInnen zu Beginn der Sitzung darüber auf, daß sie sich Zeit nehmen wird, um sich mit den anderen, die hinter dem Einwegspiegel die Sitzung verfolgen, zu beraten und daraufhin mit einer Rückmeldung und einem möglichen Ratschlag zurückkehren wird.

Wenn wir alleine arbeiten, erklären wir, daß wir den Raum für einige Minuten verlassen werden, um uns Zeit zu nehmen über das, was diskutiert wurde, nachzudenken und daß wir dann zu der KlientIn mit einer Rückmeldung zurückkehren.

Als wir noch mit einem problemorientierten Ansatz arbeiteten, stellte die Pause für uns eine Grenze zwischen dem Interview und der Intervention dar. Der erste Teil der Sitzung konzentrierte sich auf das „Sammeln von Information" über das Problem und die versuchten Lösungen. Wir verstanden uns als „InterviewerIn", um Informationen zu sammeln. Wir machten eine Pause nach dieser Phase, wo es um das Sammeln von Information ging und dachten uns eine Intervention aus. Zu dieser Zeit hielten wir die Intervention für das Mittel der Veränderung, und wir haben viel Zeit damit verbracht, die Muster der versuchten Lösung herauszuarbeiten und Aufgaben zu kreieren, die in dieses Muster eingreifen würden. Zu dieser Zeit der Modell-Entwicklung hielten wir die Intervention für überaus wichtig. Die Phasen unserer Sitzungen waren konzipiert als 1. der Interviewteil, in welchem wir Informationen über das Problem sammelten, 2. der Konsultationsteil, in welchem wir die Intervention entwarfen und schließlich 3. der Teil, wo wir die Intervention gaben.

Beim lösungsorientierten Ansatz glauben wir nicht mehr daran, daß wir Informationen sammeln. Wie schon vorher diskutiert, glauben wir jetzt, daß wir als TherapeutInnen auch TeilnehmerInnen beim Konstruieren von Lösungen sind. Wir glauben nicht mehr, daß es so etwas Objektives wie Information gibt. Wir sind der Auffassung, daß wir an einem fortlaufenden Gespräch teilhaben, in dem sich neue Bedeutungen und dementsprechend Lösungen entwickeln.

In der Pause denken wir nicht mehr über die Muster des Problems im beobachteten System nach. Wir konzentrieren uns auf die Behandlungsgruppe TherapeutIn und KlientInnen und darauf, wie sich die Konstruktion der Lösung entwickelt. Die Pause wird jetzt genutzt, um die Konstruktion der Lösung zu reflektieren und die Rückmeldung, die wir der KlientIn anbieten können, um den Prozeß zu erleichtern.

Dabei spielt es keine Rolle, ob wir als Team oder als EinzeltherapeutIn arbeiten. Der Vorteil der Pause liegt darin, daß wir uns Zeit außerhalb des Gesprächs nehmen können, um genauer über eine Rückmeldung nachzudenken, die hilfreich für die KlientIn sein kann. Wenn wir im Gespräch stecken, können wir durch verschiedene Dinge, die in dieser Situation anstehen, abgelenkt sein: Empathie zeigen, das Gespräch aufrechterhalten, Fragen auswählen und konstruieren sowie prüfend den Lösungsprozeß verfolgen. In der Pause haben wir diese Verantwortung nicht.

Wenn wir als TherapeutInnen KlientInnen versehentlich in einen Problem/Lösungsrahmen gefolgt sind, der nicht funktioniert oder wir mit der KlientIn in einer Interaktion stecken, die nicht produktiv ist, dann ermöglicht uns die Pause, aus der Rolle als TherapeutIn herauszugehen und einen distanzierteren Blickwinkel zu bekommen. Anpassen können wir uns wieder, wenn wir uns der KlientIn im Gespräch wieder anschließen.

In der Pause haben wir auch den Raum, als Team oder EinzeltherapeutIn unsere Perspektiven zusammenzubringen und ein Brainstorming über die Rückmeldung zu machen. Oft stellen wir fest, daß wir unterschiedliche Perspektiven haben. Die TherapeutIn vor dem Einwegspiegel ist vielleicht eher emotional von der KlientIn berührt, weil sie in einem Raum zusammen sind. Diejenigen, die hinter dem Spiegel sind, nehmen oft einen distanzierteren Blickwinkel ein. Auch wenn wir alleine arbeiten, erleben wir die Pause als Möglichkeit, innerlich Abstand zu nehmen, den wir in der Sitzung nicht erleben.

Vor kurzem habe ich, Jane, ein Paar wegen ihrer Eheprobleme in verschiedenen Sitzungen ohne Team hinter dem Einwegspiegel gesehen. Das Paar kam mit dem, was sie erreichen wollten, nicht weiter, und sie entschieden sich, eine zeitlang mit der Therapie auszusetzen. Ungefähr sechs Wochen später rief das Paar wieder an und bat um Therapie. Es ging um Probleme, die sie auf ihr Kind zurückführten. Da dieses Paar dachte, ein männlicher Therapeut wäre für ihren Jungen hilfreich und da ich mich entmutigt fühlte, weil in diesem Fall keine Verbesserung eingetreten war, schlug ich vor, daß John der Gesprächspartner vor dem Spiegel sein sollte und ich als Mitglied des Teams weiter hinter dem Spiegel blieb. Das Paar und ihr Kind waren damit einverstanden. Während John in der Erstsitzung das Gespräch führte, wurde mir vieles aus der Perspektive hinter dem Spiegel deutlich. Mir wurde bewußt, daß sich in der Ehebeziehung viel verändert hatte, was ich nicht gesehen hatte, als ich die Therapeutin im selben Raum war. Die Perspektive hinter dem Spiegel gab mir einige Distanz, die mir half. Es wurde leichter, weil ich nicht von den negativen Emotionen in der aktuellen Therapie gefangen genommen wurde, und dadurch konnte ich sehen, daß das Paar in dieser Zeitspanne bemerkenswert viele Veränderungen vollzogen hatte und sich weiter veränderte. John hatte nicht die Erfahrung einer vorherigen Therapie und das Gefühl der Frustration und konnte das Paar daher vor dem Spiegel fragen, wie sich die Dinge seit dem letzten Mal verändert hätten. Das Paar berichtete über Ausnahmen nicht nur bezogen auf das Problem mit ihrem Kind, sondern auch darüber, wie sie gemeinsam als Eltern handelten und damit besser zurechtkamen.

In einem Team entstehen viele unterschiedliche Perspektiven, die auf verschiedene Persönlichkeiten und Geschlechter wie auch das Alter etc. zurückzuführen sind. Diese verschiedenen Perspektiven, die von jedem aus seinem Blickwinkel in das Gespräch einfließen, bereichern den Prozeß. Wir glauben wirklich, daß „zwei Köpfe besser sind als einer."

Wir sehen auch in der Pause eine Zeit für die KlientInnen, über das, was gesagt wurde und über die im Gespräch gestellten Fragen, nachzudenken. Seien Sie nicht überrascht, wenn KlientInnen Ihnen bei Ihrer

Rückkehr mitteilen, welche Gedanken und Überlegungen sie während der Pause hatten.

KlientInnen scheinen auch erwartungsvoller zu sein, wenn wir zurückkommen. Angenommen wir haben die Pause als Zeit für uns genutzt, um darüber nachzudenken, was sie uns erzählt haben, so scheinen KlientInnen gespannt zu sein, was bei diesem „Nachdenken“ und „Brainstorming“ herausgekommen ist.

Durch die Pause können wir eine Grenze zwischen der konversationellen Rückmeldung zu Beginn der Sitzung und einer eher formalen Rückmeldung ziehen. Obwohl wir uns als InterviewerInnen nicht mehr in der Rolle sehen, Informationen zu sammeln, schätzen wir die Pause als Zeit, unsere eigenen Gedanken zu sammeln, um daraufhin KlientInnen eine eher formale Rückmeldung zu geben. Durch die Pause wird die Rückmeldung zu etwas Besonderem.

Die Rückmeldung kann aus Komplimenten, Botschaften und einer möglichen Aufgabe bestehen (de Shazer, 1985; O‘Hanlon & Weiner-Davis, 1989).

Komplimente

Komplimente sind Äußerungen, die Lob oder Unterstützung ausdrükken und die wir der KlientIn in der Regel bezogen auf das umschriebene Ziel oder den Lösungsprozeß anbieten.

Tomm (1985) hat einmal gesagt, eine der wesentlichen Unterscheidungen, die wir in der Sprache machen, sei die zwischen gut und schlecht. Durch diese Unterscheidung entsteht ein unterschiedliches Klima. Das Etikett „schlecht“ ist restriktiv und Menschen neigen dann dazu, sich abzuschotten und zu verteidigen. Dagegen werden Menschen durch das Etikett „gut“ befreit. Sie werden offener und mitteilsamer. Sie werden dann eher neue Ideen und Handlungen kreieren und neuen oder anderen Ideen aufgeschlossener gegenüberstehen.

Diese Idee geht mit der Grundannahme des Denkmodells einher, wonach eine Konzentration auf das Positive und auf Lösungen Veränderung erleichtert. Unsere Rückmeldung ist daher positiv. Dieser positive Fokus funktioniert sowohl bei KlientInnen als auch bei TherapeutInnen. Alle Mitglieder des Behandlungsteams konzentrieren sich auf das, was funktioniert und darauf, wie das, was funktioniert, weiter entwickelt werden kann.

Der zentrale Gedanke bei Komplimenten ist der, das Konstruieren von Lösungen zu erleichtern. Konkreter formuliert bedeutet das: Komplimente erleichtern den Lösungsprozeß, indem sie:

1. einen positiven Kontext oder eine positive Atmosphäre schaffen,
2. die positiven Dinge, die KlientInnen bereits in ihrem Lösungsbereich realisieren, besonders herausstellen,
3. Befürchtungen vor einer Bewertung durch die TherapeutIn verringern,
4. Befürchtungen vor Veränderung aufgrund der therapeutischen Unterstützung verringern,
5. Ereignisse und Gefühle normalisieren,
6. die Verantwortung und den Verdienst der Veränderung als Sache der KlientIn beschreiben und
7. jede Sichtweise einer Person unterstützen, sollte das KlientInnensystem aus mehr als einer Person bestehen. Diese Auflistung ist eine modifizierte Fassung einer ersten Zusammenstellung über den Zweck von Komplimenten durch die Schaumburg-Gruppe von Wall, Kleckner, Amendt und Bryant (1989).

1. Positive Atmosphäre

Wenn im Gespräch der Boden für eine positive Atmosphäre durch Fragen und Cheerleading geschaffen worden ist, verfestigen die direkten Komplimente oft den positiven Fokus der Therapie oder transportieren ihn einen Schritt weiter.

TherapeutInnen sollten nach Positivem suchen. Das bewirkt offensichtlich, daß wir unsere Aufmerksamkeit während des Gesprächs und der Pause auf Positives oder Veränderungen bei der KlientIn lenken.

Wenn wir KlientInnen Komplimente machen, schlagen wir einen Kontext des „Guten" vor, wie Tomm (1985) erklärt. Das wiederum wirkt sich auf das gesamte Behandlungsteam aus, sowohl auf die TherapeutInnen als auch auf die KlientInnen. TherapeutInnen müssen Augen und Ohren offen für positive Änderungen oder die Dinge, die funktionieren, haben, während KlientInnen durch einen positiven Ton offener werden.

Meistens reagieren KlientInnen auf die positive Art der gesamten Sitzung mit zunehmend entspannter Körperhaltung, entspanntem Sprechen und einer positiveren Sprache. Wenn Sie als Rückmeldung Komplimente erhalten, kann sich diese Reaktion sogar noch verstärken. In der Regel entspannen KlientInnen immer mehr und sagen vielleicht sogar spontan, daß für sie die Komplimente eine neue Art sind, die Situation zu betrachten. KlientInnen, die vielleicht gedacht haben, daß sie überhaupt nichts richtig machen, werden spontan sagen, „Ich glaube, ich habe doch einiges richtig gemacht," oder „Ich habe nicht gedacht, daß irgendetwas gut lief, aber wo Sie das jetzt erwähnen, glaube ich, daß es doch einiges gibt."

Zu uns kam eine Frau, die über acht Jahre lang in Therapie gewesen war. Man merkte ihr an, daß sie daran gewöhnt war, sich selber und ihre Probleme zu analysieren. Sie hatte uns jedoch ausgeguckt, weil sie jetzt nur dieses eine Problem hatte, das sie lösen wollte. Unser Cheerleading während der Sitzung und die Rückmeldung am Ende waren voll von Komplimenten, die sich auf all das Positive bezogen, was wir in ihrem Handeln bemerkten. Sie sah uns an und sagte, „Wissen Sie, das unterscheidet sich so von meinen anderen Therapien in der Vergangenheit. Sie sind so positiv, ich fühlte mich so unten, bevor ich kam, und jetzt – fühle ich mich gut!"

Zu diesem Zeitpunkt bringen KlientInnen vielleicht sogar noch mehr „Ausnahmen", über die sie in der Pause nachgedacht haben, oder sie sagen, das Kompliment habe sie daran erinnert. Im soeben erwähnten Fall, fuhr die Klientin so fort, „Ich hatte nicht gedacht, daß ich mit den Dingen so gut umgehe."

2. Neue Änderungen hervorheben

Wenn Sie an positive Verstärkung glauben, paßt das sehr gut. Wir erleichtern weitere Veränderungen, indem wir die Dinge hervorheben, von denen wir denken, daß die KlientIn sie bereits realisiert, die ihr helfen und funktionieren. Diese Komplimente sind oft nicht mehr als der Ausdruck unseres Beeindrucktseins über die Dinge, die sie bereits umsetzt. Daraufhin sammeln wir weiter alle Ausnahmen des Problems sowie alle Veränderungen, die wir im ersten Teil der Sitzung gefunden haben, und die zeitlich noch nicht so weit zurückliegen.

Zum Beispiel: Ein Paar kam wegen seines „geistig behinderten, erwachsenen Kindes" zu uns mit der Frage, wie es mit ihm umgehen solle. Im Verlauf der Sitzung wurden mehrere Beispiele deutlich, die zeigten, wie die Eltern in der Lage waren, Distanz zu ihrer erwachsenen Tochter aufrechtzuerhalten und sie ihre eigenen Entscheidungen fällen zu lassen. In der Rückmeldung machten wir ihnen für all die Dinge Komplimente, die sie als Eltern taten und hilfreich für die Situation waren. Die Rückmeldung lautete so:

> Wir sind sehr beeindruckt von der Art, wie Sie beide in der Lage waren, ihre Distanz aufrechtzuerhalten und sie ihre eigenen Entscheidungen fällen zu lassen. Zum Beispiel macht es wirklich Eindruck auf mich, wie Sie, als Mutter, ihrer Tochter gesagt haben, daß sie mit ihrem eigenen Geld umgehen müsse und darauf bestehen, daß sie sich um eine eigene Wohnung kümmern müsse. Mich beeindruckt, wie Sie, als Vater, die Küche verließen, anstatt zu brüllen und in einen Machtkampf zu geraten. Wir sind beeindruckt, wie jeder von Ihnen ihr zeigt, daß Sie darauf vertrauen, daß sie durch ihre Entscheidungen – aus ihren Erfolgen und Fehlern – lernen kann.

Diese Eltern nahmen unsere Komplimente spürbar als Bestätigung auf. In die nächste Sitzung kamen sie sogar mit weiteren Beispielen, aus denen hervorging, wie sie sich zurückhielten und ihrer Tochter zeigten, daß sie Vertrauen hatten, daß sie aus ihren Entscheidungen lernt.

3. Angst vor Bewertungen verringern

Im Anfangsteil unserer Sitzungen haben KlientInnen uns viel darüber berichtet, was sie beschämt, ihnen peinlich ist oder sie irgendwie verletzt. Oft fühlen sich KlientInnen bloßgestellt und befürchten die Bewertung durch eine „ExpertIn“. Indem wir ihnen nach der Pause mit Komplimenten begegnen, tragen wir zu ihrer Entspannung bei.

Eine Frau kam beispielsweise wegen ihrer Eheprobleme zu uns. Unser Leitgedanke in der ersten Sitzung war, das Positive und die Ausnahmen herauszustellen. Wir lobten sie im Hinblick auf Zeiten der Ausnahmen. Die zweite Sitzung leitete die Frau mit folgenden Sätzen ein:

> Es ist alles viel besser in dieser Woche gelaufen. Wissen Sie, ich war das letzte Mal sehr nervös, als ich zu Ihnen kam. Als Sie aus dem Raum gingen, um sich mit Ihrer KollegIn zu beraten und dann wieder zurückkehrten, dachte ich, daß Sie mich ausschimpfen würden oder – wissen Sie, mir einen Klaps auf die Hand geben würden, aber Sie haben das nicht gemacht. Sie vermittelten mir Anerkennung für mein Handeln, und das gab mir ein gutes Gefühl.

Wir sind nicht kritisch, wie manche vielleicht befürchten, vielmehr verteilen wir Komplimente und machen Mut.

4. Angst vor Veränderung verringern

Viele Menschen haben vor den Konsequenzen einer Veränderung Angst; sie fürchten das, was passieren kann oder das, was Veränderung sein kann. Einige KlientInnen befürchten, Sie könnten sagen, daß sie sogar noch mehr tun sollen, obwohl sie selber das Gefühl haben, schon an ihre Grenzen gelangt zu sein. Komplimente können Ängste verringern, indem sie die implizite Botschaft vermitteln, daß Sie ihre Bemühungen und die enorme Kraft erkennen, die sie bei ihrem Versuch, Probleme zu lösen, investieren. Komplimente können emotional emphatisch und unterstützend wirken, wenn Sie ihre KlientInnen wissen lassen, daß Sie sie verstehen und sie bei ihren Bemühungen begleiten.

Zu uns kam eine Frau, weil sie dachte, daß sie eine „Eßstörung" habe. Sie sagte, sie habe mehrmals am Tag Eßanfälle. Sie wollte uns kaum im einzelnen darüber berichten, weil ihr das so peinlich war und sie sich schämte. Sie zitierte mehrere Diäten, die sie ausprobiert hatte und berichtete über ihre Enttäuschung, weil sie immer versagt hatte. Sie fühlte sich schlecht, weil sie nach jeder Diät nicht einmal ihr Ursprungsgewicht wiederbekam, sondern es sogar überschritt.

Als wir das Gespräch auf das Thema Zukunft brachten, sträubte sie sich. Sie erklärte uns später, daß sie Angst hatte, wir würden ihr ein Versprechen im Hinblick auf künftiges Handeln abringen; sie wollte uns und auch sich selber nicht wieder damit enttäuschen, was sie als mangelnde Willensstärke ansah.

Durch unsere Komplimente vermittelten wir ihr, wie beeindruckt wir über ihre Ausdauer waren, daß sie nicht aufgegeben hatte, obwohl ihre Diäten, Gewicht zu reduzieren, nicht wirkten. Wir sagten ihr auch, wie beeindruckt wir darüber waren, daß sie so sehr auf sich achtet und so hart daran arbeitet; uns sei klar, wie ernst ihr die Sache sei. Wir sagten ihr, daß wir es für extrem wichtig hielten, mit einer so wichtigen Sache langsam und vorsichtig umzugehen. Schließlich wollte sie doch nicht wieder enttäuscht werden.

Diese Komplimente gaben ihr ein Gefühl der Sicherheit in Hinblick auf ihre Ängste, wieder in eine andere Blitzdiät zu flüchten oder wegen mangelnder Willensstärke kritisiert zu werden.

5. Normalisieren durch Komplimente

Wenn KlientInnen das Problem haben, Halt zu verlieren, denken viele, sie seien die einzigen mit einem solchen Problem oder mit ihnen stimme etwas nicht, weil sie nicht in der Lage sind, das Problem zu lösen.

Komplimente lassen sich so formulieren, daß KlientInnen vermittelt wird, dieses Problem wäre alltäglich und sie wären in Ordnung. Wir könnten beispielsweise jemandem, der sich depressiv und überfordert fühlt, sagen:

> Uns beeindruckt wirklich, wie gut Sie mit den Dingen angesichts der Situation umgehen – Ihr Sohn, der Ärger in der Schule hat, Ihre bevorstehende Scheidung, Ihre kritische finanzielle Situation und Ihr Chef, der Sie mehr unter Druck setzt. Wir würden erwarten, daß Sie sich überfordert fühlen und sich manchmal einfach wünschten, alles hinter sich zu lassen.

Einem alleinerziehenden Elternteil, der sich wegen der Verantwortung überfordert fühlt, könnten wir folgende Komplimente geben:

> Wir sind sehr beeindruckt, wie Sie alles für Ihre Kinder handhaben und sogar noch mehr als Ihre Pflicht tun. Wir denken, mit Ihnen würde etwas nicht stimmen, wenn Sie nicht hin und wieder den Wunsch hätten, keine Kinder zu haben und nur für sich selber verantwortlich zu sein.

Indem wir Eltern für ihr verantwortungsbewußtes Handeln komplimentieren, können sie von ihrem selbst auferlegten Druck Abstand nehmen und es als normal akzeptieren, daß sie manchmal wünschen, alleine zu sein oder ihre Kinder sogar für einen Moment hassen. Indem wir ihre Gefühle positiv beschreiben, können Eltern Abstand gewinnen und viel effektiver handeln, als wenn wir Ihnen gesagt hätten, daß sie überverantwortlich sind und Abstand nehmen sollten. Mit einer solchen negativen Beschreibung könnten sie die Aussage leicht als Kritik auffassen und abwehrend reagieren.

Wenn wir das Gesagte normalisieren, können KlientInnen damit aufhören, sich selbst oder andere zu tadeln. Sie sind dann eher in der Lage, etwas anderes zu tun.

6. Durch Komplimente Verantwortung vergrößern

Komplimente eignen sich hervorragend, die KlientIn daran zu erinnern, daß die Verantwortung und der Verdienst der Veränderung auf sie zurückzuführen ist. Gemäß unserem Ansatz wollen wir die KlientIn dazu bringen, ihre eigenen Ressourcen und Verantwortung im Prozeß der Veränderung zu erkennen, und wir wollen ihre Unabhängigkeit fördern. In traditionellen Modellen wird die Abhängigkeit der KlientIn von der TherapeutIn als Vehikel gesehen, die Übertragung durch die KlientIn zu verarbeiten. Die Verarbeitung und Analyse der Beziehung wird als Vehikel der Veränderung konzeptualisiert. Im Gegensatz dazu wollen wir, daß KlientInnen auf ihren Weg kommen, ihre Probleme zu lösen oder ihre Ziele zu erreichen. Daher wollen wir ihr Denken, daß wir als TherapeutInnen für die Veränderung verantwortlich sind, möglichst minimieren. Wenn KlientInnen denken, daß wir verantwortlich oder sie von einer Therapie abhängig seien, um Veränderungen herbeizuführen, kommen sie immer, wenn sie in Schwierigkeiten sind, zurück, anstatt sich selber zu beruhigen und nach eigenen Ressourcen zu suchen.

Wir wenden solche Komplimente an, um Unabhängigkeit und ein Gefühl für Verantwortung zu vergrößern: „Wir stimmen *mit Ihrer* Auffassung überein, daß es langfristig für die Kinder besser sein würde, wenn Sie etwas für sich tun und sich gelegentlich einen Tag freinehmen. Dieser Rahmen des „...stimmen mit Ihrer Auffassung überein“ macht KlientInnen zu ExpertInnen und verstärkt sie im Konstruieren eigener Lösungen. Wir könnten Eltern zum Beispiel sagen:

> Wir sind sehr beeindruckt von Ihrer neuen Idee, in dieser Woche mehr für sich tun zu wollen und nicht immer auf die Kinder zu achten. Das bekommt Ihnen gut. (Dieses Kompliment bestärkt die KlientIn, eigene Lösungen zu schaffen).

Zu anderen könnten wir sagen:

> Wir wissen, daß Sie die Verbesserungen in Ihrer Beziehung wahrscheinlich auf uns zurückführen, aber wir meinen, es ist allein Ihr Verdienst, daß Sie diese Probleme gelöst haben. Auch wenn wir manchmal einen Rat anbieten, so nimmt ihn nicht jedE auf oder nutzt ihn so, wie Sie beide es getan haben.

Dieses Kompliment erlaubt den KlientInnen, unsere Vorschläge zu akzeptieren, lobt das Paar aber auch, dem Ratschlag gegenüber offen zu sein und ihn zur Verbesserung ihrer Beziehung zu nutzen. Dieses Kompliment kommt auch ihrer Entwertung ihrer Verantwortlichkeit und ihrem Verdienst für die Veränderung zuvor.

7. Komplimente unterstützen viele Perspektiven und Sichtweisen

Wir verwenden Komplimente, um jeden einzelnen in einer Paarbeziehung oder Familie zu unterstützen. Oft kommen Personen zu uns, die sich alleine oder der Familie entfremdet fühlen oder das Gefühl haben, im Familienkonflikt könne nur eine Person richtig liegen und Recht haben.

Komplimente können genutzt werden, jedE einzelnE zu unterstützen und ermöglichen Ihnen, als TherapeutIn, Ihre Neutralität zu wahren (Cecchin u.a., 1987) Indem Sie allen Komplimente machen, erkennen Sie die Perspektive oder Position jedes einzelnen an und zeigen dadurch, daß viele Sichtweisen nebeneinander bestehen können.

Zum Beispiel:

> Steve, uns beeindruckt sehr, daß Sie heute Abend mitgekommen sind. Wir wissen, daß das nicht Ihre Idee war und daß Sie in der Vergangenheit keine guten Therapieerfahrungen in Hinblick auf Ihre Eheprobleme gemacht haben. Uns scheint dies ein Zeichen dafür, wie wichtig Ihnen Kathy und das Funktionieren Ihrer Beziehung ist, da Sie dieses Risiko auf sich nehmen und auf ihre Bitte, mit in die Ehetherapie zu kommen, reagieren.
>
> Uns beeindruckt an Ihnen, Kathy, wie Sie Ihr Bemühen um Steve dadurch ausdrückten, daß Sie einen Schlußstrich zogen und darauf bestanden, daß er heute abend mitkommt und darüber redet, wie es in der Beziehung mit Ihnen beiden laufen soll.

Komplimente können sich an EinzelnE richten oder auch an eine Beziehung oder eine Familie. Manchmal wollen wir vielleicht die Situation für das Paar normalisieren, und manchmal können wir dabei helfen, daß eine Familie sich aufgrund eines Kompliments wieder zusammenrauft. Zu einem Paar, das wegen seiner Streitereien entmutigt ist, könnten wir z.B. folgendes sagen:

> Uns beeindruckt, wie Sie beide trotz Phasen der Ermutigung am Ball bleiben. Man sagt, das erste Ehejahr sei das schwerste und es gebe im ersten Ehejahr mehr Scheidungen als in irgendeinem anderen. Unter der Annahme, daß es in diesem ersten Jahr schwer ist, aufeinander zuzugehen, beeindruckt uns umso mehr, daß Sie daran glauben, Sie beide werden damit fertig werden.

Im Fall einer Familie, die glaubt, sie würden gegeneinander arbeiten, könnten wir sagen:

> Uns beeindruckt, wie jedE von Ihnen ihr Bemühen um die Familie auf ihre Weise zeigt; wie Sie, Vater, so viele Stunden in Ihren Job investieren; wie Sie, Mutter, Ihre Zeit für die Kinder opfern; wie Du, Jerry, Dich zurückziehst, um keine Unruhe aufzubringen und wie Du, Kathy, Dir Gedanken um Mutter und Vater machst. Uns berührt, wie Sie alle auf Ihre Weise das wollen, wovon Sie glauben, daß es das Beste und

Hilfreichste für die Familie sei. Es wäre leicht, wenn einzelne Menschen auf unterschiedliche Art einander helfen, vielleicht geraten Sie aber in einen Konflikt, wenn Sie alle versuchen, dasselbe zu erreichen.

Komplimente variieren in Abhängigkeit vom Zeitpunkt, der bei der Lösungskonstruktion erreicht ist. Bei manchen KlientInnen haben Sie vielleicht viele Ausnahmen herausgearbeitet; die primäre Funktion von Komplimenten besteht dann darin, das zu bestärken, was KlientInnen bereits tun. Es gibt andere Situationen, wo Sie vielleicht eine ganze Sitzung damit verbringen, der KlientIn zuzuhören und sie zu unterstützen, weil sie in einer schrecklichen Situation, aufgeregt und voller Angst ist. Vielleicht haben Sie nicht einmal die Gelegenheit gehabt, über Ziele zu sprechen. In solchen Situationen haben Komplimente die Funktion, Ängste zu vermindern und die Gefühle der KlientIn zu normalisieren. Komplimente, die die Funktion einer Verstärkung haben, werden in darauffolgenden Sitzungen, wenn das Ziel bereits formuliert ist, verwendet.

Botschaft

Wir verfolgen mit dem Teil unserer Rückmeldung, der die Botschaft für KlientInnen beinhaltet, vier Zwecke. Die Botschaft kann:

1. erzieherischen Charakter haben
2. normalisieren,
3. eine neue Bedeutung vorschlagen oder
4. und das kommt am häufigsten vor, eine Erklärung zu einer Aufgabe geben.

1. Erzieherischer Charakter

Manchmal wollen wir zusätzlich zu den Komplimenten einen Unterschied anbieten, der sich aus einer wissenschaftlichen Erkenntnis herleitet. Die Funktion der Botschaft ist, eine andere Bedeutung zu vermitteln und impliziert einen Unterschied bezogen auf eine Handlung. In der Regel sind solche Botschaften Äußerungen, die sich auf Untersuchungen oder ExpertInnenmeinungen (die KlientInnen vielleicht, aber nicht notwendigerweise kennen) beziehen und die zu einem Andersdenken über ihre Situation oder die angestrebte Lösung beitragen können. Diese Botschaften lassen sich auch verwenden, um KlientInnen darin, was sie bereits glauben oder tun, zu bestärken. Zum Beispiel könnten wir einem Paar, das darauf erpicht ist, alle Fragen zu lösen, bevor Vertrauen in der Beziehung entstanden ist und es seine Beziehung genießen kann, sagen:

> In einer vor kurzem erschienenen Untersuchung über Paare in Konfliktsituationen wurde gezeigt, daß einige zusammenblieben und einige sich scheiden lassen. Bei den Paaren, die zusammenblieben, fanden die ForscherInnen, daß sie ebenso viele Streitereien hatten wie diejenigen Paare, die auseinandergingen. Sie unterschieden sich aber von den anderen Paaren dadurch, daß sie ihre Fragen eine Zeitlang beiseite schieben und einfach Spaß oder eine gute Zeit miteinander haben konnten.

Wenn wir es mit Eltern zu tun haben, könnten wir folgendes sagen:

> Wir haben herausgefunden, daß einige Kinder in verschiedenen Altersabschnitten eher handlungsorientiert und einige eher kognitiv orientiert sind. Handlungsorientierte Kinder sprechen am besten auf Konsequenzen an. Kognitiv orientierte Kinder reagieren am besten auf Erklärungen und Diskussionen, wenn sie Anweisungen befolgen sollen. Weder die eine noch die andere Orientierung wie auch die entsprechenden Reaktionen sind besser oder schlechter. Kinder unterscheiden sich einfach in dieser Hinsicht, und manchmal verändert sich diese Orientierung im Verlauf ihres Heranwachsens. Wir denken, daß Ihr Kind in einer handlungsorientierten Phase sein könnte, und vielleicht muß es zuerst eine Zeit lang die Konsequenzen spüren, bevor es den Wert ihrer Erklärungen erkennen kann.

2. Normalisieren

So wie beim Komplimentieren wollen wir manchmal der KlientIn oder der Familie eine Botschaft übermitteln, die die Situation normalisiert. Das soll KlientInnen in dem bestärken, was sie bereits tun und sie in die Lage versetzen, ihre Bemühungen selber anzuerkennen.

Zum Beispiel könnten wir zu wiederverheirateten Eltern sagen:

> Wissen Sie, es ist nicht ungewöhnlich, Zeiten des Streß und der gegenseitigen Anpassung zu haben, wenn zwei Familien zusammenkommen, die gewohnt waren, getrennt voneinander zu leben. Und wenn Eltern denken, daß sie in ihrer vorherigen Ehe versagt haben, können sie leicht denken, daß die normalen Streitereien und Konflikte, die im Anpassungsprozeß auftreten, Anzeichen für ein erneutes Versagen sind. Tatsache ist aber, wenn Familienmitglieder äußern,

was sie wollen, wie es in Ihrer Familie geschieht, dann ist das wirklich ein gutes Zeichen dafür, daß ein Anpassungsprozeß stattfindet und die Familie sich auf ihrem Weg befindet.

3. Eine neue Bedeutung vorschlagen

Eine Botschaft kann KlientInnen auch eine andere Bedeutung für das, was geschieht, geben. Wir sahen zum Beispiel eine Familie, die Fragen wegen ihrer Tochter, die als „Problemkind" galt, hatten. Sie schwänzte oft die Schule – und wenn sie zur Schule ging, dachten die LehrerInnen, daß sie nicht zuhören oder arbeiten würde. Die SchulpsychologIn empfahl Familientherapie. Aus der Perspektive hinter dem Einwegspiegel wurde deutlich, daß sie ein Teen war, die nicht die traditionellen Wege schätzte und sich von ihrer traditionellen bürgerlichen Familie sowie dem Schulsystem abgrenzen wollte. Zu jeder Sitzung kam sie in vollkommen anderer Kleidung als ihre Eltern, und sie sprach aufgeregt über alles, was anders oder neu war. Die Eltern hatten ihr Verhalten jedoch als Zeichen einer Persönlichkeitsstörung interpretiert. In unserer Rückmeldung schlugen wir als Botschaft folgendes vor: „Es ist ganz klar, Sie haben beide als Eltern etwas Richtiges gemacht, eine Tochter auf die Welt zu bringen, die den Mut hat, ihren eigenen Weg zu gehen und eine anders lernende Schülerin zu sein, eine, die nicht auf herkömmliche Weise lernt." Durch diesen Unterschied in der Bedeutung konnten die Eltern ihre Tochter als Schülerin sehen, die andere Wege zu lernen, beschritt und nicht etwa schlecht oder faul war.

In einem anderen Fall beklagten Eltern, ihr Sohn sei ein Streithammel. Alles, was sie sagten, mußte er „in Frage stellen" und „zurückschlagen". Der Vater, der viel Wert auf Erziehung legte und sich ein erfolgreiches Kind wünschte, deutete das Verhalten seines Sohnes als Zeichen dafür, daß er nicht in der Lage sein würde, sich konform zu verhalten und etwas im Leben zu erreichen. Unsere Botschaft an die Eltern lautete so: „Uns beeindruckt wirklich, wie ausdrucksstark Ihr Sohn ist, und wir denken, er hat das Zeug, ein erfolgreicher Strafverteidiger zu werden ..." Es war offenbar, daß dem Vater dieser Gedanke gefiel, und daraufhin war er in der Lage, mit seinem Sohn zu diskutieren, statt ihn nur zum Zuhören und Reagieren zu bewegen. Sie ahnen vielleicht schon, daß dieser Sohn natürlich nicht mehr länger gegen seinen Vater war, der ihn nun ernst nahm.

4. Erklärung zu einer Aufgabe

In den meisten Fällen ist unsere Botschaft für KlientInnen eine Erklärung für eine von uns vorgeschlagene Aufgabe. Botschaften sind einfach und direkt. Wenn KlientInnen über mehrere Dinge, die sie im Lösungsprozeß realisieren, berichten, sagen wir Ihnen, sie seien auf dem richtigen Weg und sollten daher so weiter machen. Wenn die Lösung noch nicht hinreichend entwickelt ist, sagen wir, wir würden gerne mehr über bessere Zeiten erfahren. Damit wollen wir erreichen, daß sie bessere Zeiten in den Blick nehmen und uns mehr darüber erzählen können. Diese Erklärungen folgen der einfachen Daumenregel: „Wenn es funktioniert, ändere nichts. Mach` mehr davon."

Aufgaben

Wie wir in Kapitel Fünf in Hinblick auf Schleichwege, Lösungen zu konstruieren (siehe auch Abbildung 6) erwähnt haben, ergeben sich die Hausaufgaben aus dem Prozeß der Sitzung und haben zum Ziel, das Konstruieren von Lösungen voranzubringen.

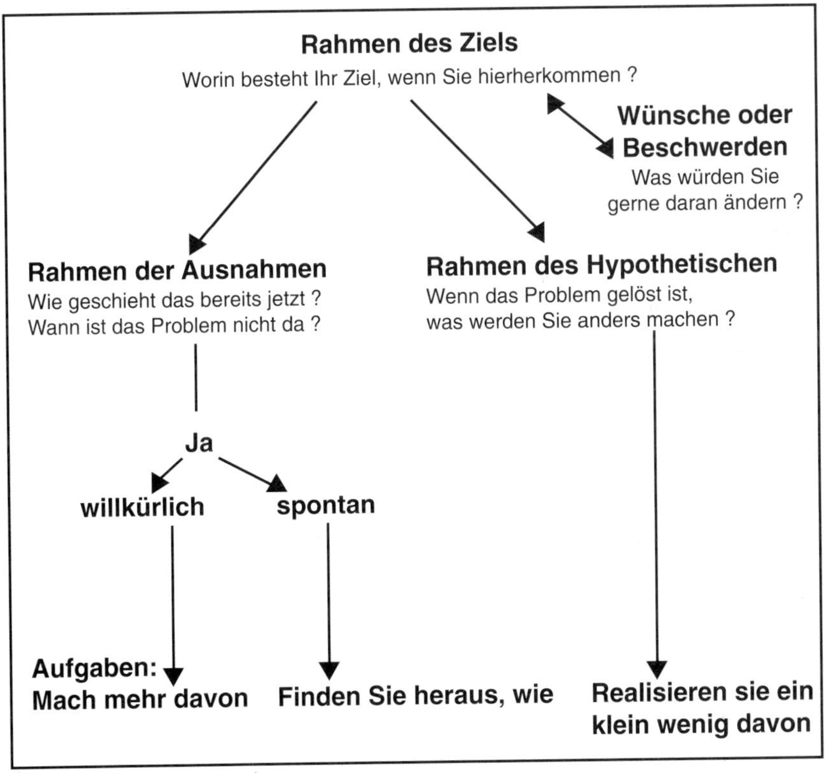

Abb. 6: Wege, Lösungen zu konstruieren

Unsere Hausaufgaben entstehen aus dem Entscheidungsbaum und den Aufgaben, die von DE SHAZER und MOLNAR (1987) konzipiert und im Buch *„Der Dreh“* (DE SHAZER, 1988) weiterentwickelt wurden.

Folgende Hausaufgaben sind für uns grundlegend:

1. Beobachten Sie Positives.
2. Tun Sie mehr der positiven Dinge und Ausnahmen.
3. Finden Sie heraus, wie die spontanen Ausnahmen geschehen.
4. Realisieren Sie ein kleines Stück der hypothetischen Lösung.

Die erste Aufgabe ist allgemeiner Art und kann fast immer verwendet werden. Die Aufgaben zwei bis vier ergeben sich direkt, wie Sie der Abbildung 6 entnehmen, aus dem weiteren Prozeß auf dem Weg, Lösungen zu konstruieren.

1. Beobachten Sie Positives

Dies ist die allgemeinste Aufgabe, die wir anbieten. Sie kann unabhängig von dem Weg, den wir gemäß der Karte eingeschlagen haben, eingesetzt werden. Wir verwenden „Beobachten Sie Positives“ als Einzelaufgabe oder in Verbindung mit den anderen drei Aufgaben.

Diese Aufgabe bezieht sich ausschließlich auf Beobachtung und ist meist eine abgewandelte Form der Standardaufgabe des Erstgesprächs und wurde im Brief Family Therapy Center (DE SHAZER & MOLNAR, 1984) entwickelt. Die Originalaufgabe lautete folgendermaßen:

> Wir möchten, daß Sie zwischen dieser und der nächsten Sitzung beobachten, was in Ihrem Leben (Ehe, Familie, etc.) passiert, was Sie gerne fortsetzen würden? (a.a.O., S. 298)

Diese Aufgabe ermöglicht KlientInnen, sich spezifischer auf das zu konzentrieren, was in ihrem Leben und ihrem definierten Zielbereich positiv läuft. Dahinter steht die Absicht, daß KlientInnen ihren Fokus auf das Positive richten und anfangen, einige der spezifischen Wege wahrzunehmen, wo sie Positives realisieren und sich im Bereich ihres Ziels befinden.

Wir schneiden diese Aufgabe nun auf die Sprache der KlientInnen wie auch auf einige spezielle Aspekte im Zusammenhang mit ihren Zielen zu. Wenn KlientInnen sagen, sie wollen „mehr Harmonie in ihrer Familie“, formulieren wir die Aufgabe so, daß wir diese Sprache verwenden. Wir würden ihnen zum Beispiel folgendes vorschlagen:

Wir würden Sie gerne zwischen dieser und der nächsten Sitzung bitten, auf die Zeiten zu achten, wo es ein wenig *Harmonie in der Familie* gibt und zu beobachten, was Sie und jedE anderE tut. Es sieht so aus, als ob Sie in solchen Zeiten irgendetwas Richtiges machen, und wir würden gerne mehr darüber wissen.

Wir fordern KlientInnen nachdrücklich auf, zu *beobachten* und nicht etwas zu *tun*, wenn wir in der Sitzung das Gefühl haben, daß sie einer Veränderung vielleicht eher zögernd gegenüberstehen. Der Gedanke, etwas zu *tun*, könnte ein zu großer Schritt sein. Die Beobachtungsaufgabe wirkt dagegen nicht so bedrohlich.

Zu uns kam beispielsweise ein Mann, der gerade drei Lehraufträge hintereinander verloren hatte und sich Sorgen darüber machte, wieder einen neuen zu beginnen, weil er Angst hatte, wieder gefeuert zu werden. Seine Arbeitgeber hatten ihn gefeuert, weil er seine Klassen nicht genügend kontrollieren und disziplinieren konnte.

Als wir ihn fragten, was er anders machen würde, wenn er auf dem Weg zu mehr Kontrolle und Disziplin sei, antwortete er, er würde Dinge langsamer und organisierter angehen. Er glaubte in Schwierigkeiten zu kommen, wenn er anfing, impulsiv oder verzweifelt zu agieren. Dazu kam, daß er in Gefahr stand, dieses Verhalten zu steigern und das Gefühl zu haben, daß alles aus der Kontrolle gerät.

Wir fragten ihn, ob „die Dinge langsamer angehen" schon jetzt geschehen würde. Er sagte, er erinnere sich in seinem jetzigen Job, eine befristete Anstellung, selber manchmal daran, etwas gelassener zu sein. Wir fragten ihn, auf welche Weise er das bewerkstelligen würde. Wenn er zu sich selber so sprechen würde, würde er tief durchatmen und sich angucken, was er sich für die Planung dieses Tages aufgeschrieben habe.

Wir gaben ihm folgende Rückmeldung und Aufgabe:

Komplimente

Uns beeindruckt Ihre Hingabe zum Lehrerberuf, daß Sie sich trotz verschiedener, enttäuschender Erfahrungen immer noch der Aufgabe widmen wollen, jungen Kindern zu helfen und daß Sie an dem Glauben festhalten, daß Sie besser lernen können zu unterrichten.

Wir sind auch beeindruckt, welche Einsichten Sie haben, was Ihnen hilft, sogar mehr von dem, was Sie wollen, zu tun. Wir sehen, wie die Haltung, Dinge langsamer anzugehen, Sie befähigen würde, stärker Ihre Fähigkeiten zu nutzen und ein Gefühl der Kontrolle zu haben.

Botschaft, eine Erklärung zur Aufgabe

Uns beeindruckt auch, wie Sie bereits jetzt schon etwas davon in Ihrem jetzigen Job umsetzen. Wir sind neugierig, wie Sie das weiter schaffen, wenn man bedenkt, daß diese befristete Arbeit ihre eigenen Belastungen hat.

Aufgabe

Also, unser Vorschlag wäre, daß Sie zwischen dieser und der nächsten Sitzung Ihr Handeln beobachten oder was anders ist, wenn Sie nur ein klein wenig langsamer handeln, eben in der Art, wie Sie es wollen. Halten Sie das in Ihrem Kopf fest oder schreiben Sie es auf, so daß Sie uns das nächste Mal darüber berichten können.

Diese Aufgabe setzt voraus, daß er bereits etwas von dem, was er will, umsetzt, und es ist nicht notwendig, sich in angstbesetzte Bereiche zu begeben. Da er nicht unter Druck steht, etwas anders zu machen, ist es wohl eher wahrscheinlich, daß er das, was er bereits tut, beobachtet. Wenn er das tut, wird er auf weitere Ausnahmen stoßen, die er in der nächsten Sitzung spezifizieren kann.

Bei anderen KlientInnen, die in einem ersten Schritt gerne über Veränderungen nachdenken, bevor sie handeln, ist diese Beobachtungsaufgabe ebenso angemessen.

2. Bleiben Sie beim Positiven oder den Ausnahmen, wenn diese willkürlich und von KlientInnen kontrolliert auftreten.

Wenn im Interview Ausnahmen oder bereits im Lösungsbereich entstehende Veränderungen erarbeitet werden und KlientInnen sagen, sie seien willkürlich und von ihnen kontrolliert, leiten wir sie an, die Ausnahmen weiter aufrechtzuerhalten und zu beobachten, was geschieht.

Eine junge Frau kam zum Beispiel zu uns und beklagte, daß sie sich wegen einer vor kurzem gescheiterten Beziehung deprimiert und mutlos fühle. Sie war verlobt und ihre Eltern hatten sie verstoßen, weil sie mit ihrer Wahl nicht einverstanden waren. Diese Wende in ihrem Leben hatte ihr den Mut genommen und im Gefühl der Hoffnungslosigkeit hatte sie versucht, sich umzubringen.

Nach einer Phase des empathischen Begleitens, fragten wir sie, was sie sich von der Therapie erhoffen würde. Sie äußerte, sie habe sich in der Beziehung und dem Wirbel mit ihren Eltern wegen ihres Verlobten „irgendwie selbst verloren". Sie wolle nun *für* sich und *über* sich selber nachdenken. Sie meinte, sie sollte mehr auf sich selber achten und sich nicht so sehr darin verstricken, was andere Leute dachten oder wollten.

Als wir fragten, wie sie das vielleicht bereits jetzt schon ein wenig täte, sagte sie, ihr Entschluß in Therapie zu gehen, wäre so etwas, und sie würde sich einen anderen Job suchen, weil sie ihren alten verloren habe. Sie berichtete weiter, sie suche nunmehr anders nach einem Job, weil sie jetzt nach einer für sie interessanten Tätigkeit Ausschau halten würde und nicht nach einer, von der sie dachte, daß sie sie tun sollte. Sie setzte sich nicht unter Druck, ihren Verlobten anzurufen und konnte etwas vom Gefühl der Verzweiflung, daß sie jetzt heiraten müßte, loslassen.

Diese Ausnahmen gehörten alle ihrem Zielbereich an: für und über sich nachdenken sowie etwas für sich selber tun. Sie würde sagen, dies sei willkürlich und von ihr zu kontrollieren. Auch wenn dies nicht vorher von ihr bewußt durchdacht worden ist als „an sich und für sich denken", würde sie sagen, sie könnte alle Handlungen wiederholen.

Daher gaben wir ihr folgende Rückmeldung und Aufgabe:

Kompliment

Uns beeindruckt sehr, daß Sie das Leben wählen und nicht den Tod und daß Sie trotz der vergangenen Ereignisse die Wahl treffen, ihr Leben für sich lohnenswert zu machen, indem Sie über sich selber nachdenken und das tun, was gut für Sie ist.

Uns beeindruckt, wie Sie schon jetzt etwas von dem tun, indem Sie zur Therapie kommen, nach einem Job suchen, der Sie interessiert und von der Erwartung Abstand nehmen, *jetzt* heiraten zu müssen. Wir stimmen mit Ihnen darin überein, daß dies alles Schritte in die richtige Richtung sind, die Ihnen helfen. Uns macht neugierig, was Sie noch alles anders machen oder worüber Sie anders denken, was Sie jetzt noch nicht bemerkt haben.

Botschaft, eine Erklärung zur Aufgabe

Wir finden es großartig, daß Sie etwas für sich tun und möchten Sie ermutigen, in einem für Sie passenden Tempo damit fortzufahren. Wir wissen, daß Ihr Denken in der Vergangenheit von Ehrgeiz geprägt war und Sie vielleicht in Versuchung geraten, mehrere Schritte auf einmal zu tun, aber wir würden Sie dringend darum bitten, eine langsame Gangart einzuschlagen.

Aufgabe

Also, halten Sie das, was Sie „für sich" tun weiter aufrecht und beobachten Sie, was Sie tun, so daß Sie uns beim nächsten Mal darüber berichten können.

Diese einfache Botschaft war ein Kompliment für sie und bestärkte sie in dem, was Sie bereits innerhalb ihres Lösungs- oder Zielbereichs realisierte. Hierin war der Vorschlag enthalten, weiter fortzufahren, „für sich etwas zu tun" (ihre Worte) und zu beobachten, was sonst noch geschieht (das impliziert, daß sie noch etwas tut, was sie *noch nicht* bemerkt hat). Da sie in der Vergangenheit unter dem Druck ihrer eigenen Erwartungen stand, schlugen wir ihr vor, daß sie von nun an eine angenehmere Gangart einschlagen sollte.

3. Finden Sie heraus, wie spontane Ausnahmen auftreten

Wenn KlientInnen Ausnahmen, über die sie in der Sitzung berichten, außerhalb ihres Kontrollbereichs oder als etwas Spontanes erleben oder wenn sie sich nicht erklären können, wie die Ausnahmen geschehen, schlagen wir eine Aufgabe vor, die ihre Aufmerksamkeit darauf lenkt, wie die Ausnahmen ausgeführt werden. Die gängigste Aufgabe, mit der man das hervorlockt, was bei der KlientIn funktioniert, ist ein so tun, als ob.

Beispielsweise kam zu uns eine Frau, weil sie sich deprimiert fühlte. Sie erklärte, sie fühle sich nicht produktiv, und sie sei trotz der Unterstützung und Aufmunterung ihres Mannes nicht in der Lage, mehr zu tun. Tatsache war, daß sie sich durch seine Aufmunterung noch schlechter fühlte, weil sie dadurch daran erinnert wurde, was sie nicht tat.

Wenn ihre Probleme gelöst wären (hypothetische Lösung), würde sie organisierter handeln und den Tag am Morgen planen. Im Moment dachte sie, ihre Geschäfte mit Antiquitäten sowie ihre Haushaltführung würden nicht laufen, da sie im Bett bleiben oder nur den ganzen Tag herumsitzen würde.

Wir fragten, ob sie bereits schon jetzt ein klein wenig organisiere und den Tag plane. Sie sagte, es gebe Tage, wo sie für einen halben Tag oder manchmal etwas länger produktiv sei. Wie Sie sich das erklären würde? Sie sagte, sie könne sich das nicht erklären; an manchen Tagen fühle sie sich einfach anders. Wenn sie sich beim Aufwachen anders fühlen würde, könnte sie an solchen Tagen besser organisieren. Wir gaben ihr diese Rückmeldung:

Komplimente

Uns beeindruckt sehr, daß Sie sich diese Ziele setzen, besser zu organisieren und im Geschäft und zu Hause produktiver zu sein. Andere Leute haben sich damit zufrieden gegeben, daß andere ihnen solche Aufgaben abnehmen und profitieren davon oder haben einfach aufgegeben. Im Gegensatz dazu wollen Sie entschieden Ihren Teil beitragen.

Botschaft, eine Erklärung zur Aufgabe

Uns beeindruckt auch, daß Sie an einigen Tagen produktiver arbeiten und Ihren Tag organisieren. Irgendwie schaffen Sie es, das zu tun, aber bis jetzt haben Sie noch Schwierigkeiten, es zu erklären. Wir denken, daß diese Tage, an denen Sie sich anders fühlen, irgendetwas haben.

Aufgabe

Also, wir schlagen vor, daß Sie an den ungeraden Wochentagen so tun, als ob Sie sich anders fühlen und schauen, was passiert. Wir wissen, daß Sie sich vielleicht nicht immer so fühlen. Vielleicht fühlen Sie sich tatsächlich so, wie Sie es gewohnt sind. Wir denken jedoch, daß in der Art, wie Sie anders handeln und denken, eine große Möglichkeit liegt. *Tun Sie* daher jeden zweiten Tag *so*, als fühlten Sie sich anders, und an den geraden Tagen tun Sie genau das, was Sie immer tun. Lassen Sie uns wissen, welche Unterschiede Sie bemerken.

Diese Rückmeldung war ein sehr einfaches Kompliment für sie, vermittelte ihr die Botschaft, daß es ein Potential für Lösungen in Zeiten der Ausnahmen gab und forderte sie auf, so zu tun, als ob sie das tut, was sie manchmal schon tat.

Unsere Bitte war, dies im Wechsel der Wochentage zu tun, um diese Ergebnisse ihrem „normalen" Tun gegenüberzustellen. Die Hoffnung ist, daß sie durch die unterschiedlichen Erfahrungen mehr Hinweise bekommen wird, wie sie über das Kontrolle haben kann, was zunächst außerhalb ihres Kontrollbereichs scheint.

4. Realisieren Sie ein kleines Stück der hypothetischen Lösung

Manchmal haben wir keine andere Information als die der hypothetischen Lösung. Das kann darauf zurückzuführen sein, daß wir nicht genug Zeit hatten, Ausnahmen zu erfragen oder vielleicht, auch wenn wir uns sehr bemüht haben, keine Ausnahmen formuliert wurden. Wir haben nur eine Beschreibung der hypothetischen Lösung. Es leuchtet ein, daß wir KlientInnen nicht nach Hause schicken und ihnen sagen können, sie sollen die hypothetische Lösung umsetzen, denn diese liegt für sie immer noch in Wunder- und Zaubersphären. An diesem Punkt schlagen wir KlientInnen vor, sie sollen nach Hause gehen und mit einem kleinen Teil der Lösung experimentieren.

Der Grund, warum wir die Aufgabe so verkleinern, liegt darin, daß die Lösung in der Regel bis zu diesem Zeitpunkt nur innerhalb des Rahmens der „Wunder"-Frage diskutiert worden ist. Daher ist sie vermutlich im Denken der KlientInnen immer noch sehr weit entfernt und unerreichbar.

Um unsere Aufgabe in ihren aktuellen Bezugsrahmen einzufügen, schlagen wir ihnen vor, sie sollen zu Hause mit einem kleinen Teil der Lösung „experimentieren" (wenn diese Formulierung besser zu ihrer Weltsicht paßt) oder (wenn das besser paßt) ein „so tun, als ob" praktizieren und uns dann mitteilen, was passiert.

Eine junge Frau kam zum Beispiel wegen Probleme mit ihrer Mutter zu uns. Ihre Mutter hatte immer etwas an ihr auszusetzen. Sie fühlte sich frustriert, da nichts von dem, was sie tat, ihre Mutter erfreute; ihre Mutter schien nie glücklich zu sein.

Wir fragten sie, wie wir ihr dabei helfen könnten. Am Anfang war das eine schwierige Angelegenheit, weil sie auf eine Veränderung bei ihrer Mutter hoffte und nicht darüber nachgedacht hatte, was sie sich von der Therapie wünschte oder was sie *anders machen könnte*. Sie dachte einen Moment nach und sagte dann, sie würde gerne „proaktiv"* sein. Wir fragten, wie sie handeln würde (hypothetische Lösung), wenn sie jetzt „pro-aktiv" sei. Sie antwortete, wenn sie mit ihrer Mutter, die außerhalb der Stadt lebte, zusammen sei, würde sie „ihr eigenes Programm abspielen" und „die Sache mehr in die Hand nehmen". Ihr fielen keine Ausnahmen ein, wo sie bereits jetzt mit ihrer Mutter so umging.

Wir fragten sie, wie das für sie sein würde, wenn ihrer Mutter nicht alles gefiele, wenn sie ihre Tochter „pro-aktiv" handeln sieht. Sie sagte, es würde ihr schwerfallen, pro-aktiv zu sein, wenn ihre Mutter dies mißbilligte, aber letztendlich würde sie das befriedigen, da sie das ausgedrückt hätte, was sie wollte und nicht so passiv handelte wie jetzt. Sie

* **Anm. d. Übers.:** „pro-aktiv", d.h. als erste und von sich aus reagieren im Gegensatz zu „re-aktiv", auf Ereignisse zu regieren.

bemerkte, jetzt frage sie immer ihre Mutter, was sie tun wolle. Sie ärgere sich jedoch immer darüber, ihre Mutter fragen zu müssen oder das tun zu müssen, was ihre Mutter wollte.

Wir fragten, was ihre Mutter zu ihrer stärker „pro-aktiven“ Haltung sagen würde, wenn sie in der Sitzung anwesend wäre. Sie dachte eine Weile nach und sagte dann, sie würde denken, daß ihrer Mutter dies vielleicht sogar gefallen könnte. Sie würde vielleicht gerne sehen, daß ihre Tochter das sagt, was sie will.

Am Ende der Sitzung hatten wir keine Ausnahmen und keine aktuellen Beispiele, wo die Klientin ihrer Mutter gegenüber pro-aktiv war. Also baten wir sie, ein kleines Stück der hypothetischen Lösung umzusetzen.

Komplimente

> Uns beeindruckt sehr, wie sehr sie sich um ihre Mutter kümmern und sich über die Zeit mit ihr Gedanken machen. Jemand, der sich nicht so darum kümmerte, würde die Zeit einfach verstreichen lassen, und es würde gar keinen Unterschied machen, ob es eine gute oder schlechte Zeit ist.
>
> Wir sind auch beeindruckt, wie Sie sich selber respektieren, auch für sich eine angenehme Zeit haben wollen und daß Sie gerne eine bessere Beziehung zu Ihrer Mutter haben würden.

Botschaft, eine Erklärung zur Aufgabe

> Uns beeindruckt Ihre Idee, stärker „pro-aktiv“ zu sein und „die Sache mehr in die Hand nehmen zu wollen“.

Aufgabe

> Wir möchten Ihnen gerne vorschlagen, mit dieser neuen Idee zu experimentieren. Weil Sie eher ein gebender Mensch sind und proaktiv sein vielleicht zunächst ein bißchen unangenehm für Sie ist, wollen Sie vielleicht erst ein wenig davon ausprobieren, um zu schauen, wie es überhaupt wird

Die Idee hinter dieser Aufgabe ist, der Klientin zu helfen, ihre eigenen Erfahrungen mit der neuen Bedeutung, die aus dem Gespräch erwachsen ist, zu machen – nämlich „pro-aktiv“ zu sein und „die Sache mehr in die Hand zu nehmen“. Anhand dieser neuen Bedeutung kann sie mit der Lösung experimentieren. Das heißt nicht, daß sie damit erfolgreich sein *muß*. Sie soll nur experimentieren, um herauszufinden, was sie gerne fortsetzen würde. Weil das neu für sie ist, schlagen wir vor, daß sie nur einen kleinen der hypothetischen Lösung umsetzt, und wir überlassen ihr, zu entscheiden, was ein kleiner Teil sein könnte.

Wenn sich auch alle diese Aufgaben aus der Karte ergeben, so muß jede Aufgabe durch die Botschaft umschrieben werden. Die Botschaft bestimmt den Kontext der Aufgabe. Falls das Interview Ausnahmen hervorgebracht hat, die willkürlich sind und es wahrscheinlich ist, daß die KlientIn Aufgaben umsetzt, dann versuchen wir es in der Regel mit Komplimenten, einer Botschaft und einer Aufgabe, die alle demselben Thema und derselben Triebkraft entspringen. Die Komplimente betonen die Ausnahmen. Die Botschaft wird die Ausnahmen so umschreiben, daß die KlientIn sich auf der Spur befindet, das Problem zu lösen und wird die Kontrolle anzeigen, die die KlientIn über die Ausnahmen hat; die Aufgabe wird die KlientInnen dazu auffordern, mehr von dem zu tun, was sie bereits tun.

Ähnliches gilt, wenn die Ausnahmen als spontan wahrgenommen werden; dann werden die Komplimente, die Botschaft und die Aufgabe um das Thema der spontanen Ausnahmen organisiert und darum, wie KlientInnen herausfinden, wie sie sie hervorgebracht haben.

Jede dieser vier Aufgaben basiert auf der Annahme, daß ein Ziel entwickelt wird und die Lösungskonstruktion in Bewegung ist. Auch wenn noch kein Ziel aufgestellt wurde, gibt es Zeiten, wo wir Aufgaben geben, die die KlientIn darauf ausrichtet, zwischen einer Beschwerde und einem Ziel zu unterscheiden oder auf eine Definition, was die KlientIn will.

Einige KlientInnen kommen z.B. in die Therapie mit einer falschen Vorstellung darüber, was die TherapeutIn tun kann. Es kommt vor, daß Paare in der Erwartung zu uns kommen, daß die TherapeutIn in der Lage sein wird, jeweils die anderE zu ändern. Andere KlientInnen haben eine Liste von Wünschen oder Dingen, die sie nicht wollen, aber sie haben noch nicht darüber nachgedacht, was sie *tun* wollen. Unter solchen Umständen schlagen wir KlientInnen vor, die Zeit zwischen den Sitzungen zu nutzen, um darüber nachzudenken, was sie von der Therapie erwarten. Bei manchen KlientInnen führt das zu einem Nachdenken darüber, ob sie ihre Energie in ihre Ehe oder in eine Scheidung stecken oder etwas tun wollen, was ein Risiko mit sich bringt.

Botschaft und Aufgabe könnten wie folgt lauten:

Botschaft, normalisierend und eine Erklärung für die Aufgabe

Offensichtlich haben Sie beide sehr klar vor Augen, was Sie nicht mochten und sind sehr frustriert darüber, wie die Dinge zwischen Ihnen beiden laufen. Es würde Sinn machen, wenn Sie hin und her gerissen wären, ob Sie ein Risiko eingehen oder Schritte unternehmen wollen oder nicht, die Dinge besser zu machen.

Aufgabe

Wir möchten Ihnen vorschlagen, daß Sie diese Woche ab und zu darüber nachdenken, wie wir Ihnen helfen können, sollten Sie sich dazu entschließen, die Dinge lösen zu wollen, oder wie Sie es möchten, daß wir Ihnen helfen, sollten Sie sich entscheiden, die Dinge nicht zu lösen.

Diese Aufgabe macht es nicht notwendig, über Ehe oder Scheidung zu entscheiden, bringt KlientInnen aber dazu, darüber nachzudenken, was sie sich von einer Therapie erhoffen. Da es noch kein Ziel gibt, über das Einigkeit besteht, können wir sie nicht bitten, irgendetwas zu *tun*.

Ein anderes Beispiel ist eine Mutter, die wegen ihres 16jährigen Sohnes zu uns kam. Die wiederholten Streitereien zwischen ihnen beschäftigten die Mutter. Sie war alleinerziehend, und sie lebten in einem gefährlichen Stadtteil. Die Mutter machte sich wegen der Banden in der Nachbarschaft Sorgen um die Sicherheit ihres Sohnes und wollte ihn dazu bringen, öfter zu Hause zu bleiben, als er bereit war.

Den Sohn beschäftigten die Streitereien auch, und er wollte mit seiner Mutter reden und mit ihr auskommen. Er wollte einfach, daß sie ihm mehr in seiner Eigenständigkeit vertraute und wollte seine Freunde selber aussuchen.

In der ersten Sitzung fanden Mutter und Sohn Zeiten, wo sie miteinander sprachen und er das Vertrauen seiner Mutter spürte. In der zweiten Sitzung berichteten sie, die Dinge seien schon viel besser. Die Mutter freute sich sehr darüber, daß er mit ihr nicht stritt und das tat, worum sie ihn bat.

In der dritten Sitzung berichteten sie, die Dinge seien viel schlechter. Der Junge war sehr mutlos, daß trotz seiner Versuche, der Mutter zu gefallen, indem er so handelte, wie sie es sagte, sie sich noch genauso einschränkend und überbehütend verhielt.

Im Gespräch mit der Mutter fanden wir heraus, daß in ihrem Denken die Bürde der Lösung auf ihrem Sohn lag. Die Mutter schien nur Kriterien für Bestrafung und Einschränkung zu haben und keine für Vertrauen. Sie hatte nicht darüber nachgedacht, wie sie wissen würde, wann sie ihn mehr loslassen müsse, jetzt, wo er älter wurde. Ihr Ziel war bis zum jetzigen Zeitpunkt so definiert, daß ihr Junge Dinge anders machen würde und schloß nicht mit ein, was sie anders machen würde.

Wir gaben der Mutter diese Botschaft und Aufgabe:

Botschaft, neue Bedeutung und eine Erklärung für die Aufgabe

> Uns beeindruckt sehr, wie Sie es unter solchen schwierigen Bedingungen schaffen, alleinerziehend zu sein und wie Sie einen Jungen großgezogen haben, der so viel Wert darauf legt, eine gute Beziehung zu seiner Mutter zu haben. Sie hatten offensichtlich viel Erfolg damit, bei ihm Respekt und Verantwortungsgefühl zu fördern. Uns scheint, daß Sie nun im Verlauf seines Älterwerdens ebenso gerne wollen, daß er mehr Vertrauen zu seiner eigenen Urteilsfähigkeit entwickelt. Sollten ihm dabei Fehler unterlaufen, so glauben wir, ist es besser, er macht sie jetzt, wo er Sie um Rat fragen und Hilfe bekommen kann.

Aufgabe

> Da es für Sie beide wichtig ist, daß er weiß, daß er Ihr Vertrauen verdient, schlagen wir vor, Sie denken darüber nach, wie Sie wissen werden, wann Sie ihn selbstverantwortlicher handeln lassen und wie er wissen wird, daß Sie ihm vertrauen.

Der Zweck der Aufgabe lag darin, es der Mutter leichter zu machen, ein Ziel zu definieren und keine Beschwerde. Zu Beginn der Sitzung war sie immer noch bei einem Ziel, das außerhalb ihrer Kontrolle lag und darin bestand, daß ihr Sohn anders sein sollte. Sie erkannte noch nicht, wie sie seine weitere Veränderung in ihrem Sinne leichter machen konnte.

Diskussion

Frage:

Fühlen sich KlientInnen nicht abgeschoben, wenn Sie den Raum verlassen und eine Pause machen?

Als wir anfingen, Pausen zu machen, nahmen wir alle unsere Annahmen aus früheren Modellen mit. Wir befürchteten, daß KlientInnen uns für ungehobelt hielten, daß wir sie um ihre Zeit betrogen oder nicht wirklich arbeiteten.

Wir fanden das Gegenteil bestätigt. KlientInnen haben uns erzählt, wie sehr sie die direkte Rückmeldung schätzen, bevor sie gehen. Einige KlientInnen berichten, daß sie sich oft in früheren Therapien frustriert gefühlt haben, da diese auf eine Weise nicht-direktiv waren, daß sie nicht wußten, was die TherapeutIn dachte.

Einige KlientInnen haben sogar gemeint, sie schätzen wirklich, daß wir uns extra Zeit nehmen, um wirklich darüber nachzudenken, was sie gesagt haben.

Frage:

Haben Sie KlientInnen gehabt, die sich dagegen wehrten, eine nur positive Rückmeldung zu erhalten?

Einige KlientInnen tun das. Auf sie wirkt eine nur positive Rückmeldung nicht „real." Andere KlientInnen denken, daß sie durch ein Hineinstürzen ins Problem die Lösung erreichen, oder sie denken, daß sie wissen müssen, warum das Problem da ist.

Bei solchen KlientInnen, die die „Realität" wollen, könnten wir einleitend folgendes sagen, „Sie werden wahrscheinlich denken, daß dies zu positiv ist, aber ..." Wir könnten unsere Rückmeldung auch abschwächen oder in unsere warnenden und besorgten Äußerungen die Anliegen miteinbeziehen, die hinter ihrem Wunsch nach einer eher negativen und ausgewogenen Rückmeldung stehen könnten.

Entsprechend könnten wir so formulieren:

> Uns beeindruckt wirklich, daß Sie Ihren Kindern gegenüber einen festeren Standpunkt vertreten, direkt sein und bei ihrer Linie bleiben wollen. Uns beschäftigt aber auch folgendes: Da Sie als Elternteil so viel Liebe für Ihre Kinder haben, könnten Sie irrtümlicherweise denken, Konsequenzen wären ein Zeichen von Gemeinheit und nicht ein Weg, Kinder auf die Verantwortlichkeiten vorzubereiten, denen sie in der realen Welt begegnen.

Bei solchen KlientInnen, die problemorientiert sind, könnten wir erklären, es sei unser Stil, sich auf das zu konzentrieren, was funktioniert. Wir könnten Ihnen ferner erklären, wenn das, was funktioniert, nicht hilft, dann können wir in die Probleme einsteigen.

Frage:

Was ist mit dem Einwegspiegel? Ist es notwendig, einen zu benutzen oder als Team zu arbeiten?

Der Spiegel ist nicht notwendig und als Team zu arbeiten, ist auch nicht notwendig. Beides hat jedoch Vorteile. Durch den Spiegel hat das Team den Vorteil, in einer räumlichen Distanz zur Sitzung zu sein und eine andere Perspektive bezogen auf die Situation der KlientIn einzunehmen wie auch die Interaktion zwischen TherapeutIn und KlientIn aus einem anderen Blickwinkel zu sehen.

Das Team ist ein enormer Vorteil, wenn Sie diesen Luxus haben. Die zusätzliche Perspektive jedeR einzelnen im Team und der durch den Spiegel entstehende Abstand erzeugen einen Schmelztiegel für die Rückmeldung, woraus die KlientIn wählen und profitieren kann.

Als ich, John, aber Hausbesuche machte, konnte ich natürlich keinen Spiegel oder ein Team verwenden. Ich bitte die KlientIn dennoch um eine „Denk-Pause“ und denke eine Zeit lang über meine Rückmeldung nach. Kotherapie schafft unserer Erfahrung nach eine zusätzliche Perspektive, erzeugt jedoch nicht einen so klaren Abstand wie der Einwegspiegel.

Auf den ersten Blick erscheint ein Teamansatz kaum kosteneffektiv. Der Lernprozeß, der jedoch bei allen Mitgliedern einsetzt, kompensiert den zusätzlichen Zeitaufwand mehr als genug. Das Ansehen Ihrer Therapie wird durch die Effektivität, die das Team hinzufügt, verbessert.

Frage:

Geben Sie immer eine Aufgabe?

Wir geben fast immer eine Aufgabe oder machen einen Vorschlag, es sei denn, die KlientIn hat irgendwie verlauten lassen, daß eine Aufgabe nicht passe oder wir einfach keine haben. Wir erwarten nicht unbedingt von der KlientIn die Umsetzung der Aufgabe, und wir fragen nie direkt, ob die Aufgabe erledigt wurde. Es gab Zeiten, wo wir KlientInnen auf die Aufgabe angesprochen haben, aber wenn sie die Aufgabe nicht gemacht hatten, waren sie meistens abwehrend. Jetzt stellen wir nur unsere Eingangsfrage: „Was ist anders oder besser?“ und gehen davon aus, daß im Verlauf ihrer Antworten deutlich wird, ob die Aufgabe gemacht wurde oder nicht.

Übungen

1. Führen Sie selber eine Woche lang ein Tagebuch. Halten Sie nach den Dingen Ausschau, die in Ihrem Leben passieren und die Sie gerne aufrechterhalten möchten. Schreiben Sie das auf. Formulieren Sie am Ende jeden Tages ein Kompliment an sich selber und schreiben Sie dieses in Ihr Tagebuch. Daraus werden Sie eine Erfahrung ziehen, die der Ihrer KlientInnen ziemlich ähnlich ist.

2. Wenn Sie Ihren KlientInnen eine Rückmeldung geben, so verteilen Sie einleitend drei Komplimente. Achten Sie auf die Unterschiede in den Reaktionen der KlientIn in dieser und der nächsten Sitzung. Genießen Sie die Veränderung. Verwenden Sie das Arbeitsblatt für Komplimente (Abbildung 7), um Komplimente zu entwickeln.

3. Verwenden Sie das Arbeitsblatt für die Konstruktion von Lösungen (Abbildung 4, S. 110), um zu entscheiden, wo Sie und die KlientInnen im Prozeß, Lösungen zu konstruieren, stehen. Greifen Sie an diesem Punkt eine Aufgabe zur Lösungskonstruktion heraus, die sich aus dem Verlauf des Gesprächs im Hinblick auf die Lösung ergibt und sagen Sie der KlientIn direkt und geradeheraus, was Sie vorschlagen.

Dieses Arbeitsblatt soll Ihnen helfen, Komplimente und Rückmeldungen für Ihre Klientinnen zu konstruieren. Wenn Sie Ihre Pause machen, lesen Sie sich folgende Fragen durch und beantworten sie. Ihre Antworten werden Ihnen eine positive Verstärkung für Ihre KlientInnen liefern und vielleicht zu Botschaften führen, die Sie benutzen wollen.

Stellen Sie sich folgende Fragen:

1. Was kann ich positiv über die KlientIn sagen, das eine *positive Atmosphäre* fördert?

   ....

   ....

2. Was macht die KlientIn, was bereits gut läuft, positiv ist oder eine Ausnahme darstellt, was ich besonders hervorheben und *ermutigen* kann?

   ....

   ....

3. Sind *Ängste, bewertet zu werden,* vorhanden, die ich unterstützen oder mildern möchte?

   ....

   ....

4. Gibt es offensichtliche *Ängste oder Erwartungen im Hinblick auf eine Veränderung,* die ich abschwächen möchte?

   ....

   ....

5. Gibt es irgendetwas über den Kontext, was ich *normalisieren* will?

   ....

   ....

6. Wie kann ich einer KlientIn die *Anerkennung* für eine Veränderung geben?

   ....

   ....

7. Wie kann ich, wenn mehrere Personen anwesend ist, *jedE individuell unterstützen?*

   ....

   ....

Abbildung 7: Arbeitsblatt Komplimente

Kapitel 9
Was kommt als nächstes?

„Jede Sitzung ist die erste – jede Sitzung ist die letzte"

Die Bedeutung der Botschaft ist die Antwort, die Sie erhalten

Manchmal fragen uns Trainees, „Was sollen wir nach der ersten Sitzung machen?" Obwohl das keine ungewöhnliche Frage ist, und wir denken, daß das Konstruieren von Lösungen sequentiell beschrieben werden kann, wollen wir nicht die Vorstellung unterstützen, eine Therapie habe Stufen oder Phasen. Wir wollen auch nicht die Idee unterstützen, die nächsten Sitzungen müßten sich sehr von der ersten unterscheiden. Dagegen wollen wir die Idee fördern, daß das Konstruieren von Lösungen eine Art des Denkens und Interagierens mit KlientInnen ist. Jede Sitzung ist die erste, und jede Sitzung ist die letzte. Für das Konstruieren von Lösungen gibt es kein festgelegtes Zeitmaß: Dies dauert vielleicht 15 Minuten in einem ersten Treffen oder auch über eine Stunde in der Erstsitzung; vielleicht gibt es auch mehrere Sitzungen innerhalb einer kurzen Zeit oder es gibt einzelne Sitzungen in einem länger angelegten Zeitraum.

Je nachdem, in welchem Ausmaß Sie nach Positivem und Ausnahmen sowie nach Lösungen suchen und Veränderungen fördern, indem Sie eine enge Beziehung aufrechterhalten und positive Rückmeldung und Mut vermitteln, ist jede Sitzung wieder die erste. Je nachdem, in welchem Ausmaß Sie die KlientIn am Ende der Sitzung fragen, was sie anders machen muß, um auf ihren Weg zu kommen, ist jede Sitzung die letzte.

Die Dauer einer Therapie ist nicht vorhersagbar. Wenn man den Versuch macht, die Dauer einer Therapie oder die Anzahl der Sitzungen vorherzusagen, steht das gewöhnlich erfolgreichen Lösungen im Wege. KlientInnen werden Ihnen durch ihre Handlungen und Rückmeldungen sagen, was als nächstes zu tun ist und ob eine weitere Sitzung notwendig ist oder nicht.

Dieses Denken über Zeit und Notwendigkeit von weiteren Sitzungen unterscheidet sich sehr von „Kurzzeit"-Modellen, die von vornherein festlegen, worin das Problem besteht und wie lange Therapie erforderlich ist.

Wenn man sich Therapie für jeweils eine Sitzung nähert, gibt es keine Phasen oder Stufen. Jede Sitzung ist die erste, und jede Sitzung ist die letzte. Den Lösungsprozeß als Sequenz von Interaktionen und Handlungsweisen zu beschreiben, kann hilfreich sein, unser Denken und Handeln zu organisieren, ungeachtet der Frage, wie kurz oder lang die Zeitdauer sein mag. Wenn Sie die Sequenz der Interaktionen und Vorgehensweisen beschreiben, hilft Ihnen das auch zu entscheiden, was in der nächsten Sitzung zu tun ist – wenn Sie eine weitere für angezeigt halten.

Was kommt als nächstes?

Bis hierhin haben wir Lösungswege vom Standpunkt der TherapeutIn und der KlientIn beschrieben, indem wir das Ziel der hypothetischen Lösung und Ausnahmen verwendet haben, damit KlientInnen Filme hervorbringen, wie sie selbst das Problem lösen. Diese Wege schließen Kriterien für eindeutig definierte Ziele ein, um den Film und die entsprechende Erfahrung der KlientIn zu entwickeln. Wir laden die KlientIn darüberhinaus ein, nicht nur ihren Film zu konstruieren, sondern auch dazu, ihre Lösungsfilme im Licht ihrer gegenwärtigen Erfahrungen zu sehen. Wenn die KlientIn das macht, bieten wir ihr eine positive Rückmeldung und weitere Vorschläge an.

Wenn Veränderung geschieht, Lösungen sich entwickeln und wir sowie die KlientIn weiter lösungskonstruierende Wege beschreiten, ist eine Frage, die wir uns als als TherapeutInnen stellen, „Wie wird diese KlientIn wissen, daß sie nicht mehr zu uns kommen muß?" oder „Wie wird diese Klientin wissen, daß ihre Veränderung real ist und anhält?

Einigen von Ihnen mögen diese Fragen verfrüht erscheinen, oder Sie fragen sich vielleicht, warum diese Fragen so früh relevant sind. In einer „ziel"*-orientierten Therapie wollen wir nicht nur wissen, was KlientInnen tun wollen, sondern auch, wie sie wissen werden, wenn sie das tun, was sie wollen. Diese Frage ist sehr früh im Lösungsprozeß relevant, weil wir sicherstellen wollen, daß KlientInnen nicht nur das,

* **Anm. d. Übers.:** „ziel" = „goaling", was den Prozeß des Erarbeitens ausdrückt

was sie wollen, bekommen, sondern daß sie auch erkennen lernen, wenn sie das bekommen, was sie wollen. Wenn sie ihr Problem lösen, aber nicht wissen, wie sie die Lösung erkennen, ist die Lösung von geringem Nutzen, wenn nicht gar nutzlos für sie.

Wir glauben auch, daß die Vorstellung von KlientInnen über die Zukunft, eine treibende Kraft für die Gegenwart sein kann. Wir wollen ihnen dabei helfen, eine Lösung zu konstruieren, die für sie jetzt erkennbar und überzeugend ist.

Wenn die KlientIn über Änderungen spricht (dabei spielt es keine Rolle, ob sie das in der ersten oder in folgenden Sitzungen macht), fragen wir, „Wie überzeugt sind Sie, daß Ihre Veränderung weiter anhält?"

Einige KlientInnen antworten darauf eindeutig, daß sie das Problem lösen oder daß es kein Problem mehr gebe. Sie erwähnen vielleicht sogar spontan, daß sie weitere Sitzungen nicht für notwendig halten.

Andere KlientInnen antworten zögernder. Wir fragen sie, wie sie anders handeln werden oder was anders sein wird, wenn sie sich von uns verabschieden. Sie erzählen uns vielleicht, was sie noch tun müssen. Einige werden Bedenken über die gegenwärtige Lösung äußern. Andere sagen vielleicht, daß es noch einen beunruhigenden Aspekt gibt – in der Regel im Zusammenhang mit der Bedeutung der Lösung. Einige werden antworten, daß sie einfach mehr Praxis brauchen oder die Ergebnisse eine zeitlang sehen müssen, um überzeugt zu sein, daß sie auf ihrem Weg sind.

Die Antworten auf die Fragen „Wie werden Sie wissen, daß Sie nicht mehr hierherkommen müssen?" und „Wie überzeugt sind Sie, daß Ihre Veränderung weiter anhält?" führt uns zu einer der nachfolgend beschriebenen Schlußfolgerungen.

1. Die KlientIn ist überzeugt, daß sie sich auf ihrem Weg zum Ziel befindet und deshalb ist die Therapie abgeschlossen.
2. Die KlientIn denkt, sie befinde sich auf ihrem Weg zum Ziel, und sie denkt, sie brauche noch mehr Übung in Hinblick auf die Lösung.
3. Die KlientIn denkt, sie befinde sich auf dem Weg zum Ziel und wird durch anhaltenden Erfolg überzeugt werden.
4. Die KlientIn kämpft noch mit sich, und weitere Lösungen sind erforderlich.

1. Die KlientIn ist überzeugt, daß sie sich auf dem Weg zum Ziel befindet und deshalb ist die Therapie abgeschlossen

Eine Familie kam zu uns, weil sie dachte, ihr 13jähriger Sohn sei deprimiert. Er hatte sich vor einigen Monaten ein Bein gebrochen und war im vergangenen Herbst nicht in der Lage gewesen, Fußball zu spielen. Jetzt war Winter, und die Familie dachte, daß er deprimiert sei, weil er nicht so gut im Hockey war, wie er wollte.

In der Familiensitzung fragten wir jedE nach ihrem Ziel. Mutter und Vater wollten, daß ihr Sohn sich besser fühle und seine Haltung verändere. Auf sie wirkte er entweder deprimiert oder gereizt. Beide dachten, diese Probleme seien auf sein Deprimiertsein und seine Mutlosigkeit aufgrund der Verletzung zurückzuführen. Speziell der Vater dachte, die Gereiztheit seines Sohnes sei auf die schlechteren Sportleistungen zurückzuführen. Der Vater war nämlich Assistenztrainer im Hockey-Team seines Sohnes.

Der Sohn dachte, er sei vielleicht deprimiert, aber er war sich nicht sicher. Er war nicht sicher, was „deprimiert sein" bedeutet. Er wollte von seinen Eltern anders behandelt werden. Das überraschte die Eltern. Er sagte, sein Vater würde ihn zu sehr als „Macher"* behandeln. Das bedeutete, daß sein Vater ihm zu Hause immer sagte, daß er dies oder jenes machen solle. Er fand auch, daß sein Vater ihn härter als die anderen Jungen im Hockey-Team anpackte.

Am Ende der Sitzung machten wir allen Komplimente, weil sie so offen und ehrlich über ihre Wünsche gesprochen hatten. In der Offenheit der Familie zeigte sich uns ein großes Maß an Sorge füreinander und Vertrauen ineinander, was jedem ermöglichte, so direkt zu sein. Da das Ziel der Familie darin bestand, längere Phasen zu haben, wo sie miteinander auskamen, baten wir sie zu beachten, was sie machten, wenn sie manchmal besser miteinander auskamen.

Die Familie rief uns an, um die nächste Sitzung abzusagen. Sie sagten, es liefe alles sehr gut. Sie waren von dem Hinweis beeindruckt, daß ihre direkte Art eine gute Sache ist. Da jedes Familienmitglied nun weiterhin direkt war, liefen die Beziehungen ziemlich gut. Vater und Sohn hatten das Gefühl, ein neues Verständnis füreinander erlangt zu haben, und der Sohn sagte, er habe gelernt, seinem Vater seine Meinung sagen zu können.

---

* **Anm. d. Übers.:** englisch „gofer" – von „go for", also „auf etwas losgehen", „über etwas herziehen", „auf etwas aus sein".

Sie waren von ihrer Lösung überzeugt, und somit war die Therapie abgeschlossen.

2. Die KlientIn denkt, sie befinde sich auf dem Weg zum Ziel, und sie denkt, sie brauche noch mehr Praxis in Hinblick auf die Lösung

Oft stellen wir nach der ersten Sitzung eine abrupte Veränderung fest, aber die KlientIn hat noch das Gefühl, sie müsse die Lösung über einen längeren Zeitraum hinweg praktizieren. Als Antwort auf die Frage „Wie überzeugt sind Sie, daß Sie das, was Sie letzte Woche gemacht haben, aufrechterhalten werden?" geben KlientInnen vielleicht eine ziemlich überzeugende Prozentzahl an. Damit meinen sie, daß sie sich auf dem Weg zum Ziel befinden, aber noch nicht überzeugt sind, die Lösung ohne weitere Praxis aufrechterhalten zu können. Die von ihnen angegebene Prozentzahl hat noch nicht die Ebene erreicht, die beim Abschluß der Therapie erwartet wird. Sie haben einfach das Bedürfnis, die Lösung zu wiederholen, weil sie als neue Fertigkeit angesehen wird.

Ein Mann kam zu uns in die Therapie, weil er das Problem hatte, wiederholt in öffentlichen Toiletten masturbiert zu haben. Vor Beginn der Therapie war dieses Verhalten fast jeden Tag aufgetreten, und er schämte sich deswegen. Nach der ersten Sitzung trat das Verhalten in der folgenden Woche nicht auf. Er befand sich tatsächlich auf dem Weg zur Lösung, war aber nicht überzeugt davon, daß er die Veränderung fortsetzen würde. Das würde erst dann der Fall sein, wenn er diese Veränderung an verschiedenen Plätzen und zu mehreren Gelegenheiten zeigen würde. Er wußte, daß er noch versucht war, sein altes Verhalten zu zeigen, also wollte er mehr Erfahrung sammeln und möglichst unterschiedliche Situationen ohne dieses Verhalten erleben.

Wir sahen ihn noch in Abständen von einem Monat in einigen Sitzungen, um ihm Zeit zu geben, seine neue Fertigkeit zu erproben und weitere Bestärkung zu bekommen.

3. Die KlientIn denkt, sie befinde sich auf dem Weg zum Ziel und wird durch anhaltenden Erfolg überzeugt werden

KlientInnen messen Erfolg daran, daß sich Erfolge wiederholen, oder sie erkennen ihn an von ihnen ausgewählten Zeichen.

Zu uns kam ein Paar, wo die Frau Angst hatte, ihre Wünsche oder ihre Wut zu äußern, aus Angst, ihr Mann würde sich wehren und sie beschimpfen. In den ersten beiden Sitzungen hatte das Paar Ausnahmen und Wege erkannt, wo sie miteinander redeten und sie ihre Gedanken äußern konnte, ohne daß er das persönlich nahm. Sie war jedoch noch nicht davon überzeugt, daß dies anhalten würde, weil in den Jahren ihrer Ehe die Kommunikation nicht auf diese Art gelaufen war. Sie hatte das Bedürfnis, über einen Zeitraum von mehreren Monaten einmal pro Monat zu uns zu kommen, um eine sichere Kontrolle zu haben und um in dieser Zeit überzeugende Erfahrungen zu sammeln, direkt zu sein, während er zuhörte. Weil sie vorher enttäuscht worden war, wollte sie eine Geschichte von Erfolgen aufbauen, die sie nutzen konnte, sich selber zu bestärken, sollte sie wieder in Versuchung geraten, auf ihren alten Wegen selbstgerechter Ruhe und des Rückzugs zurückzugehen.

Andere KlientInnen denken, sie seien auf dem Weg zum Ziel, aber für sie markiert ein bestimmter Kontext oder ein bestimmtes Ereignis erst den Erfolg. Eltern beispielsweise, die sich wegen der Schulleistungen ihrer Kinder Gedanken machen, sind vielleicht überzeugter, daß ihre Lösung, festere Standpunkte bei Hausaufgaben zu haben, funktioniert, wenn ihr Kind ein besseres Zeugnis nach Hause bringt. Das Zeugnis ist in einem solchen Fall das Kennzeichen.

4. Die KlientIn kämpft noch mit sich, und weitere Lösungen sind erforderlich

Ein Paar beschrieb uns einen sich wiederholenden Konflikt in seiner Beziehung. In der vergangenen Woche war die Beziehung jedoch besser gewesen. JedE schrieb die Veränderung der anderen aufgrund einer stärker gebenden Haltung zu. Mit anderen Worten, jedE führte die Veränderung auf die Veränderung der anderen zurück und nicht auf die eigene. Obwohl sie besser miteinander auskamen, machten wir uns über diesen Lösungsprozeß Sorgen, weil die Lösung nicht eindeutig definiert war. JedE sah die Lösung als Ergebnis von etwas, was außerhalb ihres Kontrollbereichs lag, nämlich die Veränderung der anderen Person. Für das Paar war die weitere Entwicklung einer Lösung notwendig, um zu erkennen, was jedE von ihnen individuell tat, um die Situation zu verbessern und zu erkennen, wie die Entwicklung einer Lösung anhalten könnte, auch wenn der andere in alte Muster zurückfiel.

Weitere Sitzungen

Nach der ersten Sitzung beginnen wir jede weitere mit folgender Frage: „Also, erzählen Sie uns, was ist anders oder besser?“ Diese Frage basiert auf der Annahme, daß Veränderung auftritt und daß irgendetwas besser oder zumindest anders ist. Diese Frage gibt der Sitzung eine positive Note und knüpft an den Prozeß der vorherigen Sitzung an, nach Positivem, nach Ausnahmen und Lösungen zu suchen.

Auf diese Weise lassen wir unsere KlientInnen wissen, was wir für nützlich und wichtig halten, nämlich Positives und Lösungen. In übertragendem Sinne „trainieren" wir unsere KlientInnen, zu erkennen, was nützlich ist und erwartet wird. Wir denken nicht, daß wir unsere KlientInnen instrumentell oder wortwörtlich trainieren. Wir glauben jedoch, daß als Resultat unseres Handelns und in Übereinstimmung mit unseren Grundannahmen, unsere KlientInnen lernen, bestimmte Fragen von uns gemäß unserer positiven Grundhaltung zu erwarten. KlientInnen zu „trainieren", ist für diesen Ansatz nicht ungewöhnlich. Wenn wir Gefühle für wesentlich hielten, würden wir wahrscheinlich unsere Sitzungen mit folgender Frage beginnen: „Also, wie fühlen Sie sich heute?" Wenn wir Träume für wichtig hielten, würden wir wahrscheinlich so anfangen, „Also, erzählen Sie mir über Ihre Träume der letzten Woche." KlientInnen würden so lernen, daß wir Gefühle oder Träume für wichtig halten.

Indem wir positiv orientierte Fragen stellen, halten wir einen Lösungsprozeß aufrecht. Es gibt Zeiten, wo wir in der ersten Sitzung nicht viel in Hinblick auf die Identifikation des Ziels oder das Entwickeln einer Lösung zusammengetragen haben. Wir hatten vielleicht nicht so viel Zeit wegen einer Verspätung oder die KlientInnen waren noch zu verärgert, um sich auf Lösungen zu konzentrieren oder hatten das Bedürfnis, Gründe für die Überweisung zu klären. Viele Situationen stören u.U. den Lösungsprozeß in der ersten Sitzung, und wir stellen vielleicht fest, daß die Aufgabe der zweiten Sitzung darin besteht, zu klären, was KlientInnen wollen. Wir haben vielleicht nur das halbe Ziel herausgestellt oder, wie es bei Paaren oder Familien vorkommt, nicht die Zeit gehabt mit jeder so viel, wie wir wollten, zu reden.

Die Beschreibung des Ziels ist in der ersten Sitzung vielleicht nur vage gewesen. In jedem Fall wollen wir Ausnahmen und Veränderungen zwischen den Sitzungen nutzen, um die Definition des Ziels zu präzisieren. Wir wollen weiter auf solchen Veränderungen aufbauen und die Kriterien für eindeutig definierte Ziele im Kopf halten.

Die Reaktionen der KlientInnen umfassen das ganze Spektrum von dramatischem Wandel und unbegrenztem Optimismus bis hin zum Gefühl, daß die Situation viel schlechter und völlig entmutigend ist. Seien Sie nicht überrascht und verlieren Sie nicht den Mut, wenn die KlientIn sagt, daß die Situation sich nicht verändert habe oder sogar noch schlechter sei.

Wenn KlientInnen berichten, ihre Situation habe sich nicht verändert oder sei sogar noch schlechter geworden, dann denken Sie an die grundlegende Daumenregel: Glaube Ihnen nie! Denken Sie an Ihre Annahme, daß Veränderung immerzu geschieht und *führen Sie sich vor Augen*, daß es die Beschreibung ist, wie Ihre KlientInnen die Zeit erlebt haben und daß es ihre Sicht der Dinge ist. Ihre Antworten zeigen vielleicht nur an, daß das Ziel oder die Lösung noch entwickelt wird und daß diese Sitzung immer noch einer ersten Sitzung ähnelt. Aus ihren Antworten geht vielleicht auch die Größe ihrer Meßlatten hervor, an der sie ihren Erfolg oder die zugemessene Bedeutung abgleichen, was ihr Denken über den geringen Fortschritt erklären würde.

TherapeutIn: Also, wie sind die Dinge seit dem letzten Mal gelaufen? Was ist anders oder besser? *(Rahmen der Ausnahmen)*

Klientin: Tja.... Es ist ziemlich schlecht gelaufen... An meinem Streß und Druck hat sich nichts verändert; der Termindruck, unter dem ich stehe, wird sogar noch schlimmer.

TherapeutIn: Es tut mir leid, daß Ihr Termindruck noch der gleiche ist. Wie haben Sie es seit dem letzten Mal geschafft, mit all dem Termindruck fertig zu werden? *(Rahmen der Ausnahmen innerhalb des Rahmen der Klientin „Streß und Druck“)*

Klientin: Das ist noch nicht alles. Mit meinem Mann ist es schlimmer geworden, seit ich Sie das letzte Mal gesehen habe.

TherapeutIn: Ich verstehe nicht ganz. Im Zusammenhang mit Ihrem Termindruck geht es Ihnen auch mit Ihrem Mann nicht besser? *(Klarstellen)*

Klientin: Mein Mann war wirklich stocksauer auf mich, weil ich ein Machtwort gesprochen habe. Ich sagte *ihm*, er solle auf die Kinder aufpassen, so daß ich arbeiten gehen könne. Meine Entscheidung war, mehr Zeit für mich selber zu haben, was bedeutete, mich von den Zügeln zu befreien.

TherapeutIn: Meinen Sie, daß es mit Ihrem Mann schwieriger geworden ist, weil Sie sich entschieden haben, etwas gegen den Druck zu tun, sich Zeit für sich selber zu nehmen und er diese Veränderung nicht mochte?

Klientin: Ja, so ist es.

TherapeutIn: Offenbar erscheint alles schlechter, weil Sie einige Schritte in die Richtung gemacht haben, in die Sie wollen: Streß reduzieren, indem Sie mehr für sich tun.

Klientin: Ja, das stimmt. Ich tue etwas für mich und achte auf meine Bedürfnisse. Das kennt mein Mann nicht von mir, glaube ich.

Die Klientin hat anfangs vielleicht gedacht, daß die Woche schlechter war und sie keinen Schritt gemacht hat. Sie hat vielleicht gehofft, sie würde sich schon anders fühlen, sie hat vielleicht gehofft, ihr Mann würde ihre Veränderung gutheißen, und sie hat vielleicht gehofft, der Streß würde von selber verschwinden. Abgesehen von jeder Erklärung ist es mehr als wahrscheinlich, daß Kriterien und Anzeichen für einen Fortschritt es ihr nicht ermöglichen, den Unterschied ihrer Handlungen zu erkennen. Durch die Annahme, Ausnahmen im Gespräch hervorbringen zu können und durch eine Sensibilität bezogen auf Nuancen der Veränderung, können Sie und die Klientin damit fortfahren, Lösungen zu konstruieren.

Vielleicht sind Sie der Meinung, daß die Erfahrungen der Klientin bis zum Tag des Termins besser gewesen sind. Da das Problem jedoch am Tag der Sitzung wieder aufgetaucht ist, hat die Klientin den Bezug zu diesen guten Zeiten verloren.

Wenn KlientInnen sagen, die Situation habe sich nicht verändert oder sei schlechter geworden, sollten Sie das zu dieser Zeit als ihre Sicht der Situation akzeptieren und daraufhin aus dem Repertoire Ihrer Fähigkeiten, sich auf Ausnahmen zu konzentrieren, schöpfen, um überhaupt Unterschiede herauszufinden.

Wenn eine KlientIn beispielsweise sagt, die Woche sei ebenso wie die vergangene gewesen, so akzeptieren Sie das und nutzen Sie die Antwort, um nach Ausnahmen zu fragen.

TherapeutIn: Was ist anders oder besser?

Klient: Tja, alles ist beim alten.

TherapeutIn: Also, es scheint, als sei alles beim alten. Gibt es Zeiten, wo Sie sogar Schlimmeres erwartet hätten, es aber nicht so war? *(Rahmen der Ausnahmen)*

Klient: Tja, eigentlich ja. Wir hätten einen Streit wegen meiner Mutter haben können. Normalerweise ist es so, wenn ich sage, daß meine Mutter zu Besuch kommt, geraten meine Frau und ich in einen großen Streit. Ich weiß nicht, warum wir es diesmal nicht taten. Ich glaube, wir haben die Streitereien so satt, daß wir diesmal einfach nicht gestritten haben.

TherapeutIn: Sie hätten also einen Streit haben können, aber Sie haben etwas anderes gemacht. Was haben Sie gemacht, anstatt zu streiten? *(Spezifizieren und kontextuelle Unterschiede)*

Klient: Ich glaube, ich habe nicht versucht, mit meiner Frau darüber zu sprechen, daß sie nett zu meiner Mutter sein soll und habe mich nicht um den Besuch meiner Mutter gekümmert.

TherapeutIn: Das war also anders. Wie haben Sie entschieden, so zu handeln? Sie hätten auch Dinge probieren können, die Sie in der Vergangenheit gemacht haben und die nicht funktioniert haben. *(Spezifizieren und kontextuelle Unterschiede)*

Klient: Tja, ich glaube, ich lerne, daß ich sie nicht ändern kann. Der Versuch, sie meiner Mutter nahe zu bringen, funktioniert nicht.

Dieses Beispiel zeigt, wie an der Annahme festzuhalten ist, daß Veränderung immer geschieht und daß Ausnahmen gefunden und hervorgebracht werden können. Als erstes akzeptierte die TherapeutIn die Sicht des Klienten, die Dinge seien unverändert. Dann fragte die TherapeutIn nach schlechteren Zeiten der Beziehung, aber er und seine Frau machten etwas anders. Der Klient sucht nach Gelegenheiten, wo das Problem aufgetreten sein könnte, aber nicht auftrat oder wo das Problem viel schlimmer hätte sein können, es aber nicht so schlimm war.

Die Idee, daß Dinge nicht schlimmer werden zu lassen, eine Veränderung sein kann, läßt sich noch klarer nutzen. Hierzu ein Beispiel:

TherapeutIn: Also, was ist anders oder vielleicht besser gewesen? *(Rahmen der Ausnahmen)*

Klient: Ach, es ist alles beim alten.

TherapeutIn: Tatsächlich – ich hätte in Ihrer Situation erwartet, daß die Dinge noch schlimmer wären. Wie gelingt es Ihnen, eine Verschlechterung abzuwenden? *(Rahmen der Ausnahmen)*

Klient: Tja, Sie haben recht. Ich mache schon eine schlimme Zeit durch, mich gerade über Wasser zu halten.

TherapeutIn: Also haben Sie eine extrem schwierige Zeit hinter sich. Wie haben Sie sich über Wasser gehalten, obwohl Sie erst seit einigen Wochen getrennt sind? *(Rahmen der Ausnahmen)*

In dieser Sitzung akzeptiert die TherapeutIn wieder die Darstellung der Umstände aus der Sicht des Klienten und stellt dann die Frage nach Ausnahmen, warum es nicht schlimmer sei. Die Annahme, daß alles beim alten zu lassen trotz erdrückender Umstände eine Leistung an sich sein kann, wird deutlich herausgestellt.

Oft kommen KlientInnen zu uns zurück und berichten, die Situation sei viel schlimmer. Nachdem Sie Frustration und Gefühle des Ärgers oder Enttäuschung angenommen haben, verwenden Sie den Rahmen der hypothetischen Lösungen im Kontext des Rahmens „Verschlechterung".

TherapeutIn: Was ist anders oder besser? *(Rahmen der Ausnahmen)*

Klient: Unsere Beziehung ist viel schlechter geworden. Wir haben die ganze Woche miteinander gestritten, und wir haben in den letzten drei Tagen nicht miteinander gesprochen.

TherapeutIn: Oh je, das muß ziemlich hart gewesen sein. Es wäre meiner Meinung nach nicht ungewöhnlich, wenn Sie sich nach einer solchen Woche mutlos und hoffnungslos fühlten. Noch sind Sie hier. Bedeutet das, daß Sie noch hoffen, die Dinge zu verbessern? *(Überprüfung des geäußerten Ziels)*

Klient: Ja, wir wollen uns nicht scheiden lassen, aber unsere Beziehung muß sich verändern.

TherapeutIn: Es tut mir sehr leid, zu hören, daß die Woche so hart gewesen ist. Diese Zeit muß sehr anstrengend und frustrierend gewesen sein. Ich glaube, Sie wollen nicht noch einmal so eine Woche erleben. Gibt es etwas, was Sie anders machen oder was Sie anders sagen würden, wenn Sie die Woche noch einmal durchleben müßten? *(Rahmen der hypothetischen Lösung eingebettet in den Bericht über eine schlimmere Gegenwart)*

Dieses Gespräch ist ein typisches Beispiel dafür, wie die TherapeutIn den Rahmen „Verschlechterung" akzeptiert, überprüft, ob die Arbeit an ihrer Beziehung immer noch ihr Ziel ist und daraufhin den Rahmen der hypothetischen Lösung einsetzt. Wenn Sie einmal an ein paar Beispielen gezeigt haben, wie sie Dinge anders angehen könnten, können Sie im nächsten Schritt nach solchen Zeiten fragen, wo sie das „irgendwie" bereits jetzt schon tun. Die Ausnahmen, die das Paar vielleicht vorher vermißt hat, könnten so in Erscheinung treten.

In den nachfolgenden Sitzungen stellen wir vielleicht auch die „Vertrauens"-Frage, um weitere Entscheidungen über die Rückmeldung am Ende der Sitzung zu treffen, den Zeitpunkt für die nächste Sitzung festzulegen oder die Therapie abzuschließen.

Zwischen den Sitzungen

Viele TherapeutInnen, die eine Ausbildung in einem traditionellen Therapiemodell haben, sind es gewohnt, regelmäßig eine oder mehrere Sitzungen pro Woche zu planen. In einem lösungsorientierten Ansatz planen wir jede Sitzung in Abhängigkeit von ihren Inhalten. Folgende Kriterien berücksichtigen wir vor der Planung der nächsten Sitzung:

1. Erforderliche Zeit für die Durchführung der Hausaufgaben
2. Förderung von Vertrauen in die Lösung
3. Förderung der Unabhängigkeit von Therapie
4. Verantwortung der KlientIn für die Therapie

1. Erforderliche Zeit für die Durchführung der Hausaufgaben

Einige Hausaufgaben brauchen einfach mehr Zeit, oder die KlientIn braucht mehr Zeit, um einen bedeutsamen Unterschied wahrzunehmen. Eine Aufgabe, die darin besteht, daß die KlientIn an den Wochentagen mit ungeraden Zahlen so tun solle, als sei sie guter Stimmung, soll der KlientIn die Erfahrung eines Unterschieds vermitteln, wenn sie anders handelt. Dadurch, daß sie an Wochentagen mit ungeraden Zahlen so handelt, als sei sie guter Stimmung, und sich an den übrigen

Tagen wie gewohnt verhält, entsteht für die KlientIn ein Kontrast. Wenn diese Aufgabe nur an ein paar Tagen durchgeführt wird, sammelt die KlientIn nicht genügend Erfahrung oder Rückmeldung. Dieser Aufgabentyp benötigt im allgemeinen eine Zeit von zwei Wochen.

Aufgaben erfordern unterschiedlich lange Zeitspannen und KlientInnen, wenn sie nicht durch andere Therapien anderes gewohnt sind, akzeptieren in der Regel die daraus resultierende Logik, daß ein nächstes Treffen erst in ein paar Wochen, einem Monat oder zu einer anderen Zeit stattfindet.

2. Förderung von Vertrauen in die Lösung

Wenn die Lösung sich entwickelt und der KlientIn deutlich wird, daß sie sich auf ihrem Weg befindet, wollen wir Zeit zwischen den Sitzungen verstreichen lassen, um der KlientIn die Erfahrung eines Erfolgs mit der Lösung wie auch des Umgangs mit eventuellen Rückschlägen zu ermöglichen. Indem Zeit zwischen den Sitzungen liegt, kann die KlientIn eine längerfristige Perspektive im Hinblick auf die Konstruktion von Lösungen einnehmen, und sie kann Rückschläge mit einbeziehen.

Mehr Zeit zwischen den Sitzungen hat den Vorteil, Veränderungen aufzuzeigen, was bei kürzeren Abständen nicht der Fall ist. Metaphorisch könnte man den Unterschied so beschreiben: Eltern, die ihre Kinder jeden Tag sehen, verlieren leicht den Bezug dazu, wie ihre Kinder größer werden. Ein Markierungspunkt, z.B. ein Geburtstag, macht ihnen leichter deutlich, daß ihr Kind über einen längeren Zeitraum hinweg zehn Zentimeter gewachsen ist.

3. Förderung der Unabhängigkeit von Therapie

Wenn KlientInnen einen Fortschritt in ihrem Veränderungsprozeß erleben, kann die Planung der Sitzungen in längeren Zeitabständen – von zwei, drei bis hin zu sechs Wochen – Vertrauen in die Problemlösung fördern.

Wir haben oft KlientInnen, die irrtümlicherweise denken, ihre Veränderung sei von der Therapie abhängig und wir – als TherapeutInnen – seien für die Veränderung verantwortlich. Wir wollen KlientInnen die Einsicht vermitteln, daß *sie* für ihre Veränderung verantwortlich und in der Lage sind, die Konstruktion der Lösung aufrechtzuerhalten.

Wir machen KlientInnen üblicherweise Komplimente für Veränderungen, und wir schlagen einen längeren Abstand zwischen den Sitzungen vor, so daß sie ihren Erfolg überprüfen können, wenn sie auf ihrem

Weg hin zum Ziel bleiben. Manchmal legen wir dar, daß ein Teil unserer Tätigkeit als TherapeutInnen darin besteht, sicherzustellen, daß sie ihre eigenen Ressourcen erkennen und ihre Fähigkeit, Lösungen aufrechtzuerhalten. Wir könnten auch erklären, daß es mit unseren ethischen Grundsätzen nicht vereinbar sei, KlientInnen fortlaufend zu sehen und sie somit von der Therapie abhängig zu machen oder bei ihnen das Gefühl entstehen zu lassen, sie bräuchten uns, wenn das Ziel doch darin besteht, unabhängig zu sein. In der Kurztherapie wollen wir die Vorstellung fördern, daß KlientInnen Ressourcen haben und daß sie verantwortlich für ihre Veränderung sind.

KRAL und KOWALSKI haben ein Vorgehen beschrieben, das sie „positives Tadeln" [„positive blaming"] nennen, eine ironische Bezeichnung, um der KlientIn Anerkennung für ihre gesamten Veränderungen zu vermitteln (KRAL, 1986; KRAL & KOWALSKI, 1989). Durch „positives Tadeln" kann die TherapeutIn der KlientIn zuvor kommen, der TherapeutIn den Verdienst der Veränderungen zuzuschreiben, indem sie beispielsweise folgendes sagt: „Sie tadeln uns vielleicht zu Unrecht für Ihre gesamte kürzlich geleistete Arbeit und Veränderung. Wir glauben jedoch, all diese positiven Veränderungen sind Ihre Schuld." Wir sagen das spaßig und auch hänselnd. Ernsthafter und geradeheraus könnte die TherapeutIn es auch so formulieren: „Sie sind vielleicht zu bescheiden, zu denken, daß all die neuen Veränderungen auf Ihre eigenen Handlungen zurückzuführen sind, aber wir glauben, Sie haben einen großen Anteil daran und verdienen die ganze Anerkennung und alles Lob. Schließlich hat Sie niemand veranlaßt, irgendeine dieser Veränderungen zu vollziehen."

4. Die Verantwortung der KlientIn für die Therapie

Dieses Kriterium ist im Grunde in den drei vorher genannten enthalten. Wir denken, KlientInnen sind für ihre Therapie verantwortlich, und wir entscheiden gemeinsam, wieviel Zeit sie mit einer Aufgabe verbringen sollten oder was ein angemessener Zeitabstand zwischen den Sitzungen sein kann, was wiederum abhängig vom Vertrauen in die eigenen Lösungen ist.

Rückschläge normalisieren

Viele KlientInnen betrachten Probleme und Lösungen in „alles oder nichts" Kategorien. Wenn sie das erste Mal wieder in das Problemverhalten zurückfallen, denken sie leicht, die Veränderung zähle nicht oder sei nicht real. Wenn der Veränderungsprozeß voll im Gange ist, sind KlientInnen oft anfällig für Gedanken des Versagens.

Wir versuchen, einen positiveren Ansatz zu fördern, indem wir den Gedanken einführen, daß Veränderung meistens „Rückschläge" mit sich bringt. Wir sagen KlientInnen, daß es bei drei Schritten vorwärts, zwei Schritte zurückgeht. Obwohl wir KlientInnen sagen, zwei Schritte rückwärts seien normal, sagen wir ihnen auch, wir seien besorgt darüber, daß sie die zwei Schritte zurück fälschlicherweise als Versagen sehen und möglicherweise auf diese Weise das aufgeben, was funktioniert. Oft geben wir KlientInnen nach diesem Prozeß des Normalisierens die Aufgabe, darauf zu achten, wie sie sich wieder auf ihren Weg bringen, wenn der Rückschlag einsetzt.

Schwierigkeiten erfragen

Wenn Veränderungen eintreten, fragen wir vielleicht, was es KlientInnen schwerer macht, ihr Handeln aufrechtzuerhalten, oder wir fragen, was sie in Versuchung bringen könnte, auf ihre alten Wege zurückzugehen.

Die von Kral und Kowalski (1989) beschriebene Technik des „das Minenfeld ausflaggen" ist eine Möglichkeit, schnell in die Zukunft vorzurücken und es der KlientIn leichter zu machen, mit auftauchenden Schwierigkeiten und Versuchungen umzugehen. Diese Art des Fragens normalisiert mögliche Schwierigkeiten und fokussiert den Lösungsprozeß darauf, wie die KlientIn mit diesen Situationen umgehen wird. Dabei bleibt die Voraussetzung bestehen, daß KlientInnen diese Zeiten hinter sich lassen und auf lange Sicht nicht aufgehalten werden. Ein Beispiel hierzu:

TherapeutIn: Gibt es Zeiten, wo Sie sich vorstellen können, versucht zu sein, in das alte Fahrwasser zu geraten, anstatt an sich selber zu denken?

Klientin: Ich glaube, ich werde wahrscheinlich Schuldgefühle haben, wenn meine Kinder sich darüber beklagen, daß ich nicht zu Hause bleibe.

TherapeutIn: Wie werden Sie also solche Zeiten trotz ihrer Schuldgefühle durchstehen? *(Rahmen der hypothetischen Lösungen)*

Klientin: Ich werde mich daran erinnern, daß das, was auf lange Sicht für mich am besten ist, auch für sie am besten ist und irgendwie weggehen. Ich muß mir einfach selber eine Pause gönnen und auf mich achten.

TherapeutIn: Wenn Ihre Schuldgefühle Sie davon abhalten, wegzugehen, wie werden Sie sich selber wieder auf ihren Weg bringen?

Klientin: Ich glaube nicht, daß das Schuldgefühl mich sehr lange zurückwerfen könnte, bevor ich erkennen werde, daß ich auf mich achten muß.

Eine Therapie abschließen

In der Regel ist der Abschluß einer Therapie erreicht, wenn wir und unsere KlientInnen denken, daß sie sich auf dem Weg befinden, ihre Lösung zu realisieren oder das zu bekommen, was sie wollen. Wenn wir sie fragen, wie zuversichtlich sie sind, die Veränderung weiter aufrechtzuerhalten, so stimmt ihre Antwort meistens mit den Kriterien überein, wonach ein Beenden der Therapie für sie stimmig ist.

Manchmal bieten wir KlientInnen eine abschließende Rückmeldung an, die verschiedene Wahlmöglichkeiten, die Therapie abzuschließen, enthalten kann. Eine Möglichkeit würde sein, sich in vier, fünf oder sechs Wochen wieder zu treffen, um eine Art Kontrolle bezogen auf ihr Handeln oder weitere Veränderungen zu haben. Eine andere Möglichkeit besteht darin, eine weitere Sitzung wie gewohnt zu planen, jedoch mit der Option, diese abzusagen, wenn das Treffen nicht notwendig erscheint. Die dritte Möglichkeit ist, das Treffen zeitlich offen zu lassen, jedoch mit der Option, daß die KlientIn anrufen und einen Termin erhalten kann.

Die Schritte, Unabhängigkeit ebenso zu fördern wie das Gefühl der Verantwortlichkeit der Klientinnen für ihre Äußerungen, macht ein formales Vorgehen für den Abschluß der Therapie nicht notwendig. Eine Therapie kann mit der Option abgeschlossen werden, wieder zu kommen oder jederzeit anrufen zu können.

Fallbeispiel

Die erste Sitzung

Ein Mann in den Zwanzigern kam zu uns, weil er arbeitslos war. Auf die Frage, was er wolle, sagte er, er wolle mehr „Richtung und Flexibilität." Wir fragten ihn, „Was würden Sie anders machen, wenn Sie diese Dinge hätten?" (Rahmen der hypothetischen Lösungen). Er sagte, er würde „mehr nachdenken", d.h., Entscheidungen in Hinblick auf Jobs zu durchdenken, anstatt von einer Idee zur anderen zu springen oder den erstbesten Job anzunehmen. Er sagte, er stelle in Frage, ob er weiter Sozialarbeit machen wolle, und er dachte, er würde gerne mehr Geld verdienen. Wenn er in der Vergangenheit ohne Job war, habe er das erste Angebot angenommen, ohne sich viele Gedanken darüber zu machen, ob er die Arbeit mögen würde. Er hatte nur über die Tatsache nachgedacht, daß er Geld brauchte.

Wir fragten ihn, ob seine neuen Fragen über seine Jobs und seine Karriere vielleicht schon der Anfang eines „mehr nachdenken" sein könnten. Das war unser Versuch, diese neuen Fragen mit dem Teil des Weges zu verbinden, den er bereits aufgenommen hat, um das zu bekommen, was er will. Er sagte, „Vielleicht." Das war unsere erste Einladung an ihn, daß vielleicht einige seiner Fragen sowie sein Nachdenken bereits ein Teil des Weges war, sich auf eine Lösung hinzubewegen. Wir verstanden diese Fragen als eine Ausnahme zu seiner vorherigen Panik und seiner Haltung, den erstbesten Job anzunehmen. Dann verbanden wir diese Ausnahme mit seinem Wunsch, „mehr nachzudenken."

Er ließ den Gedanken zu, daß seine Fragen und mehr nachdenken ein Teil des Weges ausmachten, den er zum Ziel gehen wollte. Wir fragten ihn, was er noch tun würde, wenn er seinen Jobwechsel so, wie er es wollte, handhaben würde *(Rahmen der hypothetischen Lösungen).* Er sagte, er würde „vernünftiger darangehen". Wir fragten ihn, wie er wissen werde, wann er das tue. Er sagte, wenn er jetzt vernünftiger daranginge, nähme er mit verschiedenen Einrichtungen Kontakt auf, so daß er Möglichkeiten hätte, auszuwählen. Ebenso würde er Informationsgespräche planen. Dies wären Gespräche, in denen er sich mit Menschen aus anderen Berufssparten unterhalten würde, um sein Interesse an einem Wechsel von der Sozialarbeit zu überprüfen.

Da der Klient dachte, in der Vergangenheit *immer* impulsiv gehandelt zu haben, anstatt die Dinge zu durchdenken, fragten wir ihn, wie er voraussagen würde, daß er diese anderen Schritte diesmal unternehmen würde. (Wir fragten ihn nicht, *ob* er diese anderen Schritte unternehmen würde. Vielmehr nahmen wir an, er *werde sie unternehmen* und fragten ihn, *wie* er voraussagen würde, daß er sie unternehmen wird.) Er akzeptierte unsere Vorannahme und sagte, er würde diese Schritte „behutsam" unternehmen.

Nach unserer Beratungspause komplimentierten wir ihn dafür, daß er in seiner Situation mehrere Schritte gleichzeitig machte, was ein Beginn war, diesmal Dinge anders anzugehen. Wir sagten ihm auch, daß wir der Meinung seien, sein Schaffen von Optionen sei Teil eines überlegteren Vorgehens, das er anstrebe. Da wir der Meinung waren – und er hatte teilweise zugestimmt –, daß er bereits einige Dinge in die gewünschte Richtung tat, schlugen wir vor, daß er in der nächsten Woche *all das* beobachten sollte, wovon er glaubte, es habe mit seinem Weg zum Ziel zu tun.

Wir waren der Ansicht, daß einige Ausnahmen in Hinblick auf das Ziel bereits geschahen. Dazu zählten: 1. seine Fragen, was er, abgesehen vom Gehaltsscheck, anstrebte und 2. sein Schaffen von Optionen und Schritten als Teil eines überlegteren Vorgehens. Da er diese Dinge als von ihm kontrollierbar wahrnahm, war unsere Idee, er solle weiter diese Ausnahmen realisieren und beobachten, was darüber hinaus geschehe.

Zweite Sitzung

In der nächsten Woche berichtete er, er fühle sich ruhiger. Er hatte Zwischenschritte unternommen, indem er „Schwerst"-Arbeit angenommen hatte, um Geld zu verdienen, während er die anderen Möglichkeiten erforschte. Er hatte eine Verabredung mit jemandem getroffen, um über Wirtschaftsberatung zu sprechen, und er hatte seinen Lebenslauf umgeschrieben. Er hatte sich entschieden, „aktiver und wählerischer" zu sein. Er hatte sich entschieden, eine Weile mit Schwerst-Arbeit Geld zu verdienen, um somit weitere Möglichkeiten erforschen zu können. Gleichzeitig wollte er aktiv sein und nach weiteren Karrieren und Möglichkeiten suchen. Er dachte, für ihn sei dies anders, weil er das Gefühl hatte, daß er in der Vergangenheit eher zaudernder war oder den erstbesten Job aus Angst angenommen hatte.

Wir verbrachten den Rest der Sitzung damit, über dieses „aktivere, wählerischere" Vorgehen zu sprechen und darüber, wie er dieses Verhalten weiter aufrechterhalten werde *(Verfolgen der Ausnahmen als ein Ziel der Therapie).*

Wir fragten ihn, wie zuversichtlich er sei, dieses „aktive, wählerische“ Vorgehen beizubehalten. Er erwiderte, er sei zu 85 Prozent sicher; das war nahe bei 95 Prozent, die er zu haben glaubte, wenn die Therapie beendet sein würde. Zur Bekräftigung seines Entschlusses sagte er: „Es hat keinen Zweck, die Hände in den Schoß zu legen.“

Diese Antwort sagte uns, daß die Bedeutung für ihn eine andere war. Er war überzeugt, daß er „mehr nachdachte“ und daß sein „aktiver, wählerischer“ Stil besser für ihn war, als aus Angst, kein Einkommen zu haben, impulsiv zu reagieren. Er wirkte auf uns so, als wolle er einfach mehr Praxis und Zeit haben. Nach unserer Pause komplimentierten wir ihn für die Veränderungen, die er verwirklichte und für seine Erkenntnis, ein „aktives, wählerisches“ Vorgehen sei die richtige Richtung. Wir planten die nächste Sitzung in zwei Wochen, und das schien für ihn in Ordnung zu sein.

Dritte Sitzung

Er berichtete, daß er weiter seine „Schwerst“-Arbeit verrichte, daß er zwei Arbeitsmöglichkeiten gefunden habe, wobei er bei einer Stelle abgelehnt worden sei. Er hatte jedoch nicht das Gefühl, dies sei ein Rückschlag, und wir fragten ihn, was anders für ihn sei. Er sagte, es sei ziemlich anders. Er sei überzeugter, einen Job zu wollen, der mehr als nur Geld einbringe, und er habe sich einige Unterstützungsposten geschaffen wie beispielsweise diesen Teilzeit-Job. Er sagte, er denke anders und sei viel ruhiger.

Er gerate nicht mehr in Panik und gebe sich sogar „Denk“-Zeit, um über jeden neuen Schritt oder jede neue Information nachzudenken. Dies sei sehr anders, sagte er, weil er sich in der Vergangenheit gesagt habe, er könne es sich nicht leisten, nur Zeit zum Nachdenken zu nehmen.

Wir fragten ihn, was es wahrscheinlich machen könnte, wieder in sein altes Panikdenken und seine passivere Haltung zurückzufallen. Er sagte, ein Rückschlag sei wahrscheinlicher, wenn er wirklich einen finanziellen Rückschlag erleben würde, aber er sagte, selbst dann wolle er dies ruhiger angehen.

Diese Antwort zeigte uns, daß er nicht nur auf seinem Weg war, sondern daß auch seine Überzeugung wuchs, auf seinem Weg zu sein, während er aufgrund der neuen Erfahrungen lernte.

In der Pause entschlossen wir uns, herauszufinden, ob ihm eine Verabredung in einem Monat passen würde. In unserer Rückmeldung machten wir ihm wieder Komplimente für die anhaltenden Veränderungen und warnten ihn vor Rückschlägen. Wir warnten ihn davor, normale Rückschläge mit Versagen zu verwechseln und baten ihn, darauf zu achten, wie er sich selber wieder auf seinen Weg bringen würde, wenn die normalen Rückschläge einsetzten.

Vierte Sitzung

Er berichtete über einen Rückschlag, der darin bestand, daß er eine Ablehnung bei einem Job bekommen habe, von dem er dachte, er sei gut für ihn. Daraufhin erinnerte er sich jedoch daran, daß es notwendig sei, die Dinge langsam anzugehen und weiter auf sich selber zu achten. Er bat um eine weitere Sitzung in einem Monat zur Kontrolle seiner Fortschritte.

Diskussion

Frage:

Schließen Sie einen Vertrag über die Anzahl der Sitzungen?

Nein. Wir wollen erst gar keine Erwartungen wecken, weder auf die eine noch auf die andere Weise. Einige KlientInnen reagieren auf einen Vertrag über eine Reihe von Sitzungen so, daß sie auf die Sitzung oder die vorletzte Sitzung warten, um die Veränderungen zu realisieren, die sie anstreben. Sie reagieren so, als ob der Vertrag über die Sitzungen eine Frist darstellt, und daher warten sie ab.

Andere reagieren überrascht oder mit Bedenken, als ob weniger als, sagen wir, zehn Sitzungen eine kurze Zeit für ein so ernstes Problem sei.

Wenn wir nach der Dauer der Therapie gefragt werden, sagen wir in der Regel, daß wir uns so viel oder wenig Zeit nehmen wie notwendig.

Frage

Kommen viele KlientInnen mit demselben oder mit einem anderen Problem zurück?

Viele KlientInnen kommen mit einem anderen Problem wieder zu uns. Ihr Wiederkommen ist für uns eine Rückmeldung, daß sie mit uns in der Therapie zufrieden waren und daß sie nun etwas anderes haben, worum sie sich kümmern.

Wenn sich Ihre Frage auf die Annahme einer Symptomverschiebung bezieht, so ist zu sagen, daß wir diese Annahme nicht teilen und wir nichts bemerkt haben, was uns auf den Gedanken bringt, ein Sprechen über Symptome sei hilfreich.

Übung

Stellen Sie Ihren KlientInnen folgende Frage „Wie werden Sie wissen, daß Sie nicht mehr hierherkommen müssen?“ Danach fragen Sie folgendes, „Wie zuversichtlich sind Sie, nun auf Ihrem Weg zu sein, Ihr Ziel zu erreichen?“

Aus den Antworten auf diese Fragen werden Sie einige Hinweise für Ihren nächsten Schritt bekommen. Sagen KlientInnen, sie seien auf ihrem Weg? Sagen Sie, daß sie noch mehr Übung brauchen oder irgend etwas anderes?

Kapitel 10
„Vermögen" vergrößern

Das scheinbar Unkontrollierbare anders sehen

Menschen haben alles, was sie brauchen, um ihre Probleme zu lösen.

Eine andere Möglichkeit, „Vermögen zu vergrößern", besteht darin, gemeinsam mit KlientInnen zu erarbeiten, daß das scheinbar Unkontrollierbare in ihrer Kontrolle liegt. Vielen unserer KlientInnen erscheint das Lösen eines Problems fast unmöglich, weil alles, was mit dem Problem zusammenhängt, außerhalb ihres Kontrollbereichs zu sein scheint. Das Problem scheint sich zu verselbständigen, und es sieht so aus, als sei die Lösung außer Reichweite, weil sie mit Dingen verbunden ist, die KlientInnen für unkontrollierbar halten.

ANDERSON und GOOLISHAN (1989) definieren „Vermögen" als

> ... ein Gefühl von kompetentem Handeln, als Fähigkeit, zu denken und zu erleben, daß wir eine Möglichkeit haben, etwas zu tun. Was uns angeht, so meinen wir, daß jede Therapie, die als erfolgreich gilt – unabhängig von den jeweiligen Erfolgskriterien und Theorien –, zu etwas führt, das als Ahnung von Vermögen gelten kann, eine Ahnung, daß man etwas tun kann. Das heißt nicht, daß das Problem gelöst ist, aber es wird jetzt auf eine Art beschrieben, die die Fähigkeit zu handeln, nicht erstickt. Vielleicht ist alles weiterhin problematisch, aber wir können etwas tun.

Wenn wir unserer Annahme treu bleiben, daß KlientInnen all das haben, was sie zur Lösung ihrer Probleme brauchen, glauben wir, daß sie die Freiheit und Verantwortung haben, die Veränderungen zu vollziehen, die sie wollen. Ein Teil unseres Ziels besteht dann darin, ihr Gefühl für Verantwortung und Vermögen zu vergrößern.

Unsere Aufgabe als TherapeutInnen besteht darin, neugierig zu bleiben und KlientInnen zu unterstützen, wie sie ihre eigene Situation lösen werden. Wir gehen davon aus, daß durch unsere Interaktion mit KlientInnen sich die Bedeutung, die einer Situation beigemessen wird, verändert, was ihnen erlaubt, etwas anders zu machen. Indem wir mit KlientInnen gemeinsam eine Bedeutung des Problems oder der Lösung erarbeiten, das von ihnen kontrolliert werden kann, erkennen wir ihre

Ressourcen und Verantwortung an. KlientInnen bekommen so ein Gefühl des Könnens und Vermögens.

Vermögen und Verantwortung voraussetzen

Wie bereits erwähnt, enthalten unsere Fragen Vorannahmen, die unsere KlientInnen zu einer anderen Art des Denkens einladen. Als TherapeutInnen sind wir „neugierig" (vgl. CECCHIN, 1987) zu erfahren, wie KlientInnen das tun, was sie tun oder wie sie ihre Lösungen hervorbringen. Neugierig stellen wir Fragen, die unsere Annahme widerspiegeln, daß KlientInnen fähig sind, sie bereits dabei sind, ihr Problem zu lösen, verantwortlich für die Problemlösung sind und die Freiheit haben zu tun, was sie wollen und daß sie die ExpertInnen für das sind, was sie wollen und tun werden.

Die folgenden Beispiele zeigen verschiedene Möglichkeiten, Vorannahmen in unseren Fragen so zu nutzen, daß es der KlientIn leichter fällt, ein Gefühl für Vermögen zu bekommen:

1. Eine Umkehrung oder Erweiterung ihrer Anschauungen erleichtern.
2. Auf die Zukunftserwartungen fokussieren.
3. Direkt fragen.

1. Eine Umkehrung oder Erweiterung ihrer Anschauungen erleichtern

Im folgenden Beispiel kennzeichnen die fettgedruckten Begriffe in den Fragen die Vorannahmen, zu denen die BeraterIn die KlientIn einlädt. Die Vorannahmen bestehen darin, daß die Klientin Kontrolle haben und Verantwortung für ihren Erfolg übernehmen kann.

(Schul-) BeraterIn:	Worin besteht Dein Ziel, wenn Du hierherkommst, Maria? *(Ziel klären)*
Maria:	Ich würde gerne meine Hausaufgaben machen. Aber ich kann sie einfach nicht fertigkriegen.
BeraterIn:	Gibt es jetzt Zeiten, wo Du jetzt schon ein paar Hausaufgaben fertig kriegst? *(Rahmen der Ausnahmen)*
Maria:	Ja, dann, wenn mich die Arbeit interessiert oder ich guter Laune bin. *(Sie stellt die Situation so dar, als ob ihre*

	Laune ihre Handlungen bestimme oder als ob sie ihre Hausaufgaben nicht machen könne, ohne vorher Interesse daran zu haben)
BeraterIn:	Wie **bringst Du Dich dazu, interessiert zu sein?** Ich bin sicher, daß es auch andere Dinge gibt, an denen Du zu dieser Zeit interessiert sein könntest. *(Annahme besteht darin, daß sie etwas tut, um ihr Interesse zu wecken oder mit ihrem Interesse zu kooperieren)*
Maria:	Tja, ich weiß nicht. Ich bin es einfach, und dann ist es in Ordnung.
BeraterIn:	Wie **entscheidest Du Dich, daß es einfach so ist?** *(Annahme besteht darin, daß sie sich entscheidet, so zu handeln.)*
Maria:	Tja, ich möchte versetzt werden, und ich weiß, daß ich etwas tun muß.
BeraterIn:	*(einfühlend)* Oh, Du willst versetzt werden. Es ist wichtig für Dich, versetzt zu werden? *(Unterstützung des Ziels mit dem Zweck, sie zum Hausaufgaben machen zu bewegen)*
Maria:	Ja, ich will das erste Jahr nicht wiederholen, und ich bin es leid, Zeit in der Klasse zu vergeuden.
BeraterIn:	Also willst Du **mehr machen**, wie an die Arbeit zu kommen, so daß Du versetzt wirst. Gibt es noch andere Dinge, die **Du tust**, die Dir helfen, versetzt zu werden? *(Erweiterung des Kontextes)*
Maria:	Manchmal, wenn ich guter Laune bin. Aber ich wünsche mir einfach, ich wäre so klug wie meine Schwester. Alles fällt ihr leicht.
BeraterIn:	Ja, ich glaube, daß das einfacher wäre *(einfühlend)*. Also, wie **machst Du es**, vorausgesetzt, daß es Dir nicht so leicht fällt? *(Anerkennung ihres Wunsches und erneut dieselbe ausnahmeorientierte Frage)*
Maria:	Ich sage mir einfach „Ich will versetzt werden“, und dann mache ich es.
BeraterIn:	Aber es hört sich überhaupt nicht so einfach an, und es klingt so, als seist Du nicht immer in der Stimmung, so zu

handeln. Also, wie **entscheidest Du Dich, so zu handeln**, obwohl es nicht immer einfach ist oder Du zunächst kein Interesse hast? *(Frage nach der Ausnahme, wann sie nicht „in der Stimmung ist")*

Maria: Tja, ich sage mir einfach, ich habe andere Dinge, die meine Schwester nicht hat – und so mache ich es einfach, und manchmal geht es leichter.

BeraterIn: *(mit neugieriger Stimme)* Wirklich? Wie **machst Du das**, und wie **machst Du,** daß es leichter geht?

Maria: Ach, ich höre einfach auf, darüber nachzudenken, daß ich es nicht tun will, und dann komme ich hinein. *(Beschreibung, die mehr Kontrolle und Initiative auf ihrer Seite beinhaltet. Das steht im Gegensatz zu ihrer vorherigen Aussage, das Erledigen der Hausaufgaben sei von ihrer Laune oder ihrem Interesse abhängig)*

BeraterIn: Also, **Du änderst Dein Denken** und **machst es für Dich interessanter** oder **erledigst** schließlich **einige Sachen**. Das ist großartig! Mich beeindruckt, wie Du das machst, auch wenn Du nicht in der Stimmung bist oder Dich die Hausaufgaben verrückt machen. Angenommen, Du machst so weiter – **Dich dazu entscheiden, in die Arbeit hineinzukommen, weil Du versetzt werden willst** – würdest Du denken, Du wärest auf dem Weg, mehr Hausaufgaben zu erledigen und das zu erreichen, was Du Dir durch die Therapie wünschst? *(Ausnahmen mit dem Therapieziel verbinden)*

Maria: Ja, ich fühle mich besser, wenn ich mich dazu bringe, sie zu machen, und ich denke, daß ich versetzt werde.

BeraterIn: Das kann ich sehen, und ich sehe auch, daß Du weiter so handelst, als Du die Entscheidung trafst, versetzt zu werden und etwas mit der Zeit in Deiner Klasse zu tun. Wie, denkst Du, **wirst Du das aufrechterhalten?**

Die BeraterIn ist geduldig, akzeptiert ihre Antworten und lädt die Klientin immer noch zu neuen Bedeutungen ein, indem sie Fragen stellt, die die Voranname enthalten, sie habe Kontrolle über ihre „Ausnahmen". Durch das Fokussieren auf Ausnahmen, als sie bereits ihre Hausaufgaben machte, konzentrierte sich die BeraterIn auf ihre Fähigkeit und Verantwortung für die Veränderung.

Dieses Fokussieren auf Ausnahmen mit den Vorannahmen „Verantwortung“ und „Fähigkeit“ zerstört auf subtile Weise Grenzen ihrer Anschauungen und eröffnet neue Bedeutungen. Sie mag vorher davon überzeugt gewesen sein, Hausaufgaben nur machen zu können, wenn sie daran interessiert ist. Später kehrte sie diese Überzeugung um, als sie sah, daß sie durch ihren eigenen Ansporn, ihre Hausaufgaben zu machen, Interesse entwickelte. Die Überzeugung, zuerst müsse ein Gefühl da sein, bevor sie das tun konnte, was sie wollte, wurde in eine neue Überzeugung umgewandelt – daß sich ein neues Gefühl einstellen konnte, indem sie zuerst etwas tat.

Eine andere Überzeugung der Klientin bestand vielleicht darin, sie müsse so klug wie ihre Schwester sein, um das zu tun, was sie wollte. Als sie dies akzeptierte, fragten wir, wie sie die Ausnahme angesichts der Tatsache *realisiere*, daß es für sie nicht so leicht sei wie für ihre Schwester. Wir stellen diese Frage mit erhobener Stimme und wollen damit den Eindruck vermitteln, daß es uns umso mehr beeindruckt, daß sie ihre Arbeit macht, obwohl es für sie nicht so leicht wie für ihre Schwester sein mag.

2. Auf die Zukunftserwartungen fokussieren

Im folgenden Beispiel fokussiert die TherapeutIn auf die hypothetische Lösung und die darin enthaltene Vorannahme.

TherapeutIn: Worin besteht Ihr Ziel, wenn Sie hierherkommen? *(Rahmen des Ziels)*

Anita: Ich will mehr Selbstvertrauen bei Bewerbungsgesprächen gewinnen.

TherapeutIn: Sie möchten sich im Gespräch selbstsicherer verhalten? *(Wechsel vom Substantiv „Selbstvertrauen“ zu einer prozeßhafteren Beschreibung)*

Anita: Ja, jetzt habe ich immer Angst und bin überzeugt, daß ich das Gespräch vermasseln werde und den Job nicht bekomme. Ich glaube, daß ich mich tief in meinem Innersten nicht mag. Einige Leute haben mir gesagt, daß ich Versagensängste habe. Andere sagen, ich habe Angst vor Erfolg.

TherapeutIn: Also, wenn Sie selbstsicherer handeln und mit den Bewerbungsgesprächen eher so umgehen, wie Sie es wollen *(hypothetische Lösung),* glauben Sie, daß Sie nie mehr Angst haben und Sie sich immer selbst bewundern werden? *(Leichtes Herausfordern der Vorstellung, daß sie zunächst etwas anderes fühlen muß)*

Anita: Nein, ich glaube, ich werde immer noch Angst und Selbstzweifel haben, aber irgendwie werde ich mich dazu bringen, zum Gespräch zu gehen und anders über mich zu denken.

TherapeutIn: Also, Sie werden natürlich *(normalisieren)* noch das Gefühl der Angst spüren, wenn Sie sich das Gespräch vorstellen, aber Sie werden anders zu sich selber sprechen. Ist das richtig? *(Spezifizieren des Ziels in verhaltensbezogeneren Begriffen und einer anderen Bedeutung. Die Bedeutung des Gefühls der Angst wird anders sein)*

Anita: Ja, ich werde so etwas sagen wie „Ich kann diesen Job bekommen", und dann werde ich mich auch darum bemühen.

TherapeutIn: Also, obwohl Sie manchmal Angst haben oder vielleicht sogar aufgeregt sind *(normalisieren)*, werden Sie sich sagen, daß Sie diesen Job bekommen können. Wie werden Sie das machen, wo es normal ist, Zweifel und Befürchtungen zu haben? *(Erfolg ist nicht mehr nur möglich, er wird vorausgesetzt. Wir fragen nicht, ob sie so handeln wird. Wir nehmen Erfolg an und bitten sie, zu beschreiben, wie sie es machen wird, wie sie die Worte, die Gefühle und den Film zusammenbringt.)*

Anita: Ich werde mir sagen, daß Angst und Zweifel nur vorübergehend sind und ich andere Ängste durchgemacht habe.

TherapeutIn: Das hört sich so an, als ob man mit dieser Einstellung besser zurecht kommt, aber wie werden Sie das machen? Es klingt, als ob es leicht oder verlockend sei, sich zu sagen, das Gefühl der Angst bedeute, Sie seien nicht gut oder gar in der Lage, das Gespräch so zu führen, wie Sie es wollen.

Anita: Tja, ich weiß, aber ich muß einfach nur ein bißchen weiter gucken, daß ich andere Jobs gehabt und andere Gespräche geführt habe und daß ich jetzt einfach eine schwere Zeit durchmache. Sie wird vorübergehen, und ich werde eine Anstellung finden.

TherapeutIn: Also, wenn Sie sich das sagen, vielleicht auch dann, wenn die Gespräche nicht so schnell zu einem Job führen, würden Sie denken, Sie seien auf dem Weg, das zu bekommen, was Sie sich erhoffen? *(Ausnahmen mit dem Therapieziel verbinden)*

Anita: Ja, ich muß diese Gedanken nur im Kopf behalten.

TherapeutIn: Also, wie werden Sie weiterhin diese nützlicheren Dinge zu sich zu sagen? *(Verfolgen der Ausnahmen als Ziel der Therapie)*

In diesem Beispiel erwartet Anita vielleicht, daß sie in Zukunft keine Zweifel, Befürchtungen oder Schwierigkeiten mehr haben wird. Diese Erwartung scheint ihr vielleicht nicht kontrollierbar zu sein. Dadurch, daß die TherapeutIn die Zukunft überzeichnet darstellt und beide Haltungen gegenüberstellt, *absolut* keine Angst und Bewunderung zu haben im Gegensatz zu Selbstzweifeln, kann die Klientin sich solche Zeiten oder Beispiele vergegenwärtigen, die dieser übertriebenen Zukunftslösung entgegenwirken und sich mehr auf ihre Erwartungen konzentrieren. Sie kann sagen, sie wird immer noch Angst haben, sich aber etwas anderes sagen. Die Klientin kann für sich eine neue Bedeutung der Angst hervorbringen. Gegen Ende des Gesprächs bewertet sie Angst eher normal und stellt fest, daß sie nur eine umfassendere Perspektive beibehalten muß. Das Gefühl der Angst kann sie nicht direkt beeinflussen; sie kann sich jedoch durch das, was sie sich sagt und durch das, was sie tut, direkt verändern.

Sie hat tatsächlich eine neue Bedeutung ihrer Gegenwart geschaffen, während sie ihr Denken einer hypothetischen Lösung anpaßt. In dieser neuen Bedeutung stellt ihr Angstgefühl kein Problem mehr dar und (ihr Ziel) das, was sie in Vorstellungsgesprächen machen wird, nimmt sie als kontrollierbarer wahr.

Andere KlientInnen sehen ihre Lösungen als nicht kontrollierbar an, weil sie implizit annehmen, eine anderE müsse sich ändern oder zuerst ändern. Da sie keine direkte Kontrolle über das Verhalten eines anderen haben, ist ihre Lösung nicht kontrollierbar.

In Kapitel Zwölf werden wir darauf eingehen, wie man solchen KlientInnen erleichtert, ihre Ziele so umzudefinieren, daß sie ein Gefühl von Kontrolle und Verantwortung bekommen.

3. Direkt fragen

Der einfachste und schnellste Weg ist manchmal der, direkt zu fragen, wie die KlientIn die Veränderung aufrechterhalten wird. Durch die Frage, wie KlientInnen *ihre Veränderung aufrechterhalten werden*, laden Sie sie ein, die Vorannahme zu akzeptieren, daß sie *das Problem lösen* werden oder ihre *Handlungen kontrollieren* können. Ein Beispiel:

TherapeutIn: Also, es hört sich so an, als sei es für Sie beide frustrierend gewesen, ihren Sohn dazu zu bewegen, in der Schule zu bleiben. Sie haben versucht, mit ihm zu sprechen, und es scheint, als ignoriere er einfach ihre Argumente, warum Schule das beste für ihn ist. Was werden Sie machen? *(Mit Empathie für ihre Frustration gesprochen, und gleichzeitig wird angenommen, daß sie die Verantwortung für die Lösung haben und daß sie etwas tun werden)*

Eltern: Wir haben versucht, solange mit ihm zu reden, bis wir beide schwarz wurden und nichts von alldem scheint zu funktionieren.

TherapeutIn: Ich glaube, Sprechen ist nicht der Weg. Was werden Sie machen? *(Rahmen der hypothetischen Lösung, wieder mit Empathie und Neugier)*

Eltern: Ich glaube, wir werden ihn einfach dazu bringen müssen, hinzugehen. Wir hofften, daß er die Schule mögen oder wenigstens seine Zukunft ernst nehmen würde.

TherapeutIn: Das wäre schön, aber ich glaube, an dem Punkt ist er noch nicht. Wie werden **Sie ihn dazu bringen**, hinzugehen?

Vater: Ich hasse es, so autoritär zu sein, aber wir werden ihm einfach das Auto für eine Weile wegnehmen müssen.

TherapeutIn: Was, glauben Sie, wird er damit anfangen?

Vater: Er wird wahrscheinlich stocksauer werden und das Leben fürchterlich machen, aber ich glaube, es wird ihn dazu bringen, in die Schule zu gehen.

TherapeutIn: Das scheint nicht leicht zu sein, und es hört sich an, als verstoße das gegen ihre eher demokratischen Ideale. Wie werden Sie das machen, wenn er stocksauer wird? *(Rahmen der hypothetischen Lösung)*

In diesem Beispiel hatten die Eltern gehofft, der Junge würde zur Schule gehen *wollen* oder es aus sich heraus ohne Androhung von Konsequenzen tun. Nun werden sie mit seinem Versagen konfrontiert. Die TherapeutIn erleichtert ihnen, Lösungen zu konstruieren, indem sie annimmt, daß *sie Lösungen konstruieren.* Diese Fragen drückt die TherapeutIn mit viel Empathie für die Frustration der Eltern aus wie für ihr Mißbehagen, solche Konsequenzen zu ziehen. Für den Vater scheinen Konsequenzen ein autokratisches Mittel zu sein, das ihm zuwider ist. Damit er Konsequenzen anwenden kann, muß er vielleicht seine Glaubensgrundsätze dahingehend erweitern, Konsequenzen als etwas eher Positives aufzufassen und nicht als etwas Diktatorisches.

Wir erleichtern es, Vorstellungen umzukehren oder zu erweitern, indem wir den Fokus auf die Zukunftserwartung legen und direkt fragen, wobei wir als TherapeutInnen annehmen, daß KlientInnen ihre Situation lösen können und lösen werden. Das Können liegt darin, die Fragen so zu stellen, daß sie das hervorbringen, was Klientinnen in Zeiten des Erfolgs oder der Ausnahmen tun. Weiteres Können besteht darin, KlientInnen Empathie für ihre Situation zu zeigen und sie dabei zu begleiten, wie *sie ihre Situation lösen werden.* Die TherapeutIn akzeptiert nie, Verantwortung für die Lösung des Problems zu haben!

Diskussion

Frage:

Einige KlientInnen kommen zu mir und wollen, daß ich etwas mache, daß sie sich besser fühlen, ihre Kinder besser werden oder, wie es so oft heißt, daß ich das Problem für sie löse. Was machen Sie damit?

In der Regel erforschen wir zunächst mit KlientInnen ihre Ausnahmen in Hinblick auf das Problem und was sie in solchen Zeiten taten. Wenn wir explorieren – wie in obigen Beispielen – und fragen, was Klientinnen in Zeiten der Ausnahmen taten, erleichtern wir es ihnen, ihr eigenes Potential, Probleme zu lösen, zu erkennen. Dann können sie ihre erste Hoffnung, daß Sie, die TherapeutIn, das Lösen übernehmen werden, aufgeben, und sie können erkunden, was sie darüberhinaus tun werden.

Bei solchen KlientInnen, die immer noch wollen, daß wir als TherapeutInnen die Verantwortung übernehmen, nehmen wir meist die unterlegene Position ein und erklären ihnen, daß wir das nicht können. Manchmal erklären wir ihnen auch, daß wir eine anderE nicht ändern können oder wir Zweifel haben, mehr tun zu können als die KlientIn bereits getan hat. Manchmal erklären wir ihnen, wir würden sie in die Irre führen, gäben wir vor, das Problem lösen zu können, es aber in Wirklichkeit nicht können.

Übung

Üben Sie in einem Rollenspiel, in welchem eine PartnerIn eine KlientIn aus obigen Beispielen spielt; üben Sie, Fragen zu stellen, die die Vorannahme von Verantwortung und Ressourcen implizieren. Zeichnen Sie die Sitzung auf, und hören Sie sich dann Ihre Fragen noch einmal an, um zu erkennen, welche besser waren. Es ist vorteilhaft, das Band mit jemand anderen nochmals anzusehen. Jemand, die Distanz zu Ihren persönlichen Überzeugungen hat, kann schneller Unterschiede erkennen.

Kapitel 11
Die interaktionale Matrix

Handlungen und Beschreibungen sind zirkulär.

In diesem Kapitel beschreiben wir, wie wir eine interaktionale Sichtweise nutzen, um Interaktionen von KlientInnen im Hinblick auf Beschreibungen von Lösungen und versuchten Lösungen zu verstehen. Ferner beschreiben wir, wie durch Fragen Unterschiede entstehen können und wie solche Fragen ausgewählt werden, die zu einem interaktionalen Verständnis passen.

Die interaktionale Sichtweise

Wie wir kurz in Kapitel Zwei andeuteten, verschreiben wir uns einer interaktionalen Sichtweise. Wir nehmen an, daß die Interaktion von Beschreibungen und Handlungen zirkulär ist und daß die Interaktion von Bedeutung und Handlung zirkulär ist. Beschreibungen und Handlungen formen zusammen die Erfahrung. Pragmatischer ausgedrückt meinen wir, daß es in der Regel eine Passung oder Konsistenz der Interaktion geben wird zwischen dem, wie Menschen ein Problem oder Ziel beschreiben und dem, was sie in Hinblick auf das Problem oder Ziel tun. Wenn Eltern denken, ihr Kind verhalte sich schlecht, werden sie mit Strafe reagieren. Wenn ein Ehemann der Meinung ist, die Ursache für den Ehekonflikt sei die Sturheit seiner Frau, wird er vielleicht versuchen, die Sturheit aufzulösen, indem er versucht, die Haltung seiner Frau zu verändern.

In der Regel verwenden Menschen dasselbe Bedeutungsschema, um das Ergebnis ihrer versuchten Lösung oder ihre Handlungsschritte zu bestimmen. Wenn Eltern ihr Kind wegen schlechten Verhaltens bestrafen, werden sie auf die Reaktion achten, um Bestätigung für die ursprüngliche Entscheidung, das Verhalten als schlecht einzuordnen, zu finden. Wenn ein Ehemann seine Frau zu überzeugen versucht, weniger stur zu sein, so daß sie weniger streiten, wird er wahrscheinlich auf die Antwort und Reaktionen seiner Ehefrau achten, um eine Rückmeldung für seine ursprüngliche Entscheidung im Hinblick auf Sturheit zu bekommen.

Mit einem Lösungsfokus transportieren wir diese interaktionale Sichtweise in das Gespräch mit unseren KlientInnen. Wir nehmen an, daß eine zirkuläre Beziehung zwischen der Beschreibung ihrer Situation und dem, was sie dann tun, besteht. Wenn wir mit ihnen über ihr Ziel, über ihre „Zeiten der Ausnahme“ und ihre hypothetischen Lösungen sprechen, nehmen wir an, daß eine Veränderung in der Bedeutung oder Beschreibung zu dem führen kann, was sie wollen. Wir beabsichtigen durch das Gespräch, es ihnen leichter zu machen, sich neuen oder anderen Bedeutungen gegenüber zu öffnen, so daß sie anders handeln können und mehr von dem bekommen, was sie sich außerhalb der Therapie wünschen. Wir messen Erfolg in unseren Gesprächen mit KlientInnen daran, daß sie sagen, sie bekommen nun mehr von dem, was sie wollen oder daß es keinen Grund mehr gibt, uns zu treffen.

Diese interaktionale Auffassung von Bedeutung und Handlung (Bedeutung des geäußerten Ziels und der daraus folgenden Handlung) wird am Beispiel eines jungen Mannes veranschaulicht, der Probleme hat, eine Dissertation zu schreiben. Er beklagt, er schaffe es nicht, anzufangen. Als wir fragen, wie wir ihm dabei helfen können, äußert er, daß er gerne vorankommen würde. Im Moment habe er das Gefühl, nicht viel zu schaffen, er zaudere einfach und mache sich Sorgen. Er äußert jedoch, in der vergangenen Woche einiges gemacht zu haben.

Wir fragen ihn nach solchen Zeiten, wo es ihm gelingt, etwas zu schreiben. Er sagt, er habe sich vor kurzem entschieden, sich eine Methode des „ersten Entwurfs“ zu eigen zu machen. „Wie ist das anders?“ fragen wir. Er antwortet, normalerweise fange er an zu schreiben und denke dann über alle Fehler nach oder er stelle sich vor, daß sein Beurteiler denken wird, dies sei nicht gut genug. Dann höre er auf, zu schreiben. Mit dieser neuen Methode des „ersten Entwurfs“ höre er nicht wegen einer Korrektur auf, sondern mache einfach weiter. Trotz der Tendenz, seine Fehler zu korrigieren oder seine Gedanken über die Arbeit in Zweifel zu ziehen, schreibe er weiter.

Diese Gedanken und Handlungen bei der Ausnahme können als eine Interaktion der Bedeutung und der praktizierten Handlung beschrieben werden. Die Ausnahme zeigt mehrere Unterschiede zur Problemzeit. Der Klient trifft eine erste Unterscheidung zwischen einem „ersten Entwurf“, der anders als die abgeschlossene Arbeit ist, mit der er kritischer umgehen würde. Er entscheidet sich, weiter zu schreiben trotz der Versuchung, das Geschriebene beim Schreiben kritisch zu bewerten. Er entscheidet sich, Fortschritte zu machen, weil er einige Seiten mehr in kürzerer Zeit geschrieben hat im Vergleich zu der Zeit, als er versuchte, seine Arbeit während des Schreibens zu beurteilen. All diese

Unterschiede wirken als Rückmeldung im Hinblick auf seine anfängliche Unterscheidung eines „ersten Entwurfs". Die Unterschiede dienen auch als Rückmeldung für seine Entscheidung, diese neue Regel weiterhin beizubehalten.

Vorausgesetzt, er unterscheidet zwischen ersten Entwürfen und anderen Arbeiten, so schreibt er weiterhin sogar mehr trotz seines Bedürfnisses, zu bewerten und umzuschreiben. Die Tatsache, daß er weiter geschrieben hat aus der Sicht des „ersten Entwurfs", ist eine Rückmeldung für ihn. Sollte er in Versuchung geraten, in sein altes Muster zurückzufallen und einen Fehler zu korrigieren, so mag das für ihn ein weiterer Beweis sein, daß er zu seiner ersten Entscheidung, nur diesen ersten Entwurf zu machen, stehen sollte. Wenn er aber feststellt, daß er insgesamt Fortschritte macht, indem er etwas zu Papier bringt, trotz der Versuchung zu korrigieren, ist das womöglich für ihn ein weiterer Beweis, daß seine erste Entscheidung richtig war.

Diese Arbeitsmethode des „ersten Entwurfs" scheint für ihn eine weitere und offenere Bedeutung zu besitzen und gibt ihm die Möglichkeit, stärker so zu handeln, wie er es möchte. Die zirkuläre Qualität der neuen Bedeutungen könnte folgendermaßen beschrieben werden:

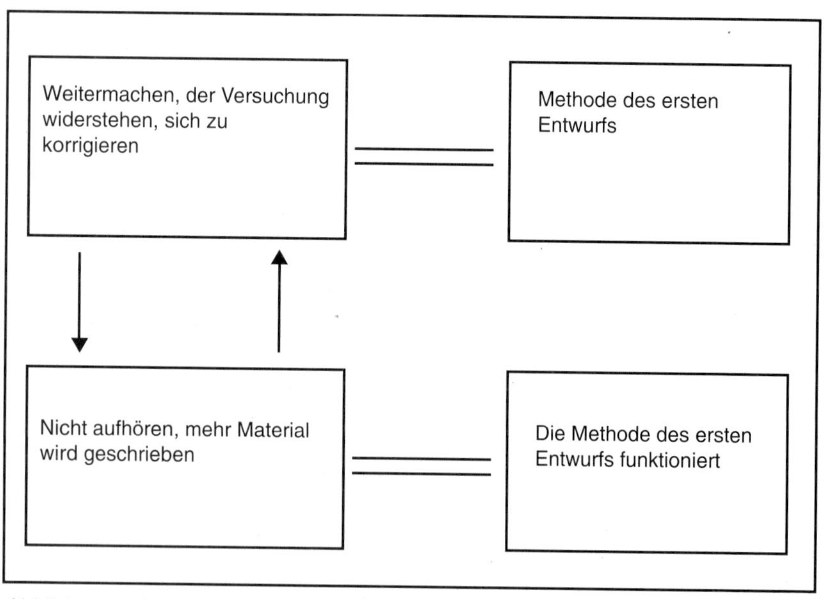

Abbildung 8: Interaktion von Lösungen

Eine interaktionale Sichtweise kann auch verwendet werden, um Ausnahmen und Lösungen zwischen Menschen und nicht nur zwischen Bedeutungen und Handlungen zu verstehen. Wenn wir mit mehr als einer Person sprechen, fordern wir jedE zu Beschreibungen auf. Wir können zwei unterschiedliche Beschreibungen unter dem Aspekt der Interaktion verknüpfen. Wir können interaktional darüber denken, wie jedE die Situation sieht und was sie tut. Wir können aber auch die Interaktion zwischen beiden betrachten.

Ein Beispiel hierzu: Im Gespräch mit einem Paar über Ausnahmen von ihrem Konflikt wollen wir gerne die Sichtweisen beider hören und was jedE vom anderen denkt, was sie anders mache. Bei einem seit mehreren Jahren verheirateten Paar beklagte sich die Frau, daß sie sich in der Vergangenheit so oft gestritten hätten, daß sie sich ernsthaft über Scheidung unterhalten hätten. Wir fragten nach Ausnahmen – d.h. nach Zeiten, wo sie nicht stritten oder die Streitereien kein Problem darstellten. Sie sagte, es habe einige Streitereien gegeben, die gut oder zumindest nicht destruktiv waren.

„Was war anders in solchen Zeiten?" fragten wir. Sie sagte, daß er während solcher Streitereien nicht weggegangen sei und sie aufgeregt zurückgelassen habe. Stattdessen sei er geblieben, bis sie fertig waren. „Was fand sie daran gut?" fragten wir. Sie sagte, sie habe dadurch die Chance gehabt, ihre Gefühle zur Sprache zu bringen, und sie hatte den Eindruck, als sei es ihm zumindest so viel wert, daß er ihr zuhöre und sie ausreden lasse. „Was war daran anders?" fragten wir. Wenn er sonst weggegangen sei, so meinte sie, habe sie sich überlegt, ob er ihr wegen des Streits Vorwürfe machte und dachte, sie sei einfach verrückt.

Wir fragten ihn, ob das auch auf ihn zuträfe, daß es manchmal ein bißchen besser lief, wenn sie nicht streiten würden oder die Streitereien in Ordnung waren. Er antwortete, das sei auch für so. Manchmal bestehe sie darauf, daß er sie „bis zu Ende anhöre", und dann bleibe er. Wenn er dabliebe und zuhörte, sagt sie schließlich manchmal, was sie will. Er sagte, das sei anders, weil sie sich gewöhnlich immer dann beklagte, wenn es für ihn zu spät sei, irgendetwas zu tun. „Oh, sie hat also mehr Glück, das von Ihnen zu bekommen, was sie will, wenn Sie es Ihnen vorher sagt", stellten wir zusammenfassend fest.

Er sagte, „Ja, aber sie ist immer noch verärgert, daß ich nicht weiß, was sie will." Wir fragten, ob das auch auf ihn zutreffe. Er antwortete darauf, er sehe das nicht so, weil sie schon zu wissen schien, was er wolle, bevor er es manchmal wisse.

Wir fragten ihn „Wie entschieden Sie sich, dazubleiben und zuzuhören?“ Er sagte, er habe gewußt, daß sie es ernst meinte, als sie ihn direkt bat zu bleiben.

In diesem Beispiel können wir Bedeutungen und Handlungen auflisten, die eine Interaktion der Ausnahmen deutlich werden lassen. Für ihn sieht es so aus: Wenn sie ihm sagt, was sie will, indem sie entweder darauf besteht, daß er bleibt und zuhört oder etwas anderes macht, ist es sehr wahrscheinlich, daß er bleibt. Jedoch sagt er seiner Frau nicht, was er will, weil er denkt, sie wisse intuitiv, was er will und nehme es vorweg.

Für sie sieht es so aus: Die Tatsache, daß er bleibt und sie nicht aufgeregt zurückläßt, wertet sie als Zeichen seines Bemühens. Sie findet es gut, die Möglichkeit zu haben, ihre Gefühle zur Sprache zu bringen und auszureden.

Die Beschreibungen der Klientin über die Ausnahmen können folgendermaßen zusammengefaßt werden: Je mehr sie ihm sagt, was er tun soll, umso wahrscheinlicher ist es, daß er etwas davon umsetzt und zuhört – je mehr er zuhört, desto mehr denkt sie, er bemühe sich und umso wahrscheinlicher ist es, daß sie ihm weiter sagt, was sie will.

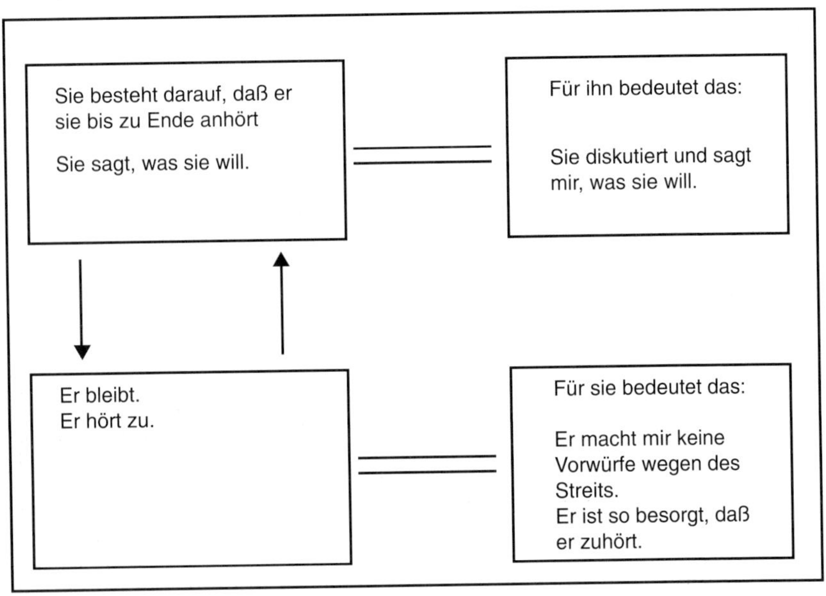

Abbildung 9: Interaktion der Ausnahmen

Durch eine interaktionale Beschreibung von Zielen, Ausnahmen oder hypothetischen Lösungen, wollen wir etwas über die Bedeutung erfahren, die jedE einzelnE ihrem eigenen Verhalten wie dem der anderen zuschreibt. Ferner wollen wir erfahren, in welche Richtung das Handeln geht. Kennen wir die Bedeutung jedes einzelnen, können wir sehen, wie beide Sichtweisen und die korrespondierenden Handlungen zusammenpassen, entweder als Ausnahmen oder als Lösungen. Ein Diagramm der Ausnahmen könnte so aussehen wie in Abbildung 9 dargestellt.

Als dieses Paar weiter an seiner Lösung arbeitete, indem sie die hypothetische Lösung beschrieben, erkannte sie, daß seine Art, an Dinge heranzugehen, sich von ihrer unterschied. Vorher hatte sie gedacht, sein Unvermögen, ihre Wünsche zu vorauszuahnen, sei ein Zeichen fehlenden Bemühens. Nun dachte sie über ihn anders. Er ging nicht intuitiv an Bedürfnisse anderer heran, sondern er war jemand, der nur auf direkte Fragen reagierte. Das war weder gut noch schlecht, sondern einfach eine andere Art zu handeln.

Er hörte ihr weiter zu und erkannte ihren Wunsch an ihn, sich direkter über seine Wünsche zu äußern. Ihre neuen Bedeutungen und Handlungen würden wir so darstellen:

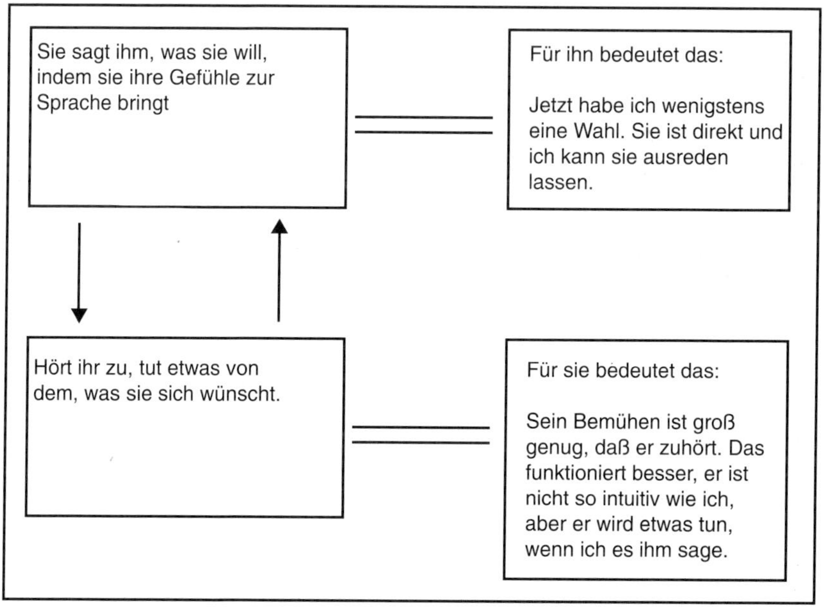

Abbildung 10: Interaktion der hypothetischen Lösung

Diese interaktionale Sichtweise, nach der Bedeutung und Handlung rekursive Schleifen bilden, ist die Grundlage unseres Verständnisses. Wie wir bereits erwähnten, wenden wir diese interaktionale Perspektive auf Handlungen der KlientIn in Hinblick auf Lösungen an, auf Handlungen der KlientIn bezogen auf andere und auf die Interaktion zwischen KlientInnen und uns.

Unterschiede einführen

Wenn KlientInnen eine Therapie beginnen, beschreiben sie in der Regel, wie sie die Situation sehen und berichten über die versuchten Lösungen. Betrachtet man die Art, wie sie ihre Situation sehen und was sie bereits getan haben, wird deutlich, daß sie eine Veränderung suchen. Wir helfen ihnen dabei, ihre Situation anders zu sehen, indem wir Fragen stellen, die sie zu einer anderen Sichtweise einladen.

Bis zu diesem Punkt haben wir uns darauf konzentriert, Unterschiede durch Verwendung der zentralen Rahmen einzuführen, nämlich:

1. „Worin besteht Ihr Ziel, wenn Sie hierherkommen?" *(Rahmen des Ziels)*;
2. „Wie geschieht das jetzt bereits?" oder „Wann tritt das Problem nicht auf?" *(Rahmen der Ausnahmen)*; und
3. „Wie werden Sie Ihr Ziel in Zukunft realisieren?" oder „Wenn ein Wunder geschehen würde und Sie befänden sich auf dem Weg, das Problem zu lösen, was würden Sie anders machen?" *(Rahmen der hypothetischen Lösung)*.

Diese Rahmen bewirken Unterschiede bei KlientInnen, weil die meisten nicht darüber nachgedacht haben, was sie *wollen* oder wie das Leben ohne das Problem sein wird. Dadurch, daß sie in Ausnahmezeiten Möglichkeiten aufspüren, entsteht auch für sie ein Unterschied. Indem wir durch solche Fragen Unterschiede einführen, können KlientInnen eine offenere Bedeutung für ihre Lösung oder sich selbst konstruieren und daher anders als gewohnt handeln.

Bei vielen KlientInnen reichen allein solche Fragen aus, um Lösungen zu entwickeln. Anderen wiederum fällt es schwerer, einen Zugang zu diesen Fragen zu gewinnen. Die Fragen machen vielleicht einfach keinen Sinn für sie. Bei anderen KlientInnen entsteht durch diese Fragen einfach nicht die Möglichkeit, einen Unterschied zu sehen. Wir müssen die Fragen irgendwie den Bedürfnissen anpassen, so daß Klientinnen Rahmen betreten können und einen Unterschied für sich finden.

Bei einigen KlientInnen, deren Problemsituation andere Menschen mit umfaßt, kann ein bedeutungsvoller Unterschied dadurch entstehen, daß sie den Bezugsrahmen der anderen Person betreten. Fragen, die es notwendig machen, den Bezugsrahmen des anderen zu betreten, können für einige schwierig sein, bringen oft aber einen bedeutsamen Unterschied hervor. Im oben zitierten Ehefall beispielsweise dachte der Ehemann nicht, daß er während der Ausnahmezeiten irgendetwas anders machte. Er dachte vielmehr, die gesamte Veränderung bewirke seine Frau. Die Veränderung bestand für ihn darin, daß seine Frau netter war und deshalb reagierte auch er netter. Um seinen Anteil während der Ausnahmezeiten zu erkennen, war es für ihn hilfreich, sich während der Ausnahmezeiten mit den Augen seiner Frau zu betrachten. Dadurch konnte er sehen, daß seine Handlungen etwas Besonderes waren und sich von den Problemzeiten unterschieden. Durch ihre Augen konnte er erkennen, wie sein Verhalten „zuzuhören", anstatt widerwillig wegzugehen, nützlich war.

Andere Klientinnen finden einen Unterschied, indem sie eine distanziertere Position bezogen auf ihre Situation einnehmen. Oft sehen sie den Wald vor lauter Bäumen nicht, sind zu tief in ihre Gefühle der Situation verwickelt, um einen Unterschied zu sehen. Indem sie sich distanziert aus einer entfernten Position betrachten, können wir es ihnen leichter machen, den Wald zu sehen. Durch den Abstand zu ihren Gefühlen, können sie erkennen, wie sie in Zeiten der Ausnahmen anders denken oder was sie anders machen.

Die interaktionale Matrix

Die interaktionale Matrix (Abb. 11) ist ein Hilfsmittel, um Fragen auszuwählen, was das lösungs-konstruierende Gespräch von einem interaktionalen Standpunkt aus erleichtert und KlientInnen Bereiche eines Unterschieds eröffnet.

In den Spalten der Matrix sind die Rahmen, die wir in verschiedenen Phasen der Lösungskonstruktion verwenden. Wir führen den Gesprächsrahmen des Ziels, der Ausnahmen oder der hypothetischen Lösungen an unterschiedlichen Stellen des Gesprächs ein, abhängig davon, wo wir stehen oder wohin wir anhand der in Kapitel Fünf dargestellten Karte zur Konstruktion von Lösungen wollen.

Position	Konversationelle Rahmen		
	Ziel	**Ausnahme**	**hypothetisch**
selbst	Worin besteht ihr Ziel, wenn Sie hierherkommen ?	Was machen Sie anders? Was macht Ihre EhepartnerIn anders ?	Was werden Sie anders machen ? Was wird Ihre EhepartnerIn anders machen ?
andere	Was würde Ihre EhepartnerIn sagen, ist Ihr Ziel, wenn Sie hierherkommen	Was würde Ihre EhepartnerIn sagen, was Sie anders machen ?	Was würde Ihre EhepartnerIn sagen, was Sie anders machen?
	Was würde Ihre EhepartnerIn sagen, was ihr Ziel ist, wenn sie hierherkommt?	Was würde Ihre EhepartnerIn sagen, was sie anders macht?	Was würde Ihre EhepartnerIn sagen, was sie anders macht?
distanziert	Was würde ich sagen, worin besteht Ihr Ziel, wenn Sie hierherkommen ?	Wenn ich eine Fliege an der Wand wäre, was würde ich Sie (Ihre Ehepartnerin, Sie beide) anders machen sehen ?	Sollte ich eine Fliege an der Wand sein, was würde ich Sie (Ihre Ehepartnerin, Sie beide) anders machen sehen ?
	Was würde ich sagen, worin besteht das Ziel Ihrer Ehepartnerin, wenn sie hierher kommt ?		

Abb. 11: Interaktionale Matrix

Die Zeilen der Matrix zeigen die verschiedenen Positionen von Frage und Antwort. Die erste ist die Position des „Selbst“. Fragen aus dieser Position veranlassen die Antwortenden, aus ihrer eigenen Position heraus zu antworten, das heißt, sie antworten von ihrem eigenen Standpunkt aus. Die nächste Position ist die des „anderen“. Fragen aus dieser Position veranlassen den Gefragten zu Antworten aus der Perspektive einer anderen, die zuhört und berichtet und in den Lösungskontext einbezogen ist.

Im Fall eines Paares ist beispielsweise eine „andere“- Frage an den Mann eine, die ihn auffordert aus der Sicht seiner Frau zu antworten. Er soll das sagen, was er denkt, was seine Frau aus ihrer Sicht und mit ihren Worten sagen würde. Fragen aus dieser Reihe beginnen in der Regel mit „Was würde Ihre GattIn (oder ein anderes Familienmitglied oder andere betroffene Personen) sagen . . .?“

Um diese Frage zu beantworten, muß der Mann einen Augenblick lang sein eigenes Denken beiseite legen und sich vorstellen, daß seine Frau die Frage beantwortet. Er muß entweder kurz in ihre Haut schlüpfen oder zumindest darüber nachdenken, was sie sagen würde, wenn sie die Frage beantworten sollte.

Dieses Wechseln der Positionen führt bei KlientInnen in der Regel zu einer Suche nach (oder Erschaffen von) neuer oder vielleicht anderer Information. KlientInnen halten oft einen einen Moment inne, wenn sie diesen Unterschied erleben, und entweder modifizieren sie ihre Erfahrung aus der anderen Perspektive oder sie entwickeln eine neue Erfahrung.

Ein Ehemann äußert beispielsweise, sein Ziel für die Therapie sei, daß seine Frau ihre Haltung ändere und sich mehr in die Beziehung hineingebe. Er sagt, er glaube nicht, daß seine Frau ihn noch liebe.

Als wir ihn fragten, was wäre, wenn seine Frau sagen würde, sie liebe ihn nicht mehr, zögert er einen Moment und berichtet dann, sie würde wahrscheinlich sagen, daß sie ihn doch liebe. „Würde sie sagen, daß es Zeiten gibt, wo sie sich ihrer Liebe zu Ihnen bewußter ist?“ Diese ausnahmenorientierte Frage lädt ihn auch dazu ein, sich in ihre Realität zu begeben und danach zu suchen, worin für sie Zeiten der „Liebe“ bestehen. Diese leichte Veränderung führt oft zu lösungsorientierteren Realitäten, da der Ehemann eine andere Denkweise einnimmt. Vielleicht fängt er auch an, in Begriffen von Beziehungen zwischen Handlungen zu denken.

Die dritte Reihe der Matrix steht für eine „distanziertere Position". Diese Position steht für jemanden, die sich außerhalb der Probleme und Lösungen befindet und nur alle an der Interaktion Beteiligten unparteiisch beobachtet. Oft stellen wir folgende Frage: „Wenn ich eine Fliege an der Wand wäre und Sie und Ihre Frau beobachten würde, was würde ich Sie anders machen sehen ?" Diese Frage veranlaßt die AntwortendE, nicht aus ihrer Position, sondern von außerhalb ihrer selbst und aus einer neutralen Position heraus zu beantworten.

Wenn wir diese Kategorien mit den unterschiedlichen Gesprächsrahmen von Ziel, Ausnahme und hypothetischer Lösung zusammenbringen, erhalten wir eine Matrix von Fragen, aus der wir für unsere interaktionale Konstruktion von Lösungen auswählen können.

Jede Frage oder Rubrik der Matrix führt die AntwortendE in einen Erfahrungsbereich, der sich von ihrer gewohnten Denkweise unterscheidet.

Wie ein Unterschied in einer Frage einen Unterschied machen kann

Diese auf Unterschiede zielenden Fragen der Matrix sind Einladungen an KlientInnen, ihre alten restriktiven Überzeugungen und Regeln, die sie von sich und ihren Erfahrungen besitzen, über Bord zu werfen und nützlichere Überzeugungen hervorzubringen. Indem sie die durch die Frage vermittelte Einladung akzeptieren, sind KlientInnen in der Lage, ihre einengenden Problemrahmen aufzugeben und sich in eine Realität von Ausnahmen, hypothetischen Lösungen oder in die Position eines anderen zu begeben.

Diese alternativen Realitäten ermöglichen es der KlientIn, eine umfassendere Sichtweise einzunehmen. Durch den Rahmen der Ausnahmen ist es leichter, das Potential dessen, was sie bereits tun, zu erkennen. Der Rahmen der hypothetischen Lösung kann sie von einer versuchten Lösung in eine positivere Realität der Zukunft springen lassen. Die Positionen „der anderen" und „distanziert" können es ihnen leichter machen, eine Sichtweise anzunehmen, wonach sie den Einfluß ihres eigenen Verhaltens auf andere und sich selber erkennen.

Anwenden der Matrix

Die Matrix stellt ein konzeptionelles Schema dar, Rahmen zu organisieren, Positionen einzunehmen und Fragen hervorzubringen, was sich aus der Kombination dieser Konzepte ergibt. Die Matrix stellt keinen

Entscheidungsbaum dar, wann welche Frage zu verwenden ist. Im allgemeinen werden Ihnen die KlientIn und der Lösungsprozeß deutlich machen, welche Frage oder welche Fragen zu stellen sind.

Es gibt jedoch einige Fragen oder Bereiche der Matrix, die Sie – je nachdem, wie KlientInnen ihre Situation darstellen oder wie die konkreten Umstände der Therapie aussehen – hilfreich finden.

Im folgenden werden sechs Kontexte beschrieben, die vorwiegend zur Anwendung bestimmter Bereiche der Matrix führen.

1. KlientInnen stellen die Lösung so dar, daß sie primär in ihrer Verantwortung liegt: Benutzt wird nur die Zeile „Selbst".

Wenn KlientInnen von ihrer Lösung sprechen und beschreiben, was *sie* anders machen werden und die Grundlage hierfür ihre eigene Verantwortung oder ihr Beitrag in der Zukunft ist, besteht keine Notwendigkeit, andere Fragen als die aus der Zeile „Selbst" einzusetzen.

Zu uns kam beispielsweise eine Familie mit drei Kindern, wo alle Kinder unterschiedliche Probleme hatten, aber das Hauptproblem bestand darin, daß das mittlere Kind vor kurzem wegen Beteiligung an einem Autodiebstahl in Haft war. Das Problemgespräch zentrierte sich auf dieses Mädchen.

Als wir jedoch die Frage zur hypothetischen Lösung stellten, indem wir jedes Familienmitglied um Stellungnahme aus der eigenen Position heraus baten, sagte jedE, was sie jeweils in der Zukunft, wenn es mehr „Harmonie" – ihr definiertes Ziel- gäbe, tun würde.

Der Vater hatte bereits erkannt, daß er mehr zu Hause bleiben mußte und seiner Frau nicht die gesamte Verantwortung für die Erziehung der Kinder in der Familie aufbürden sollte. Er hatte bereits an seinem Arbeitsplatz angekündigt, er würde keine zusätzlichen Überstunden mehr machen.

Die Mutter sagte, sie würde das Haus sauber halten, so daß jedE sehen könnte, welchen Wert die Familie auf ihr Zuhause lege. Der älteste Junge berichtete, ihm sei klargeworden, wie sehr er mehr Gespräche mit seinen Eltern bräuchte. Das Mädchen sagte, sie würde auf den Hund, der auch zur Unordnung im Haus beiträgt, aufpassen. Der Jüngste sagte, er würde kein Basketball mehr im Haus spielen und auf seine Mutter hören.

JedE benannte eine Lösung, die in ihrer Verantwortung lag und kontrollierbar war. Indem wir jedE befragten, wie sie sich fühlte und was sie an

Änderungen bei den anderen bemerkt hatte, wurde die Lösung gestärkt.

Die Mutter wurde beispielsweise gefragt, ob ihrer Meinung nach die Entscheidung ihres Mannes, zu Hause zu bleiben, mehr zur Lösung beitragen könnte. Die Mutter antwortete, wie sehr sie seine Entscheidung schätze und wie erleichtert sie sich fühle, daß sie die Bürde nicht allein zu tragen habe. Sie meinte, sie habe das Gefühl, wieder mehr sie selber zu sein.

Die Frage wurde ihr aus der Selbst-Position gestellt. Es bestand keine Notwendigkeit, ihr Fragen aus der Position „die anderen“ zu stellen.

Fragen zu den anderen beiden Positionen hätten wahrscheinlich mehr Antworten ergeben, die aber nicht notwendig sind. Wir wollen unserer Faustregel treu bleiben: „Laß` es einfach.“ Daher fragen wir nur so viel, wie uns notwendig erscheint.

2. KlientInnen stellen ihre Lösung so dar, daß sie im Verantwortungsbereich einer anderen liegt

Sehr oft denken Menschen, Ehemänner, Ehefrauen, Elternteile oder solche, die in einem anderen Beziehungsverhältnis zu jemandem stehen, am Problem sei die anderE schuld und daher wird die gesamte Verantwortung für die Veränderung auf die anderE verlagert.

Das Problem für KlientInnen besteht darin, daß die Lösung, so wie sie sie sehen, von ihnen nicht kontrolliert werden kann. Sie denken, sie seien dafür nicht verantwortlich. Indem die Lösung in den Verantwortungsbereich einer anderen eingereiht wird, warten KlientInnen auf eine Veränderung beim anderen oder werden bei Versuchen, die anderE zu ändern, frustriert. Es ist notwendig, das Ziel in einen Rahmen zu stellen, aus dem hervorgeht, daß sie selber etwas tun können.

Fragen, die KlientInnen in die Position einer anderen versetzen, helfen ihnen sehr, ein für sie kontrollierbares Ziel zu definieren. Zum Beispiel kam ein Mann mit seiner Frau in die Therapie, weil sie miteinander Konflikte hatten. Wir hatten erkannt, daß es Ausnahmezeiten gab, wo sie sich nicht stritten.

TherapeutIn: Also, Dick, es hat in den letzten zweieinhalb Wochen Zeiten gegeben, wo die erwarteten Konflikte nicht aufgetreten sind. *(Frage nach Ausnahmen)*

Klient: Ja, das stimmt. Es ist etwas besser gewesen.

TherapeutIn: Und was haben Sie anders gemacht? *(Frage nach Spezifizierungen und innerhalb des Rahmens „selbst etwas anders machen", d.h. das er kontrollieren kann. Die Frage stammt aus der Zeile „Selbst", Rahmen der Ausnahmen.)*

Klient: Ich denke wirklich, meine Frau ist anders. Sie ist einfach verständnisvoller und nicht so abweisend gewesen. *(Beschreibt den Unterschied auf seiten seiner Frau. Insofern hat er keine Möglichkeit, etwas anders zu machen, was er kontrollieren kann.)*

TherapeutIn: Sie denken also, daß Sie nichts anders gemacht haben?

Klient: Nein, sie ist einfach netter gewesen.

TherapeutIn: Würde sie sagen, daß Sie etwas anders gemacht haben? *(Rahmen der Ausnahmen, aus dem Blickwinkel der anderen)*

Klient: Ich denke nicht, daß ich irgendetwas anders gemacht habe.

TherapeutIn: Ich weiß. Aus Ihrer Sicht ist sie anders gewesen. Würde sie aus ihrem Blickwinkel sagen, Sie hätten etwas anders gemacht? *(Seine erste Antwort wird akzeptiert und die Frage wird noch einmal aus der Position „des anderen" gestellt)*

Klient: Tja, sie könnte sagen, ich sei nicht so abweisend und eher bereit gewesen, zuzuhören, was sie mir zu sagen hat. *(Er begibt sich für einen Moment in ihren Blickwinkel und berichtet über Unterschiede in seinem Verhalten)*

TherapeutIn: Denken Sie, daß Sie, so wie sich Ihre Frau verändert hat, ihr auch mehr zugehört haben? *(Einladung zu einer anderen Sichtweise bezogen auf sein Verhalten)*

Klient: Ich glaube, ja.

TherapeutIn: Wie haben Sie entschieden, das zu tun? *(Frage nach Spezifizierung der Ausnahme in einer sprachlichen Formulierung, die das „Vermögen" herausstellt)*

Empathie und Unterstützung sowie die Fragen, die ein sich Hineinversetzen in die Position „der anderen" erfordern, machen es dem Ehemann möglich, seinen Anteil an den Ausnahmen zu erkennen. Vielleicht sieht er das zunächst nur als seine Reaktion auf die Veränderung seiner Frau an, aber das ist ein Anfang. Wir könnten ihm sagen, er könne mehr solcher guten Zeiten haben, wenn es ihm gelingen würde, seine Frau davon zu überzeugen, daß er das weitermacht, von dem *sie* annimmt, es sei anders, selbst wenn *er* nicht meint, daß es aus seiner Sicht überhaupt anders ist.

Genauso kann mit dem Rahmen der hypothetischen Lösung verfahren werden. Der Klient denkt vielleicht zunächst, daß seine Partnerin künftig anders sein wird.

TherapeutIn: Dick, wenn Sie heute hier weggehen und Sie und Ihre Frau auf dem Weg sind, diese Probleme zu lösen, was werden Sie anders machen? *(Rahmen der hypothetischen Lösung, Position „Selbst". Die Frage, „Also, wenn Sie heute hier weggehen, was werde ich sehen, was Sie und Ihre Frau anders machen werden?" (Rahmen der hypothetischen Lösung, Position der Distanz) könnte auch hilfreich sein)*

Klient: Tja, ich glaube, Susan wird anders sein. Sie wird kompromißbereiter sein und nicht mehr so angriffslustig.

TherapeutIn: Und wenn sie sich so verhält, was wird sie sagen, wie Sie anders mit ihr umgehen? *(Rahmen der hypothetischen Lösung, Position „andere")*

Klient: Hmmh. Ich glaube, sie wird sagen, daß ich mich mehr auf sie einstelle.

TherapeutIn: Sich mehr auf sie einstellen? Geschieht das jetzt schon ein wenig? *(Frage nach Ausnahmen)*

Klient: Ich glaube, manchmal stelle ich mich ein wenig auf sie ein.

Während des Gesprächs über eine Zukunft, in der das Problem gelöst sein wird, denkt der Klient, daß seine Frau anders sein wird. Das paßt wahrscheinlich zu seiner Sichtweise, daß sie die Ursache des Problems ist. Laden Sie ihn jedoch dazu ein, einen Blick in die Zukunft zu werfen und die Perspektive seiner Frau einzunehmen, während er das Therapiezimmer verläßt, ist er in der Lage, zu erkennen, wie er vielleicht anders reagiert.

Das, was er zunächst nur als eine Reaktion auf ihr Verhalten sieht, kann als Zwischenschritt einer Lösung für ihn verwertet werden. Eine

Aufgabe für ihn könnte darin bestehen, zu sehen, wie seine Frau auf ihn reagiert, wenn er beginnt, „sich auf sie einzustellen".

3. Ausrichten der Ziele

KlientInnen haben manchmal sehr unterschiedliche Annahmen darüber, was die anderE will. Fragen aus der Position „andere" können eingesetzt werden, um Ziele von zwei oder mehreren Personen auszurichten.

TherapeutIn: Also Jim, Sie erhoffen sich von der Therapie, mehr Freiraum für Ihre Arbeit zu haben sowie für Ihre Aktivitäten außerhalb der Familie.

Klient: Ja. Im Moment bedrängt sie mich immer, mit ihr und ihrer Tochter mehr zusammen zu sein. Sie will mich zu Hause haben und will, daß ich mehr Verantwortung für die Erziehung ihrer Tochter übernehme. Aber sie versteht nicht, daß ich so viele Stunden arbeiten muß, und die Wochenenden die einzige Zeit sind, wo ich weggehen und einfach ausspannen kann. Sie will, daß ich ein Sklave ihrer Idee bin, wie eine Familie sein sollte. *(Berichtet scheinbar über das Ziel seiner Frau, aber aus seiner Position und in seiner Interpretation)*

TherapeutIn: Ich sehe, warum Sie solche Angst davor haben, sich ihre Freiheit zu sichern. Also, wenn ich Ihre Frau fragen würde, wie Sie beide anders handeln werden, wenn das Problem gelöst ist, würde sie sagen, daß Sie wie ein Sklave handeln? *(Hypothetische Lösung, Position der „anderen")*

Klient: Nein, nicht wie ein Sklave. Sie würde wahrscheinlich sagen, daß ich mehr nach Hause kommen werde und an zu Hause so viel Interesse zeige wie an meinem Job.

TherapeutIn: Sind auch Sie daran interessiert, mehr Familienleben zu haben? *(Überprüfen, ob die Ziele miteinander vereinbar sind)*

Klient: Na ja, schon, aber nicht einfach auf Kosten meiner Karriere. *(Während wir über mehr Einzelheiten sprechen, richtet er seine Ziele mehr auf die vermeintlichen Ziele seiner Frau aus).*

TherapeutIn: Aus der Sicht Ihrer Frau, was werden Sie anders machen, wenn sie denkt, Sie interessieren sich mehr für das Familienleben ? *(Hypothetische Lösung, aus der Position der anderen)*

Klient: Sie würde wahrscheinlich sagen, sie wolle mich jeden Abend zum Abendessen sehen und wolle, daß ich ihre Tochter an den Wochenenden zu ihren Schwimmtreffen fahre.

TherapeutIn: Margret, stimmt das, wollen Sie das? *(Rahmen des Ziels, Position des Selbst)*

Margret: Nein, ich wäre glücklich, wenn er mich anrufen würde, um mir mitzuteilen, wann er später kommt und wenn er vielleicht einmal im Monat zu einem Schwimmtreffen gehen würde.

Dadurch, daß der Ehemann sich in Gegenwart seiner Frau aus ihrer Sicht äußert, ist er in der Lage, die vermeintlichen Erwartungen seiner Frau anzuerkennen. Er kann so ebenfalls anerkennen, wie er sich mit seiner Frau einigen könnte und wie sich beide miteinander auf das konzentrieren, was sie in Zukunft anders machen wollen oder werden.

Dadurch, daß er in ihrer Anwesenheit spricht, kann seine Frau dem, was sie will oder nicht, zustimmen oder nicht und an der gemeinsamen Konstruktion von Lösungen teilhaben.

4. KlientInnen, die denken, daß sie sich nur anders fühlen werden

Viele KlientInnen reagieren auf zielorientierte Fragen mit der Antwort, sie werden nicht irgendetwas anders *machen*, sondern sich vielmehr einfach anders *fühlen*. Diese Antwort paßt zu ihrer Sicht der Situation und dazu, wie sie sich selber sehen. Für sie ist Handeln wahrscheinlich kein Mittel, sich zu verändern oder neue Gefühle zu entwickeln.

Diese KlientInnen sehen sehr oft jede Ausnahme als spontanes Ereignis und Veränderung als etwas, was sie nicht kontrollieren können. Sie denken, sie müssen sich anders fühlen, um etwas anderes zu tun.

Wir wollen sie jedoch dazu bringen, etwas zu erkennen, was sie kontrollieren können, um das auf dem Weg zu ihren Zielen zu nutzen. Um so zu handeln, bitten wir die KlientIn aus einer distanzierten Position heraus zu antworten.

TherapeutIn: Also, Sie werden den Tag auf die gleiche Weise durchleben, aber Sie werden sich selbstbewußter fühlen, stimmt das? *(Das Ziel wird so zusammengefaßt, wie die KlientIn es zuerst beschrieben hat)*

Klientin: Ja, es ist schrecklich, einen Tag mit ständigen Selbstzweifeln zu verbringen.

TherapeutIn: Also, wenn ich Sie dabei beobachten würde, wie Sie den Tag in dieser eher selbstbewußten Weise verbringen, wie würde ich wissen, daß Sie sich so fühlen und nicht anders? Was würde ich anderes sehen oder hören? *(Rahmen der hypothetischen Lösung, aus der Position „distanziert")*

Klientin: Ich glaube, Sie würden sehen, wie ich direkter mit Menschen rede. *(Klientin stellt sich neben sich; sie erlebt sich selbstbewußt und berichtet über den Unterschied)*

TherapeutIn: Was würde ich sehen, was Sie tun, das mir sagen würde, daß Sie direkter wären?

Klientin: Ich würde sagen, was ich will und nicht mehr so lange warten und mir vorstellen, ob Leute an meiner Nachfrage Anstoß nehmen würden.

TherapeutIn: Und wenn Sie das machen, werden Sie irgendwie anders zu sich sprechen? *(Frage nach einem möglichen Unterschied in der Bedeutung, der mit ihren Handlungen korrespondiert)*

Klientin: Ich glaube, ich werde zu mir sagen, daß das, was ich will, wichtig sein kann. *(Kontextueller Unterschied)*

TherapeutIn: Sie werden also andere Dinge zu anderen und zu sich selber sagen. Wie geschieht das jetzt bereits, wenn es geschieht? *(Da die hypothetische Lösung jetzt beschrieben worden ist, versuchen wir die Lösung durch Ausnahmen in die Gegenwart zu bringen.)*

In dieser Situation denkt die Klientin zunächst, nur ihre Gefühle werden anders sein. Dadurch, daß sie die Position einer distanzierten Beobachterin einnehmen muß und über etwas Hypothetisches spricht, wird sie eingeladen, sich neben sich zu stellen und sich Unterschiede in ihrem Verhalten mit diesem anderen Gefühl anzusehen. Diese externen

Unterschiede bündeln sich zu Unterschieden bezogen auf die Bedeutung der Dinge, die sie zu sich selber sagt, was in dem Satz „das, was sie will, ist auch wichtig“, deutlich wird.

Mit diesen festgestellten Unterschieden laden wir TherapeutInnen sie wiederum ein, nach Zeiten der Ausnahmen zu suchen, wo das jetzt bereits ein wenig geschieht. Diese Ausnahmezeiten sind für uns dann die Basis, Lösungen zu entwickeln.

5. Zwei oder mehr Personen scheinen in sich ausschließenden Positionen festgefahren und haben Schwierigkeiten, aus der Position „der anderen“ zu berichten.

Manchmal hilft es, eine distanzierte Position einzunehmen, da dies es der TherapeutIn ermöglicht, eine neutrale Position einzuhalten und es KlientInnen möglich macht, aus sich herauszugehen zu einer stärker neutralen Position.

TherapeutIn: Also, Dennis, wenn in den kommenden Wochen das Problem gelöst sein wird, was wird Ihre Frau Sie anders machen sehen? *(Hypothetische Lösung, Position des anderen)*

Klient: Ich weiß nicht. Ich kann nichts tun, solange ich ihr nicht trauen kann.

TherapeutIn: Ja, ich nehme an, Sie wollen sich nicht so offen zeigen, um nicht wieder verletzt zu werden. Und wenn Sie beide das hinter sich gebracht haben, was werde ich Sie beide anders machen sehen? *(Akzeptieren seiner Äußerung und momentanen Position und Wechsel zur hypothetischen Lösung aus der Position „distanziert“)*

Klient: Wenn ich ihr trauen könnte, könnten Sie sehen, wie wir wieder Zeit zusammen verbringen.

TherapeutIn: Was werde ich jedE von Ihnen anders machen sehen während Ihrer gemeinsam verbrachten Zeit, das mir sagen wird, daß mehr Vertrauen vorhanden ist? *(Frage nach weiteren Einzelheiten)*

Diese distanzierte Position und der Rahmen des Hypothetischen versetzt Sie als TherapeutIn in die Lage, neutral zu sein und ermöglicht Ihnen ferner, daß KlientInnen Sie auch so sehen. Wenn KlientInnen die Frage hören, „Was werde ich jedE von Ihnen anders machen sehen?“

wird deutlich, daß Ihre Perspektive der Situation nicht einseitig ist, sondern jedE von ihnen für Veränderung oder das Schaffen von etwas anderem verantwortlich ist.

Fragen aus der Position „distanziert“ können es der KlientIn eine Zeitlang möglich machen, die Emotionen, die mit ihrem Kummer verbunden sind, beiseite zu legen, um den Blick auf eine positivere Zukunft zu werfen, auf der sie aufbauen kann. Anhand ihrer Beschreibung der hypothetischen Lösung können Sie nach Zeiten in der Gegenwart (Ausnahmen) fragen, wo die hypothetische Lösung bereits „jetzt ein wenig“ realisiert wird. (vgl. Anwendung der hypothetischen Lösung aus Kapitel Sechs)

6. Unfreiwillige KlientInnen

KlientInnen, die unfreiwillig kommen, sagen oft, sie haben kein Problem und sehen keine Notwendigkeit für Therapie. In Kapitel Sechzehn werden wir im einzelnen darauf eingehen, wie Sie es als TherapeutIn einer unfreiwilligen KlientIn erleichtern können, Ziele für die Therapie hervorzubringen. An dieser Stelle wollen wir nur deutlich machen, wie die Fragen der Matrix für Sie und die KlientIn hilfreich sein können.

KlientInnen, die unfreiwillig kommen, sind oft in einer Situation, in der sie irgendwelche Bedingungen, die von anderen gesetzt wurden, erfüllen müssen. Indem wir Fragen aus der Position „der anderen“ stellen, und die andere derjenige ist, die die Therapie verordnet, können Sie KlientInnen helfen, Wahlmöglichkeiten zu erkennen. Zum Beispiel kommt ein Klient auf Weisung des Dekans zur Therapie.

Klient: Ich bräuchte nicht hier zu sein. Der Dekan hat mich auf dem Kieker und denkt, ich mache immer Ärger.

TherapeutIn: Also, Sie sind der Auffassung, daß der Dekan eine falsche Vorstellung von Ihnen hat und Sie aufgrund dieser Vorstellung auffordert, zu mir in die Beratung zu kommen. *(Zusammenfassung der Situation aus der Sicht des Klienten)* Also, ich glaube, eine Möglichkeit, da herauszukommen, besteht für Sie darin, ihn davon zu überzeugen, daß Ihre Sichtweise über Sie die zutreffendere ist. Aus der Sicht des Dekans, was wird er Sie tun sehen, sollte er Ihnen zustimmen, daß Sie kein Unruhestifter sind.

Diese Frage aus der Position „der anderen“ lädt diesen Klienten ein, sich vorübergehend in die Wahrnehmungsposition des Dekans zu begeben. Durch das Verb „wird“ geht die Frage davon aus, daß eine Zeit kommen wird, wo der Klient den Dekan überzeugt und seine Situation auflöst. Während der Klient antwortet, wird er aus dem Blickwinkel des Dekans nach positiverem Verhalten oder Zeichen suchen. Der Klient wird dann die Wahl haben, ob er sich dementsprechend verhalten will.

Zeitweise übernehmen Sie möglicherweise zwei Rollen, die der TherapeutIn und die der BewerterIn. Vielleicht arbeiten sie beim Kinderschutz und Sie sind sowohl AbteilungsleiterIn als auch TherapeutIn. Sie sind verantwortlich, eine Empfehlung zu erstellen, ob oder wann Kinder zu einem Elternteil zurückgeführt werden sollen. Darüber hinaus kommt Ihnen auch die Verantwortung zu, den Fortschritt des Elternteils zu überwachen und ihr dabei zu helfen, notwendige Veränderungen herbeizuführen. Fragen, die sich auf die Position „der anderen“ und auf das Hypothetische beziehen, können hilfreich sein. Da Sie die Bedingungen setzen, sind Sie in einer solchen Situation „die anderE.“ Ein Beispiel:

TherapeutIn: Also, wenn ich überzeugter bin, daß Sie Ihre Drogenprobleme bewältigen, was werde ich Sie anders machen sehen? *(Hypothetische Lösung, Position „der anderen“)*

Klientin: Ich glaube, Sie werden positive Urintests sehen.

TherapeutIn: Tja, das könnte mich davon überzeugen, daß Sie clean sind. Gibt es irgendetwas anderes, das mich oder sogar Sie selber überzeugen würde?

Klientin: Vielleicht werden Sie mich über Dinge sprechen hören, die ich tun will, anstatt „high“ zu werden. *(KlientIn versucht, die Position der TherapeutIn einzunehmen.)*

Die KlientIn ist eingeladen, Ihre Position einzunehmen und sich in der Rolle zu sehen, wie sie Sie als TherapeutIn davon überzeugt, daß sie das Problem löst.

Diskussion

Frage:

Ich habe versucht, einige dieser Fragen anzuwenden und die KlientInnen wurden verwirrt. Was kann ich machen?

KlientInnen werden sehr oft verwirrt, wenn sie versuchen, diese Fragen zu beantworten. Sich in die Haut einer anderen zu versetzen, ist für einige KlientInnen ungewohnt und unangenehm. Um Ihnen zu helfen, sollten Sie die Frage langsam und vielleicht auch konkreter stellen, um sie sacht in diese Position zu bewegen. Sie könnten zum Beispiel sagen, „Angenommen, der Dekan wäre gerade jetzt hier bei uns, und ich würde ihn fragen, welches andere Verhalten er von Ihnen will, was könnte er darauf sagen?“ Oder Sie könnten die KlientIn tatsächlich auffordern, eine zeitlang so zu tun, als wäre sie die andere Person. Sie könnten beispielsweise sagen, „Angenommen, Sie wären jetzt Ihre Frau, was würden Sie wollen, daß er anders machen solle?“

Wenn Sie die KlientIn sanft in die Situation einführen, indem Sie alles ein wenig vorbereiten, können KlientInnen aus der Position „der anderen“ oder aus der Position „distanziert“ berichten.

Frage:

Manchmal weigern sich KlientInnen aus der Position „der anderen“ zu berichten, wenn die andere Person auch anwesend ist. Sie äußern sich dann folgendermaßen: „Sie ist doch hier. Warum fragen Sie sie nicht?” Was mache ich dann?

KlientInnen fragen das oft. Sie scheinen nicht zu verstehen, warum Sie sie bitten, anstelle einer anderen zu sprechen. Antworten Sie nur, daß Sie wissen wollen, was *sie* (die Personen, die Sie ansprechen) denken, was die anderE erwartet und Sie gleich klären werden, was die andere Person dazu sagt.

Übung*

Damit Sie selber etwas Übung mit den verschiedenen Positionen der Matrix bekommen, versuchen Sie folgendes: Wählen Sie eine Situation aus, wo Sie mit einer anderen eine problematische Interaktion haben. Das kann eine Situation sein, wo Sie und eine anderE mehrere Konflikte gehabt haben.

Wenn Sie eine Situation gefunden haben, stellen Sie sich selber jede einzelne Frage der Matrix oder lassen Sie das jemand anderen tun. Verfolgen Sie die Zeilen innerhalb derselben Position – vom Ziel über Ausnahmen zur hypothetischen Lösung. Achten Sie auf Ihre unterschiedlichen Erfahrungen und notieren Sie Ihre Antworten. Beachten Sie die Veränderungen in Ihren inneren Filmen oder Ihrem inneren Dialog im oder über den Film. Gehen Sie dann zur nächsten Zeile einer

---

* Wir möchten an dieser Stelle Michael Banks danken, auf den diese Übung zurückgeht.

anderen Position über. Beachten Sie, wie sich Ihre Erfahrung verändert und welche Unterschiede aufkommen. Welche Unterschiede nehmen Sie in Ihren Filmen und im Dialog wahr? Auf welche Weise erleben Sie Dinge anders, wenn Sie aus der Position „eines anderen" berichten? Wie verändern sich Bedeutungen von Situationen, wenn Sie aus dem Blickwinkel „einer anderen" oder „distanziert" berichten? Welche Fragen führen zu größeren Unterschieden oder sind nützlicher?

Kapitel 12

„Ich möchte aber, daß sie anders sind"

Wenn jemand anders als Problem definiert ist

Jede Änderung, wie KlientInnen ein Ziel (eine Lösung) beschreiben und/oder was sie tun, beeinflußt zukünftige Interaktionen zwischen allen Beteiligten.

In Kapitel Vier – eindeutig definierte Ziele – beschrieben wir die Notwendigkeit, Ziele zu konstruieren, die für die KlientIn kontrollierbar sind. Wir alle haben aber Erfahrungen mit KlientInnen, die mit jeweils anderen Worten gesagt haben „Ich möchte, daß die anderE sich verändert" oder sogar „Ich möchte, daß Sie die anderen verändern."

Beides sind Beschwerden, die die Lösung als eine Veränderung von jemand anderen definieren. Für uns als TherapeutInnen besteht das Problem darin, daß weder wir noch KlientInnen jemand anderen ändern können, obwohl sie es wahrscheinlich viele, viele Male versucht haben.

Da wir KlientInnen nicht folgen können, jemand anderen zu ändern, besteht unsere Aufgabe darin, mit ihnen so zu kooperieren, daß sie Ziele entwickeln, die sie kontrollieren können.

Es gibt vier Wege, die wir nützlich finden, diese Beschwerden über jemand anderen aufzugreifen und in erreichbare Ziele zu verwandeln:

1. Direkt: „Ich kann die anderE nicht ändern."
2. Exploration der Zukunft, ohne eine Änderung bei anderen
3. Exploration der hypothetischen Lösung und der Ausnahmen.
4. Exploration der Absichten oder des Ziels, die hinter der versuchten Lösung liegen

1. Direkt: „Ich kann die anderE nicht ändern"

Der kürzeste Weg ist oft der direkte und unverblümte. Wir erklären einfach, daß wir jemand anderen nicht ändern können. Zum Beispiel:

> Wissen Sie, so gerne ich Ihnen helfen würde, Ihre Frau ist nicht hier, und ich weiß, daß ich sie nicht ändern kann. Keiner von uns kann

wirklich jemand anderen ändern. Gibt es eine andere Möglichkeit, Ihnen zu helfen?

Ein Beispiel:

TherapeutIn: Worin besteht Ihr Ziel, wenn Sie hierherkommen? *(Rahmen des Ziels)*

Klient: Meine Frau hat dieses Problem. Ich denke, sie schätzt sich selber nicht sehr, und sie tut einfach nicht das, was für sie das beste ist, und sie macht aus unserer Ehe nicht das, was sie könnte.

TherapeutIn: Ich bin nicht sicher, ob ich Sie verstehe.

Klient: Sie ist sehr übergewichtig, und sie weiß das. Sie ist deprimiert. Sie sitzt den ganzen Tag einfach herum. Sie beklagt sich bei mir, über das, was ich tue. Sie sagt, ich verdiene nicht genug Geld für die Familie, mache nicht genug mit den Kindern, rede sie immer unter den Tisch und sei nicht unterstützend. Ich denke nicht, daß ich sie nicht unterstütze. Ich glaube, sie hat einfach diese schrecklich schlechte Meinung von sich selber und kann es nicht verkraften, daß es mir besser geht als ihr.

Ich habe versucht, sie zu überzeugen, zu einer TherapeutIn zu gehen, aber sie sagt, daß ich derjenige mit den Problemen bin, nicht sie. Sie denkt, daß ich eine geringe Selbsteinschätzung habe und sie heruntermache, um mich überlegen zu fühlen.

Ich habe versucht, sie davon zu überzeugen, eine TherapeutIn aufzusuchen. Ich habe versucht, sie bei Diäten zu unterstützen. Ich habe versucht, ihre Arbeit für sie zu machen. Es scheint, als bringe diese Frau nichts dazu, sich zu ändern.

Ich kann mit ihr nicht mehr umgehen. Können Sie mir helfen, daß Sie sich ändert?

TherapeutIn: Tja, das hört sich so an, als ob das frustrierend für Sie gewesen ist und daß Sie alles versucht haben, um sie zu einer Veränderung zu bewegen. Ich wünschte, ich könnte Ihnen dabei helfen, aber ich kann sie nicht verändern. Wirklich, ich glaube nicht, daß irgendjemand irgendeine andere ändern kann. Es hört sich so an, als ob Sie das selber auch schon erkennen. Gibt es eine andere Möglichkeit, Ihnen zu helfen?

Klient: Na ja, wenigstens brauche ich einen Weg, um mit ihrer negativen Haltung fertig zu werden. *(Äußerung eines Ziels)*

TherapeutIn: Wenn Sie das machen würden, was würden Sie anders machen? *(Rahmen der hypothetischen Lösung)*

Dieser direkte Weg verschiebt den Rahmen der Therapie – weg von seinem Wunsch, seine Frau anders haben zu wollen hin zur Definition eines Weges, den er selber gerne gehen würde. Das Ziel „mit ihrer negativen Haltung fertig zu werden" enthält mehr Möglichkeiten für ihn. Sein eigener Umgang kann von ihm kontrolliert werden, während die Veränderung ihrer Selbsteinschätzung nicht in seinem Kontrollbereich liegt.

2. Exploration der Zukunft ohne eine Änderung bei anderen

Eine Möglichkeit, dem Wunsch nach Veränderung einer anderen eine neue Richtung zu geben, kann durch folgende Fragen erreicht werden: „Was ist, wenn die andere Person sich nicht ändert? Was werden Sie tun?"

Diese Frage untersucht die Möglichkeit, daß die andere Person sich nicht verändert und die daraus entstehenden Konsequenzen. Die Frage untersucht auch, worin die Ängste der KlientIn bestehen. Fragen wie „Was ist, wenn die andere Person sich nicht ändert? Was werden Sie tun?" bergen Potential für Klientinnen zu definieren, was sie tun werden und was sie kontrollieren können, auch wenn die Lösung nicht all das umfaßt, was sie wollen. Ein Beispiel:

(Schul-) BeraterIn: Was führt Dich hierher, Jack? *(Rahmen des Ziels)*

Jack: Herr Simon hat mich wieder aus der Algebra-Stunde geworfen. Dieser Blödmann!

BeraterIn: Wirklich! Was ist passiert?

Jack: Er macht das jedes Mal. Die ganze Klasse kann schwatzen und 'rumlaufen, wenn er nicht im Raum ist. Wenn er zurückkommt, was glauben Sie, wen brüllt er an, und wen wirft er 'raus? Nur mich. Er sagt, ich könne es mir mit meinen Noten nicht leisten, 'rumzulaufen. Er stellt mich vor der ganzen Klasse bloß. Ich wünschte, ich könnte ihn auch ein paar Mal bloßstellen. Ich wünschte, ich könnte diese Klasse verlassen.

BeraterIn: Hmmm. Was wirst Du machen? *(neugierig)*

Jack: Ich weiß nicht, er ist so ein Blödmann. Er entschied schon am ersten Tag, mich nicht zu mögen, und jetzt ist er bei jeder sich bietenden Gelegenheit hinter mir her. Er sollte in Pension gehen. Er ist zu alt, um zu unterrichten.

BeraterIn: Ich glaube, Du meinst, er sei zu alt, um sich zu verändern, stimmt das? *(Klarstellen)*

Jack: Wollen Sie mich auf den Arm nehmen? Er ist so verkalkt. Der bricht auseinander, wenn er versucht, sich zu ändern. Er sollte nicht unterrichten.

BeraterIn: Tja, Du hast vielleicht recht, daß er sich nicht ändert. Er kennt vielleicht nur seinen Weg. Also, wenn er sich möglicherweise nicht ändert, was wirst Du tun? *(Akzeptieren seines Rahmens, Frage nach der hypothetischen Lösung und Vorannahme, daß* ***er*** *etwas tun wird)*

Jack: Ich werde wahrscheinlich durch Algebra rasseln.

BeraterIn: Oh, und dann müßtest Du das wiederholen?

Jack: Ja, und ich kann das nicht machen. Meine Eltern würden über mich herfallen.

BeraterIn: Oh nein! Was wirst Du tun? Das willst Du sicherlich nicht. *(Vorannahme, daß* ***er*** *das Problem* ***lösen wird****)*

Jack: Ich glaube, ich werde einfach die bittere Pille schlucken müssen und in Simons Klasse stumm sein.

BeraterIn: Wird das ausreichen?

Jack: Nein, er wird es immer noch auf mich absehen.

BeraterIn: Was würde er sagen, was möchte er, daß Du tust? *(Hypothetische Lösung, Position „des anderen")*

Jack: Simon? Er würde wahrscheinlich sagen, er will, daß ich mit der Klasse „zusammenarbeite."

BeraterIn: Was denkst Du, würden seiner Meinung nach Anzeichen sein, daß Du zusammenarbeitest? *(Hypothetische Lösung, Position „des anderen")*

Jack: Aber ich bin kooperativ.

BeraterIn: Also, was mußt Du tun, um in den Augen von Herrn Simon „kooperativ" zu sein?

Jack: Ich glaube, er würde sagen, daß ich nicht 'rumlaufen sollte, wenn er sich umdreht.

BeraterIn: Das würdest Du also nicht tun. Was würdest Du stattdessen tun? *(Hervorlocken einer positiven statt einer negativen Darstellung für ein eindeutig definiertes Ziel)*

Jack: Ich glaub', ich würde meine Arbeit machen oder zumindest meinen Mund halten.

BeraterIn: Das würde Herr Simons sagen? *(Klarstellen der Position)*

Jack: Ja. Er würde wahrscheinlich sagen, er hätte gerne, daß ich mich auch weiterhin freiwillig melde. *(Weitere Beschreibung des Films)*

BeraterIn: Also, Du denkst, das könnte funktionieren und Dir helfen, versetzt zu werden? Gibt es Zeiten, wo Du bereits jetzt etwas davon machst? *(Hypothetische Lösung wird in die Gegenwart transportiert)*

In diesem Gespräch wird die Vorstellung vermieden, daß der Lehrer sich verändern muß – er wird einfach als ein unveränderbarer Teil der Lebensumstände von Jack behandelt. Jack ist mit den Konsequenzen konfrontiert, so weiter zu machen wie bisher und durchzurasseln oder *etwas anderes zu machen.* Jacks Gefühl, daß er schikaniert wird, anzuerkennen, ist ein Anfang. Wir wollen ihn jedoch nicht an diesem Punkt stehen lassen. Wir fühlen uns in seine Situation ein und fragen ihn dennoch, was er tun wird, wenn der Lehrer sich nicht ändert. Nun muß er sich überlegen, *was er tun wird, um Algebra zu schaffen* und wie er seinen Lehrer davon überzeugen wird, daß er kooperativ ist. Dies wird durch Fragen aus der Position „der andere" erreicht.

3. Exploration der hypothetischen Lösung und/oder der Ausnahmen

KlientInnen sehen Lösungen oft gradlinig, wo ein Ereignis das andere bedingt. Sie denken scheinbar, daß zuerst eine Veränderung bei der anderen Person geschehen muß, damit das, was sie wollen, geschehen kann. Verheiratete Paare denken oft, daß sich entweder zuerst der Mann oder die Frau ändern muß, damit sie die gewünschte Nähe oder das Vertrauen bekommen. Wie schon an anderer Stelle erwähnt, scheinen KlientInnen folgendes Denkmuster zu haben: Die Veränderung beim anderen („A") muß zuerst geschehen, bevor „B", die Veränderung in der Beziehung, einsetzen kann. Sie denken, „A" sei notwendig, bevor „B" passieren könne. So sehen sie sich selbst hilflos auf die Veränderung der anderen Person warten.

Wie in vorherigen Kapiteln erwähnt, glauben wir, daß die Umkehrung dieses Schemas ebenfalls funktioniert. Mit anderen Worten, wenn man so handelt als würde „B" bereits geschehen, ereignet sich oftmals „A". Durch Fragen nach der hypothetischen Lösung können wir herausfinden, was KlientInnen denken, was sie anders machen werden, wenn die Lösung realisiert wird und die andere Person anders ist. Nachdem wir herausgefunden haben, was KlientInnen anders machen werden, können wir einen Weg finden, wo sie ihren Teil der hypothetischen Lösung bereits jetzt umsetzen. Wir könnten sie auch dazu bringen, nach „Ausnahmen" zu suchen und herauszufinden, wie sie sich in solchen Zeiten verhalten.

Wir können KlientInnen helfen, ihre Vorannahme, das Erreichen ihrer Wünsche sei abhängig von der vorherigen Veränderung einer anderen, umzukehren. Wenn wir herausarbeiten, was KlientInnen denken, was sie tun werden, wenn die andere die gewünschten Veränderungen zeigt, helfen wir ihnen, den für sie kontrollierbaren Anteil umzusetzen. Indem sie handeln, als ob „B", die hypothetische Lösung, bereits eingetreten sei, kann die KlientIn die Lösung zustande bringen. Zum Beispiel:

TherapeutIn: Hallo, Susan, worin besteht Ihr Ziel, wenn Sie hierherkommen? *(Rahmen des Ziels)*

Klientin: Meine Ehe läuft nicht gut. Ich denke, daß Bill mich nicht mehr liebt und er nicht darüber sprechen will. Immer wenn ich versuche, über unser Problem zu sprechen oder es thematisiere, wehrt er mich einfach ab mit „Nicht wieder das," und dann geht er weg. Wenn ich hinter ihm hergehe, streiten wir. Er sagt, es sei alles in Ordnung, aber ich glaube ihm nicht. Wenn er einfach mit mir reden würde oder mir zeigen würde, daß er mich liebt, wäre ich nicht so kaputt. Ich versuchte, ihn dazu zu bringen, mit mir in die Therapie zu kommen, aber er sagte, er wolle nicht auch noch vor einer Fremden meine Klagen hören.

TherapeutIn: *(mit Verständnis für ihre Lage)* Das tut mir alles sehr leid. Können Sie mir sagen, was Sie beide anders machen werden, wenn das kein Problem mehr für Sie ist? *(Rahmen der hypothetischen Lösung)*

Klientin: Tja, falls sich das verändert, wird er mit mir reden. Wenn er unglücklich mit mir ist, wird er mir das sagen, anstatt ruhig zu sein. Er wird mehr reden, und ich denke, wir werden mehr Zeit gemeinsam verbringen. *(Die meisten Antworten beschreiben Veränderungen bei ihrem Mann. Wir wollen auch Beschreibungen, was sie tun wird.)*

TherapeutIn: Also, er wird mehr reden. Was werden Sie anders machen?

Klientin: Ich glaube, ich werde nicht so beunruhigt sein.

TherapeutIn: Das klingt besser für Sie. Wenn Sie nicht so beunruhigt sind, was werden Sie anders machen oder zumindest in seinen Augen anders machen? *(Hypothetische Lösung, Position „des anderen“)*

Klientin: Ich glaube, er würde sagen, daß ich entspannter und sicherer wäre, und ich glaube, ich wäre es auch. *(Diese Beschreibungen sind Gefühlskategorien)*

TherapeutIn: Was wird er sehen oder hören, was Sie anders machen, woraus er schließen kann, daß Sie ein wenig entspannter sind? *(Hervorholen verhaltensbezogener Zeichen im Hinblick auf „entspannt und sicher“ aus der Position „des anderen“)*

Klientin: Ich werde mich mehr mit meinen eigenen Sachen, meinen eigenen FreundInnen, meinen eigenen Arbeiten und Hobbies beschäftigen. Er denkt, daß ich jetzt zu abhängig von ihm bin. *(Bedeutung der Problemzeit)*

TherapeutIn: Also Sie meinen, er denkt, daß Sie zu abhängig von ihm sind und er das nicht mag. Wenn er so denkt, was würde er sagen, was er tut?

Klientin: Er sagt wahrscheinlich, daß ich ihn anekle und daß er weggehen möchte. Vielleicht denkt er, daß er mich unabhängiger machen muß.

TherapeutIn: Sie wollen also nicht, daß er weggeht oder Sie bewertet. Und wenn er denkt, daß Sie entspannter oder sicherer sind, was würde er sagen, würde er dann anders machen?

Klientin: Er würde wahrscheinlich sagen, daß er das mehr mag und ... ich weiß nicht, was er machen würde.

TherapeutIn: Wenn er hier wäre, was denken Sie, was würde er sagen, was er tun würde? *(Hypothetische Lösung, Position „des anderen")*

Klientin: Ich nehme an, er würde sagen, daß er gerne mit mir zusammensein wolle oder daß er es einfach mag, mich glücklich zu sehen.

TherapeutIn: Gibt es bereits jetzt Zeiten, von denen Sie denken, daß Sie ein wenig entspannter auf ihn wirken, vielleicht, wenn Sie sich ein bißchen mehr mit Ihren Sachen oder FreundInnen beschäftigen? *(Rahmen der Ausnahmen, Position „des anderen")*

Klientin: Ja, hin und wieder. Manchmal gebe ich es mit ihm auf und mache einfach meine Sachen. Dann kommt er. Wahrscheinlich hält er mich dann für unabhängiger.

TherapeutIn: Sie denken, er hat es gerne, wenn Sie unabhängig handeln. Wie machen Sie das?

Klientin: Ach, manchmal ist mir einfach danach, oder manchmal sage ich mir, daß ich nicht immer nur ihn angucken kann. *(Unterschied in der Bedeutung und daher kontextueller Unterschied)*

TherapeutIn: Ist das anders für Sie, das zu sich selber zu sagen? *(Rahmen der Ausnahmen)*

Klientin: Ja, so auf diese Art, eben unabhängiger, denke ich erst seit kurzem.

TherapeutIn: Also, wie bringen Sie sich dazu, in letzter Zeit mehr so zu denken und zu handeln? *(Vermögen vergrößern)*

Klientin: Meine Freundin hat es mir vorgeschlagen, und ich denke, sie hat recht.

TherapeutIn: Tja, wenn Sie weiter auf diese andere Weise denken und handeln, was denken Sie, wie stehen dann die Chancen, daß er freundlicher über Sie denkt und Sie mehr das bekommen, was Sie wollen? *(Die Ausnahmen werden mit dem Therapieziel verbunden)*

Klientin: Ich denke, das ist wahrscheinlich der Weg. Er redet mehr mit mir, wenn er denkt, ich sei glücklich, als wie wenn ich jammere.

TherapeutIn: Also, wenn Sie sich weiter unabhängig verhalten, würden Sie dann das bekommen, was Sie sich von der Therapie erhoffen, auch wenn er nicht immer bereit ist, auf Sie einzugehen? *(Die Ausnahmen werden mit dem Therapieziel verbunden)*

Klientin: Ja, als erstes muß ich wirklich auf mich selber achten.

TherapeutIn: Also, wie werden Sie fortfahren, das zu tun?

Durch das Fokussieren auf die hypothetische Lösung, wo sie etwas anders macht, war sie imstande, Möglichkeiten zu erkennen, was sie tun könnte, was die Chancen für einen angenehmeren Umgang mit ihrem Ehemann vergrößern würde. Indem sie erkannte, was sie in der hypothetischen Lösung tun wird, wurden ihr jetzt solche Zeiten bewußt, wo sie bereits etwas für sich selber tat, und sie konnte feststellen, wie diese Aktivität, mehr von dem, was sie letztendlich will, entstehen läßt – d.h., für sich handeln und denken und angenehmer mit ihrem Ehemann umzugehen.

4. Explorieren der Absichten oder des Ziels, die hinter der versuchten Lösung* liegen

Eine andere Möglichkeit, über eine erste Beschwerde über jemand anderen hinauszukommen, besteht darin zu fragen:

„Was hoffen Sie zu erreichen?"

„Was werden Sie für sich tun, wenn .... sich ändert?"

„Wie werden Dinge für Sie anders sein, wenn .... sich ändert?"

---

* Grundannahme dieses Vorgehens ist, daß es ein Ziel für die spontan versuchte Lösung gibt, welches noch nicht ausgedrückt worden ist. Diese Vorstellung ist dem Ansatz des Neurolinguistischen Programmierens entnommen (Bandler & Grinder, 1979)

Diese drei Fragen können die Absicht, die das Handeln von KlientInnen bestimmt, hervorbringen, so wie das Ziel, das hinter den erkennbaren Handlungen liegt oder die Überzeugung, die hinter den eigenen Handlungen steht. Zum Beispiel:

TherapeutIn: Frau Jansen, worin besteht Ihr Ziel, wenn sie hierherkommen? *(Rahmen des Ziels)*

Klientin: Es geht um meinen Sohn. Er wurde wieder aus seiner Wohnung ´rausgeworfen. Das ist das dritte Mal, und nun ist er wieder bei mir zu Hause. Ich kann ihn nicht wieder bei mir zu Hause haben. Ich liebe ihn sehr, und ich will nicht, daß er auf der Straße liegt, aber er muß sich ändern. Jedes Mal, wenn ich denke, daß ich es wieder hingekriegt habe und er wieder in einer offenen Anstalt wohnt und sich nichts zuschulden kommen läßt, vermasselt er es und ist wieder bei mir zu Hause. Ich kann ihn nicht da haben. Er ist achtundzwanzig und sollte selbständig genug sein. Ich habe alles versucht, und er macht mir immer noch Vorwürfe wegen seiner Drogenprobleme. Er sagt, wenn sein Vater und ich nicht so gestritten hätten und durch diesen ganzen Schlamassel gegangen wären, würde er diese Probleme nicht haben. Er muß einfach sein Leben in den Griff bekommen. Ich kann das nicht weiter mitmachen. Sie müssen etwas für ihn tun.

TherapeutIn: Lassen Sie mich sehen, ob ich das richtig verstanden habe. Es war für Sie harte Arbeit, ihn in die Anstalt zu bekommen und ihm bei seinen Drogenproblemen zu helfen, und es sieht so aus, als funktioniere es nicht. Er nimmt wieder Drogen oder wird aus der Anstalt hinausgeworfen, und Sie haben ihn wieder bei sich zu Hause. Wie werden die Dinge für Sie anders sein, wenn diese Situation gelöst ist? Was wird seine Veränderung für ihn und für Sie bringen? *(Frage nach dem Ziel, das über ihren Versuch, ihrem Sohn zu helfen und ihn zu schützen, hinausgeht)*

Klientin: Ich könnte mich ausruhen und wüßte, daß er auf seinem Weg ist. Zur Zeit kann ich nie sicher sein, und dann mache ich mir selber Vorwürfe. Ich hätte gerne, daß er erwachsen wird und daß wir eine gute Beziehung als Erwachsene haben.

TherapeutIn: Also, wenn er anders handelt, würden Sie sich ausruhen können, ein besseres Gefühl als Mutter haben und mit ihm wie mit einem Erwachsenen umgehen *(Klarstellung)*. Erzählen Sie mir über solche Zeiten, wo Sie bereits jetzt ein wenig entspannen und etwas anderes tun, als sich Vorwürfe zu machen, auch wenn er Fehler macht? *(Rahmen der Ausnahmen, Position „selbst")*

Klientin: Manchmal bin ich sicherer, daß es nicht mein Fehler ist, und ich sage mir, daß er das lösen muß. So denke ich meistens, wenn andere mich dabei unterstützen. *(Unterschied in der Bedeutung, „...sage mir einfach, daß er das lösen muß.")*

TherapeutIn: Wie machen Sie das und denken gleichzeitig immer noch, daß Sie helfen oder daß das in Ordnung sei? Sie müssen immer noch etwas beunruhigt sein. *(Weiteres Spezifizieren und Cheerleading)*

Klientin: Tja, ich sorge mich um ihn, und ich fühle mich schuldig, aber ich weiß, daß er das selber machen muß.

TherapeutIn: Wie wissen Sie, daß er es selber machen muß? Manchmal müssen Sie denken, daß Sie verantwortlich seien. *(Vergrößern ihres Vermögens durch die Frage, wie sie entscheidet, daß er für sich verantwortlich sei)*

Klientin: Ich weiß einfach, daß er erwachsen werden muß und daß er auf sich selber achten muß. Er wird mich nicht immer haben, um ihn herauszuholen.

TherapeutIn: Sie wissen also, daß er sich um sich selber kümmern muß, weil er Sie nicht immer haben wird. Wenn Sie ihm öfter die Verantwortung für seine Erfolge und Fehler überlassen und Sie sich entscheiden würden, daß Sie wie eine gute Mutter handeln, hätten Sie dann das erreicht, was Sie sich von der Therapie erhoffen? *(Die Ausnahmen mit dem Therapieziel verbinden)*

Klientin: Ja, ich weiß, daß ich das tun muß. Es ist einfach so bitter, mit anzusehen, wie er sich selber manchmal so schlecht behandelt.

TherapeutIn: Menschen, die sich so sehr kümmern, wie Sie es tun, finden es manchmal sehr bitter. Wenn Sie so handeln,

	wie Sie es letztendlich wollen, wie überlassen Sie ihm dann mehr Verantwortung? Sie sorgen sich offensichtlich sehr um ihn und haben den Wunsch, ihm Garantien zu geben. *(Weiteres Spezifizieren und Cheerleading)*
Klientin:	Ich weiß einfach, daß es die einzige Möglichkeit ist, davon loszukommen, also mache ich es. *(Unterschied in der Bedeutung)*
TherapeutIn:	Ich sehe das, aber manchmal muß es immer noch sehr bitter für Sie sein. Wie schaffen Sie das, auch wenn er schlimme Fehler macht und es Sie zerreißt, das mit anzusehen? *(Hervorholen von Ausnahmen innerhalb ihres Rahmens, daß er Fehler macht und sie sich möglicherweise schuldig fühlt)*
Klientin:	*(weinend)* Ich weiß einfach, daß es langfristig das beste ist, ihn gehenzulassen.

Diese Klientin äußert zunächst, daß sie will, daß ihr Sohn anders ist, damit sie ihn loslassen kann und sich als gute Mutter bestätigt fühlt und mit ihm wie mit einem Erwachsenen umgehen kann. Die Veränderung ihres Sohnes liegt jedoch nicht in ihrem Kontrollbereich. Bei ihrem Versuch, ihn gemäß ihrer eigenen Kriterien positiv zu verändern, fördert sie paradoxerweise seine Abhängigkeit von ihr und bekämpft damit ihr eigenes Ziel.

Wie sie während des Gesprächs herausstellt, möchte sie die Versicherung, daß ihr Sohn in Ordnung sein wird und sie ihn nicht wegen seiner Fehler tadeln muß. Abgesehen davon will sie etwas entspannen, auch wenn ihr Sohn Fehler macht, und sie will ihm die Verantwortung für sich selber überlassen. Sie äußert, daß sie mit ihm gerne wie mit einem Erwachsenen umgehen würde.

Dieses Ziel, ihrem Sohn Verantwortung zu überlassen und erfolgreich loszulassen, geht über ihre spontan geäußerten Beschwerden, daß er aus den Anstalten hinausgeworfen wird und ihrem Wunsch, daß die TherapeutIn etwas für ihn tun soll, hinaus. Es ist offensichtlich, daß man mit diesem Ziel besser arbeiten kann als mit den ersten Beschwerden und Wünschen. Zunächst will sie ihn ändern, was sie selber nicht kontrollieren kann. Indem der Fokus auf ihre Absichten gelegt wird – d.h. ihre Ziele, die über ihre spontanen Beschwerde hinausgehen –, kann sie ein Ziel formulieren, mit dem sie besser arbeiten und das sie kontrollieren kann. Sie kann sich selber verändern und stellt fest, daß es bereits jetzt Ausnahmen gibt, wo sie ihm schon Verantwortung überläßt.

Das Ziel oder die Meta-Lösung, das über die spontan versuchte Lösung hinausgeht, läßt sich verwenden, um das zu verbinden, was als widersprüchliche Ziele bei einem Paar oder einer Familie erscheint und wo KlientInnen sagen, daß die anderE sich zuerst verändern müsse. In einer Paartherapie (Walter & Peller, 1988) äußerte der Ehemann, daß er seine Frau verantwortungsbewußter haben wolle – d.h., den Müll wegzuschaffen, die Lichter auszuschalten und etwas an ihrem Gewicht zu tun. Sie dachte, daß hinter seinen Beschwerden tieferliegende Gefühle stecken müßten, die er nicht äußerte. So versuchte er weiter, sie an all die von ihm beklagten Dinge zu erinnern, während sie ihn weiter fragte, welche tieferliegenden Gefühle er habe. Für sie beide waren das miteinander kollidierende Ziele, wobei jede der anderen nicht zustimmte. Der Ehemann bestand darauf, bei seinen Beschwerden keine tieferliegenden Gefühle zugrundeliegen zu haben. Gleichzeitig konnte seine Frau nicht glauben, daß er glücklich sei und sich nicht mehr über sie beschweren würde, wenn sie seine Wünsche erfüllt.

Als wir nach der dahinterliegenden Absicht dieser unmittelbaren Lösungen fragten, antwortete das Paar, ihr Ziel sei mehr „Nähe“. Mit diesem Rahmen konnten wir besser arbeiten als mit all ihren Versuchen, den anderen zu ändern; und die „Meta-Lösung“ der Nähe konnte die Kluft ihrer scheinbar widersprüchlichen Ziele überbrücken. Mit dem neuen Rahmen „Nähe“ konnte das Paar daran gehen, einen Blick auf das zu werfen, was jedE von ihnen kontrollieren konnte.

Diskussion

Frage:

Dadurch, daß Sie nach der Absicht fragen, die einem Verhalten zugrundeliegt, entsteht der Eindruck, als ob sie glaubten, es gäbe so etwas wie ein geheimes Programm. Stimmt das?

Nein, wir nehmen Menschen beim Wort, wenn sie sagen, was sie wollen. Die Idee eines verborgenen Programms wurde manchmal konstruiert und bedeutet, daß Menschen einen verborgenen Nutzen aus ihren Problemen ziehen, daß es einen geheimen Vorteil gibt, am Problem festzuhalten.

Wir akzeptieren zwar, daß Handlungen zweckgerichtet sein können und es Menschen gibt, die einer Veränderung ambivalent gegenüberstehen, aber wir glauben nicht an einen funktionalen Zweck für ein Problem.

Eine TherapeutIn könnte beispielsweise der Auffassung sein, daß eine Person, die sich scheu und ängstlich verhält, den sekundären Gewinn der Fürsorge und der Sympathie genießt, die sie von ihren FreundInnen bei ihren gescheiterten Versuchen bekommt und sie dadurch das hat, was sie eigentlich will. Eine TherapeutIn, die diese Interpretation akzeptiert, versucht dann vielleicht, etwas bezogen auf das „Resultat" Fürsorge zu tun, indem sie versucht, die Person dazu zu bringen, das „Resultat" zu akzeptieren und den sekundären Gewinn auf eine andere Weise zu erreichen.

Wir nehmen Menschen das, was Menschen uns sagen, ganz wörtlich, sowohl die Bedeutungen oder die Rahmen, über die sie sprechen, als das, was sie tun. Wir interpretieren nicht die Motivation einer einzelnen, wir akzeptieren das, was KlientInnen uns sagen, was sie tun wollen, und gehen davon aus, daß sie das auch tatsächlich wollen.

Übung

Machen Sie ein Rollenspiel, wo Ihre PartnerIn eine Beschwerde über jemanden, den sie ändern will, vorstellt; verwenden Sie dabei jede der oben genannten Techniken. Indem Ihre PartnerIn bei jeder Technik dieselbe Beschwerde vorbringt, können Sie feststellen, wie sich die einzelnen Techniken leicht voneinander unterscheiden und welche am ehesten zu den Darstellungen der KlientIn paßt. Manchmal ist ein direktes Vorgehen besser und manchmal nicht.

Tauschen Sie in jedem Fall die Rollen. Aus den Erfahrungen in der KlientInnenrolle werden Sie viel lernen über Richtung und Aufforderungscharakter der gestellten Fragen.

Kapitel 13
Kooperieren

KlientInnen sind immer kooperativ. Sie zeigen uns ihre Überzeugung, wie Änderung eintreten kann. Wenn wir ihr Denken und Handeln zutreffend verstehen, ist Kooperieren unvermeidlich.

Auf Workshops haben Therapeutinnen uns immer wieder gefragt, wie man mit „resistenten" KlientInnen umgeht, mit solchen, die sich nicht ändern wollen und von ihrem Problem in irgendeiner Weise profitieren, die eine Behandlung sabotieren, auf jeden Vorschlag mit „ja, aber" reagieren, die einfach stur sind oder abwehrend oder resistent, weil sie den Schmerz oder Preis einer Veränderung fürchten.

Uns fällt es schwer, solche Fragen, so wie sie in der Regel von TherapeutInnen an uns herangetragen werden, zu beantworten. Eine Antwort auf so formulierte Fragen würde nämlich bedeuten, daß wir uns der in ihnen enthaltenen Annahme verschreiben. Manchmal sagen wir, daß wir den Typ von KlientInnen nicht haben. Diese Antwort stimmt, ist aber für eine TherapeutIn, die mit derartigen Fragen von KlientInnen umgehen muß, nicht sehr befriedigend.

Wir sammeln mit unseren KlientInnen andere Erfahrungen, nicht etwa, weil wir diejenigen KlientInnen, über die sich andere beklagen, aussortieren, sondern weil wir mit Annahmen arbeiten, die es uns ermöglichen, mit ihnen auf eine andere Weise umzugehen, die eine kooperative Interaktion erleichtert.

Dieser Ansatz ist ein KonsumentInnenmodell und ein lösungs- oder zielorientiertes Modell. Jay Haley traf in seinem Buch *„Direktive Familientherapie"* (1976) die sehr wichtige Unterscheidung zwischen problemlösenden und wachstumsorientierten Modellen. Problemlösende Modelle, die nach dieser Betrachtungsweise nicht ungewöhnlich sind, tendieren dahin, sich auf das zu konzentrieren, was KlientInnen wollen und sie als ExpertInnen für ihre Wünsche anzusehen. Wachstumsorientierte Modelle dagegen, egal, ob sie auf Normen von Gesundheit, Pathologie oder Selbstverwirklichung bezogen sind, haben die Tendenz, die TherapeutIn als ExpertIn für das Problem und für das, was KlientInnen tun müssen, zu sehen.

Ein lösungs-orientierter Ansatz hat seine Position auf der Seite der Problemlösung nach Haleys Unterscheidung. Wir nehmen an, daß Klientinnen die ExpertInnen für ihre Wünsche sind und daß es nicht unsere Aufgabe ist, ihnen zu sagen, was gewünscht wird.

Gehen wir von einer Unterscheidung zwischen einem KonsumentInnenmodell und einem Modell aus, in dem die TherapeutIn die ExpertIn ist, können wir annehmen, daß KlientInnen, die zu uns kommen, etwas wollen. Wir müssen nicht die Verantwortung dafür übernehmen, KlientInnen eine Behandlung einzureden, sie damit zu konfrontieren, worin wir das Problem sehen oder ihr Problem zu lösen. Wir beanspruchen nicht die Sachkenntnis auf den Gebieten psychosoziale Gesundheit, normale Entwicklung, normales Familienleben oder normale Ehen. Unser Können und unsere Rolle besteht darin, Fragen zu stellen, die unseren KlientInnen Möglichkeiten eröffnen, entweder etwas anderes oder das, was sie wollen, zu realisieren. Wir sehen hier Ähnlichkeiten zu der Beschreibung von GOOLISHAN und ANDERSON, die TherapeutInnen „teilnehmende GesprächsleiterInnen im therapeutischen Gespräch" nennen (ANDERSON und GOOLISHAN, 1988). Wir ziehen den Begriff „GesprächswegbereiterIn" vor. Wir sehen uns in der Rolle, das Gespräch zwischen KlientInnen und uns zu fördern, damit sie fähig werden, das zu bekommen, was sie wollen. KlientInen wollen vielleicht eine Auflösung des Problems, oder sie wollen auf einen Weg, das Problem zu lösen, oder sie wollen ein Ziel erreichen.

Auf der Grundlage dieser Definition eines KonsumentInnenmodells gehen wir davon aus, daß KlientInnen das wollen, was sie sagen, daß sie für ihr Ziel motiviert sind und daß es unsere Aufgabe ist, mit ihren Bemühungen zu kooperieren.

Wir sind der Meinung, daß KlientInnen zu uns kommen, weil sie etwas wollen. Daher nehmen wir an, daß Menschen uns normalerweise zeigen, was sie meinen, wie eine Veränderung in Richtung auf ihr Ziel stattfindet. Unsere Aufgabe sehen wir darin, mit ihrer Sichtweise zu kooperieren. Ihre Überzeugung über Veränderung, über das Problem und über die hypothetische Lösung passen rekursiv zu ihren Handlungen.

Wir sind verpflichtet, uns den KlientInnen in ihrer Sichtweise anzuschließen und Wege zu finden, die zu ihrem Blickwinkel passen, während wir einen offeneren Prozeß, der Unterschiede einführt, erleichtern. Ob wir nun im Gespräch Lösungen konstruieren oder Unterschiede einführen, ob wir Rückmeldung geben oder Aufgaben vorschlagen, wir müssen so mit Klientinnen kommunizieren, daß es zu ihrer Erfahrung paßt.

Allgemeine Grundsätze des Kooperierens sind für uns die Begleitung [pacing] der KlientInnen und die an sie gerichteten Aufforderungen.

Spiegeln/Begleiten* der KlientInnen in ihren Beschreibungen

Das Prinzip des „Spiegelns/Begleitens" (GRINDER & BANDLER, 1976) schließt eine Rückspiegelung für die KlientIn oder die Anpassung an ihre Stimme, ihr Gefühl und ihre Wortwahl ein. Wenn eine KlientIn mit tiefer Stimme spricht, die den Eindruck vermittelt, sie sei entmutigt oder deprimiert, sprechen wir auch so. Wenn eine KlientIn mit gehobener Stimme, die „beschwingt" klingt, spricht, so tun wir das auch. Wenn eine KlientIn dahin tendiert, intellektuell zu sprechen, tun wir das gleiche. Wenn eine KlientIn eine Sprache benutzt, die mit Handlungsbegriffen angereichert ist, sprechen wir auch so.

Es handelt sich hierbei nicht einfach um reflektierendes Zuhören. Obwohl wir gefühlsbezogen empathisch sind, halten wir Empathie nicht für das einzige oder vorrangige Werkzeug einer Behandlung.

Jemand, die reflektierendes Zuhören einsetzt, könnte sagen, „Es hört sich so an, als seien Sie sehr entmutigt und wütend auf Ihre Kinder. Gibt es noch ein anderes Gefühl, das durch Ihr Verhalten hervorgerufen wird?" Die Absicht des reflektierenden Zuhörens besteht darin, das Ausdrücken von Gefühlen leichter zu machen. Reflektierendes Zuhören folgt der Annahme, daß KlientInnen sich verändern oder ihr Selbstverständnis wachsen wird, wenn sie ihre Gefühle ausdrücken und die TherapeutIn sie versteht und akzeptiert.

Das Prinzip des Spiegelns/Begleitens geht davon aus, daß KlientInnen, wenn sie sich durch dasselbe Gefühl und dieselbe Sprache unterstützt fühlen, unsere Einladung zu neuen und vielleicht offeneren Richtungen oder zu einer neuen Sprache eher annehmen.

Die Technik sieht so aus:

TherapeutIn: Worin besteht Ihr Ziel, wenn Sie hierherkommen?

Klientin: Ich komme wegen meines Sohnes *(mit trauriger und tiefer Stimme)*. Er hat einen schrecklichen Aufruhr in der Schule gemacht, und ich kann mir nicht vorstellen, was

---

* **Anm. d. Übers.:** „pacing" als eine Form des Begleitens wird zumeist als „Spiegeln" übersetzt. Wir verwenden im folgenden die beiden Begriffe „begleiten" und „spiegeln".

ich falsch mache. Ich sehe einfach keinen Ausweg aus dieser Klemme. Bei Al-Anon haben mir Freunde gesagt, daß ich es einer höheren Gewalt überlassen sollte.

TherapeutIn: *(auch mit tiefer und trauriger Stimme)* Sie kommen also hierher, weil Sie die Dinge mit Ihrem Sohn in der Schule anders haben wollen und es an diesem Punkt so aussieht, als würden Sie keinen Ausweg finden. Gleichzeitig raten Ihre Freunde Ihnen, Ihr Problem abzugeben. Ist das richtig?

Diese Antwort der TherapeutIn spiegelt das gleiche Gefühl und die gleiche Stimmlage der Klientin wieder, während sie zugleich Bezug auf ihre elterlichen Sorgen nimmt – sie geht auf den Sohn ein, der in der Schule Aufruhr bereitet und auf die Suche nach ihren Fehlern. Die Antwort spiegelt auch ihren Gebrauch visueller Begriffe wider und ihren Wunsch, einen Ausweg zu finden. Ihre Sprache scheint sich eng an das 12-Stufen-Programm anzulehnen. Spiegeln/Begleiten heißt nicht nur, affektiv zu unterstützen, sondern auch, die Weltsicht einer KlientIn mitzuverfolgen. Ihre Sorgen zu teilen und ihre Sprache zu verwenden, spiegelt/begleitet ihr Denken und paßt zu ihrer Sicht.

Beim Spiegeln/Begleiten zeigt uns die KlientIn, wie angemessen unser Verhalten ist, sowohl mit nonverbalen wie verbalen Aussagen. Wenn die KlientIn mit einem Kopfnicken reagiert oder mit weiteren Äußerungen, die mit unseren übereinstimmen, wissen wir, daß unser Spiegeln/Begleiten gut war.

Wenn eine KlientIn jedoch ihre Stirn runzelt, ihren Kopf schüttelt oder uns einen anderen Hinweis gibt, können wir davon ausgehen, daß unsere Antwort nicht paßte, so daß wir etwas anderes versuchen.

Wenn eine KlientIn uns verbal zu verstehen gibt, daß wir nicht auf ihrem Weg gehen, müssen wir uns neu anpassen. Ein Beispiel:

Klientin: Nein, eigentlich rege ich mich am meisten über seinen Vater auf. Wenn er nicht so viel trinken würde, könnten wir, glaube ich, klarer sehen, was wir mit unserem Sohn machen sollen. Ich brauche Hilfe, weil sein Vater trinkt.

TherapeutIn: Oh, es tut mit leid, ich habe Sie mißverstanden. Sie denken also, daß der Weg, es für Ihren Sohn und seine Schulleistungen besser hinzukriegen, dahin führt, etwas am Trinken Ihres Mannes zu tun.

Diese Antwort würde ihr rückmelden, daß ihr Fokus mehr auf ihrem Mann liegt und daß sie einen Zusammenhang zwischen dem Verhalten ihres Mannes und einer Lösung sieht.

Die Antworten der KlientIn sind eine Rückmeldung für uns und sagen uns, wie der nächste Schritt aussehen soll. Wenn eine KlientIn auf unsere Zeichen oder Sprache anerkennend reagiert, wissen wir, daß wir uns mit unseren Aufforderungen in neue Bereiche vorwagen können oder nach genaueren Angaben des bereits Gesagten fragen können. Wenn ihre Antworten in irgendeiner Weise negativ sind, geben sie uns eine Rückmeldung darüber, was wir vielleicht anders machen müssen, um mit dieser Klientin und ihrem besonderen Fühlen und Denken zu kooperieren.

Einladen – Auffordern*

Dieses Prinzip bezieht sich auf die Art, wie wir einen „Unterschied“ und einen Prozeß des Öffnens im therapeutischen Gespräch einführen. Während Spiegeln/Begleiten notwendig ist, um direkt auf KlientInnen so zu reagieren, als ob sie affektiv und kognitiv verstanden werden, ist Einladen für weitere Änderungen nötig. Würden wir nur spiegeln/begleiten, liefen wir Gefahr, nur die Sichtweise der KlientInnen zu unterstützen und vielleicht Lösungen nicht begünstigen.

Unter Auffordern wird ein Prozeß verstanden, bei welchem eine TherapeutIn Fragen und Vorannahmen innerhalb dieser Fragen nutzt, um die KlientIn höflich zu bitten, nach einer neuen Bedeutung zu suchen oder eine zu entwickeln. Im Verlauf des Gesprächs, bei dem die Antworten auf unsere Fragen (Aufforderungen) im Mittelpunkt stehen, können Unterschiede und neue Erfahrungen durch und für die KlientIn hervorgebracht werden.

Die Einführung eines „Unterschieds“ auf seiten der TherapeutIn und der KlientIn ergibt sich als natürliche Konsequenz der dem Modell zugrundeliegenden Annahmen. Basierend auf der Annahme, daß der Fokus

---

*Dieser Begriff begegnete uns in einem persönlichen Gespräch mit Gene Combs und Jill Freedman. In ihrem Buch „Symbols, Story and Ceremony“ (1990) beschreiben sie, wie sie Vorannahmen in ihre Fragen einbetten, um neue Erfahrungen zu eröffnen und Geschichten mit KlientInnen zu entwerfen.

(**Anm. d. Übers.:** Der Begriff „inviting“ drückt aus, daß KlientInnen ermuntert und angeregt – also „eingeladen“– werden, aber auch, daß sie gleichzeitig zu einer solchen Einladung „aufgefordert“ werden. Deshalb verwenden wir in der Übersetzung beide Begriffe.)

auf das Positive, die Zukunft, und die Lösung eine Veränderung erleichtert, formulieren wir unsere Fragen gemäß dieser Annahme. Wir fragen, was die KlientIn will, nach Zeiten, wo die Veränderung im Lösungsbereich schon auftritt und nach der hypothetischen Zukunft.

Unsere positiven, ausnahmeorientierten, zukunfts- oder lösungsorientierten Fragen sind wie Aufforderungen zu neuen Denk- und Handlungswegen. Unsere Fragen sind einfach nur Einladungen und wenn die KlientIn nicht reagiert oder unsere erste Einladung nicht akzeptiert, versuchen wir es mit einer anderen.

Methoden zu kooperieren

Im folgenden werden einige Möglichkeiten vorgestellt, KlientInnen zu spiegeln/zu begleiten und einzuladen, den Prozeß der Entwicklung von Lösungen voranzutreiben.

1. Positiv und zukunftsorientiert

Wenn Sie den Wegen der Karte folgen und KlientInnen so zu sprechen scheinen, daß sich neue Möglichkeiten auftun und lösungs-orientiertes Sprechen vermehrt abläuft, dann machen Sie mit dem weiter, was Sie tun. Die KlientInnen akzeptieren dann Ihre Aufforderung, sich das Positive sowohl bei den Ausnahmen als auch in der Zukunft anzusehen. Ein Beispiel hierzu:

TherapeutIn: Worin besteht Ihr Ziel, wenn Sie hierherkommen? *(Rahmen des Ziels)*

Klient: Ich würde gerne mehr Harmonie mit meiner Frau und ihrem Kind haben.

TherapeutIn: Wie geschieht das bereits jetzt? *(Rahmen der Ausnahmen)*

Klient: Ich weiß nicht, wie ich es erklären soll, aber manchmal liegen meine Frau und ich richtig „auf einer Welle“. Wissen Sie, was ich meine, wir wissen dann beide, wie wir mit der Kleinen umgehen sollen und was der andere denkt.

TherapeutIn: Was machen Sie, wenn Sie wissen, daß Sie beide „auf einer Welle“ liegen? *(Spezifizieren)*

Klient: Wir schauen uns an, und ich weiß, daß sie meinem Handeln zustimmt und sie dadurch unterstützt wird.

TherapeutIn:	Und was machen Sie, wenn sie das tut?
Klient:	Ich glaube, ich habe vorher mit ihr geredet, und wir sind beide auf derselben Wellenlänge.
TherapeutIn:	Ich möchte noch einmal nachhaken, Sie wollen mehr Dinge tun, wie vorher mit ihrer Frau sprechen, wodurch mehr Zeiten „gleicher Wellenlänge“ entstehen? *(Klarstellen und Ausnahmen mit dem Therapieziel verbinden)*

In diesem Beispiel hat die TherapeutIn die Sprache des Klienten benutzt und ihn eingeladen, über das, was er will und über einzelne Ausnahmen, zu sprechen. Das Gespräch erscheint positiv und lösungsorientiert. Der Ton ist neutral, die Sprache allerdings positiv.

2. KlientInnen unterstützen, die scheinbar kaum klarkommen (Berg, 1990)

Oft kommen KlientInnen zu uns und beschreiben Situationen, die schrecklich oder überwältigend sind. Ein Beispiel hierzu:

TherapeutIn:	Worin besteht Ihr Ziel, wenn Sie hierherkommen? *(Rahmen des Ziels)*
Klient:	Ich weiß einfach nicht, was ich machen soll *(mit tiefer Stimme und gesenktem Blick).* Mein Sohn scheint hier nie glücklich zu sein, meine Frau setzt mir seinetwegen zu, und meine Ex-Frau droht, wieder einen Antrag auf Sorgerecht für ihn zu stellen, und er versagt in der Schule. Die Schule rief mich letzte Woche an und bestellte mich ein, weil sie Marihuana bei ihm gefunden haben. Ich versuche, ihn zu lenken, aber ich verändere mich zur Zeit beruflich, und meine Frau arbeitet und paßt auf die jüngeren Kinder auf. Ich weiß nicht mehr, was vor sich geht.
TherapeutIn:	Mein Gott *(mit ähnlich tiefer und besorgter Stimme),* da passiert wirklich eine Menge. Und alles passiert fast gleichzeitig. Schon eines dieser Probleme wäre genug. Wie haben Sie es geschafft, alles so sehr zu lenken, wie Sie es getan haben? *(Verständnis für die Situation, aber dennoch ausnahmeorientiert fragen innerhalb des Verarbeitungsrahmens „auf dem laufenden sein“)*
Klient:	Hm, ich denke nicht, daß ich großen Einfluß habe, aber ich kann einfach nicht aufgeben oder ihn zurück zu meiner Ex-Frau gehen lassen.

TherapeutIn: Wie haben Sie es mit diesem Druck geschafft, zumindest ein wenig Einfluß zu haben? *(In der Erwartung geäußert, daß es wahrscheinlicher gewesen wäre, keinen Einfluß zu haben)*

Klient: Tja *(Stimme erhebt sich ein wenig)*, ich erinnere mich daran, wieviel er durchgemacht hat und daß alles seine Zeit braucht.

TherapeutIn: *(hebt ihre Stimme ähnlich)* Wie hilft es Ihnen, wenn Sie sich selber daran erinnern? *(Spezifizieren)*

Klient: Irgendwie kann ich so ein bißchen weiter schauen.

TherapeutIn: So weit zu schauen, scheint besser zu gehen. Wie schaffen Sie es, diese Perspektive aufrechtzuerhalten, wenn gleichzeitig so viel passiert? *(Stimme ist wieder einfühlsam, TherapeutIn konzentriert sich aber auf die Ausnahme bei seiner Bewältigung)*

Klient: Ich weiß einfach, daß das eine verrückte Zeit ist, und ich weiß, wie ich mich um ihn sorge.

TherapeutIn: Dieses weiter-voraus-schauen aufrechtzuerhalten, funktioniert besser, auch wenn es kurzfristig betrachtet manchmal nicht so gut aussieht. Also, ich nehme an, diese Perspektive aufrechtzuhalten, wäre eher das, was Sie wollen? *(Ausnahme mit dem Therapieziel verbinden)*

Klient: Ja. Wenn ich bei dieser Perspektive bleibe, scheint alles besser zu laufen.

In diesem Beispiel akzeptiert die TherapeutIn, was der Klient sagt – daß ihn die Dinge überwältigen. Die TherapeutIn wäre zu abrupt, sofort auf ein Ziel zu drängen, sobald der Klient kommt. Zu diesem Zeitpunkt kann jedoch Positives hervorgebracht werden, wenn die Fragen auf den Rahmen „so viel schaffen, wie Sie schaffen“ beschränkt werden. Durch die Frage, wie es ihm denn gelinge, das trotz der überwältigenden Umstände zu schaffen oder zu bewältigen, erkennt die TherapeutIn die Situation an und bringt darüberhinaus noch Positives und Ausnahmen hervor.

3. Wenn KlientInnen jeden möglichen Grund anführen, warum Änderungen nicht eintreten können oder sollen. Wenn KlientInnen eine scheinbar negative Haltung in bezug auf Veränderung einnehmen, was im Gegensatz zu Ihrer positiven Haltung steht

KlientInnen beschreiben oft Situationen mit allen Gründen, warum nichts läuft. Diese KlientInnen fühlen sich wirklich frustriert, weil sie alles versucht haben, aber nichts funktioniert. Sie wollen Ihnen mitteilen, wie sehr sie es versucht haben. Vielleicht haben sie sich dabei auch so oft kaputt gemacht, daß sie vor einem neuen Versuch große Angst haben. Was auch immer die Gründe für ihr Denken sein mögen, sie sagen scheinbar auf jeden positiven Vorschlag „Ja, aber" oder reagieren im Gespräch negativ, wenn Sie versuchen, sie zu einem Gespräch über Ausnahmen einzuladen. Dieses „Ja, aber" kann so ablaufen:

TherapeutIn: Was erhoffen Sie sich beide, wenn Sie hierherkommen? *(Rahmen des Ziels)*

Ehemann: Ich möchte es nicht zur Scheidung kommen lassen, aber scheinbar kann ich es ihr nicht recht machen.

Ehefrau: Das stimmt nicht, aber er verhält sich nicht so, als wolle er verheiratet sein. Er ist nie zu Hause, und wenn er zu Hause ist, ist er so sehr mit seinen Hobbies im Keller beschäftigt, daß er sich nie so verhält, als möge er mich.

TherapeutIn: Also, ich glaube, Sie wollen nicht, daß es so weiterläuft. Was wollen Sie verändern? *(Aufforderung zu einer positiven Aussage im Hinblick auf ihr Ziel)*

Ehefrau: Tja, ich will, daß er aufmerksam ist und sich so verhält, als ob er gern mit mir zusammen ist. Aber er tut es nie. Er will die Scheidung nicht, weil er sich die nicht leisten kann, aber er wird nie verheiratet sein. Er ist einfach so mit sich verstrickt.

Ehemann: Das ist nicht wahr. Du willst nicht, daß ich beteiligt bin. Immer, wenn ich vorschlage, etwas zu machen, sagst Du, daß ich es nicht wirklich will.

TherapeutIn: Gibt es also solche Zeiten, wo es nicht so schlimm ist oder wo es ein wenig besser läuft? *(Suche nach Ausnahmen)*

Ehefrau: Es ist jahrelang so wie jetzt gelaufen, aber ich hatte die Kinder, um die ich mich kümmerte. Er war aber immer so von seinen Geschäften oder seinen eigenen Dingen in Anspruch genommen, nie von mir oder der Familie.

Ehemann: Sie ist nie zufrieden gewesen.

TherapeutIn: *(nimmt ihre Sichtweise an und kooperiert mit ihren eher negativen Darstellungen).* Es klingt, als wären Sie beide sehr unglücklich. Wenn alles so gelaufen ist, was macht Ihnen Hoffnung, daß es irgendwie besser sein könnte?

Ehefrau: In der ersten Zeit unserer Ehe war er sehr nett, aber nach der Geburt der Kinder nicht mehr.

TherapeutIn: *(Mitgefühl für ihre Frustration)* Ich weiß, und das ist schon lange her. Also, gab es irgendetwas, was kürzlich zwischen Ihnen beiden geschehen ist, was Ihnen einen Grund gibt zu glauben, daß sich die Mühe lohnt, etwas anderes zu versuchen. Es hört sich so an, als hätten sie viel versucht. *(TherapeutIn kooperiert mit ihrer scheinbar pessimistischen Sichtweise, um herauszufinden, ob sie etwas Positives hervorbringen werden, worauf aufgebaut werden kann oder ob sie andere Möglichkeiten wie beispielsweise eine Scheidung ergreifen wollen.)*

Ehefrau: Nicht viel.

TherapeutIn: Also beschränkt sich alles, was in der letzten Zeit zwischen Ihnen gelaufen ist, darauf, daß sie miteinander über Trennung oder Scheidung gesprochen haben? *(Erfragen weiterer Möglichkeiten)*

Ehefrau: Na ja, nein, an dem Punkt bin ich noch nicht. Es muß etwas geben, was wir tun können.

TherapeutIn: Vielleicht, aber es hört sich so an, als hätten Sie sich beide kaputt gemacht und Sie nicht wollen, daß das noch einmal geschieht. Wenn es nicht irgendwelche Phasen in der letzten Zeit gab, in denen es zumindest für Sie erträglich gewesen ist, würde ich mich ernsthaft wundern, wenn Sie es noch einmal versuchen wollten. *(Eintreten für den Teil bei ihnen, der in der Vergangenheit verletzt und enttäuscht worden ist und gleichzeitig indirekt fragen, ob es Ausnahmen zum Problem gibt, die eine Basis für Hoffnungen sein können.*

Ehefrau: Er hat uns gut versorgt, und er kommt nach Hause.

TherapeutIn: Wie macht das einen Unterschied für Sie? *(Explorieren, welche Bedeutung sein Verhalten für sie hat)*

Ehefrau: Tja, weil er sonst einfach bis spät in die Nacht hinein bei der Arbeit blieb und ich ihn nie sah. Neulich ist er ein wenig früher nach Hause gekommen.

TherapeutIn: Wie, denken Sie, würde er das erklären? Würde er sagen, daß das irgendwie anders war? *(Rahmen der Ausnahmen, Position „des anderen")*

Ehefrau: Ich weiß nicht. Ich würde gerne denken, daß er früher nach Hause gekommen ist, weil er die Dinge für uns ändern will.

TherapeutIn: Ich weiß, aber Sie wollen sich keiner Enttäuschung aussetzen. Wie wissen Sie, ob das etwas Ernstzunehmendes ist? *(Immer noch Eintreten für den Anteil in ihr, der nicht wieder verletzt werden will und fragen nach einer hypothetischen Lösung)*

Ehefrau: Tja, wenn er so weitermacht oder anruft, wenn er nicht kann oder mich auf eine andere Weise informiert.

TherapeutIn: *(zum Ehemann)* Stimmt das, sind Sie früher nach Hause gekommen? *(Überprüfen, wie der Ehemann die Ausnahme wahrnimmt)*

Ehemann: Ja, ich will sie nicht verlieren, aber ich denke nicht, daß sie irgendwann davon überzeugt sein wird, daß es ernst gemeint oder genug ist.

TherapeutIn: Wie haben Sie sich zu dieser Veränderung entschieden? Sie hätten einfach das Handtuch werfen können. *(Explorieren der Ausnahme innerhalb des Rahmens, daß er die Wahl zu einer Veränderung traf)*

Ehemann: Weil ich sie liebe, auch wenn sie das nicht denkt. Wenn ich einige Dinge nach ihrem Geschmack tun muß, dann werde ich das tun.

TherapeutIn: Nun, mich beeindruckt wirklich, wie Sie ausharren. Aber wie werden Sie wissen, daß Ihre Frau überzeugter von Ihrer Veränderung wird? Wenn sie sich darüber freut, wollen Sie ihren Zuspruch nicht missen und werden dann nicht aufgeben oder verletzt sein. *(Cheerleading und nach Zeichen suchen, die ihm sagen, daß sie erfreut ist)*

In diesem Fall bedeutet Kooperieren, dieses Paar in seiner Skepsis bezogen auf eine positive Zukunft zu spiegeln/zu begleiten und sie in ihrer Enttäuschung und Verletzung zu stützen. Wenn Sie versuchen würden, die positiven Aspekte ihrer Beziehung herauszustellen, würden sie sehr wahrscheinlich das Positive niedermachen. Wenn Sie beispielsweise sagen, „Aber es muß doch für Sie einen Grund geben, zusammenzubleiben; es muß doch auch gute Seiten an ihm geben. Er hat doch die Familie gut versorgt, oder?“ würde sie vielleicht zunächst zustimmend antworten, dann jedoch mit „Ja, aber“ reagieren. Sie könnte sagen, „Ja, er hat für uns gesorgt, aber was ist daran gut, wenn er nie da ist!“

Wenn die TherapeutIn für die Anteile bei ihnen eintritt, die nicht wieder verletzt werden sollen oder die mit Angst auf eine Veränderung antworten, kann das Paar im nächsten Schritt Gründe für eine Veränderung anbieten und beginnen, „Ausnahmen zum Problem“ zu erarbeiten. Diese Ausnahmen können dann das Fundament für die Konstruktion von Lösungen sein. Die TherapeutIn sollte jedoch auch bei den Ausnahmen mit der Skepsis und Vorsicht des Paares kooperieren.

Eine andere Möglichkeit ist folgender Weg: Wenn Sie fragen, warum keine anderen Alternativen bedacht werden, könnte das Paar schließlich eine andere wählen und Sie um Hilfe im Trennungsprozeß bitten. Das ist auch in Ordnung. Ihre Arbeit besteht dann darin, dies klar als Ziel herauszustellen.

Die Position, die Sie als TherapeutIn einnehmen, ist auf ihrer Seite – damit sie das bekommen, was sie wollen. Sie treten nicht unbedingt für ihr Zusammenbleiben oder ihre Trennung ein oder für oder gegen eine Veränderung. Wenn Sie sowohl ihre Ängste vor wie ihre Wünsche nach Veränderung unterstützen, geben Sie dem Paar die Freiheit, seine eigene Wahl zu treffen.

4. Vage Darstellungen skalieren*

In der Regel kann man aus den vagen Beschreibungen, die KlientInnen als Ziel darstellen, die weiten Bedeutungen oder Kontexte herauslesen, die sich auf die von ihnen gewünschten spezifischen Verhaltensweisen oder Interaktionen beziehen. Wir nehmen an, daß man

* Weiterentwicklung und Beispiele dieser Technik bei LIPCHIK, 1988a; DE SHAZER, 1988; BERG, 1990

mit einem Ziel besser arbeiten kann, wenn es möglichst konkret definiert ist. Wir wollen, daß das Ziel konkret ist, so daß KlientInnen leichter erkennen können, wenn sie es erreichen. Bei einem vage definierten Ziel erkennen KlientInnen vielleicht nicht die Zeichen, die das Eintreten des Ziels anzeigen und übersehen daher möglicherweise Situationen, in denen das Ziel bereits realisiert wird. KlientInnen könnten beispielsweise sagen, daß sie gerne eine „positive Haltung" hätten. Wenn das Ziel so allgemein beschrieben wird, wissen wir und vielleicht auch die KlientInnen nicht, was „positive Haltung" bedeutet: sich gut zu fühlen; das Gefühl, eine bestimmte Ebene des Positiven zu haben; *immerzu* positiv zu sein; nur in bestimmten Lebenslagen positiv zu sein; bei bestimmten Dingen oder in bestimmten Situationen positiv zu sein; positiv zu sein in einer Art, die selbstbestärkend wirkt oder noch etwas anderes. Sollten Klientinnen meinen, eine positive Haltung bedeutet, sich *immerzu* positiv zu fühlen, so denken sie vielleicht, daß sie immer dann versagen, wenn sie sich weniger positiv fühlen. Bei einem so vage definierten Ziel würden sie wahrscheinlich das Potential all der Zeiten verpassen, wo sie etwas machen, was zu einer positiven Haltung führt. Die Klientinnen würden wahrscheinlich auch über all die Zeiten hinweggehen, in denen sie mit einer geringen positiven Haltung agieren, weil die Haltung nicht die *ganze* Zeit besteht.

Daher wollen wir, daß Klientinnen über solche weiten Bedeutungen hinausgehen und uns ihre Ziele detaillierter beschreiben, so daß sie erkennen können, wie das Ziel vielleicht bereits jetzt realisiert oder wie es in der Zukunft aussehen wird.

Viele KlientInnen berichten über ihre Situation nur aus ihrer eigenen Sicht – sie sehen nur die Problemsituation und den problemfreien Endzustand. Die Technik des Skalierens ermöglicht es KlientInnen, dieses „entweder/oder"-, schwarz/weiß- sowie das unscharfe Denken zu überwinden und ihren Film mit einigen Ausnahmen und Zwischenhandlungen prozeßhaft und mit spezifischen Einzelheiten zu gestalten. Die Skalierungs-Technik kann KlientInnen helfen, spezifischere Ziele wie auch Ausnahmen oder hypothetische Lösungen zu definieren.

Ähnlich wie VerhaltenstherapeutInnen benutzen wir eine Skala von eins bis zehn, fügen aber unsere lösungsorientierten Vorannahmen hinzu. Ein Beispiel:

TherapeutIn: Worin besteht Ihr Ziel, wenn Sie hierherkommen? *(Rahmen des Ziels)*

Klient: Ich möchte gerne aus meinem deprimierten Zustand herauskommen. Ich hänge so 'rum. Ich schieb 'alles weg und gucke Fernsehen. Ich werde dabei immer deprimierter.

TherapeutIn: Also, was würden Sie gerne anders machen? *(Frage zielt auf eine positive Darstellung in Begriffen einer Handlung)*

Klient: Ich will nicht mehr deprimiert sein.

TherapeutIn: Was würden Sie gerne stattdessen tun? *(Hinlenken auf eine positive Äußerung)*

Klient: Ich würde gerne aus dieser Depression herauskommen und meinen Tag wieder aktiver gestalten.

TherapeutIn: Also, Sie würden gerne Ihren Tag wieder aktiver gestalten. Erzählen Sie mir über solche Zeiten, wo das bereits jetzt der Fall ist. *(Suche nach Ausnahmen)*

Klient: Ich bin überhaupt nicht aktiv. Ich sitze den ganzen Tag nur herum und bemitleide mich.

TherapeutIn: Es erscheint Ihnen so, als ob Sie überhaupt nichts getan haben. Tja, wenn wir eine Skala anwenden, bei der die Zahl eins das totale Herumhängen kennzeichnet, das schlimmste, was Sie sich vorstellen können und zehn, geht man von einer idealen Vorstellung aus, das aktivste Verhalten, was Sie sich denken können, bei welchem Durchschnitt lagen Sie dann Ihrer Meinung in der letzten Woche? *(Einführen der Skala)*

Klient: Im Durchschnitt bei einer zwei, glaube ich.

TherapeutIn: Ungefähr bei einer zwei. Ich nehme an, daß es auch solche Zeiten gab, wo Sie unter einer zwei lagen.

Klient: Ja, es gab einige Tage, die total schlecht waren. Ich kam kaum aus dem Bett.

TherapeutIn: Hm, ich glaube, Sie wollen bestimmt nicht noch mehr solcher Tage erleben. Wenn also zwei der Durchschnitt war und es Zeiten gab, wo Sie bei einer eins lagen, heißt das, daß Sie auch Zeiten erlebt haben, in denen Sie ein wenig aktiver als zwei waren? *(Rahmen der Ausnahmen innerhalb der Skala)*

Klient: Ja, vielleicht lag ich da bei einer zweieinhalb oder drei.

TherapeutIn: Was haben sie in solchen Zeiten anders gemacht? *(Spezifizieren)*

Klient: Das Fernsehen langweilte mich und widerte mich so an, daß ich dachte, ich muß mit jemandem reden.

TherapeutIn: Wie haben Sie *entschieden*, das zu tun? *(Verwendung sprachlicher Formulierungen, die auf das „Vermögen" zielen)* Sie hätten sich auch entscheiden können, weniger konstruktiv zu sein, beispielsweise Drogen zu nehmen oder auf einen anderen Fernsehkanal umzuschalten *(Kooperieren mit seiner von ihm antizipierten Untauglichkeit und Auffordern zum weiteren Spezifizieren)*

Klient: Ich weiß, aber ich denke, daß ich etwas machen muß.

TherapeutIn: Was meinen Sie damit? Sie könnten so weitermachen. Es gibt niemanden, der Sie daran hindert, oder? *(Nachfragen, damit er Sie überzeugt)*

Klient: Ich weiß, aber das ist kein Leben. Ich möchte etwas machen, was produktiver ist.

TherapeutIn: *(nach weiterer Diskussion über die Zeiten der Ausnahmen der zweier- und zweieinhalb- und dreier-Skalierung).* Entspricht diese Aktivität, die Sie am nächsten Tag hatten, dem, was Sie sich wünschen? Denken Sie, daß Sie im Durchschnitt bei einer zehn oder sogar höher liegen, wenn Sie nicht mehr hierherkommen? Wo wird Ihr Durchschnitt am Ende der Therapie liegen? *(Die Skala wird benutzt, um Anzeichen für den Abschluß der Therapie zu benennen)*

Klient: Na, ja, eine zehn als Durchschnitt ist nicht möglich. Aber wenn ich im Durchschnitt mehr als eine sieben hätte, würde das reichen.

TherapeutIn: Was werden Sie bei einer sieben anders machen? *(Spezifizieren)*

Klient: Ich glaube, ich werde mir einen Tagesplan machen und ihn zum größten Teil einhalten. Wissen Sie, ich werde einkaufen gehen und meine Wohnung saubermachen.

TherapeutIn: Ja, Sie sagen, wenn Sie das weitermachen, was Sie bei zweieinhalb tun, dieses etwas Aktivere, dann werden Sie schließlich im Durchschnitt sieben erreichen? *(Ausnahmen mit dem Therapieziel verbinden)*

Klient: Ja, vielleicht. Ich muß einfach so weitermachen.

In diesem Gespräch wird die Technik des Skalierens mit einem Lösungs-Fokus angewendet. Wir erleichtern es dem Klienten, sein Ziel in einen Durchschnitt zwischen zwei Extremen zu zerlegen. Ein Teil des Spiegelns/Begleitens besteht darin, nach Beispielen zu fragen, wann er unterhalb seines Durchschnittswerts lag. Er sagt, es habe vereinzelt Zeiten mit dem Wert „eins" gegeben. Wir folgen dann der Logik des „Durchschnitts" und fragen nach Zeiten, die irgendwie besser als der Durchschnitt gewesen sind. Das verschafft uns Möglichkeiten, über Ausnahmen zu reden. Er beschreibt eine Ausnahme, wo er gelangweilt war und etwas tat. Wir können dann diese Ausnahme nutzen, um mehr Details über seine Lösung zu finden. Seine Lösung wird spezifischer – er wird aktiver, macht Pläne für den Tag, kauft ein, macht die Wohnung sauber und verwirklicht noch mehr solcher Aktivitäten.

Die Skala und das Konzept der Durchschnittswerte gibt uns eine Möglichkeit, Ausnahmen zu finden oder zu erarbeiten sowie spezifischere Einzelheiten über seine Lösung zu bekommen. Uns interessieren solche Zeiten mit dem Wert „eins" nur unter dem Aspekt Spiegeln/Begleiten, und wir nutzen sie als Aufforderung, mehr über die Zeiten zu erfahren, die leicht über diesem Durchschnitt lagen wie zweieinhalb oder drei. Wir hätten auch die Skala verwenden können, um seine nächsten Schritte über zweieinhalb oder drei hinaus aufzuschlüsseln: Ein Beispiel:

TherapeutIn: Wenn Sie also mehr so handeln wie bei zweieinhalb oder drei, dann erkennen Sie Ihre Langeweile, entscheiden, daß Sie etwas in Ihrem Leben ändern müssen und rufen jemanden an oder machen etwas anderes als nur fernzusehen. Was werden Sie tun, wenn Sie bei dreieinviertel sind?

Klient: Sie meinen den nächsten Schritt? Ich werde mich nach einem Job umsehen und Bewerbungsschreiben verfassen.

TherapeutIn: Das klingt, als könnte das höher als nur bei dreieinviertel liegen. Können Sie mir sagen, wie es bei dreieinviertel sein würde?

Klient: Ich glaube, ich müßte einfach den Fernsehstecker 'rausziehen und die Küche saubermachen.

Alle diese Möglichkeiten, mit den ersten Zielvorstellungen der KlientInnen der zu kooperieren

1. positiv und zukunftsorientiert sein
2. sie unterstützen, wo sie kaum klarkommen
3. ihren Pessimismus und ihre Ängste unterstützen
4. die Unbestimmtheit skalieren

schließen ein, ihre ersten Äußerungen zu akzeptieren und dann Fragen einzusetzen, die ihre Vorstellungen austarieren und sie in umfassendere „Wirklichkeiten" einladen.

Diskussion

Frage:

Viele dieser Möglichkeiten zu kooperieren, scheinen paradox und strategisch zu sein? Ist das so?

Derartige Gespräche mit KlientInnen wirken vielleicht paradox, weil sie zunächst dem gesunden Menschenverstand widersprechen. Unsere Absicht besteht aber nicht darin, paradox oder strategisch zu sein. Wir sind der Meinung, daß es sinnvoller ist, die Bedeutung, die KlientInnen ihrer Situation zuschreiben, zu akzeptieren, anstatt zu versuchen, sie ihnen auszureden. Für uns ist es respektvoll und vernünftig, ihre Befürchtungen oder ihren vermeintlichen Pessimismus anzuerkennen, wenn wir bedenken, wie sie ihre Situation zu dieser Zeit konstruieren. Wenn KlientInnen denken, wir verstehen und respektieren, was sie sagen, werden sie unsere Einladung, sich auf eine neue Frage einzulassen, eher annehmen.

Wir halten Kooperieren nicht für strategisch. Lynn Hoffman (1990) hat gesagt, die strategische Metapher sei ziemlich militaristisch. In der strategischen Metapher denken wir an Taktiken und daran, unsere KlientInnen zu überlisten oder auszumanövrieren. Als strategische TherapeutIn würden wir pessimistisch handeln, damit die KlientInnen optimistisch werden. Wir sehen uns eher in der Rolle, daß wir mit ihnen kooperieren, so wie sie es mit uns tun. Wenn KlientInnen ihre Situation aus ihrer Erfahrung heraus schildern, haben wir nicht das Recht zu sagen, sie seien pessimistisch oder wir seien optimistischer. Die KlientInnen stellen ihre Situation einfach nur so dar, wie sie sie erleben und bewerten sie mit ihrem Maßstab. Wir kooperieren mit ihnen, indem wir ihre Sprache annehmen, auch wenn ihre Sprache nach unseren eigenen persönlichen Maßstäben pessimistisch scheint. Wenn KlientInnen ihre Situation in einer im Vergleich zu unseren Maßstäben ziemlich negativen Weise vorstellen, wer kann dann ausschließen, daß sie nicht auf das reagieren, was ihrer Meinung nach unser unrealistischer Optimismus ist? Es gibt keine negativen KlientInnen.

Frage:

Wie gehen Sie mit suizidalen KlientInnen um?

In der Regel akzeptieren wir KlientInnen, die davon sprechen, sich etwas anzutun oder sich zu töten, so wie sie darüber sprechen – d.h. sie denken ernsthaft daran oder wollen so etwas tun. Wir stellen uns vor, daß sie sich extrem hoffnungslos und verzweifelt fühlen müssen, um darin eine mögliche Alternative zu sehen. Daher sind wir sehr unterstützend in der Weise, wie wir es für Leute beschrieben haben, die kaum klarkommen. Durch diese Art von Empathie wächst bei der KlientIn schließlich ein leichter Optimismus, und wir können überraschenderweise sogar damit anfangen, Ziele und Lösungen zu untersuchen.

Übungen

1. Suchen Sie sich vier KlientInnen aus oder stellen Sie sich Personen vor, die ihre Situation in einer der folgenden Weise darstellen:

    positiv und zukunftsorientiert

    mit dem Leben kaum klarkommen

    pessimistisch und negativ oder angstvoll

    sehr vage in den Beschreibungen.

Üben Sie in einem Rollenspiel, in dem sie die Rolle der KlientIn übernehmen, die oben beschriebenen Orientierungen, und sprechen Sie nach Möglichkeit drei Minuten über ein Problem. Achten Sie darauf, wie Sie über sich selber und das Problem denken und darauf, wie Sie über die Zukunft und Lösungen denken.

In der KlientInnenrolle soll Ihnen deutlich werden, wie sich einige KlientInnen fühlen und wie ihre Erfahrungen ablaufen.

2. Im nächsten Schritt soll Ihnen Ihre PartnerIn Fragen aus diesem Kapitel stellen und Sie achten – als KlientIn – auf Ihre Erfahrungen.

Wenn Sie sich positiv und beschwingt darstellen, soll Ihre PartnerIn Sie fragen: „Erzählen Sie mir mehr über das Problem." Wenn Sie Ihr Problem fünf Minuten lang beschrieben haben, achten Sie auf das, was Sie erleben. Inwiefern war die Frage passend für Sie ? Wie haben Sie sich gefühlt, als Sie über Ihr Problem sprachen? Dann soll Ihre PartnerIn fragen: „Erzählen Sie mir über solche Zeiten, wo das Problem nicht da ist oder darüber, wie es sein wird, wenn das Problem gelöst ist." Achten Sie auf Ihr Erleben.

Wenn Sie so handeln, als würden Sie kaum klarkommen, soll Ihre PartnerIn versuchen, Positives herauszustellen oder Sie davon zu überzeugen, daß Ihre Situation nicht so schlecht ist. Halten Sie Ihr Erleben fest und überlegen Sie, inwieweit die Fragen der TherapeutIn für Sie passend waren. Dann soll Ihre PartnerIn folgendes sagen: „So, wie Ihre Lage ist, bin ich ehrlich beeindruckt, daß Sie so gut damit umgehen. Wie gehen Sie damit um?" Achten Sie darauf, wie sich Ihre Erfahrung verändert.

Nehmen Sie eine Rolle ein, in der Sie wie jemand handeln, der in der Vergangenheit oft verletzt und enttäuscht worden ist. Fordern Sie Ihre PartnerIn auf, das Positive herauszustellen oder dabei zu bleiben, nach Beispielen guter Zeiten zu fragen. Wenn Sie festgehalten haben, wie die Antworten der TherapeutIn auf Sie gefühlsmäßig wirken, soll Ihre PartnerIn ein Vorgehen wählen, das Vorsicht und Nicht-Veränderung in den Mittelpunkt stellt. Achten Sie auf den Unterschied, der sich in diesen beiden Formen, miteinander zu kooperieren, in Ihren Gefühlen und Reaktionen einstellt.

Abschließend nehmen Sie die Rolle einer KlientIn ein, die ihr Ziel vage beschreibt und fordern Sie Ihre PartnerIn auf, Skalierungs-Fragen zu stellen und Ihre Antworten aufzuschreiben.

a) Auf einer Skala von eins bis zehn, wo eins für den schlimmsten Zustand in einer Problemsituation steht, und zehn ist unrealistisch das Beste, was Sie sich vorstellen können, bei welchem Durchschnitt lagen Sie in der vergangenen Woche?

b) Wie sehen die Zeiten aus, wo Sie unter dem Durchschnitt liegen?

c) Wie handeln Sie anders, wenn Sie leicht über dem Durchschnitt liegen? Auf welche Weise denken Sie dann anders oder was sagen Sie dann anders zu sich selber?

3. Wenn Sie diese Übung in der Rolle der KlientIn durchgeführt haben, nehmen Sie die Rolle der Therapeutin ein und wenden die Fragen, miteinander zu kooperieren, bei Ihrer PartnerIn an.

Kapitel 14

Alles zusammen genommen

Fallbeispiele

Änderung tritt immer auf

In den vorangegangenen Kapiteln haben wir im einzelnen beschrieben, wie konversationale Rahmen zu verwenden sind, Kriterien für eindeutig definierte Ziele, Lösungen zu konstruieren, Rückmeldungen und Hausaufgaben einzusetzen, die interaktionale Matrix und Möglichkeiten, miteinander zu kooperieren. Wir werden nun Fallbeispiele vorstellen, die Ihnen helfen sollen, die Inhalte der vorangegangenen Kapitel zusammenzubringen.

Die folgenden fünf Fälle zeigen das Konstruieren von Lösungen unter verschiedenen Bedingungen:

1. Die Ausnahmen werden von der KlientIn als kontrollierbar wahrgenommen.
2. Die Ausnahmen werden zunächst von der KlientIn als spontan und nicht kontrollierbar erlebt.
3. Eheleute sehen die Lösung in der Veränderung beim jeweils anderen.
4. Ein Elternteil sorgt sich um das Kind, aber das Kind kommt nicht mit.
5. Eine PartnerIn hat ein Eheproblem, aber die anderE will nicht mitkommen.

Fall 1: Die Ausnahmen werden von der Klientin als kontrollierbar wahrgenommen

Erste Sitzung:

Zu mir, Jane, kam eine Frau, weil sie regelmäßig Kokain nahm. Sie berichtete, daß sie fast jede Nacht Kokain im Wert von 400 Dollar konsumieren würde. Sie wollte damit aufhören. Durch lösungsorientierte Fragen wurde deutlich, daß es einige Phasen in der Woche gab, wo sie kein Kokain nahm.

TherapeutIn: Also, erzählen Sie mir über solche Zeiten, wo Sie nicht koksen? *(Rahmen der Ausnahmen)*

Klientin: Oh, es gibt viele Zeiten, wo ich es nicht tue. Ich kokse nie, wenn ich zur Arbeit gehe oder wenn ich arbeite.

TherapeutIn: Wirklich, wie kommt es, daß Sie sich entscheiden, dann nicht zu koksen? *(Spezifizieren des Prozesses unter der impliziten Annahme einer aktiven Entscheidung)*

Klientin: Jane, das würde ich nie tun; ich bin eine verantwortungsbewußte Person. Meine Mutter hat mich nicht dazu erzogen, daß ich ein Kokskopf bin.

TherapeutIn: Ja, aber wie entscheiden Sie sich, es nicht zu tun?

Klientin: Ich sage mir einfach, daß meine Mutter mich nicht dazu erzogen hat, ein Kokskopf zu sein, und dann mache ich es nicht. *(Kontextueller Unterschied)*

TherapeutIn: Gibt es andere Zeiten, in denen Sie nicht koksen? (Rahmen der Ausnahmen)

Klientin: *(denkt eine Weile nach)* Ja, ich kokse nie, wenn ich meine Freundin sehe. Sie würde mich umbringen, wenn sie mich high erlebt, und sie weiß es immer. *(Ein weiterer Kontext)*

Das waren klare Ausnahmen, wo sie sich bewußt dazu entschied, nicht zu koksen. Es waren Ausnahmen, die von ihr kontrolliert werden konnten und die sie weiter fortsetzen konnte.

TherapeutIn: Wann haben Sie das letzte Mal gekokst? *(Ein Versuch, die Zeit, die seit dem letzten Koksen vergangen ist, als weitere Ausnahme einzubringen)*

Klientin: Tja, eigentlich vor vier Tagen. Ich entschied, damit aufzuhören und jeder sagte mir, daß ich in ein Drogen-Rehabilitationszentrum gehen müßte. Ich will das aber nicht. Ich habe zu viele Leute gesehen, die dort waren, clean wurden, nur um wieder herauszukommen und wieder high zu werden.

TherapeutIn: Vor vier Tagen! Vier Tage ohne Koks! Das ist großartig! Wie haben Sie das gemacht? *(Spezifizieren des Prozesses dieser neuen Ausnahme)*

Klientin: Tja, ich entschied, daß es Zeit war, also entschloß ich mich vor mehreren Wochen dazu, nicht mehr so große Mengen Kokain auf einmal zu kaufen, und ich wechselte meine private Telefonnummer, so daß nur ein Händler mit mir in Kontakt treten konnte. Es ist eine Tatsache, daß ich beim letzten Koksen nur 150 Dollar ausgab.

TherapeutIn: Nur 150 Dollar! Wie haben Sie dem gewohnten 400-Dollar-Koks widerstehen können? *(Voranname, daß es eine Ausnahme ist, nicht die gewohnte Menge zu nehmen)*

Klientin: Tja, ein Teil ist einfach, ich wollte nur noch jeweils kleine Mengen Koks und nicht alles auf einmal kaufen. Auf diese Weise muß ich mir, auch wenn ich mehr will, Koks besorgen. Wissen Sie, ich muß den Händler anrufen, zum Auto gehen, irgendwo hinfahren und zurückkommen. Das ist anstrengender.

Die Klientin zeigte nicht nur Ausnahmen beim Koksen, sondern sie hatte bereits einige wesentliche Gewohnheiten ihrer Art, wie sie es normalerweise tat, verändert. Sowohl die Ausnahmen als auch die Veränderungen in ihren Gewohnheiten waren sehr wichtige, erste Anzeichen für ihr Lösungs-Verhalten „auf dem Weg“ zu ihrem Ziel. Sie konnte jedoch nicht sehen, daß dies etwas Außergewöhnliches oder etwas wesentlich anderes war.

Aufgrund ihrer Äußerungen fragte ich:

TherapeutIn: Also, an welchem Punkt werden Sie davon überzeugt sein, daß Ihr Problem gelöst ist? *(Nach Anzeichen suchen, die Therapie abzuschließen.)*

Klientin: Wenn ich zehn Tage hintereinander nicht kokse, werde ich über'n Berg sein.

Meine Rückmeldung in der ersten Sitzung war so angelegt, die Klientin bei den bereits vollzogenen Veränderungen zu unterstützen und ihr zu helfen, diese Veränderungen weiter aufrechtzuerhalten, während ihr allmählich bewußt wird, daß sie die Veränderungen stärker kontrollieren kann.

Komplimente

Mich *beeindruckt* sehr Ihr Sinn für moralische Integrität, wenn Sie „nein“ zum Koks sagen. Sie nehmen es nie bei Ihrer Freundin, wenn Sie arbeiten oder wenn Sie daran denken, was Ihre Mutter für Sie will. Mich beeindruckt auch, daß Sie mit dem Koksen aufhören wollen, obwohl Sie es immer noch mögen. Sie wissen auch, daß das viel anstrengender ist. Würden Sie Koks nicht mögen, wäre die Arbeit einfacher.

Mich beeindrucken die Schritte, die Sie bereits gegangen sind, um sich auf den Weg zu machen – nichts von Ihren Ersparnissen zu nehmen, die Koks-Dealer bis auf einen zu reduzieren, die Telefonnummer zu wechseln und nur kleine Mengen auf einmal zu kaufen.

Botschaft

Aber besonders beeindruckt mich, daß es viele solcher Zeiten gibt, wo Sie es nicht machen und Sie sich sagen: „Ich habe genug davon gehabt."

Hausaufgabe

Bis zum nächsten Treffen möchte ich Sie bitten, zu beobachten, was anders ist, wenn Sie nicht koksen.

Zweite Sitzung:

Die zweite Sitzung fand zweieinhalb Wochen später statt, weil die Klientin in Urlaub gefahren war.

TherapeutIn: Also, was ist anders oder besser seit dem letzten Mal? *(Veränderung wird vorausgesetzt)*

Klientin: *(sehr aufgeregt)* Ich habe nicht ein einziges Mal gekokst. Können Sie das glauben!!!

TherapeutIn: Das ist wirklich großartig!!! Wie haben Sie das gemacht? *(„Vermögen" vergrößern)*

Klientin: Ich möchte mich einfach nicht mehr schlecht fühlen.

TherapeutIn: Natürlich nicht. Aber wie haben Sie es gemacht? *(Spezifizieren)*

Klientin: Tja, einen Teil der Zeit war ich mit meiner Freundin in Urlaub, das hat eine Menge geholfen, aber ich hätte etwas Koks bekommen können. Die meiste Zeit habe ich es einfach aus meinem Kopf gestrichen.

TherapeutIn: Wirklich, was haben Sie stattdessen gedacht? *(Frage nach Positivem)*

Klientin: Tja, ich habe mehr über mich selber nachgedacht und habe besser geschlafen. Insgesamt einfach ruhiger. *(Unterschied in der Bedeutung „mehr über mich selber nachdenken")*

Ich war der Meinung, daß diese Veränderung wirklich bedeutsam und auf dem richtigen Weg war, insbesondere als sie äußerte, sie sei zu 50 Prozent sicher, daß sie so weitermachen würde. In dieser Sitzung untersuchten wir, was sie anstelle von Koksen machen würde. Sie erzählte viel über ihre Träume, ihren Beruf zu wechseln und ein Geschäft zu eröffnen.

Aber heute war es schwer für sie gewesen „nein" zum Koks zu sagen. Sie verspürte einen richtigen Wunsch nach Koks und war daher froh, daß sie heute zu mir kam. Sie fand keine Erklärung dafür, wie sie sich heute vom Koksen abgehalten hatte.

Fünfzig Prozent Zutrauen ist ein guter Ausgangspunkt, aber weder die Klientin noch ich waren sicher, daß diese Veränderung sich ohne Probleme fortsetzen würde. Diese Sorge wollte ich der Klientin widerspiegeln, und daher gab ich ihr folgende Rückmeldung:

Komplimente

Ich bin wirklich gespannt und auch beeindruckt, daß Sie jetzt drei Wochen keinen Koks genommen haben. Das ist wirklich großartig, und Sie sollten sehr stolz auf sich sein. Mich beeindruckt auch sehr, daß Sie sich entschieden haben, mehr über sich selber nachzudenken. Wie das ausgehen wird, weiß ich noch nicht, aber ich bin sicher, daß es hilfreich für sie sein wird.

Botschaft

Ich bin absolut davon überzeugt, daß Sie einen guten Startpunkt haben, wenn Sie „nein" zum Koks sagen, aber ich denke nicht, daß Sie über den Berg sind – noch nicht. Der heutige Tag war ein Beispiel für diesen Berg. Sie wollten wirklich Koks nehmen, taten es aber nicht.

Aufgabe

Daher möchte ich Sie bitten, bis zum nächsten Mal genau zu beobachten, wie Sie der Versuchung, Koks zu nehmen, widerstehen – anders gesagt, wie Sie „nein" zum Koks sagen.

Wie auch in der ersten Sitzung war diese Rückmeldung speziell darauf angelegt, ihr eine Hilfe zu geben, das „Nein"-Sagen zum Koks als kontrollierbar wahrzunehmen.

Die nächste Sitzung wurde in anderthalb Wochen geplant, weil sie dachte, daß sie mit diesen Veränderungen wacklig war. Da zwischen der ersten und zweiten Sitzung zweieinhalb Wochen lagen, hatte ich Bedenken, ein Termin zu einem früheren Zeitpunkt als anderthalb Wochen, könnte bei ihr den Anschein erwecken, als würde ich „kein Vertrauen" in ihre Veränderungen haben, die sie trotz ihrer Unsicherheit verwirklichte.

Dritte Sitzung

In der dritten Sitzung zeigte sich, daß die Klientin klarer sehen konnte, wie sie „nein" zum Koks sagte. Sie äußerte, daß folgendes geschehe: Sie stellte sich vor, wie sie Koks kaufen gehe, den Koks vorbereite, high werde und dann erkenne, daß sie nicht wieder einfach damit anfangen könne, weil es nie genug ist. Sie erzählte auch, wie sie mehr mit Menschen zusammen sei, die keine Drogen nehmen, wie sie ihr gesamtes Geld ihrer Freundin anvertraut habe und wie sie sich eine Möglichkeit erarbeitet habe, ihr Geld zugeteilt zu bekommen. „Sonst würde es mir in den Fingern jucken, es auszugeben", sagte sie.

Das waren alles sehr positive Zeichen im Hinblick auf ihre weiteren Bemühungen „nein" zum Koks zu sagen. Sie beschrieb jedoch eine Situation, wo sie sich zum Koksen entschieden hatte. Sehr klar beschrieb sie im einzelnen ihre Entscheidung. Es lief so ab: Anruf beim Dealer, Termin für die Verabredung, in das Auto steigen, zur Bank fahren, Geld holen und den Dealer treffen.

Klientin: Ich hatte den Stoff, und ich war bereit. Aber dann stellte ich mir vor, es zu tun ... *(detaillierte Beschreibung)*, und ich erkannte, daß es nie genug sein würde. Und es paßte einfach nicht zu den anderen Dingen, die ich gerade für mich mache. Ich gab den Koks weg.

Obwohl sie nicht gekokst hatte, durchlebte sie eine ziemlich harte Zeit, als sie sich weiter bemühte, „nein" zu sagen. Sicher gab Zeiten, die einfacher und solche, die schwerer für sie waren. Ich verwendete das Skalieren, um ihr eine Hilfe zu geben, ihren Fortschritt und ihre Zuversicht zu messen, während sie weiter ihre Lösung aufrechterhielt.

TherapeutIn: Nehmen wir eine Skala von eins bis zehn, wobei eins bedeutet, daß es für Sie leicht ist, „nein" zum Koks zu

	sagen und zehn, daß es Ihnen schwerfällt. Wo, würden Sie sagen, liegen Sie im Durchschnitt in dieser Woche?
Klientin:	Ungefähr zwischen drei und fünf, glaube ich.
TherapeutIn:	In Ordnung. Bei welcher Zahl sind Sie, wenn es für Sie schwer wird, „nein" zu sagen?
Klientin:	Ich würde sagen, ab einer sechs aufwärts.
TherapeutIn:	Und was machen und sagen Sie anders, wenn Sie unterhalb einer sechs liegen?

Die Klientin beschrieb, daß sie bei den „niedrigeren Zahlen" verschiedene Dinge mache. Diese fielen für mich in die Kategorie ritueller Verhaltensweisen; es waren Dinge, die ihr halfen, irgendein Handeln zu verstärken und nicht nur darüber nachzudenken oder zu koksen. In meiner Rückmeldung wollte ich auf diesen Verhaltensweisen aufbauen. Daher bot ich ihr folgende Rückmeldung an:

Komplimente

Ich denke, Sie machen das wirklich großartig!!!

Aber Sie sind immer noch nicht über den Berg *(„Oh nein", sagte sie zustimmend),* aber ich glaube, daß diese Episode Ihnen gezeigt hat, woraus der Berg jetzt besteht. Vorher wußten Sie das nicht, daher wußten Sie nicht, was Sie erwartet oder wie Sie über den Berg kommen, so wie Sie es jetzt schaffen.

Ich bin wirklich beeindruckt und denke, daß das, was Sie jetzt tun, deutliche Zeichen dafür sind, daß Sie sich auf dem richtigen Weg befinden.

- das Geld Ihrer Freundin anvertrauen
- sich an all die negativen Aspekte des Koks erinnern
- sich mit drogenfreien Menschen umgeben
- sich Ziele für Ihr Geschäft stecken, das Sie aufmachen
- etwas anderes machen als koksen, wie z.B. Ihren Hobbies nachgehen.

Botschaft

Ich denke, ein psychologischer Rückschlag ist normal. Viele Ihrer Gefühle beziehen sich darauf. Es entspricht eben dem Wesen dieses Biestes, daß es erscheint, wenn Sie es am wenigsten erwarten.

Aufgabe

> Ihre Gedanken, die Sie bei Skalenwerten „unter sechs“ haben, schätze ich wirklich, zum Beispiel (ich zählte auf, was sie mir gesagt hatte) ..., und ich möchte, daß Sie diese Dinge jeden Tag mit Absicht machen, als eine Art präventive Medizin.

Die nächste Sitzung sollte in einer Woche stattfinden, weil die Klientin meinte, sie sei sogar noch unsicherer als vorher, was die laufenden Veränderungen betrifft.

Vierte Sitzung

Als die Klientin eine Woche später kam, berichtete sie, daß sie sich entschieden hatte, zu koksen und daß sie es getan hatte. Am Tag der letzten Sitzung entschied sie sich, für 50 Dollar zu koksen.

TherapeutIn: Wirklich, wie haben Sie sich dazu entschieden?

Klientin: Ich wollte wirklich, wirklich etwas Koks, und ich entschied mich dazu, es nicht einfach zu meiden. Also rief ich den Dealer an, ging hinunter und bekam es. Ich kam nach Hause, bereitete es vor und nahm es.

Wir denken, daß sich in lösungsorientierter Therapie Veränderung so vollzieht, daß es zwei Schritte vorwärts und einen Schritt zurückgeht. Daher ist das, was als Versagen erscheint oder als vermeintliches Zeichen, daß die Therapie nicht auf dem Weg zum Ziel ist, nur ein Teil des bereits sich vollziehenden Prozesses der Veränderung. Daher stellte ich weiter Fragen nach dem „Rück-Schritt“, aber in einem Rahmen der Ausnahmen.

TherapeutIn: Wie kam es, daß Sie bei 50 Dollar aufhörten? *(Rahmen der Ausnahmen)*

Klientin: Tja, als ich einmal high war, flippte ich aus. Ich wurde paranoid. Ich schaute in den Badezimmerspiegel, und meine Augen sprangen aus meinem Kopf, Schweiß lief mein Gesicht hinunter und ich flippte aus. Und ich dachte: „Irgendetwas stimmt hier nicht.“ Was würde meine Mutter sagen, wenn ich an Koks sterbe.

An diesem Punkt verpflichtete sie sich zu der Entscheidung, „nein“ zum Koks zu sagen. Den Rest der Sitzung legten wir den Fokus auf die weiteren sechs Tage seit der letzten Sitzung, in denen sie all die Veränderungen aufrechterhielt, die sie vorher gemacht hatte. Sie dachte an all die anderen Veränderungen, wie beispielsweise an „all das Positive, wenn sie nicht kokste." Sie bekam folgende Rückmeldung:

Komplimente

Es tut mir leid, zu hören, wie schmerzlich diese Episode für sie war, doch ich bin immer noch beeindruckt, daß Sie bei 50 Dollar aufhörten. Andere hätten einfach weitergemacht.

Botschaft

Ein Teil in mir denkt, daß diese Episode, wo sie noch einmal koksten, notwendig war, vielleicht sogar erforderlich oder gut, damit Sie lernen, daß Sie sich *entscheiden* können, es zu tun. Daher war es eine rationale Wahl und nicht eine, die Sie aus dem Zustand einer „Drogensüchtigen" getroffen haben. Es ist gut, daß Sie wissen, wann genug ist und die positiven Seiten sehen, wenn Sie nicht koksen.

Es ist auch erstaunlich, wie Sie sich selber so im Spiegel betrachten konnten.

Der andere Teil in mir denkt, daß es wie Russisches Roulette ist, daß Sie nie wissen, welche Zeiten Sie nicht stoppen würden.

Aufgabe

Halten Sie weiter in Ihrem Handeln das Positive aufrecht, setzen Sie es um, und achten Sie darauf, was passiert.

Die nächste Sitzung sollte in drei Wochen stattfinden, weil ich in Urlaub fuhr. Die Klientin bekam den Namen einer anderen TherapeutIn für den Fall, daß es nötig werden sollte. Sie rief die TherapeutIn nicht an; sie brauchte es nicht.

Fünfte Sitzung

Die Klientin berichtete in der Sitzung, daß sie nicht gekokst hatte und lachte sogar ein wenig bei meiner Frage, ob sie Koks genommen habe. Ihre Koks-Tage seien vorbei, aber sie erzählte, daß sie sich deprimiert fühle und seit dem letzten Gespräch viel geweint habe. Sie treffe Entscheidungen und fälle einige wichtige Entscheidungen in ihrem Leben über ihre Beziehung und ihren Beruf. Dahinter konnte sie stehen, aber es war sehr anstrengend für sie. Ich gab ihr folgende Rückmeldung:

Ich denke nicht, daß Sie das Ausmaß der Anstrengung, der Energie und der Kraft, die sie in den letzten sechs Monaten hineingesteckt haben, voll realisieren. Ich stimme Ihnen zu, wenn Sie sagen, sie seien emotional müde. Veränderung ist hart, sie ist eine Metamorphose.

Die Klientin war zuversichtlich, daß die Veränderungen anhalten würden und daher wurde das nächste Treffen in vier Wochen angesetzt. Nach sechs Wochen blieb sie weiter dabei, an sich selber zu denken und eine weitere Sitzung wurde in drei Monaten geplant. In dieser Zeit nahm sie weiter keinen Koks, und ich war der Ansicht, daß sie anrufen könnte, wenn sie eine weitere Sitzung bräuchte. Sie kam nach sechs Monaten wegen einer anderen Frage, die sich auf ihre persönlichen und berufsbezogenen Veränderungen bezog. Sie sagte mir, daß sie ein Mal versucht hatte, zu koksen und es komischerweise danebengegangen war. Sie kaufte den Koks und begann, ihn vorzubereiten, rutschte aus und verschüttete ihn über den Fußboden. Sie besorgte sich mehr Koks, und als sie ihn vorbereitete, verkippte sie auch diese Menge, und er sickerte durch den Abfluß. An diesem Punkt erkannte sie, daß er es einfach nicht wert war, und seitdem hat sie nicht mehr nach Koks gesucht.

Fall 2: Ausnahmen werden als spontan wahrgenommen

Zu uns kam ein junger Mann, weil er Angst hatte, aus seinem Job gefeuert zu werden. Er beschrieb seine intensive Angst, daß Leute bei seiner Arbeit denken würden, daß er bei der Arbeit stehle. Er schloß das aus den Dingen, die man zu ihm sagte und aus der Art, wie man ihn anschaute. Er hatte keine Idee, warum sie dachten, daß er stehle, weil er eine hundert Prozent ehrliche Person war und das nie tun würde. Er fühlte sich durch die Gedanken der anderen, daß er stehle, verletzt und zog sich daraufhin von ihnen zurück und blieb bei der Arbeit isoliert. Er formulierte sein Ziel für die Therapie zunächst so: „Ich bin in meinem Job hilflos, und ich will nicht gefeuert werden." (Noch nicht eindeutig definiert)

TherapeutIn: Also, wie werden Sie anders handeln, wenn Sie nicht mehr aus Angst heraus, Ihren Job zu verlieren, handeln? *(Rahmen der hypothetischen Lösung)*

Klient: Ich werde mehr Einsatz bei meiner Arbeit zeigen und mich in meinem Leben außerhalb der Arbeit weiter anstrengen.

TherapeutIn: Wenn Sie mehr Einsatz bei Ihrer Arbeit zeigen, was werden Sie anders machen? *(Akzeptieren der Gefühlsäußerung „mehr Einsatz“ und wieder Frage nach der hypothetischen Lösung)*

Klient: Ich werde mich nicht darum kümmern, was Leute über mich denken. *(negativ formuliert)*

TherapeutIn: Und was werden Sie *stattdessen* denken oder tun, wenn Sie sich nicht um die Gedanken anderer kümmern?

Klient: Ich werde mich um mich kümmern. *(positiv und mehr auf sein Verhalten bezogen formuliert)*

Im Gespräch wurde sein Ziel, sich um sich zu kümmern, weiter geklärt, und wir gingen darauf ein, wie er mehr Einsatz bei der Arbeit mit den anderen zeigen könnte. Es zeigten sich einige Ausnahmen, wo er mit mehr Einsatz bei seiner Arbeit gehandelt hatte, aber es gab keine Ausnahmen in jüngster Vergangenheit. Die Ausnahmen lagen noch vor der Zeit, wo er meinte, daß seine KollegInnen dachten, er stehle. Er führte solche Zeiten, wo er mit Kraft und Einsatz gearbeitet hatte, einfach darauf zurück, daß er sich voller Kraft gefühlt hat und nicht auf etwas, was er bewußt tat. Diese Zeiten der Ausnahmen wurden als Gefühlszustände erlebt, die einfach geschahen und die er nicht selber hervorbrachte. Wir wollten ihm dabei helfen, eine Lösung zu konstruieren, die ihm das Gefühl der Kontrolle geben würde. Daher gaben wir ihm folgende Rückmeldung:

Komplimente

Uns beeindruckt sehr, daß Sie sich trotz des ganzen Kummers und Ihrer Verwirrung, sich nicht bei Ihrer Arbeit haben stören lassen. Wir sind auch beeindruckt von Ihrem Wunsch, sich Klarheit über das, was sie für sich selber wollen, zu verschaffen.

Botschaft

Wir wissen nicht, ob man Sie feuern wird oder nicht. Aber wir wissen, daß Sie sich selber schützen müssen. Die Möglichkeit, dies zu tun, ist die, daß Sie sich zu Hause um sich kümmern, so daß Sie sich stark fühlen und wissen, was wahr über Sie ist. Wir wissen auch, daß, wenn Sie sich so verhalten, „als ob“ man Sie anklagen wird, Sie in einen Kreislauf geraten werden, in welchem Sie wie ein Schuldiger handeln, obwohl Sie es nicht sind. Dieser Kreislauf wird

Ihnen Beweise für Ihre Sichtweise liefern, daß Sie schuldig sind. Wir wissen, daß Sie das nicht wollen!!

Aufgabe

Es klingt vielleicht verrückt, aber deswegen wollen wir, daß Sie bis zum nächsten Mal so tun, als ob Sie sich voll einsetzen würden und auch so mit anderen umgehen, selbst wenn Sie sich nicht danach fühlen. Wenn Sie das tun, beobachten Sie aufmerksam, was passiert.

Er kam nach zwei Wochen wieder und berichtete mit großer Überraschung:

Klient: Tja, ich machte das so, wie Sie sagten und tat so, als ob ich stark wäre, und wissen Sie was? Es funktionierte! Als ich mich voll einsetzte, konnte ich ihren Eindruck ändern, und dann wurde es Realität!! Ich kannte die Wahrheit und erzählte sie ihnen. Ich sagte ihnen sogar geradeheraus, daß ich die Tischreiniger nicht gestohlen habe.

Dieser Fall ist ein deutliches Beispiel dafür, was geschehen kann, wenn KlientInnen ihre eigene Realität vortäuschen und daraufhin den gewünschten Austausch hervorbringen.

Fall 3: Die Lösung wird als Änderung bei anderen wahrgenommen

Erste Sitzung

Zu uns kam ein Paar wegen ihrer Eheschwierigkeiten. Sie berichteten von einer kurzen, ein Jahr zurückliegenden Affäre der Ehefrau, die ihre Beziehung stetig verschlechtert habe. Sie äußerte, daß sie sich wegen der Affäre schuldig fühle und seitdem versucht habe, es wieder gutzumachen und das Vertrauen ihres Ehemanns zurückzugewinnen. Der Ehemann sagte, er fühlt, daß er ihr nicht trauen könne und daß er nur wegen der Kinder mit ihr verheiratet bleibe. Sie sagte jedoch, daß sie gerne sein Vertrauen wiederhaben wolle, und er sagte nach einiger Zeit ebenfalls, er wolle dieses Vertrauen gerne wiederhaben. Wir stellten die Frage nach der hypothetischen Lösung und sie antworteten:

Ehemann: Ich möchte nicht mehr sauer sein. *(negativ formuliert)*

TherapeutIn: Was würden Sie gerne stattdessen sein? *(Umlenken der negativen Äußerung in eine positive)*

Ehemann: Ich würde über die Affäre hinwegkommen und vielleicht wieder ein Gefühl für sie entwickeln. Ich weiß es nicht. Ich hasse sie nicht, aber ich würde einfach gerne wissen, daß ich genauso wichtig bin, wie es der andere Mann war.

TherapeutIn: Wie würden Sie wissen, daß Sie so wichtig wären? *(Frage nach Zeichen des Vertrauens)*

Ehemann: Sie hatte ihre Chance und verpaßte sie. Ich bat sie, diesem Mann Bescheid zu stoßen und daß er nicht mehr anrufen solle. Sie machte es nicht. Ich war so wütend. Und noch immer will sie dem Mann nicht sagen, daß er nicht anrufen soll.

Ehefrau: Aber ich sagte es ihm.
(Es entsteht ein kurzer Streit, und die TherapeutIn lenkt das Gespräch in eine andere Richtung)

TherapeutIn: Karen, wenn das Problem für Sie gelöst ist, was werden Sie anders machen? *(Rahmen der hypothetischen Lösung, Position „selbst")*

Ehefrau: Ich denke, wenn er mir wieder traut, würden wir einige Dinge wieder zusammen machen, wir würden ohne die Kinder ausgehen, und ich würde mich nicht mehr so schuldig fühlen.

TherapeutIn: Gibt es bereits jetzt solche Zeiten, wo er Ihnen irgendwie traut oder Sie beide Dinge zusammen machen? *(Rahmen der Ausnahmen)*

Ehefrau: Ja, es gibt Zeiten, wo er ein wenig scherzt.

Den Rest der Sitzung verbrachten wir mit der Diskussion über die „Zeiten, wo gescherzt wurde" und wie jeder von ihnen das zustande brachte. Der Ehemann konnte nicht erklären, wie es kam, daß er manchmal die Vergangenheit vergaß und einfach herumscherzte. Die Ehefrau konnte sich auch nicht erklären, wie es kam, daß sie scherzte, ohne daß ihr Schuldgefühl sie davon abhielt. Beide stimmten jedoch zu, daß sie solche Zeiten des Scherzens mochten und daß sie gerne mehr solcher Zeiten wollten.

Ihr Ziel war, sein Vertrauen wiederzuhaben. Die hypothetische Lösung umfaßte sein Bewältigen der Vergangenheit und erneut Gefühle für sie zu entwickeln. Sie würde sich entspannter und nicht schuldbewußt verhalten, und beide würden wieder gemeinsam etwas unternehmen.

Die Ausnahme bestand in den „Zeiten, wo sie scherzen", wo sie beide über etwas anderes als die Vergangenheit nachdachten und darüber, welche Gefühle die Vergangenheit weckte. Wir boten ihnen folgende Rückmeldung an:

Komplimente

Wir sind sehr beeindruckt über Ihre Bemühungen, die Dinge anders anzugehen, zur Therapie zu kommen und über Dinge zu sprechen, über die man nicht leicht redet. Sie erwähnten beide ein Handeln, von dem Sie denken, daß der oder die andere es will. Es ist offensichtlich, wie sehr Sie sich bemühen und wie wichtig es für Sie ist, daß der oder die andere sich bemüht.

Botschaft

An diesem Punkt wäre es normal, Angst zu haben, Angst davor, daß es funktionieren könnte und auch davor, daß es nicht funktioniert, Angst vor den Veränderungen, die Sie vielleicht vollziehen.

Uns beeindrucken die „Zeiten, wo sie scherzen", wie dabei jedE von Ihnen Gefühle und Gedanken über die Vergangenheit beiseite legt oder etwas anderes macht, so daß Sie die Zeit miteinander für eine Weile genießen können. Uns beeindruckt, daß Sie den Mut haben, auf diese Weise zu entspannen.

Aufgabe

Wenn Sie sich dazu entscheiden, wiederzukommen, möchten wir Ihnen vorschlagen, daß jedE von Ihnen bis zum nächsten Mal darauf achtet, was der oder die andere tut, und darauf, was der oder die andere während der Zeiten, wo Sie scherzen, anders macht.

Gemäß der Karte für die Konstruktion von Lösungen haben wir Ausnahmen, die „Zeiten, wo gescherzt wird." Der Ehemann wie die Ehefrau suchen die Veränderung jedoch zuerst beim anderen und keinE von beiden kann erklären, was entweder er oder sie im einzelnen anders macht, wenn sie „scherzen", so daß die Zeit für sie angenehmer wird. Die Ausnahmen erschienen ihnen als spontane Ereignisse, über die sie beide keine Kontrolle hatten. Wir wollten, daß sie mehr über solche Zeiten herausfinden und noch spezieller, was sie individuell dazu beitrugen. Indem sie ein Gespür für ihr Handeln bekommen, können sie mehr Kontrolle gewinnen und dann die Wahl treffen, die guten Zeiten öfter geschehen zu lassen.

Die nächste Sitzung planten wir eine Woche später. Eine Woche gab ihnen genug Zeit, ihre Aufgabe zu erfüllen und würde die Kontinuität des Therapieprozesses aufrechterhalten.

Zweite Sitzung

Auf unsere Frage, was anders oder besser sei, sagten beide, daß es besser sei. Sie sagte, daß er nicht mehr so grimmig und unglücklich sei und von daher sei sie sehr erleichtert. Seitdem gehe sie lockerer mit ihm um, und sie würde mehr Spaß haben. Sie sagte, daß er in dieser „entspannten" Zeit auch entspannter sei und daß sie für sich selbst entschieden habe, sogar noch mehr zu entspannen, selbst wenn er keine gute Laune habe. Wir fragten, wie dies anders sei, und sie sagte, daß sie normalerweise versuchen würde, ihn aufzumuntern oder so nett wie möglich zu sein, so daß er keinen Grund haben würde, ihr zu mißtrauen.

Der Ehemann äußerte, daß er es in der Vergangenheit nicht gemocht habe, wie sie immerzu versucht habe, perfekt zu sein. Als sie sich so verhielt, war sie defensiv und immer kontrolliert. In solchen Zeiten blieb sie physisch die ganze Zeit bei ihrem Ehemann, so daß er nicht auf den Gedanken kommen würde, sie mache etwas falsch. Er sah es viel lieber, wenn sie sich entschied, ihre eigenen Dinge zu tun und nicht nur rein physisch anwesend zu sein.

Er mochte es nicht, wenn sie versuchte, für ihn perfekt zu sein. Wir fragten, wie er anders sein wird, wenn sie nicht perfekt ist. Er wußte es nicht. Er wollte einfach nicht wieder verletzt werden. Ob sie nach Garantien suchen, fragten wir. Er wollte nicht wieder verletzt werden, und sie wollte eine Garantie, daß er sie nicht verlassen würde, wenn sie aufhörte, perfekt zu sein.

Obwohl sie ihre Anliegen in Hinblick auf Garantien beschrieben, lag der Fokus die meiste Zeit der Sitzung auf den entspannten Zeiten, wo Garantien nicht einmal eine Frage waren.

Sie benannten auch einen Kontext der Ausnahme. In ihr Verhalten als Eltern seiner Tochter aus erster Ehe ließen sie das Ereignis der Affäre nicht hineinspielen. Er erlaubte seiner Frau, sich als Elternteil durchzusetzen und nicht wie er zu versuchen, seine Tochter zu schützen und für sie einzutreten. Sie erkannte, daß sie zusammen arbeiten mußten.

Die Elternrolle bei einem Teenager war zu schwierig, um diese Aufgabe eineR alleine zu überlassen.

In dieser Sitzung bekamen wir mehr Beispiele über Zeiten, wo sie scherzten und darüber, was jedE anders machte. Beide erklärten, daß jedE für sich entschied, zu scherzen und nicht auf gute Laune des anderen zu warten. Wir gaben ihnen folgende Rückmeldung.

Komplimente

Wir denken auch, daß Sie beide sich auf ihrem Weg befinden, wenn Sie sich auf das konzentrieren, was in der Gegenwart und in der Zukunft wichtig ist. Sie haben sich darauf konzentriert, bei Ihrer Ältesten, die bald ein Teen ist, ein gutes Eltern-Team zu sein. Sie, Tom, haben sich entschieden, die Vorstellung fallen zu lassen, als Elternteil alleine verantwortlich zu sein. Sie, Karen, haben sich entschieden, die Rolle als Elternteil aufzunehmen. Sie haben beide erkannt, daß es keine Garantien in Hinblick auf die Zukunft oder auf das, was der andere tun könnte, gibt.

Vorhin sagten Sie, Tom, „Wenn ich sicher bin, daß sie es nicht wieder tun wird, kann ich weiter vorangehen."

Und Sie, Karen, sagten, „Wenn ich sicher bin, daß ich ihn davon überzeugt habe, daß ich es nicht wieder tun werde, kann ich entspannen und wieder ich selber sein."

Nun beginnen Sie beide zu erkennen, daß es mit solchen Denkweisen nicht funktioniert und gehen über die Vorstellung einer Garantie hinaus, um jetzt gute Zeiten aufkommen zu lassen, die eher die Basis für Ihr Vertrauen sein werden.

Sie, Karen, sagen, „Ich werde mich entspannen, egal, ob er in guter Stimmung ist oder nicht."

Sie, Tom, entscheiden sich, Sie selber zu sein und sich nicht so sehr um ihre Gefühle zu kümmern.

Botschaft

Wir haben einen weiteren Gedanken. Wir wissen, daß Sie, Karen, sehr hart daran gearbeitet haben, perfekt für Tom zu sein. Aber wir fürchten, daß Ihr Wunsch, Perfekt-Sein und Ihre immerwährende Anwesenheit, zuviel des Guten ist. Es ist ein bißchen so wie jeden Tag einen phantastischen Schokoladenkuchen zu haben. Nach einer Weile denken Sie nicht mehr viel an ihn. Daher meinen wir, Sie sollten darüber nachdenken, wie Sie Tom gelegentlich Ihre nicht so perfekte Seite zeigen können, so daß er dieser Seite auch vertrauen kann. Tom, wir schlagen vor, da keiner von Ihnen die Vergangenheit ändern kann, daß Sie sich überlegen, wie Sie wissen werden, wann Sie Vertrauen haben und wie Sie es sie wissen lassen.

Aufgabe

Wir möchten also, daß Sie das fortsetzen, was Sie tun und sich darüber Notizen machen, was Sie tun, damit wir beim nächsten Mal darüber sprechen können.

Der Termin für die nächste Sitzung lag zwei Wochen später, damit sie Zeit für die Aufgabe und die Wahrnehmung der Unterschiede haben.

Dritte Sitzung

TherapeutIn: Also, was war anders oder besser? *(Veränderung wird vorausgesetzt)*

Beide: Es war besser .

Karen: Es war besser und anstrengender.

TherapeutIn: Wie meinen Sie das?

Karen: Tja, es war schwer für mich, an meine Sachen zu gehen, wenn er schlechte Laune hatte oder sauer war. Ich frage mich dann, worüber er sauer ist und ob er über mich sauer ist. Aber ich ging weg und räumte mein Büro auf – etwas, das ich schon einige Zeit hinausgeschoben hatte – und ich beschäftigte mich wieder mit meiner Weberei. Es war anstrengend, weil ich wirklich versucht war, um ihn herum zu hängen und zu sehen, was verkehrt war. *(Ausnahme)*

TherapeutIn: Und was passierte? *(Spezifizieren)*

Karen: Ich weiß nicht. Ich glaube, es war einfach so eine Stimmung von ihm, weil er später herumscherzte. Er hat sich auch seinen Sachen zugewandt. Ich bemerkte, daß er wieder bei seinen Arbeiten in der Garage war.

TherapeutIn: *(zu Tom)* Stimmt das? War es anders für Sie? *(Rahmen der Ausnahmen)*

Tom: Ja, irgendwie. Vorher war ich so gefangen wegen der Sachen aus der Vergangenheit. Jetzt nutze ich mehr meine Energie, um zu anderen Dingen zurückzukehren. *(Ausnahme und neue Bedeutung, „mehr meine Energie nutzen und zu anderen Dingen zurückkehren.“)*

TherapeutIn: Wie machen Sie das? *(Spezifizieren)*

Tom: Ich kann nicht ewig sauer bleiben. Ich muß weiter machen. *(Unterschied in der Bedeutung)*

TherapeutIn: *(Cheerleading)* Das muß wirklich ein großer Schritt für Sie beide sein. *(mit gehobener Stimme und Neugier)* Wie macht jedE von Ihnen das? *(Weiteres Spezifizieren, wobei das Vermögen vorausgesetzt wird)*

Im weiteren Verlauf der Sitzung kamen noch mehr Details zum Vorschein, wie die anstehenden Entscheidungen – auf ihrer Seite zu entspannen und an die eigenen Sachen zu gehen und auf seiner Seite „sich weiter zu bewegen“ – ihr Handeln beeinflußt. Beide erkannten Dinge, die sie individuell taten und die sie kontrollieren konnten.

Auf unsere Frage, wie zuversichtlich sie seien, diese Entscheidungen weiter aufrechtzuerhalten, sagten beide, sie seien ungefähr zu neunzig Prozent sicher. Wir fragten, was einige der positiven Aspekte sein können, die aus den Ereignissen der Vergangenheit herausgekommen sind. Sie sagte, sie werde daran erinnert, daß sie nicht so stark sei. Sie dachte immer, daß sie alles tun könne und daß sie immer ehrlich sei. Nun wisse sie, daß sie nicht so unbesiegbar sei. Tom fand gut, daß sie die elterliche Verantwortung sogar noch stärker gemeinsam praktizieren.

Wir planten ein weiteres Treffen in zwei Wochen. Das sollte eine Folgesitzung sein und ihre Veränderungen zum Thema haben. Sie riefen an und sagten dieses Treffen ab. Sie berichteten, die Dinge würden gut laufen und daß sie der Meinung seien, auf dem richtigen Weg zu sein.

Fall 4: Ein Elternteil (Mutter) kommt wegen ihres Kindes, aber das Kind kommt nicht mit.

Eine Mutter rief uns an und wollte darüber sprechen, wie sie ihre Tochter in die Therapie bekommen könne.

TherapeutIn: Was möchten Sie von Ihrem Kommen mitnehmen? *(Rahmen des Ziels)*

Klientin: Tja, ich möchte gerne einen Rat von Ihnen, wie ich meine Tochter in die Therapie bekomme. *(Klage)*

TherapeutIn: Sie denken, Ihre Tochter braucht eine Therapie?

Klientin: Ja, sie lebt zu Hause, sie arbeitet nicht, sie spricht weder mit mir noch mit meinem Mann, und gibt mir die Schuld, daß sie unglücklich ist. *(Klage)*

TherapeutIn: Hm. Würde sie sagen, das sind die Probleme oder daß sie eine Therapie will? *(Klarstellung, wer die Klientin ist; d.h., wer will was von der Therapie; Position „der anderen")*

Klientin: Nein, und das ist das Problem. Sie denkt, ich bin ihr Problem, und sie will nicht einmal an Therapie denken. Sie denkt, es ist mein Fehler, daß sie sich schlecht fühlt, weil ich mich nicht genug um sie gekümmert habe, als sie ein Kind war. Sie ist jetzt zweiundzwanzig.

TherapeutIn: Ach so. Also, wenn Ihre Tochter mehr das tun würde, was Sie möchten, was würde Sie anders machen? *(Hypothetische Lösung)*

Klientin: Na ja, wenn sie etwas mehr Initiative zeigen würde und ein bißchen glücklicher wäre, würde ich mich nicht so schuldig fühlen. Ich könnte mich entspannen und wieder an meine eigenen Sachen gehen. Manchmal denke ich, daß es stimmt, was sie sagt. Ich habe meinen Sohn ihr vorgezogen. *(Denkt, daß die Veränderungen bei ihrer Tochter erst geschehen müssen, bevor sie entspannen und etwas Erleichterung fühlen kann)*

TherapeutIn: Was würden Sie machen, wenn sie entspannen und wieder an Ihre eigenen Sachen gehen? *(Spezifizieren der hypothetischen Lösung)*

Sie antwortet auf die Frage nach der hypothetischen Lösung, daß sie ihre Tochter loslassen und sich nicht mehr so viel Sorgen machen würde. Zum jetzigen Zeitpunkt hatte sie Angst, irgendetwas zu sagen. Sie mied jede Konfrontation und erinnerte sie an nichts, aus Furcht, ihre bereits schlechte Beziehung auf's Spiel zu setzen. Wenn sie loslassen würde, wäre ihr klar, daß sie ihren Job als Elternteil beendet hätte, und sie würde wieder ihre FreundInnen treffen und darüber nachdenken, was sie für sich selber tun würde. Das würde sie in dem

Bewußtsein tun, ihre Erziehungsaufgabe abgeschlossen zu haben. Sie dachte, wenn sie jetzt loslassen würde, könnte ihre Tochter vielleicht ganz versagen und wütend auf sie sein, während sie selbst Schuldgefühle hätte.

Auf die Frage nach Zeiten, wo sie bereits jetzt ein wenig loslasse, sagte sie, daß sie am kommenden Wochenende zu einer religiösen Veranstaltung fahren würde und daß sie am vierten Juli ein Picknick für ihre FreundInnen plane. Sie antwortete, daß dies anders für sie wäre, weil sie sich sonst immer Sorgen um ihre Tochter gemacht hätte. Als wir sie fragten, wie sie das mache, sagte sie, sie reagiere auf den Rat ihres Pfarrers, daß sie loslassen müsse.

Da sie ihre Tochter nicht ändern könnte, deren Leben nicht glücklicher machen oder sie zur Therapie zwingen, fragten wir, ob sie der Ansicht sei, daß sie für sich selber auf dem richtigen Weg ist, wenn sie weiter „loslasse“ und an ihre Zukunft ohne Kindererziehung denkt. Sie sagte „ja“, obwohl sie traurig war, nicht mehr für ihre Tochter tun zu können. Wir boten ihr folgende Rückmeldung an:

Komplimente

Wir können Ihnen kaum sagen, wie beeindruckt wir sind, wie sehr Sie sich um alle Ihre Kinder kümmern. Sie haben offensichtlich in all den Jahren weit mehr als nur Ihre Pflicht getan, als Sie sich um sie gekümmert und gesorgt haben.

Auch in Hinblick auf Ihre Tochter wird sehr deutlich, wie sehr Sie sich um sie kümmern. Vielleicht denken Sie jetzt manchmal irrtümlicherweise, daß Ihre einzige Motivation Ihre Schuldgefühle sind, aber wir denken, Ihre Motivation ist Ihre tiefe Liebe für sie.

Wir denken auch, daß diese Übergangszeit für Sie so schwer ist, weil Sie Ihre Tochter so sehr lieben. Alle Familien machen diese Übergangszeit durch, wenn die Kinder sich aufmachen, ihre eigenen Erfolge und Fehler zu machen und die Eltern sie gehen lassen und sich auf die nächste Phase ihres Lebens konzentrieren.

Botschaft

Uns beeindruckt sehr, wie Sie schon heute Zeichen des Loslassens, des An-sich-selber-Denkens zeigen, nämlich, daß Sie zu dieser religiösen Veranstaltung fahren und das Picknick mit Ihren FreundInnen und nicht mit Ihren Kindern planen.

Aufgabe

Wir denken, daß das Ihnen und Ihrer Tochter guttut, und wir möchten Sie bitten, Ihre Augen offen zu halten für weitere, vielleicht noch feinere Wege, loszulassen und an sich selber zu denken.

Zweite Sitzung

Der Termin war eine Woche später, um ihr Zeit zu geben, Unterschiede zu erkennen

TherapeutIn: Was war anders oder besser? *(Veränderung wird vorausgesetzt)*

Klientin: Tja, ich habe wieder angefangen zu lesen, und ich bin mit meinen Plänen für das Picknick weitergekommen.

TherapeutIn: Wirklich, *(neugierig)* wie haben Sie das gemacht? *(Spezifizieren der Ausnahme)*

Klientin: Mein Pfarrer gab mir den gleichen Rat wie Sie. So entschied ich mich, wieder zu lesen und die Chance zu ergreifen, eine Party zu machen, wo meine Tochter keine Szene machen wird.

TherapeutIn: Sie gehen also einige Risiken ein. *(Cheerleading)* Wie machen Sie das? Ich stelle mir vor, daß Sie Zweifel haben und sich vielleicht schuldig fühlen. *(Spezifizieren in einer prozeßhaften Form und innerhalb des Rahmens von Schwierigkeiten)*

Klientin: Das ist wahr, und ich bin immer noch sehr besorgt um meine Tochter, aber ich glaube, ich werde immer überzeugter, daß ich ihr nicht helfe, wenn ich mir so viele Sorgen mache.

TherapeutIn: Wie, denken Sie, hat Ihre Tochter Ihre Veränderung bemerkt? *(Rahmen der Ausnahmen und aus der Position „des anderen")*

Klientin: Sie hat nichts gesagt, aber sie fragte mich nach der Veranstaltung.

TherapeutIn: War das anders?

Klientin: Es ist in letzter Zeit anders für meine Tochter, weil sie überhaupt nicht mit mir sprach.

TherapeutIn: Was, denken Sie, würde sie über Ihre Zukunft sagen, wenn sie hier wäre? *(Rahmen der Ausnahmen, Position „der anderen")*

Klientin: Ich bin nicht sicher. Vielleicht würde sie sagen, daß das gut für mich sei.

Die Klientin berichtete weiter, wie schwierig es sei, diese Party zu planen, aus Angst, ihre Tochter würde eine Szene machen, weil der Sohn der Klientin eingeladen worden war und die Geschwister nicht miteinander sprechen. Die Tochter sei schrecklich eifersüchtig auf ihren Bruder.

Trotz dieser Sorgen beschrieb die Klientin, daß sie sich zurückzog und nicht wie vorher versuchte, ihre Tochter zu ändern. Wir dachten, daß sie auf Weg sei, sich auf sich selber und ihre eigene Veränderung zu konzentrieren. Wir boten ihr diese Komplimente und folgende Rückmeldung an:

Komplimente

Uns beeindruckt Ihre Entscheidung, sich auf sich selber und Ihre eigenen persönlichen Ziele zu konzentrieren. Wir wissen nicht, ob das so ist, weil sie mehr Respekt vor sich selber haben oder weil Sie jetzt wissen, daß das, was für Sie gut ist, auch für Ihre Kinder gut ist. Wir stimmen mit Ihnen überein, daß es für Sie und Ihre Tochter auf lange Sicht besser ist, daß Sie sich mehr um sich selber kümmern und sich nicht immer aufopfern. Wie Sie sagen, wenn Sie sich nicht um sich selber kümmern, reagieren Sie gereizt auf Ihre Tochter und auf jede andere.

Wir sind auch so beeindruckt, wie Sie Ihre Party planen. Wir stimmen Ihnen zu, daß Ihre Tochter wird lernen müssen, sich darauf einzustellen, daß ihr Bruder dabei ist.

Botschaft

Uns scheint es so, als liebe Ihre Tochter Sie sehr und als nehme sie diese Veränderungen bei Ihnen wahr. Wir vermuten, daß sie vielleicht mehr ihre eigenen Wege geht, wenn sie überzeugt davon ist, daß Sie sie loslassen. Auf diesem Weg testet sie aber vielleicht, wie sehr Sie an ihr hängen.

Aufgabe

Machen Sie das weiter, was Sie tun, und beobachten Sie weiter, was geschieht, so daß Sie uns das nächste Mal darüber erzählen können.

Unter der Voraussetzung, daß sie nun an einem Ziel arbeitete, das in ihrem Kontrollbereich lag – sich auf sich selber und die eigene Zukunft zu konzentrieren, statt zu versuchen, ihre Tochter zu ändern – und unter der Voraussetzung, daß sie weiter an der Idee festhielt, daß es auf lange Sicht auch gut für die Tochter sein würde, wenn sie sich auf sich konzentriert und sie losläßt, begannen wir, den Abstand zwischen den Sitzungen zu vergrößern. Dadurch sollte ihr möglich werden, ihr neues Denken umzusetzen. Der Termin für die nächste Sitzung war in zehn Tagen; daraufhin folgten Sitzungen mit einem Abstand von zwei Wochen, drei Wochen und einem Monat.

Fall 5: Eine EhepartnerIn hat ein Eheproblem, aber die anderE will nicht mitkommen

Ein jung verheirateter Mann rief uns an und bat um Therapie. Es gab Probleme in seiner vierjährigen Ehe, und er äußerte, daß er alleine kommen wolle. Seine Frau hatte darauf bestanden, daß er das Problem habe und daß nicht sie sich verändern müsse. Er stimmte ihr zumindest teilweise zu, daß die meisten Probleme seine seien, und er wollte auch ohne sie mit jemandem alleine sprechen.

TherapeutIn: Worin besteht Ihr Ziel, wenn Sie hierherkommen? *(Rahmen des Ziels)*

Klient: Ich wollte mit Ihnen alleine sprechen, weil ich will, daß Sie verstehen, wie die Situation für mich ist. Meine Frau hat von meinen Wutanfällen die Nase total voll, und sie will nichts mit Beratung zu tun haben. Wir sind schon in Ehetherapie gewesen, und sie fühlte sich daraufhin sehr verletzt und entmutigt. Ich muß ihr zustimmen, daß meine Wut ein Problem ist, aber sie ist so provokativ. Ich werde gewalttätig, aber es ist nicht nur das. Sie zieht mir den Boden unter den Füßen weg. Sie entwickelt einfach keine Sympathie für mich und auch nicht für uns oder meine Arbeit. Sie ist einfach allem gegenüber so kritisch, und sie streitet über alles. *(Äußerung von Klagen)*

TherapeutIn: Sie wollen also, daß ich verstehe, wie das für Sie ist und daß Sie nicht mitkommen will. Und es hört sich so an, als würden Sie mit ihr einer Meinung sein, daß Ihre Wutanfälle außer Kontrolle geraten, aber Sie denken ebenso, daß sie ein Teil davon ist. Ist das richtig? *(Klarstellen)*

Klient: Ja. Alles, was ich tue, nutzt sie als Gelegenheit, mich daran zu erinnern, was ich falsch gemacht habe.

TherapeutIn: Also, was würden Sie gerne daran ändern? *(Frage nach einem Ziel)*

Klient: Tja, so sehr ich auch glaube, daß sie unrecht hat, denke ich, werde ich beim Streit nie einen Fuß auf den Boden bekommen, solange meine Wut zuschnappt. Ich werde immer in der Verteidigungsposition sein oder mich schuldig fühlen, bis ich mich verändere. Sie hat Angst vor mir, und ich denke, meine Tochter auch. Ich muß mich unter Kontrolle bekommen und anständig handeln, damit ich ihr zeigen kann, daß sie unrecht hat.

TherapeutIn: Sie hoffen, wenn Sie Ihre Wut kontrollieren, können Sie ihr zeigen, daß sie unrecht hat. *(Klarstellen)*

Klient: Na ja, ich muß wissen, wer recht hat, so daß ich entscheiden kann, ob ich mein Bestes gegeben habe und ob es in Ordnung ist, wenn ich sie verlasse.

TherapeutIn: Also, Sie wollen mit Ihrem Ärger anders umgehen, damit Sie, wenn Sie entscheiden, bei ihr zu bleiben oder von ihr wegzugehen, es aus den richtigen Gründen tun.

Klient: Ja, ich muß mich einfach unter Kontrolle haben, so daß ich weiß, daß es nicht mein Fehler ist, wenn die Dinge nicht laufen. Wir sind erst seit vier Jahren verheiratet, aber ich würde eine Scheidung nicht gerne auf meine Fehler zurückführen.

Die Aussage „mit seinem Ärger anders umgehen“ wurde als Ziel akzeptiert, und wir suchten nach der hypothetischen Lösung. Er stellte sich vor, daß er, wenn er einmal in der Lage war, mit der Situation umzugehen, wie er es wollte, mit ihr ruhig reden könnte, auch wenn er böse wäre. Er dachte, mit gesteigertem Selbstwertgefühl könne er ruhiger mit ihr umgehen.

Wir komplimentierten ihn für seinen Verantwortungssinn und seine Ehrlichkeit – obwohl er der Meinung war, daß er legitime Gründe hatte, über seine Frau zu meckern, versuchte er, sein Verhalten zu ändern. Wir komplimentierten ihn auch für seine Empfindsamkeit gegenüber seiner Frau und seinem Kind, daß ihm sehr wohl bewußt war, wie er ihnen mit seinen Wutanfällen Angst einflößte. Uns beeindruckte, daß er etwas dagegen tun wollte.

Die begrenzte Zeit der Sitzung erlaubte keine Diskussion über Ausnahmen, also beruhte unsere vorgeschlagene Aufgabe auf der hypothetischen Lösung, die er entwickelt hatte. Wir erwähnten, daß wir gerne mehr über Zeiten wissen wollten, wo er glaubte, irgendwie ruhig mit seiner Familie umzugehen oder wo er die Kontrolle verlieren könnte, es aber nicht tat.

In der zweiten Sitzung berichtete er, daß er entschieden hatte, einem kleinen Motto zu folgen, daß jeder Tag ein neuer Tag sei und er versuchen würde, einen guten Tag daraus zu machen. Das sei insofern anders, als er früher seinen Unmut und seine Gefühle vom vorherigen Tag mitgenommen habe. Mehrmals entschied er sich dazu, etwas mit seiner Familie zu machen und sich nicht in die Einsamkeit seines Studiums zurückzuziehen. Er war dabei und versuchte, sich die Position seiner Frau beim Kauf eines neuen Computers anzuhören. Er sagte, daß beides ziemlich ungewöhnlich für ihn sei. Er sagte, er habe es sehr schwierig gefunden, ihren Argumenten über den Computer zuzuhören und einen Kompromiß mit ihr zu finden. Er war aber erfreut, daß er nicht gebrüllt oder die Kontrolle verloren hatte.

Auf die Frage, wie er sich zu diesem Handeln entschieden habe, sagte er, daß er fest entschlossen sei, seinen Teil zur Rettung der Ehe beizutragen. Das war ein Unterschied, weil er jetzt wollte, daß die Ehe klappte. Wir sagten ihm wieder, wie uns seine Entscheidung, etwas für die Ehe zu tun, beeindruckt habe. Wir lobten auch seine Bereitschaft, Kompromisse einzugehen und dabei zu versuchen, einen Kompromiß nicht als Nachgeben anzusehen.

Die dritte Sitzung war aus Termingründen mehrere Wochen später. Er berichtete zunächst, daß die Dinge sehr schlecht seien, aber daß er einmal, als sich ein Streit anbahnte, zu ihr sagte, „Ich will nicht streiten. Ich will einfach, daß wir Freunde sind.“ Das unterbrach den Streit, und später war sie wieder freundlich zu ihm. Wir fragten, ob das anders war, und er sagte, so zu reagieren, sei für ihn sehr anders. Auch daß sie so schnell nach dem Streit wieder mit ihm sprach, war anders. Wir fragten, ob das stimmen würde, daß sie sein Freund sein solle. Er sagte, er sei sich nicht sicher, aber möglicherweise ja, er würde sie gerne nett behandeln und wollte, daß sie wieder Freunde sind. Er hatte den Gedanken, daß Freunde zusammenarbeiten und nicht versuchen, zu gewinnen oder den anderen zum Verlierer zu machen. Das war sein Wunsch.

Wir komplimentierten ihn für seine Ausdauer und dafür, wie er entdeckt hatte, daß der Versuch, Freunde zu sein, irgendwie hilfreich war. Wenn er an seine Frau als eine Freundin dachte, dachte er weniger daran, daß sie versucht, ihn herunterzumachen, sondern er ließ ihr eher den Nutzen des Zweifelns zukommen. Wir baten ihn, darauf zu achten, was noch anders wäre, wenn er an sie als seine Freundin denken würde.

In den nächsten beiden Sitzungen, zwischen denen mehrere Wochen lagen, berichtete er von einigen Dingen, die er anders gemacht hatte, als er an seine Frau als Freundin und nicht einfach als Ehefrau dachte. Ihm wurde klar, daß es egoistisch war, sich in seine Einsamkeit zurückzuziehen und daß er das Bedürfnis verspürte, mehr an den Familienangelegenheiten teilzunehmen. Einmal hörte er sich ihre Beschwerden über ihn an und reagierte nicht abwehrend. Er sagte nur, daß es ihm leid tue, daß alles so schwierig sei.

Wir fragten ihn, wie er das gemacht habe. Er sagte, ihm wurde deutlich, daß er dagegen nichts tun könne; also sagte er einfach, es tue ihm leid. Er sagte, daraufhin sei sie einfach ruhig gewesen.

Bis zu diesem Zeitpunkt fühlte er sich mit seinem veränderten Verhalten ziemlich gut. Die Veränderung bestand darin, daß er nicht mehr hochging. Er war ruhig und verhielt sich wie ein Freund und war nicht mehr so abwehrend und ging nicht mehr vom Schlimmsten aus. Er freute sich, daß sie sich änderte und freundlicher war. Er wünschte sich immer noch mehr Anerkennung von ihr, aber er war froh, daß sie nun zur nächsten Sitzung mitkommen wollte.

Als sie kam, blieb sie dabei, nichts ändern zu wollen. Sie wartete noch ab, um festzustellen, ob seine Veränderungen andauern würden oder ob sie wieder verletzt und enttäuscht würde. Zur gleichen Zeit berichteten beide über Dinge, die der andere anders machte, wie über Dinge, die sie gemeinsam anders machten. Für den Rest der Sitzung konzentrierten wir uns weiter auf das, was gut lief und darauf, wie sie wissen und einander davon überzeugen könnten, daß es sich um reale Veränderungen handelte.

Obwohl dieser Fall mit einer Beschwerde über die Ehe begann, bestanden wir nicht darauf, daß die Ehefrau mitkommt. Stattdessen halfen wir dem Ehemann, sich auf ein Ziel zu konzentrieren, das von ihm kontrolliert werden konnte, „mit seinem Ärger anders umgehen“ und nahmen an, daß sich durch die Veränderungen auf seiner Seite auch Veränderungen in der Beziehung entwickeln würden. Als er sich daraufhin veränderte, entschlossen sich beide dazu, daß sie zu den Sitzungen mitkommen würde. Sie formulierte kein Ziel, nahm aber teil, indem sie über Veränderungen berichtete und für sich realisierte, was sie an positiven Dingen wahrnahm.

Obwohl die Ehepartnerin in diesem Fall später auch zur Therapie kam, nehmen nicht immer beide PartnerInnen teil, noch ist ihre Anwesenheit immer erforderlich. Die Ehebeziehung kann sich verändern, wenn einer sich in seinen Interaktionen verändert. Ehetherapie funktioniert auch mit einer Person, solange die KlientIn die Veränderung innerhalb ihres Kontrollbereichs definiert und sie nicht ausschließlich in einer Veränderung beim anderen sieht.

Diskussion

Frage:

Haben Sie jemals solche Fälle, wie den beschriebenen gehabt, wo die andere PartnerIn sich nicht verändert und sie sich scheiden lassen?

Ja. Die bloße Tatsache, daß einE sich in der Interaktion mit der PartnerIn ändert, bedeutet nicht unbedingt, daß das Paar immer zusammenbleibt. Manchmal – so hätte es auch in dem obigen Fall passieren können – vollzieht eine EhepartnerIn verschiedene Veränderungen und entscheidet sich dann, daß sie ihr Bestes für die Ehe getan hat, die Ehe aber immer noch nicht läuft oder die Veränderung sich für sie nicht lohnt. Manchmal kommen Veränderungen für die andere EhepartnerIn zu spät.

Manche Fälle, wo es um Eheprobleme geht, sind aber hoffnungsvoller, wenn wir annehmen, daß eine Veränderung bei einer EhepartnerIn einen Unterschied machen kann und daß nicht beide EhepartnerInnen Teil der Therapie sein müssen, damit sich die Beziehung verbessert.

Frage:

Was ist, wenn Mitglieder einer Familie oder EhepartnerInnen unterschiedliche Ziele haben?

Wir gehen davon aus, daß Familienmitglieder oder EhepartnerInnen sehr oft ihre Ziele unterschiedlich definieren werden. Unterschiedliche Ziele zu haben, ist gut, und wir helfen ihnen während unserer Treffen, eigene Lösungen zu entwickeln. Oft überlappen sich die Ziele. Bisweilen versucht ein Teenager, mehr Freiheit zu bekommen, während seine

Eltern vielleicht eher verantwortungsbewußtes Verhalten sehen wollen. Solche Ziele sind sehr komplementär, auch wenn KlientInnen sie zunächst als Widerspruch erleben. In der Regel erhält ein Teen mehr Freiheit, wenn sie so handelt, daß ihre Eltern denken, sie verhalte sich verantwortungsbewußter. Ein Elternteil muß einen Teenager mit einem größeren Maß an Freiheit belohnen, damit das verantwortungsbewußte Verhalten gefördert wird.

Wenn die geäußerten Ziele sich gegenseitig ausschließen, beispielsweise, wenn eine EhepartnerIn die Scheidung und der andere die Beziehung weiter aufrechterhalten will, sehen wir die KlientInnen getrennt. Wir arbeiten mit jeder EhepartnerIn an ihrem Ziel. Schließlich ändert sich ein Ziel oder sogar beide.

Kapitel 15
Freiwillig oder unfreiwillig

Eine grundlegende Unterscheidung

Die Mitglieder einer Behandlungsgruppe sind diejenigen, die ein Ziel teilen und den Wunsch ausdrücken, etwas zu tun, damit es eintritt.

Ein lösungsorientierter Ansatz ist ein KonsumentInnenmodell – das bedeutet, KlientInnen sind die ExpertInnen festzustellen, weshalb sie uns sehen und zu entscheiden, worauf sie hinarbeiten wollen. Auf dieser Grundlage ist es am Anfang einer Therapie wichtig zu bestimmen, ob KlientInnen *freiwillig* zu uns kommen oder ob eine anderE sie *schickt*. Wenn wir annehmen, daß KlientInnen die ExpertInnen sind, was machen wir mit solchen, die sagen, daß sie sich nicht als KundInnen für unsere Angebote betrachten? Was machen wir mit jemandem, die sagt, „Ich muß nicht hier sein, ich will nicht hier sein, und ich habe kein Problem?"

Wir kennen alle den Unterschied in der Arbeit mit Personen, die aus eigenem Antrieb kommen und arbeiten wollen und solchen, die nicht in Therapie wollen und vielleicht sogar denken, daß das Problem bei denen liegt, die sie schicken.

In unserem Berufsleben waren wir wohl alle gelegentlich dankbar, intrinsisch motivierte KlientInnen zu haben oder fühlten ein Grauen, wenn wir uns vorstellten, mit jemandem zu arbeiten, die nicht in Therapie sein wollte.

Wir haben wahrscheinlich alle ähnliche Bemühungen mit unterschiedlichem Erfolg bei KlientInnen unternommen, die auf Weisung zu uns kamen. Bei dieser Klientel kann es sich um StudentInnen oder SchülerInnen handeln, die von der DirektorIn oder der DekanIn zu einem Beratungsgespräch geschickt wurden, um zur Bewährung Verurteilte, die einer Therapieauflage nachkommen müssen, um Paare, die zu einer EheberaterIn überwiesen wurden, bevor das Gericht ihren Scheidungsantrag weiter bearbeitet, um AutofahrerInnen, die für schuldig befunden wurden, da sie unter Alkoholeinfluß standen und zur Drogenberatung geschickt wurden, um Eltern, denen eine Therapie wegen des Mißbrauchs ihrer Kinder verordnet wurde als Bedingung dafür, daß die Kinder zurückkehren können, um Supervisees, die denken, sie bräuchten keine Supervision oder um Kinder, die von ihren Eltern zur Behandlung geschickt werden, weil sie sagen, es sei das Problem der Kinder.

Die Unterscheidung zwischen freiwillig und unfreiwillig ist grundlegend für ein konsumentInnenorientiertes Modell und ein wesentlicher Faktor bei der Arbeit in den oben beschriebenen Situationen. Wesentlich deshalb, weil wir nicht annehmen wollen, daß KlientInnen freiwillig kommen, wenn sie es tatsächlich nicht tun. Wird diese Unterscheidung nicht getroffen, entsteht oft ein ein Wirrwarr im Denken, in den versuchten Lösungen und den Rollen(erwartungen).

Ein Satz von DE SHAZER macht es noch einmal deutlich, „Nützliche Unterscheidungen in konzeptionellen Schemata führen zu erklärenden oder beschreibenden Metaphern, die eine klare Form haben. Wirrwarr entsteht dagegen, wenn nützliche Unterscheidungen, die getroffen werden könnten, nicht getroffen werden..." (DE SHAZER 1986, S.71)

Unterscheidungen purzeln durcheinander – und was daraus folgt

Im folgenden werden Beispiele dargestellt, die das Durcheinander und die Rollenkonfusion zeigen, wenn die Unterscheidung zwischen einer freiwilligen und einer unfreiwilligen KlientIn nicht getroffen wird:

1. Die unfreiwillige KlientIn wird mit einem Behandlungsmodell, welches Freiwilligkeit voraussetzt, verwechselt

TherapeutIn: Worin besteht Ihr Ziel, wenn Sie hierherkommen? *(Rahmen des Ziels)*

Herr Schmidt: Ich habe kein Ziel. Der Richter hat diese Behandlung angeordnet, aber er begreift nicht, daß ich das nicht brauche.

TherapeutIn: Herr Schmidt, mir scheint, daß jeder bei der zweiten Verurteilung wegen Alkohols am Steuer denken sollte, daß er ein Alkoholproblem hat und etwas dagegen tun sollte. *(Versuch, den Klienten von der Notwendigkeit einer Veränderung zu überzeugen)*

Herr Schmidt: Nun, diese Verurteilungen waren eine abgekartete Sache. Ich hatte nicht so viel getrunken, und ich bin gut gefahren. Die Polizei in dieser Stadt hat es auf mich abgesehen.

TherapeutIn: Aber Herr Schmidt, mit diesen beiden Verurteilungen und Ihren Autounfällen, glauben Sie wirklich, daß all die Fachleute falsch liegen und nur darauf aus sind, Sie zu kriegen? Glauben Sie nicht, Sie sollten sich damit auseinandersetzten.

Herr Schmidt: Welche Alkoholprobleme ich auch immer hatte, ich habe mich darum gekümmert, und ich brauche keine Hilfe.

Aus dem Blickwinkel des Klienten, hat die TherapeutIn sich hier der Entscheidung des Gerichts angeschlossen, daß er ein Alkoholproblem hat, an dem er arbeiten muß. Die TherapeutIn hat bei diesem unfreiwilligen Klienten die Rolle der sozialen Kontrolle als verlängerter Arm des Gerichts übernommen. Die TherapeutIn versucht, durch eine Konfrontation aus dem unfreiwilligen Klienten einen freiwilligen zu machen.

2. Wer ist die KlientIn

Eine Kollegin erzählte uns vor kurzem von ihrem neuen Job als Sozialarbeiterin. Sie arbeitete bei einer staatlichen Institution, und ihre Aufgabe war es, (Wieder-)Einweisungen von chronisch psychisch Kranken in Landeskrankenhäuser zu verhindern und die Leute von der Straße zu halten. Sie hatte eine beachtliche Menge von Einzelfällen, die erst vor kurzem aus dem Krankenhaus entlassen worden waren. Sie beklagte, daß keine dieser KlientInnen zu einer Behandlung motiviert schien oder irgendwelche Veränderungen machen wollte.

Auf unsere Frage, was ihre KlientInnen von ihr wollten, wenn sie sie danach fragen würde (Rahmen des Ziels, Position „des anderen"), sagte sie, die meisten ihrer KlientInnen würden wahrscheinlich sagen, daß sie nichts von ihr wollten oder daß sie die Unterstützung der Regierung für sie sichern sollte.

Sie hatte bereits eine Menge Arbeit für ihre KlientInnen geleistet, was Unterkunft und staatliche Unterstützung betraf, aber sie fühlte sich ausgebrannt und entmutigt, da die KlientInnen scheinbar nichts für sich selbst tun wollten, was Fragen betraf, die sie für problematisch hielt.

In dieser Situation schien der Staat der Klient zu sein; der Staat ist die Partei mit einem Ziel. Der Staat entschied, daß die Kosten für die Unterbringung der Leute im Krankenhaus nicht mehr tragbar sei und erstellte ein Programm, wobei eine SozialarbeiterIn diese Leute unterstützen sollte. Die einzelnen äußerten selten ein Ziel, an dem sie gerne mit ihr arbeiten würden.

In dieser Situation konnte sie nicht mehr trennen, wer die wirkliche KlientIn ihrer Arbeit war – in diesem Fall der Staat.

Optimale Settings mit unfreiwilligen KlientInnen

Es gibt mehrere Rollen, die HelferInnen und SozialarbeiterInnen einnehmen können, wenn sie mit unfreiwilligen KlientInnen zu tun haben. Es gibt zum Beispiel die BerichterstatterIn, die UntersucherIn, die SupervisorIn und die TherapeutIn.

Die *BerichterstatterIn* berichtet jemandem mit Amtsgewalt über ein Fehlverhalten. Der Bericht beinhaltet oft Schilderungen über Kindesmißhandlung oder -vernachlässigung. Die BerichterstatterIn ist oft nicht vom Fach. Es kommt auch vor, daß Sie selber als professionelle HelferIn in die Rolle der BerichterstatterIn kommen, wenn Sie eine KlientIn über Kindesmißhandlung oder -vernachlässigung reden hören, so daß Sie das Gesetz verpflichtet, darüber zu berichten. Die BerichterstatterIn kann eine NachbarIn oder eine VerwandtE sein, die ZeugIn der Mißhandlung war oder davon gehört hat. Die BerichterstatterIn kann auch eine Fachkraft aus dem medizinischen Bereich sein, die Anzeichen einer Mißhandlung oder einer Vernachlässigung erkennt.

Die *UntersucherIn* ist Teil des staatlichen Systems, dessen Aufgabe es ist, Problemsituationen zu untersuchen und eine Einschätzung des Fehlverhaltens vorzunehmen.

Die *SupervisorIn* oder *ManagerIn* erhält den Fall vom Gericht, sie bestimmt in der Regel die Bedingungen für eine Veränderung (Voraussetzungen für eine Rückkehr von Kindern, Bedingungen für eine Bewährungszeit, etc.) und überwacht den Fortschritt.

Die *TherapeutIn* ist die Person, der die Rolle zugeschrieben wird, der KlientIn die Konstruktion von Lösungen zu erleichtern.

Eine Trennung dieser verschiedenen Rollen und ihre Aufteilung auf verschiedene Fachleute scheint der optimale Weg, um mit unfreiwilligen KlientInnen zu arbeiten. Sie und auch die unfreiwillige KlientIn können die Rollen und die damit verbundenen Funktionen klar auseinanderhalten und das Durcheinander vermeiden, das durch die Vermischung dieser Rollen entsteht.

Wenn unfreiwillige KlientInnen eine Person in der Rolle der UntersucherIn und eine andere in der Rolle der FallbearbeiterIn unterscheiden, können sie Sie leichter in der Rolle als TherapeutIn wahrnehmen und auch leichter erkennen, daß Sie ihnen dabei helfen wollen, ihr eigenes Ziel zu erreichen. In dieser stärker neutralen Position sind Sie eher in der Lage, ein Problem oder eine Lösung zu erkennen, das die KlientIn will.

Wenn Sie beides sind, TherapeutIn und ManagerIn, haben unfreiwillige KlientInnen es schwerer, festzustellen, wann Sie als als soziale KontrollagentIn, die vielleicht ihre Kinder wegnimmt oder sie ins Gefängnis steckt, agieren und wann Sie in der Rolle der lösungsorientierten TherapeutIn sind.

Als TherapeutIn sollten Sie in einer neutralen, distanzierten Position sein, die es Ihnen ermöglicht, KlientInnen zu helfen, daß sie erkennen, was sie wollen. Die TherapeutIn ist dann nicht durch andere Rollen oder Anforderungen behindert.

Wie man in der Rolle als TherapeutIn mit einer unfreiwilligen Klientin arbeiten kann, wird im folgenden Kapitel dargestellt.

Diskussion

Frage:

Denken Sie nicht, daß einige KlientInnen einfach abstreiten und daß unsere Verantwortung darin besteht, dieses Abstreiten und Verleugnen zu durchbrechen?

In unserer *Rolle als TherapeutInnen* nehmen wir die Aussagen der KlientInnen so, wie sie sie sagen. Wenn unfreiwillige Klientinnen sagen, daß es nichts gebe, woran sie in einer Therapie arbeiten möchten, gehen wir davon aus, daß aus ihrer Sicht kein Problem oder Ziel besteht, an dem sie zu diesem Zeitpunkt in einer Therapie arbeiten wollen. Wir interpretieren weder die Motivation noch einen Mangel an Motivation bei einer KlientIn, und wir interpretieren auch nicht, was „wirklich“ vor sich geht. Daher versuchen wir nicht, diese KlientInnen davon zu überzeugen, daß sie ein Problem haben.

Diese Position ist stimmig mit der Rolle als TherapeutIn, bedeutet aber nicht, daß wir nicht in anderen Rollen das bewerten und beurteilen, was unfreiwillige KlientInnen sagen. RichterInnen oder MitarbeiterInnen des Kinderschutzes, die aus ihrer Position heraus Entscheidungen über den Aufenthalt von Kindern treffen müssen, werden nach konkreten Anhaltspunkten suchen und eine Entscheidung darüber treffen, was sie bei einem Elternteil in einer gegebenen Situation für wahr halten. In solchen anderen Rollen treffen RichterInnen und MitarbeiterInnen des Kinderschutzes Entscheidungen, die unabhängig von der Sichtweise der KlientIn sind und unabhängig davon, ob ein Problem vorhanden ist oder nicht. In der Rolle als TherapeutIn übernehmen wir jedoch nicht diese Verantwortung oder die ExpertInnenposition.

Übung

Gehen Sie die Akten Ihrer unfreiwilligen KlientInnen durch und fragen Sie sich, wer von diesen sagt, daß sie oder er etwas von der Therapie will. Sagt eine KlientIn, daß sie etwas durch die Treffen erreichen will? Haben auch andere mit diesem Fall etwas zu tun, die auch etwas von der KlientIn wollen? Wenn Sie die erste Frage mit „nein" beantworten, hat Ihre KlientIn kein Ziel. Wenn sie äußert, ein anderer zwinge sie zu dieser Therapie, haben sie eine unfreiwillige KlientIn.

Das folgende Kapitel soll Ihnen helfen, eine unfreiwillige KlientIn beim Erkennen von Zielen zu unterstützen, so daß sie eine freiwillige KlientIn wird.

Kapitel 16
Die unfreiwillige KlientIn

Eine unfreiwillige KlientIn kommt auf Anordnung eines anderen zu Ihnen. Vielleicht stimmt Sie der Überweisung oder den Gründen hierfür zu, vielleicht aber auch nicht. Aus diesen KlientInnen können freiwillige werden, wenn sie ein Ziel erkennen, an dem sie gerne arbeiten würden; sie sind aber zumindest für den Anfang von jemand anderen zu Ihnen geschickt worden. Die frühe Fassung des nachfolgenden Schemas wurde zum überwiegenden Teil von Insoo Berg und Eve Lipchik (Berg 1990) erarbeitet.

Wir orientieren uns bei unserer Arbeit mit KlientInnen an folgendem Schema:

Wessen Idee ist es, daß Sie hierherkommen?

Was veranlaßt xyz anzunehmen, daß Sie hierherkommen sollten?

Was möchte xyz, daß Sie anders machen?

Ist das etwas, was Sie wollen? *(Rahmen des Ziels)*

Wenn ja, machen Sie wie mit einer freiwilligen KlientIn weiter.

Wenn nein, stellen Sie folgende Frage: Gibt es etwas, was Sie durch Ihr Hierherkommen erreichen wollen? *(Rahmen des Ziels)*

Wenn ja, machen Sie wie mit einer freiwilligen KlientIn weiter.

Wenn nein, erforschen Sie, welche Konsequenzen entstehen, wenn sie nicht zu den Sitzungen kommt.

Sind die Konsequenzen erst einmal klar benannt, fragen Sie wieder, was die zuweisende Person für die KlientIn von der Therapie erwartet.

Wenn die KlientIn es weiß, fragen Sie, ob sie das tun will, was die zuweisende Person erwartet.

Wenn sie es nicht weiß, dann schicken Sie sie zur zuweisenden Person, damit sie herausfindet, was letzere als Ergebnis einer Therapie erwartet. Die zuweisende Person soll dabei sehr konkret sein.

Wenn die KlientIn sich danach richten will, was die zuweisende Person erwartet, arbeiten Sie weiter mit dem, was die zuweisende Person als Ziel formuliert.

Wenn die KlientIn jedoch nicht danach handeln will, so komplimentieren Sie sie und

1. verabschieden Sie sich oder
2. nennen Sie Bedingungen für weitere Sitzungen, wenn eine Fortführung der Arbeit durch das Gericht oder die Polizei verlangt wird.

Dieses Schema zielt darauf ab, die Idee zu erkunden, daß unfreiwillige KlientInnen sich in freiwillige verwandeln können, die ein Ziel haben, für dessen Erreichen ein Fokus auf Lösungen hilfreich sein kann. Wenn Sie und die KlientIn kein Ziel erkennen, dem Sie beide zustimmen können, dann unterstützen Sie die Klientin in ausreichendem Maß, so daß sie, sollte sie jemals für etwas Hilfe brauchen, als freiwillige KlientIn wiederkommen kann.

Es ist vielleicht notwendig, gleichzeitig mit der Zuweisungsinstanz zu kooperieren, damit deutlich wird, welche Ziele und Erwartungen an die KlientIn bestehen, um Ihre Rolle zu klären sowie die Rolle der überweisenden Person.

Dieser Überblick sollte den Ablauf in der Therapie mit einer unfreiwilligen KlientIn zeigen. Nun gehen wir mit einem Beispiel zurück an den Anfang. Im folgenden Fallbeispiel ist die Rolle der UntersucherIn, die soziale Kontrolle ausübt und die der ManagerIn bekannt. Die TherapeutIn ist von den damit zusammenhängenden Aufgaben befreit.

TherapeutIn: Worin besteht Ihr Ziel, wenn Sie hierherkommen? *(Rahmen des Ziels)*

Klientin: Die RichterIn und die SozialarbeiterIn haben entschieden, daß ich hierherkommen soll.

TherapeutIn: Also war das deren Idee. Was glauben Sie, was die denken, warum Sie hierherkommen sollen? *(Rahmen des Ziels, Position „der anderen")*

Klientin: Sie haben mir vor kurzem meine beiden Kinder weggenommen mit der Begründung, daß ich sie vernachlässige. Die Kinder sind in einem Erziehungsheim, und das Gericht hat die Vormundschaft übernommen. Die SozialarbeiterIn der Schule machte den Bericht. Wenn ich die Kinder zurückhaben will, sagt die RichterIn, muß ich zu Ihnen kommen.

TherapeutIn: Oh, es tut mir leid wegen Ihrer Kinder, Sie müssen sie sehr vermissen.

Klientin: Ja, sehr. Sie sind mein ein und alles. Meine Kinder sind alles, was ich habe, und ich weiß einfach nicht, was ich mit mir anfangen soll.

TherapeutIn: Also, die sagen, daß Sie sich als Elternteil anders verhalten sollen? Ist dies auch Ihr Ziel? *(Klarstellen)*

Klientin: Ja, ich bin manchmal nicht sehr gut mit ihnen umgegangen. Sie wurden mir einfach zuviel, und ich habe Probleme mit dem Alkohol bekommen. *(Problemaussage)*

Diese Klientin hat dem Überweisungsgrund zugestimmt, und es dämmert ihr, wo und wie sie Probleme hat. Die TherapeutIn wird mit dieser nun *freiwilligen* Klientin weitermachen, indem sie ihr dabei hilft, Ziele zu formulieren.

Hätte diese Klientin „nein" gesagt, würde die TherapeutIn daraufhin erkunden, welches Ziel die unfreiwillige KlientIn im Gegensatz zu dem der zuweisenden Person hat.

Klientin: Nein, ich denke nicht, daß ich nachlässig mit ihnen gewesen bin. Diese SozialarbeiterInnen wissen einfach nicht, was es heißt, alleinerziehend zu sein. Sie denken, wenn man die Kinder für einen Moment alleine läßt, mache man etwas falsch oder kümmere sich nicht um sie.

TherapeutIn: Tja, es macht auf mich den Eindruck, als würden Sie Ihre Kinder sehr lieben und als wollten Sie das Beste für sie. *(Unterstützung der Klientin)*

Klientin: Das stimmt, und ich brauche niemanden, der mir sagt, was ich tun muß. Mein Rechtsanwalt und ich werden uns um die SozialarbeiterIn kümmern.

TherapeutIn: Ich kann das verstehen. Also, gibt es etwas, abgesehen von den Wünschen der RichterIn und der SozialarbeiterIn, was Sie gerne von Ihren Besuchen hier hätten? *(Rahmen des Ziels)*

Klientin: Na ja, meine Älteste versagt in der Schule. Ich weiß nicht, was in ihr vorgeht. Sie arbeitet einfach nicht mehr und schwänzt die Schule. *(Äußerung einer Beschwerde)*

TherapeutIn: Sie würden also gerne dabei helfen, diese Situation zu verändern. Was würden Sie gerne daran ändern? *(Die Klientin wird aufgefordert, ihre Beschwerde als Ziel umzudefinieren)*

Obwohl die Klientin dem Zuweisungsgrund nicht zustimmt, äußert sie eine Beschwerde, für die sie gerne Hilfe hätte. Aufgrund ihrer Aussage würden wir mit der Beschwerde weiter arbeiten und sie als freiwillige Klientin sehen. Da sie eine Beschwerde geäußert hat – daß ihre älteste Tochter in der Schule versagt –, ist sie eine freiwillige Klientin. Es ist nicht unsere Aufgabe, sie dazu zu bringen, an den Erwartungen und Wünschen der ZuweiserInnen zu arbeiten. Wir müssen der Klientin jedoch sagen, daß wir die zuweisende Person über die Ziele der Arbeit informieren werden. Es kann vorkommen, daß die Ziele, an denen die Klientin arbeiten möchte, von der zuweisenden Person nicht akzeptiert werden und vielleicht weitere Verhandlungen notwendig machen.

Sollten unfreiwillige KlientInnen sagen, daß sie mit dem Zuweisungsgrund nicht übereinstimmen und weder ein Problem noch ein eigenes Ziel haben, worüber sie mit uns sprechen wollen, gehen wir zum nächsten Punkt des Schemas und untersuchen die Konsequenzen für sie, wenn sie nicht zur Therapie kommen.

TherapeutIn: Ihr Gedanke an diesem Punkt ist also, daß die RichterIn und Kinderschutz-MitarbeiterIn es falsch sehen. Sie denken, daß Sie als Elternteil eine vernachlässigende Haltung und sie deshalb Ihre Kinder von Ihnen weggenommen haben. Aus dem Grund denken sie auch, es sei erforderlich für Sie, in Therapie zu kommen, wenn Sie die Kinder zurückhaben wollen. Sie sehen es jedoch anders. Sie denken, daß sie einfach keine Ahnung von den Schwierigkeiten einer Alleinerziehenden haben und sie nicht wissen, was wirklich geschah. Und ich stelle mir vor, daß sie versucht haben, sie davon zu überzeugen, daß sie in der Einschätzung der Situation falsch liegen, stimmt das?

Klientin: Ich versuchte ihnen zu erklären, daß ich das Haus nur für wenige Minuten verließ und daß ich meine Kinder nie ohne Aufsicht zurücklassen würde. Aber sie hatten einfach ihre festgefaßte Meinung. Die RichterIn wollte nur der SozialarbeiterIn glauben.

TherapeutIn: Was passiert also, wenn Sie nicht zur Therapie kommen? *(Herausstellen der Konsequenzen, wenn sie nicht zur Therapie kommt)*

Klientin: Sie sagen, daß ich meine Kinder nicht zurückbekommen werde.

TherapeutIn: Was werden Sie also tun? *(Rahmen der hypothetischen Lösung)* Sie wollen Ihre Kinder zurück, und bis jetzt haben Sie *die RichterIn und die Kinderschutz-MitarbeiterIn* nicht überzeugen können, daß Sie eine verantwortungsbewußte Mutter sind.

Klientin: Ich weiß nicht; ich muß sie einfach zurückbekommen.

Diese Diskussion über die Konsequenzen klärt für die unfreiwillige Klientin und die TherapeutIn die Parameter der Situation. Die Situation ist die, daß die Klientin für etwas zur Therapie kommen *muß*, das sie nicht für ein Problem hält. Sie muß aber so handeln, damit sie ihre Kinder zurückbekommt – und wenn sie nicht zur Therapie kommt, wird sie ihre Kinder nicht zurückbekommen.

An diesem Punkt brauchen viele KlientInnen eine weitere Klärung der Situation und welche Rolle Sie dabei spielen.

Klientin: Können Sie nicht einfach der RichterIn und der Kinderschutz-MitarbeiterIn sagen, daß ich nicht hierherkommen muß?

TherapeutIn: So gerne ich Ihnen helfen würde, ich fürchte, ich könnte keinen Bericht über etwas schreiben, wovon ich nichts weiß.

Klientin: Aber Sie könnten ihnen sagen, daß ich eine gute Mutter bin, und sie würden Ihnen glauben.

TherapeutIn: Ich fürchte, ohne irgendeinen Beweis würden sie auch mir nicht glauben. Ich fürchte, ich könnte zum jetzigen Zeitpunkt keinen solchen Bericht schreiben.

Durch diese Diskussion erkennt die Klientin, daß Sie keinen Bericht schreiben werden, der Sie in eine Rolle versetzen würde, aus der heraus Sie ihr Verhalten bewerten.

TherapeutIn: Ihre Situation sieht also so aus, daß Sie hierherkommen müssen, damit Sie Ihre Kinder zurückbekommen, und Sie müssen die Kinderschutz-MitarbeiterIn davon überzeugen, daß Sie sich so geändert haben, daß sie annimmt, sie sind verantwortungsbewußter. Sagen Sie mir noch einmal, was sie will, das Sie anders machen am Ende Ihrer Therapie. *(Rahmen des Ziels, Position „der anderen")*

Klientin: Sie will, daß ich verantwortungsbewußter bin. Aber ich bin verantwortungsbewußt.

TherapeutIn: Was wird sie sagen, was Sie anders machen, wenn Sie in ihren Augen verantwortungsbewußt handeln und sie erlaubt, daß die Kinder zurückkehren? *(Rahmen der hypothetischen Lösung, Position „der anderen")*

Klientin: Ich weiß es nicht, darüber hat sie nie gesprochen.

An diesem Punkt könnten Sie die Klientin fragen, was ihrer Meinung nach die Kinderschutz-MitarbeiterIn will. Sie könnten die Klientin am Ende der Sitzung instruieren, zwischen den Sitzungen herauszufinden, was die Kinderschutz-MitarbeiterIn im einzelnen will. Sie könnten auch mit dieser Kontakt aufnehmen und, falls erforderlich, ihr helfen, die Anzeichen zu erkennen, die *sie* zu der Entscheidung bringt, die Kinder zur Mutter zurückzugeben. Durch eine derartige Unterstützung kann der Kinderschutz-MitarbeiterIn geholfen werden, die Kriterien für die zu fällende Entscheidung zu klären. Stellen Sie sicher, daß Sie nicht die Position einer Entscheidungsinstanz einnehmen.

Die TherapeutIn spricht mit der Kinderschutz-MitarbeiterIn: Ich sprach heute mit Frau xyz, und sie sagte, daß sie das tun will, was sie tun soll, um ihre Kinder zurückzubekommen. Ihr sei jedoch nicht klar, was sie, abgesehen von der Therapie, tun müsse. Ich schlug vor, daß sie mit Ihnen noch einmal spricht und sie gemeinsam herausfinden, welche Ziele Sie im einzelnen haben.

Kinderschutz-MitarbeiterIn (KS): Wissen Sie, sie ist einfach keine sehr verantwortungsbewußte Mutter. Sie war so jung, als sie die Kinder bekam. Sie ist einfach überfordert und geht über Stunden weg und man weiß nicht, wann sie wiederkommt. Sie weiß einfach nicht, daß sie die Kinder nicht so zurücklassen kann oder ihrer Ältesten nicht die Verantwortung übertragen kann.

TherapeutIn: Ich verstehe. Nehmen wir einmal an, ihr sei es ernst damit, das zu verändern, woran werden Sie merken, daß sie beginnt, verantwortungsbewußter zu handeln?

KS: Ich werde damit anfangen, Besuche unter Aufsicht zu gestatten. Zu diesen Besuchen muß sie kommen und pünktlich sein. Sie muß mit den Kindern spielen, ohne hochzugehen und etwas Geduld zeigen. Wenn es den Kindern egal ist, was sie ihnen sagt, muß sie zeigen, daß sie disziplinieren kann. Wenn sie mit diesen Besuchen zurechtkommt, werden wir danach vielleicht über weitere Schritte reden.

TherapeutIn: In Ordnung. Ich hoffe, sie wird Ihnen diesselbe Frage stellen, so daß sie weiß, was Sie erwarten. Wir bleiben in Verbindung.

Sollte die Klientin mit der Kinderschutz-MitarbeiterIn sprechen und herausfinden, was sie im einzelnen tun soll, kann sie Ihre Hilfe in Anspruch nehmen, um zu entscheiden, ob und wie sie den Erwartungen entsprechen und sie erfüllen kann. Dadurch, daß die Entscheidung über den Aufenthalt der Kinder bei der Kinderschutz-MitarbeiterIn bleibt, können Sie als TherapeutIn der Klientin frei zur Verfügung stehen, ohne die Rollen zu vermischen.

Klientin zur TherapeutIn: Ich sprach mit der Kinderschutz-MitarbeiterIn, und sie sagt, daß sie mir Besuche unter Aufsicht gewähren will und daß ich pünktlich sein und mit den Kindern geduldig sein muß.

TherapeutIn: Wollen Sie das tun und sie überzeugen? *(Rahmen des Ziels)*

Klientin: Ich habe keine große Wahl, und ich denke, daß ich das tun kann.

TherapeutIn: Wie werden Sie das tun? *(Spezifizieren des Prozesses)*

Klientin: Ich werde einfach vorausplanen müssen, um pünktlich sein zu können. Sie will, daß ich Geduld zeige und ich denke nicht, daß sie weiß, wie böse diese Kinder sein können.

Würden wir die Sitzung weiterführen, würden wir daran arbeiten, wie sie in den Augen der Kinderschutz-MitarbeiterIn „geduldig“ sein könnte und was sie mit den Kindern anders machen könnte, so daß sie fähig wird, nicht nur geduldiger zu erscheinen, sondern vielmehr eine bessere Zeit mit ihren Kindern zu haben. Diese Diskussion würden wir aus der „Sicht der KinderschützerIn“ führen, da sie diejenige ist, die überzeugt werden muß und sie über die Rückkehr der Kinder entscheiden wird.

Hätte die Klientin gesagt, daß sie nicht das tun wolle, was die KinderschützerIn verlangt, haben Sie die Wahl, sich entweder zu verabschieden oder Vorkehrungen für Sitzungen ohne ein Ziel zu treffen.

Sollten Sie sich verabschieden, machen Sie der KlientIn Komplimente für ihr Kommen und vielleicht auch im Hinblick auf andere Dinge, die Sie während der Sitzung bemerken. Durch Komplimente soll erreicht werden, daß eine persönliche Beziehung aufrechterhalten und so weit wie möglich sichergestellt wird, daß die KlientIn, sollte sie später ihre Meinung über Therapie ändern, sich an Sie als einfühlsame Person erinnert und Sie um Hilfe aufsucht.

Wenn Sie keine andere Wahl haben, als die KlientIn weiter zu sehen, weil die Rahmenbedingungen Ihrer Arbeit danach verlangen (Dienststellenpolitik zum Beispiel), so sprechen Sie das der KlientIn gegenüber aus und machen weitere Termine, ohne ein Ziel zu haben und ohne den Versuch, ein Problem zu lösen.

Diskussion

Frage:

Was ist mit den Situationen, in denen Sie gleichzeitig ManagerIn und TherapeutIn sind?

Wenn auch die Auseinandersetzung mit solchen Situationen den Rahmen dieses Buches sprengt, so könnte eine hilfreiche Frage so aussehen: „Was werden Sie anders machen, wenn *ich* (die TherapeutIn) überzeugter bin, daß Sie Ihre Kinder zurückbekommen können? *(Rahmen der hypothetischen Lösung, Position der Distanz)*

Einige KlientInnen werden Sie nie als HelferIn wahrnehmen. In der Rolle als ManagerIn des Falles können Sie nur die Bedingungen aufstellen und hoffen, daß KlientInnen sich entscheiden werden, ihnen zu entsprechen. Vielleicht geschieht das, vielleicht aber auch nicht.

Frage:

Was ist mit den Situationen, in denen Sie einen Bericht vorlegen müssen?

Verfassen Sie den Bericht, wann immer es möglich ist, mit der KlientIn. Versuchen Sie, einen gemeinsamen Bericht zu schreiben. Das erleichtert die weitere Beziehung zur KlientIn und das Kooperieren.

Übungen

Spielen Sie mit einer PartnerIn in einem Rollenspiel jede Möglichkeit der vorgestellten Schemen durch. Achten Sie besonders darauf, genau zu definieren, welcher Position die KlientIn folgen soll. Wenn die KlientIn den Bedingungen eines anderen entsprechen soll, wenden Sie die Position „des anderen" an, wobei die zuweisende Person „der andere" ist (s. dazu Berg 1990)

Kapitel 17
Es endet mit einer funktionierenden Lösung

Wie in Kapitel 9 dargelegt, ist eine Therapie dann abgeschlossen, wenn KlientInnen die Zuversicht haben, auf einem Lösungspfad zu sein. Das bedeutet nicht, daß das Problem vollständig gelöst ist oder daß es nichts mehr zu tun gibt. Auf einem Lösungspfad zu sein, bedeutet nur, daß KlientInnen nun das Gefühl haben, handeln zu können (während sie sich vorher feststeckend oder machtlos gefühlt haben) und vor allem erfolgreich handeln zu können. Bei manchen KlientInnen gibt es vielleicht auch kein Problem mehr. In jedem Fall gibt es keinen weiteren Grund, sich zu treffen und die Therapie wird nicht weiter fortgesetzt.

Hin und wieder scheint eine Therapie nicht zu laufen, und wir wissen nicht, was wir tun sollen. Darum soll es im letzten Kapitel gehen, und wir möchten Ihnen gerne beschreiben, wie wir in solchen Situationen vorgehen.

Sie denken, Sie und die KlientIn kommen nicht voran

Wenn es so aussieht, als gehe es in der die Therapie nicht voran, gibt es mehrere Vorgehensweisen, über die wir nachdenken oder die wir überprüfen.

1. Wer ist die KlientIn?

Wir prüfen, um sicher zu gehen, daß die Person, mit der wir arbeiten, auch die ist, die sich ändern will. Gelegentlich passierte es uns, daß wir fälschlicherweise annahmen, die Person in unserem Büro sei die KlientIn. Bei einer späteren Nachfrage und Überprüfung, was die KlientIn will oder wie sie sich für eine Therapie entschieden hat, stellen wir dann fest, daß das Kommen nicht wirklich auf die Idee der KlientIn zurückging. Ein Ehemann, eine Ehefrau, ein Elternteil, eine FreundIn oder eine Zuweisungsinstanz machten den eindringlichen Vorschlag, die KlientIn solle sich verändern. Eine solche KlientIn ist jedoch nicht an einer Veränderung interessiert. Sie ist vielleicht daran interessiert, die VerwandtE oder die FreundIn zu erfreuen, hat aber kein wirkliches Ziel für die Therapie.

2. Was ist das Ziel der KlientIn?

Wenn Sie sicher sind, daß die Person, die vor Ihnen sitzt, gekommen ist, weil sie etwas will, dann besteht der nächste Schritt darin zu überprüfen, was das *Ziel der KlientIn* ist.

Wenn einE von uns spürt, daß wir mit unserer Therapie nicht so weiterkommen, wie wir es gerne hätten, bitten wir die andere um eine Konsultation. Die erste Frage der KonsultantIn lautet in der Regel: „Was wünscht sich die KlientIn als Ziel?" Oft antworten wir so: „Ich denke, sie wünschen sich eine bessere Kommunikation. Sie beschweren sich über zu viele Machtkämpfe." An dieser Stelle fragt die KonsultantIn, *„Sagen die KlientInnen,* daß sie das wollen?" An dieser Stelle bemerken wir vielleicht beschämt, unabsichtlich eine Entscheidung über das Ziel der KlientInnen getroffen zu haben. Wir wissen nicht genau, daß das Ziel, von dem wir ausgegangen sind, das ist, was die KlientInnen als ihr Ziel definieren würden. Stellen Sie dann sicher, daß das Ziel dem Wunsch der KlientIn entspricht und nicht dem, was Sie oder ein anderer für die KlientIn wollen.

Stellen Sie sicher, daß die KlientIn das Ziel mehr will, als Sie es wollen! Manchmal stellen wir fest, daß wir irgendwie in eine Haltung hineingerutscht sind, ein Ziel für die KlientIn zu wollen, vielleicht sogar mehr als die KlientIn es will. In solchen Situationen rutschten wir unabsichtlich in eine Haltung, aus der heraus wir die KlientIn antrieben oder mehr als sie arbeiteten, um eine Lösung hervorzubringen.

Daß wir KlientInnen vielleicht antreiben, merken wir, wenn sie abwehrend erscheinen und mit „ja, aber" antworten oder sehr still werden. Sie nennen uns vielleicht Gründe, warum eine Veränderung nicht geschehen kann oder werden möglicherweise ruhig, weil sie spüren, daß wir sie antreiben und sie Angst haben, noch etwas zu sagen. Diese Hinweise sind unsere Rückmeldung, die wir vielleicht brauchen, um etwas anderes zu machen. Wir müssen uns dann zurücknehmen und uns überlegen, wie wir mehr mit den KlientInnen kooperieren können. Wir verändern gelegentlich unsere Sprache oder Position, so daß KlientInnen wissen, daß wir unterstützend hinter ihnen stehen und sie nicht nur antreiben oder unter Druck setzen.

Wenn wir zu hart arbeiten, ertappen wir uns dabei, daß wir die Pronomen vertauschen. Dann stellen wir fest, daß wir unabsichtlich dazu übergegangen sind, zu überlegen, wie *wir* diese Situation lösen werden und nicht mehr dabei sind, wie *die KlientIn* diese Situation lösen wird —

— ein sicherer Hinweis, uns zurückzuhalten und die Pronomen wieder zur KlientIn zu bewegen.

Es gibt noch einen weiteren Hinweis, der uns sagt, daß wir zu hart arbeiten: Wenn wir uns dabei ertappen, wie wir auf der vorderen Stuhlkante sitzen. Wir sprechen dann viel mehr als die KlientIn. An diesem Punkt müssen wir uns buchstäblich in unseren Stühlen zurücklehnen und der KlientIn die Zeit und den Raum geben, auf Lösungen hinzuarbeiten.

3. Haben Sie ein Ziel und nicht einen Wunsch? Ist das Ziel eindeutig definiert?

Es mag Situationen geben, wo Ihre Arbeit sich vielleicht auf einer Ebene bewegt, auf welcher Sie nur Beschwerden oder Wünsche angehen, sich aber noch nicht auf ein Ziel hinbewegt haben, was im Kontrollbereich der KlientIn liegt. Fragen Sie sich selbst, was die KlientIn über ihren Veränderungswunsch in dieser Situation sagt. Sollte aus der Antwort die Veränderung eines Gefühls oder die Veränderung einer anderen hervorgehen, dann müssen Sie die KlientIn buchstäblich wieder fragen, was sie an der Situation ändern will. Verwenden Sie dann die Fragen zur Entwicklung eindeutig definierter Ziele sowie die Fragen, die wir in den Kapiteln Zehn, Elf und Zwölf beschrieben haben, wie ein Ziel zu definieren ist, das die KlientIn kontrollieren kann.

4. Suchen Sie und die KlientIn zu schnell zu viel?

Versuchen Sie, nach kleineren Veränderungen zu suchen. Verwenden Sie die Technik des Skalierens in Hinblick auf das Ziel oder die Erwartungen, um das Tempo der Änderung zu beeinflussen. Sollten KlientInnen einer Veränderung vorsichtig gegenüberstehen, so geben Sie ihnen den Rat, es langsamer anzugehen.

5. Erledigen KlientInnen ihre Aufgaben nicht, obwohl Sie erwarten, daß Sie etwas tun?

Vielleicht müssen Sie ihnen dann nur eine Rückmeldung geben, die sie zum Nachdenken bringt und keine handlungsorientierte Aufgabe.

6. Wenn Sie alle diese Schritte getan haben, gibt es dann etwas, das Sie anders machen müssen – was Sie und die KlientIn betrifft?

Im Ehrgeiz, positiv zu sein, stellen Sie vielleicht fest, daß Sie in ein Verhalten hineingerutscht sind, Ihre KlientIn zu überreden, ihren Fortschritt zu erkennen, während die KlientIn sagt, „Ja, aber Sie verstehen nicht."

Vermutlich sind wir manchmal zu nah und erkennen den Wald vor lauter Bäumen nicht und sehen einfach nicht das unproduktive Muster zwischen uns und der KlientIn. Manchmal sind wir in der Sitzung so beschäftigt, daß wir ein „ja, aber"-Muster nicht erkennen oder nicht realisieren, daß wir die Weltsicht der KlientIn angenommen haben. In solchen Zeiten kann ein Team oder eine KonsultantIn hilfreich sein, um wieder einen distanzierteren Bezugsrahmen zu schaffen. Suchen Sie einen anderen Bezugsrahmen, wenn Sie die Möglichkeit dazu haben. Vier Augen sehen mehr als zwei.

Ein abschließendes Wort

Am Anfang haben wir uns Gedanken darüber gemacht, ob dieses Buch alles Notwendige sagen würde. Wir haben uns auch Gedanken darüber gemacht, ob das Buch vollständig sein würde. Als wir schrieben, stellten wir fest, daß es immer noch mehr zu sagen gab. Als unser Denken und unsere Arbeit sich im Prozeß des Schreibens entfaltete, erschien uns das Manuskript immer revisionsbedürftig. Mit jeder neuen Fassung entwickelte sich unser Denken und unsere Arbeit und bewegte sich fort. Schließlich erkannten wir, daß das Schreiben, das neue Denken und das Umschreiben ewig weitergehen könnten. Wir erinnerten uns dann an unsere Grundannahmen — daß alles Veränderung und Werden ist. Wir erinnerten uns daran, wie Schreiben zur Entwicklung von Gedanken führt, die zu einer Veränderung in der Praxis führen, was wiederum einen Unterschied zu dem herstellt, was wir vorher geschrieben haben und so weiter und so weiter. Wir stellten fest, daß kein Buch jemals vollständig ist, daß kein Buch jemals perfekt sein wird und daß dieses Buch – wie jedes andere auch – einfach eine Geschichte ist, wo wir gerade stehen. Wir hoffen, daß das, was wir tun und denken, sich weiterentwickeln wird. Wir wissen, daß jede Geschichte Teil einer größeren Konversation ist. Wir wissen, daß unsere Geschichte uns die Möglichkeit für weitere Gespräche mit den LeserInnen bietet wie den LeserInnen mit uns. Im Lichte dieser Annahme hoffen wir, daß dies der Anfang vieler hilfreicher Gespräche mit Ihnen ist.

Literatur

ANDERSON, Harlene & Harold GOOLISHIAN „Human Systems as Linguistic Systems: Preliminary and Evolving Ideas about the Implications of Clinical Theory“, Family Process 27: 371-394, 1988, dtsch „Menschliche Systeme als sprachliche Systeme. Vorläufige und weiter zu entwickelnde Ideen über Folgerungen für die klinische Theorie“, Familiendynamik 15(3): 212-243, 1990

ANDERSON, Harlene & Harold GOOLISHIAN „Generation of Human Meaning Key to Galveston Paradigm: An Interview by Lee WINDERMAN, Talk About“, Family Therapy News, Nov./Dez, 11-12, 1989

ANDERSON, Harlene & Harold GOOLISHIAN „Problem-Determined Systems: Towards a Transformation in Family Therapy“, Journal of Strategic and Systemic Therapies 5(4): 1-13, 1986

BANDLER, Richard & John GRINDER „Patterns of the Hypnotic Techniques of Milton H. Erickson, M.D., Vol. I“, Cupertino, California: Meta Publications, 1975, dtsch „Metasprache und Psychotherapie. Struktur der Magie I“, Paderborn: Junfermann, 1981

BANDLER, Richard & John GRINDER „Frogs into Princes“, Moab, Utah: Real People Press, 1979, dtsch „Neue Wege der Kurzzeittherapie“, Paderborn: Junfermann, 1981

BERG, Insoo Kim „Solution-Focused Approach to Family Based Services“, Milwaukee. BFTC, 1990, dtsch „Familien-Zusammenhalt(en). Ein kurztherapeutisches und lösungs-orientiertes Arbeitsbuch“, Dortmund: modernes lernen, 1992

CECCHIN, Gianfranco „Hypothesizing, Circularity, and Neutrality Revisited: An Invitation to Curiosity“, Family Process 26: 405-413, 1987, dtsch „Zum gegenwärtigen Stand von Hypothetisieren, Zirkularität und Neutralität. Eine Einladung zur Neugier“, Familiendynamik 13(3): 190-203, 1988

COMBS, Gene & Jill FREEDMAN „Symbol, Story, and Ceremony“, New York: Norton, 1990

DE SHAZER, Steve „Some Conceptual Distinctions Are More Useful than Others“, Family Process 21: 71-84, 1982

DE SHAZER, Steve „Keys to Solution in Brief Therapy“, New York: Norton, 1985, dtsch „Wege der erfolgreichen Kurztherapie“, Stuttgart: Klett-Cotta, 1989

DE SHAZER, Steve „Clues: Investigating Solutions in Brief Therapy“, New York: Norton, 1988, dtsch „Der Dreh. Überraschende Wendungen und Lösungen in der Kurzzeittherapie“, Heidelberg: Cl.Auer, 1989

DE SHAZER, Steve, Insoo Kim BERG, Eve LIPCHIK, Elam NUNNALLY, Alex MOLNAR, Wallace GINGERICH & Michele WEINER-DAVIS „Brief Therapy: Focused Solution

Development", Family Process 25: 207-222, 1986, dtsch „Kurztherapie – Zielgerichtete Entwicklung von Lösungen", Familiendynamik 11(3): 182-205, 1986

DE SHAZER, Steve, Wallace GINGERICH & Michele WEINER-DAVIS „Coding Family Therapy Interviews: What Does the Therapist Do that Is Worth Doing", Presentation – Institute for Research and Theory Development, AAMFT Annual Conference, 1985

DE SHAZER, Steve & Alex MOLNAR „Four Useful Interventions in Brief Family Therapy", Journal of Marital and Family Therapy 10(3): 297-304, 1984, dtsch „Rekursivität: Die Praxis-Theorie Beziehung", Zeitschrift für systemische Therapie 1(3): 2-10, 1983

DILTS, Robert, John GRINDER, Richard BANDLER, Leslie C. BANDLER & Judith DELOZIER „Neuro-Linguistic Programming: Vol. I. The Study of the Structure of Subjective Experience", Cupertino, California: Meta Publications, 1980, dtsch „Strukturen subjektiver Erfahrung, ihre Erforschung und Veränderung durch NLP", Paderborn: Junfermann, 1984

DOLAN, Yvonne „Pathway with a Heart: Ericksonian Utilization with Resistant and Chronic Clients", New York: Brunner/Mazel, 1985

ERICKSON, Milton H. „Pseudo-Orientation in Time as a Hypnotic Procedure", Journal of Clinical and Experimental Hypnosis 2: 261-283, 1954

ERICKSON, Milton H. „The Dynamics of Visualization, Levitation, and Confusion in Trance Induction, Unpublished Fragment, circa 1940", in: Ernest L. ROSSI (ed) „The Nature of Hypnosis and Suggestion: The Collected Papers of Milton H. Erickson on Hypnosis, Vol. I", New York: Irvington, 1980

FISCH, Richard, John WEAKLAND & Lynn SEGAL „Tactics of Change: Doing Therapy Briefly", San Francisco: Jossey-Bass, 1982, dtsch „Strategien der Veränderung. Systemische Kurzzeittherapie", Stuttgart: Klett-Cotta, 1991[2]

GALLWEY, W. Timothy „The Inner Game of Tennis", New York: Random House, 1974, dtsch „Tennis: Das innere Spiel. Durch entspannte Konzentration zur Bestleistung", München: Goldmann, 1991

GARFIELD, Charles „Peak Performance", Los Angeles: Jeremy Farcher, 1984

GILLIGAN, Stephen G. „Therapeutic Trances: The Cooperation Principle in Ericksonian Therapy", New York: Brunner/Mazel, 1987, dtsch „Therapeutische Trance. Das Prinzip Kooperation in der Ericksonschen Hypnotherapie", Heidelberg: Cl.Auer, 1991

GRINDER, John & Richard BANDLER „The Structure of Magic, Vol. II", Palo Alto: Science and Behavior Books, 1976

HALEY, Jay „Problem-Solving Therapy: New Strategies for Effective Family Therapy", San Francisco: Jossey-Bass, 1976, dtsch „Direktive Familientherapie", München: Pfeiffer, 1977

HALEY, Jay „Leaving Home", New York: McGraw-Hill, 1980, dtsch „Ablösungsprobleme Jugendlicher", München: Pfeiffer, 1981

HOFFMAN, Lynn „Constructing Realities: An Art of Lenses", Family Process 29: 1-12, 1990, dtsch „Das Konstruieren von Realitäten: eine Kunst der Optik", Familiendynamik 16(3): 207-225, 1991

KEENEY, Bradford P. „Aesthetics of Change", New York: Guilford, 1983, dtsch „Ästhetik des Wandels", Hamburg: ISKO-Press, 1987

KRAL, Ron „Indirect Therapy in the Schools", in: Steve DE SHAZER & Ron KRAL (eds) „Indirect Approaches in Therapy", The Family Therapy Collections, Vol. 19, Rockville, Md.: Aspen Press, 1986

KRAL, Ron & Kate KOWALSKI „After the Miracle: The Second Stage in Solution-Focused Brief Therapy", Journal of Strategic and Systemic Therapies 8(2 & 3): 73-77, 1989

LANKTON, Stephen R. & Carol H. LANKTON „The Answer Within: A Clinical Framework of Ericksonian Hypnotherapy", New York: Brunner/Mazel, 1983

LIPCHIK, Eve (ed) „Interviewing", New York: Aspen Press, 1988 a

LIPCHIK, Eve „Interviewing with a Constructive Ear", Dulwich Centre Newsletter, Winter, 3-7, 1988 b

LIPCHIK, Eve & Steve DE SHAZER „The Purposeful Interview", Journal of Strategic and Systemic Therapies, 5(1): 88-99, 1986

MADANES, Cloe „Strategic Family Therapy", San Francisco: Jossey-Bass, 1981

MATURANA, Humberto R. & Francisco J. VARELA „The Tree of Knowledge", Boston: New Science Library, 1987, dtsch „Der Baum der Erkenntnis", München: Scherz: München, 1987

MINUCHIN, Salvador „Families and Family Therapy", Cambridge, MA: Harvard University Press, 1978, dtsch „Familie und Familientherapie", Freiburg: Lambertus, 1987[7]

MOLNAR, Alex & Steve DE SHAZER „Solution-Focused Therapy: Toward the Identification of Therapeutic Tasks", Journal of Marital and Family Therapy 13(4): 349-358, 1987

O'HANLON, William H. „Taproots: Underlying Principles of Milton Erickson's Therapy and Hypnosis", New York: Norton, 1987, dtsch „Eckpfeiler", Hamburg: ISKO, 1992

O'HANLON, William H. & Michele WEINER-DAVIS „In Search of Solutions. A New Direction in Psychotherapy", New York: Norton, 1989

PELLER, Jane E. & John L. WALTER „When Doesn`t the Problem Happen?" in: Michael YAPKO (ed) „Brief Therapy Approaches to Treating Anxiety and Depression", New York: Brunner/Mazel, 1989

Riverside Publishing Company „Webster`s New Riverside University Dictionary“, Boston, 1984

ROGERS, Carl „Client-Centered Therapy“, Boston: Houghton Mifflin, 1951, dtsch „Die klientenzentrierte Gesprächspsychotherapie“, Frankfurt/M.: Fischer, 1978

SELVINI-PALAZZOLI, Mara, Luigi BOSCOLO, Gianfranco CECCHIN & Giuliana PRATA „ Paradox and Counterparadox: A New Model in the Therapy of the Family in Schizophrenic Transaction“, New York: Jason Aronson, 1978, dtsch „Paradoxon und Gegenparadoxon“, Stuttgart: Klett-Cotta, 1977

SPEER, David C. „Family Systems: Morphostasis and Morphogenesis, or, Is Homeostasis Enough ?“, Family Process 9: 259-278, 1970

TOMM, Karl „Positive Connotation Requires Coherence and Authenticity“, Presentation at the 1985 AAMFT Annual Conference, 1985

VON FOERSTER, Heinz „On Constructing a Reality“, in: Paul WATZLAWICK (ed) „The Invented Reality“, New York: Norton, 1984, dtsch „Das Konstruieren einer Wirklichkeit“, in: Paul WATZLAWICK (ed) „Die erfundene Wirklichkeit“, München-Zürich: Piper, 1981

VON GLASERSFELD, Ernst „An Introduction to Radical Constructivism“, in: Paul WATZLAWICK (ed) „The Invented Reality“, New York: Norton, 1984, dtsch „Einführung in den Radikalen Konstruktivismus“, in: Paul WATZLAWICK (ed) „Die erfundene Wirklichkeit“, München-Zürich: Piper, 1981

WALL, Mark D., Trudy KLECKNER, John H. AMENDT & R. DuRee BRYANT „Therapeutic Compliments: Setting the Stage for Successful Therapy“, Journal of Marital and Family Therapy 15(2): 159-167, 1989

WALTER, John L. „Not Individual, Not Family Family“, Journal of Strategic and Systemic Therapies 8(1): 70-77, 1989

WALTER, John L. & Jane E. PELLER „Going beyond the Attempted Solution: A Couple`s Meta-Solution“, Family Therapy Case Studies 3(1): 41-45, 1988

WATZLAWICK, Paul, Janet H. BEAVIN & Don D. JACKSON „Pragmatics of Human Communication“, New York: Norton, 1967, dtsch „Menschliche Kommunikation“, Bern-Stuttgart-Wien: Huber, 1969

WATZLAWICK, Paul, John H. WEAKLAND & Richard FISCH „Change: Principles of problem Formation and Problem Resolution“, New York: Norton, 1974, dtsch „Lösungen“, Bern-Stuttgart-Wien: Huber, 1974

WATZLAWICK, Paul (ed) „The Invented Reality“, New York: Norton, 1984, dtsch „Die erfundene Wirklichkeit“, München-Zürich: Piper, 1981

WEAKLAND, John H., Richard FISCH, Paul WATZLAWICK & Arthur BODIN „Brief Therapy: Focused Problem Resolution“, Family Process 13: 141-168, 1974

WEINER-DAVIS, Michele, Steve DE SHAZER & Wallace GINGERICH „Building on Pretreatment Change to Construct the Therapeutic Solution: An Exploratory Study", Journal of Marital and Family Therapy 13(4): 359-363, 1987

WHITE, Michael & David EPSTON „Narrative Means to Therapeutic Ends", New York: Norton, 1990, dtsch „Die Zähmung der Monster", Heidelberg: Cl.Auer, 1990

Personenverzeichnis

Sachverzeichnis

Verzeichnis der Fallbeispiele